建设人民满意的现代化品质城市的

实践与探索

潍坊市改革发展研究中心 / 编著

社会科学文献出版社
SOCIAL SCIENCES ACADEMIC PRESS (CHINA)

编委会

主　编：李　波
副主编：王冰林　丛炳登
编　委：（以姓氏笔画为序）
　　　　王　伟　王耀强　方典昌　刘　磊
　　　　刘永杰　孙潇涵　杜慧心　李少军
　　　　李朋娟　周志鹏　贺绍磊　董俐君
　　　　戴真真

前　言

城市因人而兴，人民满意是度量城市高质量发展的金尺子。坚持以人民为中心的发展思想建设城市，是新时代潍坊市委市政府书写时代答卷的思路。时时以百姓之心为心，事事以群众之赞为赞，百姓民生"烟火气"与城市品质"现代感"相得益彰，潍坊未来大有可期。交出潍坊的精彩答卷，人人都是答卷人、奋斗者。潍坊市改革发展研究中心作为新型党政智库，其诞生、成长、壮大的每一步，都得益于深度参与时代进程、融入潍坊发展大局，用创新的办法找点子、出主意。本书编录的研究中心2020年以来的部分研究成果，正是对这一过程的鲜明注脚。出版此书，主要是记录研究中心发展历程，并与同行分享研究成果，展示新型地方党政智库风采。

这些研究成果问需于民，研究中心紧紧围绕市委市政府重大决策部署，聚焦建设人民满意的现代化品质城市，着眼于人民群众关心的大事、实事、难事，开展了一系列全局性、战略性、前瞻性研究。这些研究成果问计于民，研究中心通过实地调研、座谈走访、个案解剖以及对比研究等方式，最大限度汲取人民群众智慧，研究成果含金量和价值都很高。这些研究成果问效于民，有些被市级领导批示进入决策，有些在重要报纸、刊物发表，有些在会议、论坛等场合交流，从不同层面推动了问题的解决，产生了广泛的社会影响。

本书由创新提升"三个模式"、产业转型、品质城市三大篇章构成。创新提升"三个模式"部分，主要包括乡村振兴、国家农综区建设、农业开放发展等理论和实践成果，进一步巩固城市发展优势、拉长发展长板；产业转型部分，主要包括制造业转型升级、服务业发展等研究成果，为城市高质量发展扎牢经济根基；品质城市部分，主要包括提升中心城区首位度、加强城市治理等成果，助力提升城市品质、增强发展活力。

  不负时代，不负韶华，不负期望。回首过去，研究中心的发展壮大以及本书能够顺利出版，离不开市委市政府的正确领导，离不开国内外高校院所、智库同行以及有关专家学者的关心支持，在此一并表示衷心感谢！展望未来，研究中心将继续践行以人民为中心的发展思想，进一步发挥"智囊团"作用，担当作为、砥砺奋进，为建设人民满意的现代化品质城市提供更加有力的智力支撑！由于水平有限，书中难免有错漏之处，望读者不吝指正。

编　者
2021 年 8 月

目录 CONTENTS

▶ 创新提升"三个模式"

关于创新提升"三个模式"的分析和建议 …………………… / 003
关于加快农业农村现代化一些问题的分析 …………………… / 012
关于国家农综区建设模式的分析思考 ………………………… / 037
关于借鉴外地经验建设国家农综区的建议 …………………… / 048
乡村振兴应强化要素支撑 ……………………………………… / 053
实施乡村振兴战略应注意的几个问题 ………………………… / 057
全国唯一的农业综试区要为中国农业带来什么 ……………… / 060
从基层实践探索看乡村振兴 …………………………………… / 065
培育家庭农场应重点把握四个方面 …………………………… / 068
把工商资本下乡作为乡村振兴和脱贫攻坚的重要力量 ……… / 072
以开放赋能"三个模式"创新提升 …………………………… / 075
以"四化"创新提升"三个模式" …………………………… / 080
三产融合激活乡村振兴新动能 ………………………………… / 084
关于潍坊实施乡村振兴战略的建议 …………………………… / 087
后郑一村及周边区域乡村振兴路径与实证研究 ……………… / 097

利用郑玄文化推进后郑一村及周边区域乡村振兴路径与实证
研究 …………………………………………………………… / 106

乡村振兴基层实践典型案例 ………………………………… / 119

▶ 产业转型

部分城市制造业亮点措施及对潍坊的启示 ………………… / 161

关于推进碳达峰碳中和的分析和建议 ……………………… / 181

升级智能制造：装备制造业跃升的方法论 ………………… / 189

潍坊与烟台 GDP 和税收差异分析及对策建议 …………… / 194

潍坊打造高端制造业新高地研究 …………………………… / 204

潍坊市现代服务业发展研究 ………………………………… / 220

美国地方政府招商引资经验的启示 ………………………… / 241

潍坊打造医养健康高地研究 ………………………………… / 245

潍坊市提升城市能级跻身二线城市研究 …………………… / 259

潍坊市打造区域性对外开放高地研究 ……………………… / 282

▶ 品质城市

落实五中全会精神抢抓人口流动窗口期　做大做强中心城区的分析
与建议 ………………………………………………………… / 297

潍坊市加快发展总部经济的调查与思考 …………………… / 303

关于潍坊发展几个问题的分析 ……………………………… / 311

加快建设现代化品质城市的几点建议 ……………………… / 318

做好五篇文章　增强城市活力 ……………………………… / 353

疫情防控对城市治理现代化的四个启示 …………………… / 357

关于潍坊市"十四五"时期重点工作的建议 ……………… / 362

潍坊进入黄河流域生态保护和高质量发展第一梯队城市
研究 …………………………………………………………… / 375

透过新冠肺炎疫情看潍坊提升城市竞争力、跻身二线城市
　　研究 …………………………………………………… /387
潍坊推进城市治理现代化研究 …………………………… /411
在融入新发展格局中实现高质量发展 …………………… /424
提升城市功能品质应如何发力 …………………………… /427
高质量建设新时代文明实践中心 ………………………… /430
以创新引领高品质城市建设 ……………………………… /433
以创新持续打造一流营商环境 …………………………… /436
河长制关键在于"河长治" ……………………………… /439
坚持唯物史观建设人民满意的现代化品质城市 ………… /442
突出问题导向　办好民生实事 …………………………… /446
创新实干谱写高质量发展新篇章 ………………………… /449

创新提升"三个模式"

关于创新提升"三个模式"的分析和建议

李 波 李少军

一 创新提升"三个模式",应明确基本实现农业农村现代化的时间节点,建议定在2027年左右,尽快研究制定相应的指标体系和行动计划

(一)创新提升"三个模式",应明确基本实现农业农村现代化的时间节点

从全国层面看,中央明确提出到2035年全国基本实现农业农村现代化(2018年中共中央、国务院《关于实施乡村振兴战略的意见》);从省级层面看,江苏率先提出到2030年基本实现农业农村现代化(2019年江苏省政府、农业农村部共同推进江苏率先基本实现农业农村现代化合作协议);从市级层面看,苏南地区的苏州、无锡、常州均提出到2022年率先基本实现农业农村现代化。

中央要求,有条件的地区要率先基本实现农业农村现代化。潍坊无论是创新提升"三个模式"、打造乡村振兴齐鲁样板先行区,还是"十四五"时期实现GDP过万亿元、进入全国大中城市前30名、成为二线城市的三大目标,都应尽快明确基本实现农业农村现代化的时间节点,这有利于全市上下统一思想、凝聚共识、明晰方向,增强实现农业农村现代化的

责任感、紧迫感和使命感。

（二）建议潍坊基本实现农业农村现代化的时间定在2027年左右

2020年，中国社会科学院发布农业农村现代化评价指标体系及目标值，苏州发布率先基本实现农业农村现代化评价指标值。我们据此选取常住人口城镇化率、农业科技进步贡献率、城乡居民收入比等6个关键性指标进行测算，情况如下。

常住人口城镇化率。中国社会科学院现代化目标值为70%，苏州2022年现代化目标值为80%。潍坊2019年为62.2%，按照潍坊"十三五"城镇化率年均1个百分点以上的速率测算，潍坊到2025年为68%，2027年为70%。2027年该指标达到中国社会科学院设定的现代化目标值。

农业科技进步贡献率。中国社会科学院现代化目标值为70%，苏州2022年现代化目标值为73%。潍坊2020年为67%，按照我国"十三五"时期农业科技进步贡献率年均提高1个百分点的速率测算，潍坊到2025年为72%，2027年为74%。2025年该指标就超过中国社会科学院设定的现代化目标值。

农村居民恩格尔系数。中国社会科学院现代化目标值是低于25%，苏州2022年现代化目标值为24.5%。潍坊2018年为28%，达到联合国20%~30%的富足标准，按照近5%的速率测算，到2025年为26%，2027年接近25%。2027年该指标接近中国社会科学院设定的现代化目标值。

农村居民人均可支配收入。中国社会科学院现代化目标值是超过2.5万元，苏州2022年现代化目标值为4.25万元。潍坊2020年为2.2万元，同比增长6.3%，按照年均6%的增长速率，到2025年接近2.9万元，2027年达到3.3万元。2025年该指标就超过中国社会科学院设定的现代化目标值。

城乡居民收入比。中国社会科学院现代化目标值为1.8∶1，苏州2022年现代化目标值为1.95∶1。潍坊2020年为1.99∶1，按照2020年基数、近5年平均增速测算，到2025年为1.89∶1，2027年为1.86∶1。2027年该指标超过苏州目标值，接近中国社会科学院现代化目标值。

农作物耕种收综合机械化率。中国社会科学院现代化目标值为85%，苏州2022年现代化目标值为96.5%。潍坊2020年为92.4%，按照近几年的增长速率测算，到2025年为95%，2027年为96%以上。2027年该指标远超中国社会科学院设定的目标值，接近苏州目标值（见表1）。

表1 农业农村现代化关键性评价指标

项目	潍坊目前指标值	潍坊2025年预测值	潍坊2027年预测值	中国社会科学院农业农村现代化目标值	苏州农业农村现代化评价指标值
常住人口城镇化率（%）	62.2	68	70	70	80
农业科技进步贡献率（%）	67	72	74	70	73
农村居民恩格尔系数（%）	28	26	25	低于25	24.5
农村居民人均可支配收入（万元）	2.2	2.9	3.3	超过2.5	4.25
城乡居民收入比	1.99∶1	1.89∶1	1.86∶1	1.8∶1	1.95∶1
农作物耕种收综合机械化率（%）	92.4	95	96以上	85	96.5

注："潍坊目前指标值"中，常住人口城镇化率为2019年数据，2020年数据第七次人口普查后公布；农村居民恩格尔系数为2018年数据；其他为2020年数据。

综上，潍坊到2025年，6个指标中2个指标距离中国社会科学院、苏州市发布的现代化目标值有差距，分别是常住人口城镇化率、农村居民恩格尔系数；到2027年，6个指标全部超过或接近中国社会科学院、苏州市现代化目标值，其中3个指标可以超越目标值。因此，可以将潍坊基本实现农业农村现代化的时间设在2025~2027年，为稳妥起见，建议设在2027年。

（三）建议研究制定潍坊基本实现农业农村现代化的指标体系和行动计划

2020年5月，苏州与中国农业科学院共同发布《苏州市率先基本实现农业农村现代化评价考核指标体系（2020~2022年）》，设定农业现代化、农村现代化、农民现代化、城乡融合4个领域，制定3级指标，区分市、县、镇3个行政层级，总体形成"四三三架构"，其中市级评价指标体系分12个一级指标、27个二级指标、49个三级指标。2020年6月，无锡出台《无锡市率先基本实现农业农村现代化示范建设实施方案（2020~2022年）》，明确34项指标和25项任务，确保到2022年率先基本实现农业农村现代化。建议潍坊吸收借鉴已有成果，谋划研究基本实现农业农村现代化评价指标体系。建议尽快制定潍坊基本实现农业农村现代化行动计划，紧紧围绕到2027年基本实现农业农村现代化的目标，明确要素保障、资金投入、社会动员和考核监督等任务。

二 可以通过产业园区化、农民职业化、居住社区化、城乡融合化"四化"创新提升"三个模式"

推进农业农村现代化，应注重借鉴苏南经验、荷兰经验。苏州聚焦"三化一融"，即农业现代化、农村现代化、农民现代化和城乡融合发展；无锡瞄准"五个现代化"，即农业、农村、治理、农民和体制现代化；荷兰农业在全球最具竞争力，融合化、科技化是其两大特色，带动形成了产业布局园区化、农民职业化和城乡融合化，这些做法对我们具有借鉴意义。潍坊可以立足农业、农村、农民、城乡融合四个维度，通过产业园区化、农民职业化、居住社区化、城乡融合化"四化"，进一步创新提升"三个模式"。

（一）产业园区化，就是推动产业向园区集中，提高全要素生产率

没有农业产业园区化就没有农业现代化。产业园区化，就是凡是涉及农村的产业，原则上都以园区的形式来布局和推进。空间布局上，大田作物、设施农业、农产品加工等涉农产业园区化，一二三产业融合在各种园区里发展，农村非涉农工业更要园区化。当前，潍坊进入以农业园区化推进农业现代化的新阶段，建议在此过程中应坚持分级推进：市级层面主要是规划引领、政策引导和组织保障；县级主要是抓落实推进，并积极争创建设国家、省、市级现代农业产业园；镇街侧重于农业产业强镇；村侧重于打造"一村一品"。

（二）农民职业化，就是产业向新型经营主体集中，"要么当老板，要么拿工资"

农村产业向园区集中后，经营主体要么是各种类型的企业，要么是家庭农场、合作社以及其他经济组织；从业人员要么是上述经营主体的"老板"，要么是被雇佣的员工，都是新型职业农民。这些职业农民，除工资收入外，还可以有股金分红和财产性收入。农民职业化问题，可从乡村产业现代化的标志层面考虑。农村产业现代化的重要标志是农业产业与城市产业有可比性、能与国外农业竞争，要想实现这两大目标，只能靠新型经营主体。没有形成以新型经营主体为主的农村产业，就不能与城市产业、与国外农业竞争，而农村产业一旦以新型经营主体为引领力量，就意味着引入了新理念、新技术和新管理模式，形成农业全产业链，加速农业产业现代化，并对农村生态、文化、社会治理等领域带来全面的溢出效应。

目前，潍坊拥有各类新型经营主体3万多个，联结120万农户，数量居全省全国前列，但与苏南这些农业现代化水平较高的地区相比，与荷兰、以色列等已经实现农业现代化的国家相比，仍有相当大的差距。从自身发展水平看，经营规模偏小、集约化水平不高、产业链条不完整、经营理念不够先进，家庭农场仍处于起步发展阶段，部分农民合作社运行不够规范，社会化服务组织服务领域拓展不够。从外部环境看，融资难、融资贵、风险高等问题仍然突出，财税、金融、用地等扶持政策不够具体，业务部门指导服务能力亟待提升。

对此的建议，一是把扩大新型农业经营主体数量作为推进农业现代化的基础性工作，在涉农政策、资金资源、推进力量等方面适当倾斜，确保新型经营主体数量快速增长。二是积极稳妥推进新型农业经营主体规模经营，关键是通过土地流转打好规模经营基础。三是培育新型农业经营主体带头人，坚持一手抓培育，以专业大户、家庭农场主、农民合作社带头人为重点培育对象，一手抓人才引进，从政策措施上吸引一批中高等院校毕业生、退役士兵、科技人员等到农村创新创业。四是优化新型经营主体发展的政策扶持、金融支持、科技支撑环境。

（三）居住社区化，就是人口向镇区、社区、中心村集中，提高乡村建设和乡村治理水平，让社区有吸引力，"既想来也能来"

农村现代化的重要标志是，农村居民的生产生活水平与城市居民接近。农村新型社区可以成为推进农民生产方式现代化、生活方式现代化、组织方式现代化的重要纽带，也是实现农村现代化的关键手段。日本的"农村振兴运动"、韩国的"新村运动"，其重要内容就是建设农村社区，加强社区基础设施建设和社区文明建设。潍坊地区乃至黄淮海、长江中下游地区，与日韩的自然条件有很大的相似性，都是人多地少，地形以平原、丘陵为主，村落集聚分布明显。特别是潍坊所处的发展阶段，与日、韩开展上述运动时的阶段大致一致，都是处于基本完成工业化阶段，城镇化进程大大提速，建设农村新型社区有需求、有条件、有可行性。我们以往更多关注农业现代化、农村产业现代化，对农村现代化关注相对不足，社区建设试点早、有经验，但远未形成共识，亟须积极推动建设。

当前农村新型社区推进难，主要难在规划、建设、管理和治理。可以按照因地制宜、分类推进的原则，优先以镇政府所在地的行政村、规模大的村为关键节点，集中资源重点支持，率先开展社区化建设。在建设过程中，更加注重生态建设，注意保持社区的乡土气息和田园风光，让社区不仅成为农民的美丽家园，对城里人也有相当吸引力，让凡是有意愿到农村社区居住的都愿意来、都能来。

建议重点抓好五方面，一是农村社区基础设施建设向城市标准看齐，社区基础设施只有明显高于农村其他地区、基本接近城市水平，才能对农民产生吸引力，才能保证农村新型社区建设顺利推进。二是把优化公共服务作为重要内容，引导农村社区服务中心推行"一站式"服务，积极探索建立政府购买城乡社区服务机制。三是把现代产业作为农村新型社区的重要支撑。四是建立多元化资金投入机制，可以在政府的主导、引导下加大投入，既要加大政府投入，更重要的是广泛吸引社会资本参与，采取多种方式联建、共建。五是发挥典型社区示范作用，以点带面推动面上工作。

（四）城乡融合化，就是让城市和乡村没有明显区别，城乡人口双向迁徙、资源要素双向流动、人与自然和谐共生，"城市进得了、乡村回得去"

从"以工补农、以城带乡"到"城乡统筹、城乡一体化发展"再到"城乡融合发展"，我们对城乡关系的认识逐步深化。在乡村振兴大背景下推进城乡融合，对各地既是发展机遇，也是重大挑战，更是创新提升"三个模式"的重要着力点。总的来看，城乡融合难突出表现在土地改革、户籍制度、财政金融、建设主体四个方面。为此，国家设立了11个国家城乡融合发展试验区，涉及11项试验任务，每个试验区侧重点不同，试验内容均为5项。2021年中央农村工作会议提出，把县域作为城乡融合发展的重要切入点，强化县城综合服务能力。潍坊虽未入选国家城乡融合发展试验区，但是一个突出特点是县域经济发达、城乡发展相对均衡，这本身就是我们的重要优势，未来这一优势将更加突出。建议借助国家农综区这一平台，充分发挥先行先试的政策优势，对标国家城乡融合发展试验片区，但不局限于片区，以系统集成的方法对11个领域全面展开试验，这样既可为全国提供城乡融合发展样本，也可为后期入选国家城乡融合发展试验区奠定良好的基础。

三 应尽快将乡村产业优势转化为乡村建设和乡村治理优势

潍坊乡村产业优势突出，乡村建设优势不明显，乡村治理远没有形成优势。应把乡村建设作为关键抓手，这样推动乡村治理事半功倍，产业优势会迅速转化为综合优势。这也把握住了习近平同志在浙江抓"千村示范、万村整治"的精髓。

（一）将乡村产业优势转化为乡村建设和乡村治理优势，关键在于乡村建设

从讲政治的高度抓"三农"，最直接和最根本的目的，都是提高乡执政能力。把乡村建设作为先手棋，以修路架桥、建新居建学校为突破口，可以让群众在短时间内就能感受村庄面貌的变化，见到实实在在的成效，这将会极大巩固和扩大党的执政基础，乡村治理的许多难题将会迎刃而解，农民会得到更好的政治引领、组织保障和民主参与。特别是潍坊乡村产业优势突出，这种条件是许多地区不具备的，在具备产业优势的基础上推进乡村建设，与单纯推进乡村建设不可同日而语，潍坊这一特点决定了乡村建设不仅有可行性，而且前景广阔，可以通过乡村建设这一抓手，最终实现乡村产业、乡村建设、乡村治理的有机统一和良性互动。

（二）把乡村建设作为推动乡村产业现代化的重要力量

潍坊作为人口大市，在相当长的时期内农村人口将保持较大规模，即使城镇化率达到峰值，也会有200万~300万人口居住在乡村。推进乡村水、电、路、气、网络、住宅、垃圾治理、污水处理、水利设施等基础设施建设，农村教育、文化、医疗、养老等公共服务设施建设，将带动巨大的投资，极大地带动乡村关联产业发展。实施乡村建设行动，可有效释放乡村的生产、生活、生态、社会、文化价值，发展乡村产业有了更高的标准和平台，这样潍坊的乡村产业优势将会更大。

（三）乡村建设，应坚持政府引导、市场主导、群众主体，充分调动各方主动性

落实好乡村建设行动，关键是把充分发挥市场在资源配置中的决定性作用和更好发挥政府作用结合起来，将政府引导与尊重群众结合起来，准确定位政府、市场、群众的作用，凝聚起工作推进合力。

一是政府引导。主要体现在规划引领、政策支持、组织保障等方面，就是把主要精力放在管方向、管政策、管引导上来，用规划科学布局生产生活生态空间，用政策引导社会共同参与，用组织保障乡村科学高效建设。

二是市场主导。乡村建设需要大量的资金投入，必须用市场化思维、市场化手段推进，发挥好市场的决定性作用。韩国"新村运动"明确新村项目建设的受益人、受益方式、受益额度等，有效调动起市场主体的积极性，值得我们学习借鉴。充分发挥市场作用，关键是引导社会资本参与梳理相关项目，让社会资本充分了解参与方式、运营方式、盈利模式、投资回报等相关信息，增进政府、社会和市场主体的互信和共识，让社会资本投资可预期、有回报、能持续，确保社会资本更有动力参与乡村建设项目，积极采取多种方式联建、共建。

三是群众主体。乡村建设为了群众，更要依靠群众，只有坚持群众主体地位，充分依靠和发动群众，乡村建设才能行稳致远。要想方设法让群众认清乡村建设的大趋势和广阔前景，了解政府政策与自身的密切关系，特别是感受到实实在在的好处，切实提高投身乡村建设的自觉性；对于乡村建设项目，能直接得益的积极参与，不能直接得益的积极支持，一时见不到利益的至少不能成为阻碍力量。这就要充分尊重群众意愿，群众最清楚乡村的实际状况与自身需求，也最有资格对建设项目进行选择和评估，乡村建设建什么、怎么建、建到什么程度，必须广泛征求群众的意见，切实保障群众的选择权和监督权，确保各项决策反映群众需求、符合群众利益。

（2021年4月）

关于加快农业农村现代化一些问题的分析

刘永杰　李少军　方典昌　刘　磊　周志鹏

一　潍坊农业农村工作应予以特殊对待

习近平同志在上海工作时强调，上海作为特大型城市，虽然农业比重非常小，不到1%，但只要有农业、农村、农民，就要把"三农"工作作为重中之重来抓。

就全国而言，没有哪一个城市的农业农村工作比潍坊更受中央的关注；就全市而言，没有哪一项工作比农业农村工作在全国有更大的影响力。潍坊农业农村工作的特殊地位、特殊责任，需要我们相应地给予特殊对待，特别是配备与之匹配的领导力量和组织力量。

以下岗位应给予特别关注：市、县农业农村工作部门的领导班子、中层干部，其他涉农部门的分管负责人、涉农科室负责人，镇党委书记尤其是寿光和诸城的镇党委书记。这些岗位人员的整体素质应明显高于其他城市，明显有别于党政机关其他岗位，应更多地考虑专业背景特别是教育背景和工作背景。应尽量把相对专业、善于思考，能理解中央政策和省委市委意图，能把握农业农村发展规律的干部汇集到这些岗位。

这样做并不是要把全市最优秀的干部都集中到农业农村领域，也不需要明显增加人力物力财力，而是在全市范围内选择一批合适的干部，集合在一起攻关，一起探索创新提升"三个模式"实现乡村振兴的路子，再一次为全国作出潍坊应有的贡献。

二 创新提升"三个模式"应借鉴荷兰经验、苏南经验

产业振兴应更多借鉴荷兰经验。第一，荷兰农业在全球最具竞争力。荷兰面积为日本的1/9，人口是日本的1/8，而荷兰农业净出口世界第1，日本则是农产品净进口世界第1。与同为人多地少的日本、韩国及中国台湾地区相比，荷兰农业独树一帜，优势突出。荷兰农业发展条件并不好，但它仍然可以成为全球农业的典范，从荷兰发展经验看，只要选对路子，发挥好自身比较优势，几乎任何一个地方都可以像荷兰那样发展现代高效农业。

第二，荷兰农业的特点与潍坊高度契合，潍坊农业在全国的地位与荷兰农业在全世界的地位相似。荷兰农业有两大特色，一是开放，二是品质，开放引领品质提升，品质推动更高水平开放，二者相辅相成。支撑这两大特色的是农业科技特别是设施农业，现阶段又发展到以信息化为核心，荷兰农民几乎所有工作都建立在大数据分析之上，80%的农民使用全球定位系统捕捉农田信息。潍坊农业之所以在全国有现在的地位，也得益于强调科技、品质和开放，得益于领先的设施农业、市场平台和龙头企业，得益于领先的经营模式，这与荷兰农业十分相似。只是与荷兰相比，潍坊的农业科技、品质和开放层次还比较低，特别是开放过去更多地体现为对国内市场的开放。

第三，潍坊农业实际上已经走上了荷兰农业发展的路子。多年来，潍坊农业一直没有间断学习引进荷兰先进理念和技术，2012年，潍坊还将《荷兰的农业奇迹》一书印发有关领导和人员学习研究，反映出学习荷兰经验在潍坊农业农村工作领域有一定的共识。潍坊现阶段推动乡村振兴，进一步学习荷兰经验，既有现实需要，又有历史基础。

推进乡村振兴、推进农村现代化应更多借鉴苏南经验。第一，苏南代表了现阶段中国农业农村现代化的最高水平。中国农业科学院2017年的报告认为，我国农业现代化可分为五个阶段，即起步阶段、发展阶段、转

型跨越阶段、基本实现阶段、全面实现阶段，江苏处于基本实现阶段，山东、浙江、安徽、福建等处于转型跨越阶段，广东处于发展阶段。

第二，潍坊农业农村现代化总体水平在全国范围内仅次于苏南及上海地区。潍坊大致处于上述转型跨越阶段的高级阶段，约落后于苏南先进水平5~10年。我们从劳动生产率、土地生产率、农业科技进步贡献率、农村居民人均可支配收入、城镇化率等指标综合分析看，潍坊农业农村发展处于全国先进水平、全省领先水平、苏南中下游水平。

第三，潍坊借鉴苏南经验具备较好基础。江苏省提出2022年苏南率先基本实现农业农村现代化，苏南过去和现在农业农村现代化进程中遇到的问题，很有可能是潍坊未来发展遇到的问题，其创造的经验可以作为我们学习借鉴的对象。苏南经验最显著的特征是城乡一体化，支撑这种发展的主要力量是苏南发达的县域经济，潍坊同样是县域经济强市，县一级有很强的农业承载力和人口吸纳力，这为推进城乡一体化发展奠定了基础。我们完全能够学习苏南做法，在城乡统筹的大框架下推进乡村基础设施建设、公共服务均等化、生态环境优化、产业布局等，加快实现农业农村现代化。

三 创新提升"三个模式"要把握住产业振兴这条主线

创新提升"三个模式"要把握住产业振兴这条主线。一方面，产业振兴是"五个振兴"的基础；另一方面，潍坊的优势在产业振兴，"三个模式"的核心是农业产业化。我们创新提升"三个模式"、推进乡村振兴，必须立足于这个基础、发挥好这一优势、把握住这个核心，牢牢抓住产业振兴、产业现代化特别是农业现代化这一主线不动摇，以此带动和协调推进"五个振兴"，推进农村现代化和城乡一体化。市委提出的"产业为基、全面振兴"准确把握了这条主线，我们应进一步形成共识并长期坚持。

产业振兴要把新型农业经营主体作为主导力量。乡村产业现代化的标志是，乡村产业与城市产业和国外农业相比，要具有竞争力，也就是同等资本、劳动等要素投入乡村产业产生的收益能与城市持平，或者至少具有可比性，并逐渐达到发达国家乡村产业水平。很明显，传统小农户经营不可能完成这一任务。潍坊目前传统小农户经营大量存在，甚至在多数地方仍是农村产业的主体，乡村产业振兴一定要注意不能陷入传统小农户经营泥潭，不能将人财物资源大量投入小农户经营，而是应该把新型农业经营主体作为推动农业农村现代化的主导力量。

新型农业经营主体包括专业大户、家庭农场、农民合作社、农业产业化龙头企业、社会化服务组织等，家庭农场是潍坊新型经营主体中相对薄弱的环节，工商资本下乡是激发新型农业经营主体快速发展的重要引擎，这两方面需要予以高度关注。

四 把培育家庭农场作为产业振兴的基础性工作

自 2013 年以来，家庭农场已连续 8 年被写入中央一号文件，是中央鼓励发展的模式，是推进我国农业现代化的重要力量和主要发展方向。第一，家庭农场体现的生产关系，非常适合现阶段我国农业生产力发展要求。解决了小农户分散经营、竞争力不高的问题，劳动生产率水平远高于小农户经营，收入水平可以普遍高于城市从业者。

第二，历史地看，凡是实现了农业现代化的国家，都把家庭农场作为主要生产经营形态，荷兰、美国、日本、韩国等家庭农场占各类农业经营主体的比例都在 80% 以上。

第三，家庭农场内部家庭成员利益高度一致，不需要精确计量劳动、进行监督，天然地适合农业周期长、受自然环境影响大等特点，是现代化国家农业的主体，也将是未来我国农业的主体，这体现着发展规律。现阶段家庭农场在我国具有很强的生命力和可塑性，总体上处于起步阶段，潍坊如果能在家庭农场上率先突破，必将为创新提升"三个模式"、为潍坊农业农村发展打下坚实的基础，对于长期保持潍坊农业竞争力有重大意义。

发展家庭农场应注意以下几点。第一，落实好政策。中央农办于 2019 年 9 月、省委农办于 2020 年 4 月先后出台家庭农场培育计划的指导意见和实施意见，潍坊 2019 年底先于省里出台指导意见，在土地流转、基础设施、金融服务等方面都有很强的推动力，关键是要抓好落实。现在看，土地流转不规范是影响家庭农场发展的最大制约，上海松江区是发展家庭农场推动城乡融合发展最好的地区，其规范土地流转合同和委托经营合同的做法已经实行十几年，农户与村委签订统一的土地流转委托书，村委与家庭农场签订统一的委托经营合同，操作规范有序，很有借鉴意义。

第二，规模要适度。家庭农场经营规模可以很灵活，不同国家、不同地区、不同历史时期、不同的资金规模和不同经营管理水平，都可以找到合适的经济规模。上海郊区现阶段家庭农场经营规模大致为100~150亩，多年平均收入能够达到甚至超过城市居民的年均收入。

第三，类企业化经营。家庭农场本质上应是以家庭成员为主体的企业，类企业化经营是家庭农场区别于传统小农户经营的最显著特点。家庭农场在发展理念上应有重大变化，既要有适度规模经营，也应向"一业为主"的专业化、标准化、集约化方向发展，鼓励其积极运用机械化、信息化、大数据等精准农业技术，提高农业生产全要素生产率和竞争力。

第四，结合好新型职业农民培育。新型职业农民是以农业为职业、具有相应的专业技能、收入主要来自农业生产经营并达到相当水平的现代农业从业者，自2012年以来，中央就开始部署新型职业农民发展。我们应把家庭农场和新型职业农民结合起来，引导种养大户、专业大户向新型职业农民方向发展，并逐渐升级为家庭农场，强化在运营、技术、培训等方面的支持，培育一批家庭农场中坚力量。

第五，发挥好典型示范引领。建议研究农业农村部发布的第一批26个全国家庭农场典型案例，根据国家、省、市的家庭农场指导意见，制定潍坊家庭农场运营管理、生产技术、质量安全、产出效益等标准，定期评选具有影响力和示范效应的家庭农场典型，积极推广示范。

五　把工商资本下乡作为产业振兴的引领力量

实现乡村产业现代化，新型农业经营主体是主导力量，而工商资本下乡是激发新型农业经营主体快速发展的重要引擎。第一，工商资本可以全方位助力农村产业现代化。没有工商资本力量介入，农村产业就不能与城市产业、与国外农业竞争,而农村产业一旦引入工商资本,就意味着引入了新理念、新技术和先进管理模式。从国内外实践看,美国的"资本+家庭农场"、法国的"资本+合作社+家庭农场"、日本的"直接投资",以及浙江和苏南等农业农村现代化速度快的地区,都得益于工商资本投资农业农村。

第二,潍坊工商资本下乡态势良好,对乡村振兴已起到初步作用。全市工商资本下乡近几年呈现加速增长态势,虽然总量较小,但显现出破解乡村发展"人、地、钱"困境的潜力,对乡村振兴的综合带动效应逐渐凸显。从投资主体看,既有农业龙头企业,又有非农工商资本,近年非农投资主体、外地工商资本比例明显上升,说明农业对工商资本的吸引力明显增强。从发展模式看,有的是"企业+合作社+农户"模式,有的是"企业+基地+农户"模式,还有的农民参股企业成为风险共担的利益共同体,工商资本与农民的利益联结关系逐渐增强。

总的来看,潍坊农业农村具有良好的基础,城市工商资本也有较为充裕的积累,现阶段具备了工商资本大规模下乡的条件,可以预测,未来一个时期潍坊工商资本下乡将迎来一个高潮。

推动潍坊工商资本下乡应重点抓好五方面工作。第一,引导企业提高认识。潍坊许多有能力下乡的企业,没有认真分析乡村振兴对企业发展的重大意义,未对农村这片广阔的"蓝海"进行深入研究;有的企业虽然认识到了乡村振兴的重大机遇,但有畏难情绪,对投资农业心中没底;有的企业过分看重政府政策,把主要精力放在如何最大限度坐享政策红利方面,而不是充分地研究市场规律,导致行动跟不上发展的节奏。建议在全市筛选一批可信、可比、可学的典型项目作为标杆,组织相关企业前往实地考察、交流学习,搭建起企业间交流平台,着力解决部分企业认识不到位、有畏难情绪以及盲目投资等问题,推动更多、更具实力的企业下乡投资。

第二,提升基层政府服务工商资本的能力。基层政府对工商资本下乡的重要性虽有所认识,但普遍未做深入思考与研究,影响政府服务能力的提升。目前各县市区都策划了一批重大涉农项目,但在土地流转、宣传推介、招商引资等方面缺乏有效手段,企业对相关政策和招商项目等信息缺乏了解，影响工商资本下乡进程。建议组织县、乡镇负责同志到浙江、武汉、成都、南京以及潍坊部分地区学习观摩，切实把各地因地制宜、精准施策经验理解到位，把压力传递到位、责任落实到位，进一步调动基层政府的积极性。

第三，引导农民参与和支持流转土地。基层政府尽管做了一些政策解读、疑难解答等动员工作，但部分农民的思想还停留在传统农业生产和经营上，认为土地是农民生活保障的根本，他们不愿为租金去承担失去土地的风险；同时又往往搞不清楚租金是高是低，总有怕吃亏思想，有时企业不得不挨家挨户做工作，耗费了大量的人力、物力和财力。建议研究和灵活采用农民喜闻乐见的方式，重点向农民宣传乡村振兴的大趋势、土地流转等方面的政策法规，让农民认识到工商资本下乡带来的好处，切实提高农民的现代农业意识，让农民以实际行动支持工商资本下乡。

第四，提供全方位金融支持。工商资本下乡项目一般投资大、回报周期长，且容易遭受自然风险、市场风险，按照现行融资政策，不仅贷款难、融资难，还难以运用保险有效规避风险。一是鼓励金融机构积极推行农村承包土地经营权、农民住房财产权抵押贷款，鼓励涉农企业以大型农机具、仓储和经营预期收益权抵押获取贷款支持。二是对符合条件的涉农企业，支持他们通过主板、中小板、创业板、新三板和区域性股权交易市场挂牌上市和发行债务融资，通过发行债券、票据等融资工具扩大直接融资规模。三是引导县市区对金融机构发放规定条件的贷款损失给予必要补偿，支持涉农项目与保险公司的单独投保、单独开单、单独理赔，同时鼓励保险机构通过附加险等方式，覆盖土地租金等成本，提高农业保险保额。

第五，加大基础设施配套力度。目前，涉农项目周边、内部基础设施配套不到位，不仅吸引工商资本入驻的动力不足，还制约项目的后续运营。建议一方面对涉农项目内部基础设施适当补贴，特别是加大对较大规模的涉农项目道路、农田水利、地力提升、农业污染源治理等方面的投入，降低工商资本进入农业的成本；另一方面把涉农项目外部基础设施作为基层政府涉农资金投入的重点，高标准建设水利、电力、道路、绿化等基础设施，促进城乡基础设施建设一体化，提升乡村基础设施建设水平。

需要高度关注的几个问题。一是土地流转和经营行为"非农化""非粮化"倾向。二是工商资本存在投机行为，打着农业开发或龙头企业的旗号，目的却是圈地囤地或是搞资本运作。三是"村庄公司化"现象，即引入一些本村外出的企业老板返乡担任村干部，然后由企业老板成立公司，向村民流转土地，向上申请财政项目，承担乡村建设任务。这种方式虽有合理之处，但易引发私人利益与公共利益不清问题，也不利于基层民主和乡村治理能力提升。四是损害农民利益现象。大规模工商资本下乡，可能会弱化农民的主体地位，导致弱势劳动力无法就业，农民成为资本的雇佣。

六 把信息化作为农业农村现代化的革命性驱动力

没有信息化就没有农业农村的现代化，信息化是农业农村现代化新的时代特征。从传统农业到工业化现代农业再到信息化现代农业，是农业发展的大趋势。信息化对农业农村发展的赋能是全方位的，正在成为推动农业农村现代化的新动能，必将推动农业农村生产力、生产方式发生革命性变化。

潍坊农业农村信息化整体优势不明显，像济宁、菏泽、临沂、枣庄等城市乡村信息化发展都有很多亮点，我们有些领域还没有破题，不仅滞后于农业产业化水平，与潍坊农业在全国的地位也不相称。农业农村部发布的 2018 年全国县域农产品网络销售前 100 榜单，潍坊无一县市区入选，省内青岛城阳区、崂山区，枣庄滕州市入选。

信息化对任何一个地区的乡村振兴都是重大机遇和重大挑战。农业农村信息化在我国总体上处于起步阶段，当前及"十四五"时期是推进农业农村信息化的重要战略机遇期，2020 年 1 月 20 日农业农村部发布《数字农业农村发展规划（2019~2025 年）》，农业农村信息化进程提速，潍坊抓得住就能巩固并扩大领先优势，抓不住既有优势也有可能弱化。

潍坊推进农业农村信息化建设应重点把握以下几个方面。第一，夯实农村信息基础设施。信息基础设施是农村信息化建设的重要支撑，现阶段潍坊乃至全省、全国农村信息基础设施仍是突出短板。应像抓交通基础设施一样抓农村信息基础设施，注重发挥市场作用，充分调动社会资本的力量，推动农村 4G 网络全覆盖、5G 网络重点领域领先。4G 仍然是现阶段农业农村信息化的主要支撑，《数字山东 2020 行动方案》提出 2022 年底实现 20 户以上自然村 4G 全覆盖，潍坊目前行政村已实现 4G 全覆盖，应尽快实现所有农村区域覆盖。5G 将引领农业农村信息化迈向更高层次，现阶段 5G 应用场景还不成熟，且应用成本偏高，不宜在农村大范围铺开，但应积极探索，打造一批像峡山 5G 农场这样的农业信息化项目，在重点项目、重点领域率先覆盖 5G 网络，抢占 5G 发展先机。

第二，与电商企业合作打造淘宝村、淘宝镇。抓住淘宝、京东、拼多多等电商企业下沉农村市场的机遇，以县为单位与这些企业加强合作，打造一批淘宝村、淘宝镇。菏泽在这方面走在了全省、全国前列，菏泽目前拥有 307 个淘宝村、87 个淘宝镇，在全国地级市中排名第 1。这些淘宝村、淘宝镇极大地带动了当地农民增收，比如曹县丁楼村 340 户村民中有 288 户从事电商产业，2019 年全村交易额近 4 亿元，人均收入超过 10 万元，超越北上广等一线城市农村平均水平。

第三，推动涉农企业信息化转型。企业是推动农业农村信息化的主力军，对农业农村信息化具有核心带动作用。应鼓励企业开发农民爱用、常用、易用、好用的手机 App，让手机尽快成为广大农民的"新农具"，因为农业农村信息化不再是简单的电脑上网、电视数字化，智能手机正越来越成为农业农村信息化的重要工具。

第四，搭建涉农信息化平台。涉农信息化平台是政府、企业和农户信息沟通的桥梁。目前各县市区已经建成了一些涉农信息化平台，比如安丘乡村赋能平台就是引进北京恩源科技有限公司发起实施，该平台构建了以县为单元、以镇村为实施阵地、以为农户赋能为核心的三级电商服务体系，赋予农户对接市场、供应产品、参与电商、市场营销的能力，在推动农业增效、农民增收上起到了很好的作用。应高度关注、支持这类平台，对那些效益突出、带动性强的平台应及时发现、提升，在全市范围加以推广。同时，应鼓励潍坊农创集团这样的企业参与建设市级层面涉农信息化平台。

第五，打造全市农业农村大数据中心。2020 年中央一号文件和农业农村部刚刚发布的《数字农业农村发展规划（2019~2025年）》都提出建设农业农村大数据中心。大数据是农业农村信息化的核心资源要素，建设农业农村大数据中心对于推动农业农村信息化至关重要。潍坊2019年底出台的《全市智慧农业建设指导意见》把建设农业农村大数据中心作为一项重点内容，建议由主管部门牵头加快推进，建设过程中应优先选择基础较好的地区、重点领域、重点品种，逐个品种、逐个环节开展试点，边试点边总结，边推进边见效，带动全市不同区域、不同领域农业农村大数据稳步发展。

第六，发挥典型示范引领作用。重点培育、发现一批信息化转型的典型农户和新型经营主体，及时总结经验做法全市推广，充分释放信息化给农业农村带来的发展红利，带动更多农户和新型经营主体用好信息化手段，推动潍坊农业农村信息化水平整体提升。

七 把开放作为潍坊农业对全国再作新贡献的突破点

"三个模式"对中国农业农村发展的重大贡献已经载入史册，引领潍坊农业农村发展走在全国前列也已经有目共睹，潍坊要在此基础上再次对中国农业农村发展作出历史性贡献，就必须寻找新的突破点。没有开放就没有农业现代化，农业开放越来越成为农业农村现代化的标识，可以成为潍坊农业为全国再作新贡献的突破点。

第一，开放是当代中国最鲜明的时代特色。进入新发展阶段，中国经济转型发展中的问题更需要在扩大开放的条件下解决，开放牵动影响全局、开放与改革直接融合、开放倒逼改革的时代特征十分突出。中国目前最先进的地区无一不是开放最前沿的地区，各地最有影响力的发展举措也往往是以开放为目的或者以开放为起因的举措。苏州2020年"新年第一会"就取名为"开放再出发大会"。

第二，中国农业需要更高层次的开放。改革开放以来在我国的双轨制开放进程中，农业多年来都是受保护的重要领域，农业开放整体落后于全国对外开放进程，这对维持农业农村稳定发挥了重要作用，但也带来了农业国际竞争力不足的负面影响。当前，我国农业存在的滥用农药、品牌数量少、智慧化程度低等问题，很大程度是由国际竞争不充分造成的。现在看，我国农业在投资贸易领域的开放已经比较充分，就农产品市场准入、国内支持和出口竞争 WTO 农业谈判三大支柱而言，我国开放程度总体较高，农产品关税平均水平仅为世界平均的 1/4。但从现代农业全产业链看，我国在涉农制造、涉农服务等环节开放程度明显不足，且存在诸多体制机制障碍，已成为制约我国农业竞争力提升的重要短板。

第三，潍坊应争当全国农业开放先锋。一方面，从潍坊的使命与担当看，潍坊在全国农业农村领域地位特殊、使命特殊，争当全国农业开放发展先锋，潍坊责无旁贷。特别是国家在潍坊设立国家农业开放发展综合试验区，是国家以开放推动农业农村现代化的重大举措，潍坊应当坚定扛起国家农综区建设的主体责任，肩负起引领全国农业开放发展的重任。另一方面，从潍坊自身发展需要看，潍坊正处于加快推进农业农村现代化的关键期，根据日本、韩国及我国台湾地区的发展经验，从中上等收入阶段向高收入阶段迈进的过程，是一个国家或地区集聚公共资源支持农业现代化的最快推进期，也是农业国际化水平迅速提高的时期。潍坊 2019 年人均 GDP 接近 1 万美元，处于中上等收入阶段，距离高收入阶段仅有 20% 的空间，潍坊正处于当年日本、韩国、我国台湾地区加快实现农业农村现代化的时期，必须抓住机遇以开放引领和推动农业农村现代化。现阶段农业农村重大问题都应在更加开放的条件下解决，潍坊创新提升"三个模式"、推动"三个突破"，应重视发挥开放的引领和赋能作用，推动本地企业深度参与国际竞争，在高水平竞争中正视差距、倒逼改革、推动转型。

国家农综区是全国唯一的以农业开放为主题的综合试验区，肩负着引领全国农业开放发展的重任，在农业农村领域的地位和作用堪比自贸试验区，应成为潍坊扩大农业开放的核心抓手。其重点把握以下四个方面。

第一，充分借鉴自贸区经验，把农综区打造成农业领域全面开放和制度创新的"农业自贸区"。自贸区是新时代改革开放新高地，林毅夫认为，自贸区推广到全国，意味着全面深改重点任务完成。建设农综区，应充分借鉴自贸区发展经验。一是充分借鉴自贸区发展理念。在自贸区，凡是国外能做的我们都可以试。建设农综区，应旗帜鲜明地树立这种理念：

凡是国内自贸区和国外能做的农综区都可以试。这样，全国农业农村领域几乎所有的试点性改革，农综区都可以率先试验；全国层面没有统一安排的，农综区也可以自主探索。二是率先复制推广自贸区改革创新成果。2013年以来，自贸区累计形成202项制度创新成果在全国复制推广。受区域发展水平、发展理念的影响，各地复制推广自贸区创新成果的效果不理想。农综区应率先复制推广这些创新成果，特别是突出涉农领域和优化营商环境两个方面，让农业开放成为农综区的特色，让一流营商环境成为农综区的标识。

第二，调动企业创新创造热情，推动政府改革和基层探索形成合力。推动政府自上而下的改革和基层自下而上的探索相互促进，是"三个模式"成功的重要经验，也是国内自贸区制度创新的重要方法。从农综区实际情况看，政府层面改革举措不断，但企业在创新求变和政策运用上缺乏积极性，给人留下被"推着跑"的感觉。之所以出现这种现象，主要是因为企业对农综区认识不够。对于农综区的各项改革举措，如果企业不能积极运用和反馈，就无法检验这些政策的合理性，农综区建设也难有大的突破。建设农综区绝不能成为政府的独角戏，企业参与进来尤为重要。一是更大力度宣传农综区。现阶段应运用新闻发布会、报刊、网络、企业座谈等方式加强宣传，向企业讲清楚农综区的政策，让企业知道农综区是什么、农综区能给企业带来什么、农综区内企业能做什么。二是树立典型引领带动企业用好用活农综区政策。建议借鉴上海自贸区相关经验，定期组织"农综区制度创新典型企业案例"评选，表彰和宣传那些运用农综区政策开展制度创新并带来显著效益的企业，充分展现农综区给企业带来的制度红利，引领和带动更多企业用好用活农综区政策。

第三，摆脱零敲碎打的改革试验，以系统集成改革推动制度创新取得实质性突破。零敲碎打的改革试验难以被复制和推广，更难以上升为一种制度和模式，国内自贸区都把集成创新作为新一轮制度创新的探索方向。比如，上海自贸区探索引进外资医院，已经把它从负面清单里拿掉，但是外资医院在建立过程中会遇到国外医师资格的认定等一系列后续问题，要解决这些难点，就必须系统集成。农综区制度创新也存在碎片化现象，针对某一特定环节的改革创新较多，集成性、系统性的改革创新案例较少，难以在关键领域取得实质性突破，对全面复制推广意义有限。解决制度创新碎片化问题，建议从三个方面着手。一是顶层设计要强调系统集成。在政策设计中，同一领域改革举措要注意前后呼应、相互配合、形成整体。二是用好农业对外合作部际联席会议机制、部省市联合工作机制、省级联席会议机制，推进国家部委、省相关部门与潍坊市协同合作，提升制度创新的整体性、系统性和有效性。三是在市级权限范围内进一步理顺管理体制，加强不同部门制度创新的协同性，促进相关改革创新系统集成。

第四，深度融入"一带一路"，打造"一带一路"农业贸易港。以"一带一路"为统领推进开放是国家开放发展大战略，浙苏粤以及苏州、杭州、深圳等地都提出以"一带一路"为统领推进新一轮开放，打造开放新高地，任何一个城市、地区，任何一个工作领域，都应顺应这一大势，在这一大势中争取更多资源，谋求发展先机。农业是"一带一路"建设的重要领域，深度参与"一带一路"建设是深化农业开放的题中应有之义。潍坊具有农业产业、区位交通、开放平台等优势，充分发挥这些优势条件打造"一带一路"农业贸易港，有助于提升潍坊农业开放水平和国际地位。可从三个方面谋划推进。一是以提升现有平台能级为支撑。潍坊拥有一批国家级农业开放创新平台，但部分平台的潜力还没有充分发挥，影响力和辐射力还不够，提升这些平台的能级应成为潍坊打造"一带一路"农业贸易港的首要任务。二是以发展农产品跨境电商为动力。发展农产品跨境电商有助于构建高效便捷的农产品贸易流通体系，推动潍坊农产品辐射更多"一带一路"沿线国家。潍坊应把发展农产品跨境电商作为打造"一带一路"农业贸易港的重要抓手，积极培育和发展跨境电商龙头企业，实现资源整合和共享，加强示范引领作用。三是以贸易便利化改革为保障。加强与"一带一路"沿线国家在检验检疫、认证认可、标准计量等方面的双多边合作，消除各种贸易壁垒，争取成为"一带一路"贸易便利"最大化"的区域。

八 把农村新型社区建设作为农村现代化的重要载体

农村现代化的重要标志是乡村居民与城市居民一样享受高品质的生

活，建设农村新型社区能够为农民提供高质量的基础设施、公共服务、居住环境等，是实现农村现代化的关键手段。日本"农村振兴运动"、韩国"新村运动"都把加强社区建设作为实现乡村现代化的基础性工作。我们以往更多关注的是农业现代化、农村产业现代化，对农村现代化关注相对不足，社区建设试点早、有经验，但远未形成共识，有很大发展空间。

当前农村新型社区建设面临一系列困难和阻力，问题主要有六个方面。一是土地流转后，产业支撑度不够，社区居民就业难度大，就业后再失业比例也很大，面临较大的工作和经济压力。二是大部分农村集体经济收入偏少，社区建设资金主要依靠各级财政，但财政投入远远不能满足农村新型社区建设需求。三是配套改革措施不健全，户籍、行政体制、土地管理、住房产权、集体资产处置等都有待规范。四是公共服务和社区管理尚不成熟。五是对乡村特色风貌有所忽视，对自然景观、历史文化、地形地貌等要素考虑不足。六是农民的积极性还未充分激发出来，个别地方存在群众"被上楼"现象。

农村新型社区建设面临重大机遇。2019年5月中央《关于建立健全城乡融合发展体制机制和政策体系的意见》、2020年4月《关于构建更加完善的要素市场化配置体制机制的意见》，是中央推动城乡融合发展、提高要素配置效率的两项重大政策，潍坊市委提出乡村振兴要"城乡融合、全要素支撑"，完全符合这些精神。农村新型社区联结产业、人才、文化、生态、组织等要素，是衔接城乡资源、实现城乡要素交换的关键节点和纽带。我们应抓住中央推进城乡融合发展的政策机遇，把农村新型社区建设作为城乡融合发展的重要载体，坚持不懈大力推进。

农村新型社区建设应充分借鉴苏南和诸城经验。苏州的城乡一体化经验、诸城的社区建设经验受到国务院发展研究中心等国家有关部门的高度关注，并被总结提炼形成高层次研究成果，进入国家决策。苏州经验的核心是协同推进城镇化和新农村建设，通过乡镇合并、区镇合一、强镇扩权，建设与城镇建筑相融合的新型社区，使分散的小城镇发展成为人口、产业集聚的现代新型小城市。诸城经验的核心是以农村社区建设为总抓手，将社区服务中心2公里半径范围内的村庄和单位规划建设为社区，统筹推进公共服务、基础设施等，形成了县域城乡一体化发展的路子。这些年来，苏州和诸城经验都有进一步的深化和拓展，其经验被很多地区广泛借鉴，我们在乡村振兴的大背景下推进农村新型社区建设，应更加珍惜、充分借鉴两地经验。

我们建议，应按照因地制宜、分类推进的原则，优先以镇政府所在地的行政村、规模大的村为关键节点，集中资源重点支持，率先开展社区化建设，增强带动辐射能力。应重点抓好以下五个方面的工作。

第一，基础设施建设要向城市标准看齐。基础设施是推动农村新型社区建设的先导和基础性工作。社区基础设施只有明显高于农村其他地区、基本接近城市水平，才能对农民产生吸引力，才能保证农村新型社区建设顺利推进。从实践经验看，英国村镇建设、德国"巴伐利亚试验"、我国先进地区社区建设的重要经验都是先完善基础设施，我们应借鉴这些经验。一是离中心城区或县城较近的社区，应优先接入城市供水网络、城市污水管网、城市集中供热系统、城市天然气管网等，实现水、气、暖等基础设施与城市"无缝对接"。二是离中心城区或县城较远的社区，重点加强交通与中心城区或县城的互联互通水平，形成连接城乡的高质量路网；水电气暖等基础设施也要参照城市社区标准建设完善，逐步缩小与城市的差距。三是高度重视信息基础设施建设。鉴于信息化是当前推进产业变革和科技革命的重大战略机遇，对农业产业融合、技术创新、乡村治理等领域同样发挥巨大的推动作用，我们应高标准建设智慧社区。四是在社区基础设施建设过程中，应借鉴浙江等"大花园""生态村"经验。更加注重生态建设，注意保持社区的乡土气息和田园风光，依托社区特点、自然风貌、产业优势等打造一批特色社区、特色小镇。

第二，把优化公共服务作为重要内容。优化乡村公共服务可以实现城乡基本公共服务均等化、促进城乡要素双向流动。建议从两个层面推进，一方面，重点加强农村社区服务中心建设，推行"一站式"服务，能在社区办的在社区直接办，不能办的由社区干部全程代办，推动公共服务体系向农村社区延伸；另一方面，引导市场发挥决定性作用，探索建立政府购买城乡社区服务机制。原则上能由政府购买服务提供的，积极引导社区组织和社会力量承接；能由政府和社会资本合作提供的，广泛吸引社会资本参与。服务主体方面，鼓励金融、电信、燃气、自来水、电力等单位设点服务；服务领域方面，支持市场主体提供农业市场信息、农资供应、农业绿色生产技术、农产品营销等生产性服务，以及社区卫生、幼儿托管、家政、购物、中介、养老等生活性服务。

第三，把现代产业作为农村新型社区的重要支撑。有产业，农民就业就有基础，农民收入就有保障，农民就能就地就近城镇化。苏州的小城镇通过兴建园区，培育壮大产业集群，在衔接城乡、集聚人口和产业方面发挥了重要作用。以现代产业支撑农村新型社区发展，一是因地制宜确立主导产业，社区集聚的产业应是与农业相关联的融合型产业，这些产业经济效益和吸纳就业能力都比农业高，对吸纳人口在社区居住更有吸引力。二是对于以第二产业为主的产业，鼓励园区化发展，建设产业基地，打造产业集群，吸引资金、项目、技术、人才等各类要素集聚。三是注意引进企业总部。德国61%的人口生活在小城市和镇，排名前100的大企业，只有3个将总部放在首都，很多大企业的总部都设在小镇上，国内美的、碧桂园两家千亿级企业也把总部设在佛山市北滘镇。潍坊应打造一批能够承载企业总部的特色小镇，率先引进乡村旅游、田园综合体这样的高度依赖当地农业资源的企业，并逐步扩大至其他类型的企业。

第四，建立多元化资金投入机制。农村新型社区建设，无论是基础设施建设、住房建设，还是公共服务建设，都需要投入大量资金。应在政府的主导、引导下加大投入，既要加大政府投入，又要广泛吸引社会资本参与，采取多种方式联建、共建。要有效整合各种资源，包括领导力量、部门资源特别是涉农项目资金、农村自有资源、社会资源等。要用好城乡建设用地增减挂钩政策，把增减挂钩的土地收益用于社区建设，并把上级各种扶持政策，包括卫生、体育、文化等都往社区建设上倾斜。要通过这些方式和手段，鼓励和引导社会资本参与农村新型社区建设，形成多元化的资金投入格局，有序推动农村新型社区建设。

第五，发挥典型社区示范作用。农村新型社区建设是一项系统的社会工程，需要因地制宜、循序渐进、统筹实施，在这过程中应注重示范引领，以点带面推动面上工作。通过总结国内先进地区的做法，我们认为以下五种模式值得学习借鉴。一是产业集聚园区带动模式，即统筹园区与园中村规划，统筹布局基础设施建设，集中建设农村社区。二是以中心村为圆点多村联建模式，即由一个经济强村通过吸纳周边经济欠发达村，整合形成一个农村社区。三是村企共建模式，即企业是农村社区建设的主体，社区管理和服务主要由企业承担，形成以企业为主体的社区建设和服务机制。四是移民异地搬迁模式，即位置比较偏远或者不宜居住的村庄到中心镇村集聚。五是旧村集聚建设模式，即在传统村庄的基础上，通过多种形式将城郊村和镇街驻地村进行重新规划，将原来居住布局比较分散、基础设施比较落后的村庄进行拆旧建新，同时吸纳周围村庄的农户入住。

九　破解土地制约是潍坊农业农村发展的关键

土地问题始终是农村改革发展的核心问题。历史和实践反复证明，农地问题始终是贯穿中国农村各个发展阶段的根本性问题。我国改革开放从农村起步、从土地改革入手，解放了农业生产力，找到了推进工业化和城镇化的突破口；新时期深化农村改革、推进乡村振兴，主线仍然是处理好农民与土地的关系，土地制度层面的改革与创新，仍然是激活主体、激活要素、激活市场的突破口。

对潍坊而言，土地问题看上去似乎不是最迫切的问题，实际上已经成为最关键的问题。改革开放以来，中国农村土地政策能够保障农民的基本权益和基本生活，因此，中国没有像巴西、阿根廷、墨西哥等国家在高速工业化和城市化过程中在城市形成巨大的贫民窟，这是中国土地政策的历史性成就，但在一定程度上阻碍了土地流转，也限制了经济效率。这些年，土地制度改革一直是各界关注的焦点，只是因为进展缓慢、迟迟没有突破性进展，久而久之大家习以为常，逐渐演化成类似"灰犀牛"事件。当前农业农村改革发展几乎所有的问题都涉及土地问题，比如，工商资本下乡、培育家庭农场，制约因素尽管很多，但最关键的还是土地问题。解决不了土地问题，农业规模经营就难以实现，人才、资金、技术等要素集聚问题就难以解决，标准化、品牌化、国际化就难以快速推进，农村新型社区建设就举步维艰，农民财产性收入就难以实现，农业农村现代化难有大的突破。

潍坊作为全国农业农村发展的标杆，理应在土地制度改革上走在前列，但值得注意的是，2015年3月国家正式启动农村土地征收、集体经营性建设用地入市、宅基地制度改革试点，33个县（市、区）被列入试点范围，山东仅德州禹城入选。潍坊在土地制度改革方面前期做了大量工作，但无一县（市、区）入选改革试点，这与潍坊农业农村在全国的地位不相称，尤其是在拥有国家农综区这一金字招牌的情况下，我们必须要有紧迫感和危机感。

潍坊破解土地制约，一方面用足中央出台的土地政策，另一方面用好国家农综区先行先试的政策优势，结合实际有所突破。

关于承包地改革，重点是放活土地经营权。承包地"三权分置"是指所有权、承包权和经营权分置并行，当前我们主要通过"三权分置"来解决土地流转问题。国家统计局山东调查总队调研显示，农民对"三权分置"不了解的接近60%，非常了解的仅占8.1%。从我们调研的情况看，远远达不到这个比例，绝大部分的镇村干部、镇村书记不清楚、不了解，甚至于有的县市区负责同志也回答不上。"三权分置"改革作为国家大政方针，能在全国推广，肯定有成功的地方和经验，但潍坊如此之低的知晓率，说明我们将中央政策与潍坊实际相结合方面做得有欠缺。我们分析，主要是实践中承包权与经营权结合过于紧密，很多农户认为承包经营权是同一个权，限制了经营权的流转，这可能是影响承包地改革的重要原因。为此我们建议，承包地改革应着眼强化所有权与承包权结合度，弱化经营权与承包权结合度，这与中央关于保持土地承包关系稳定并长久不变、充分发挥土地保障功能的精神是一致的。具体操作中，应强化集体操作力，推动由村集体统筹管理农户的承包权，以此放活土地经营权。一是以县或镇为单位研究推行统一的规范性合同文本。一方面规范村集体所有权与农户承包权的关系，另一方面规范"村集体所有权+农户承包权"与受让方经营权的关系，以此推进受让方只与村集体发生契约关系，可以更好地保障受让方的经营预期长期稳定。二是明确受让方准入资格。受让方在行使经营权时，往往存在经营风险，这种经营风险对农户承包权的保障构成一定威胁，必须对经营者的资质、准入等设置门槛规避风险。对家庭农场流转土地的，应该要求达到一定规模；对下乡工商资本项目流转土地的，应健全资本投资乡村产业的准入和退出机制，加强对工商资本下乡的全程全域服务和监管。三是因地制宜开展土地流转。对放弃、退出的承包地，由村集体统一有偿收回管理，按改革要求由村集体统一经营；对个别不愿流转的农户，在充分协商的基础上，通过置换、调整等方式确保成片流转。

关于宅基地改革。宅基地"三权分置"，是指宅基地所有权、资格权和使用权分置并行。当前国家的政策导向是，鼓励各地探索宅基地"三权分置"具体实现形式，探索宅基地有偿使用和自愿有偿退出机制，开展闲置宅基地复垦试点等。山东社会科学院第四次全省经济社会综合调查显示，23%的家庭拥有 2 处以上宅基地住房，实际闲置率为 15%。从我们的调研情况看，潍坊很有可能高于这一比例。

为此我们建议，一是开展宅基地闲置情况调查摸底。组织有关部门、选派专业力量，开展全市宅基地和农房利用现状调查，摸清宅基地住房闲置、宅基地废弃等基本情况，为后续工作提供数据支撑。二是研究闲置宅基地回收利用办法。办法制定要与国家政策做好衔接，在依法确权登记的前提下，注重充分尊重农民意愿、全面保障农民利益，积极推进闲置宅基地流转和退出。三是探索制定统一的补偿参考标准。宅基地退出过程中的收益分配是一个重点问题，直接关系农民退出宅基地的积极性和主动性。目前收益分配过程还存在一些问题，比如补偿标准不统一、利益表达机制不完善、地方政府角色不明确等。应坚持问题导向，探索以镇域为单位制定统一的补偿参考标准，镇域内各村参照标准，结合自身条件因地制宜开展宅基地退出补偿工作。四是用好城乡建设用地增减挂钩政策。一方面，增减挂钩指标优先用于项目所在地的农民生产生活、农村新型社区、农村基础设施和公益设施建设，留足农村非农产业发展建设用地空间，支持农村新产业新业态发展和农民就近就地就业，确保农民利益和农村集体经济组织利益；另一方面，节余指标调剂到城镇使用时，可优先用于商品性住宅、商服等经营性用地，最大限度提高土地增值收益。

关于集体经营性建设用地改革。在前期试点的基础上，2019 年国家修改了《土地管理法》和《城市房地产管理法》，为农村集体经营性建设用地直接入市提供了法律依据。法律修改后有四点需要我们重点关注。一是明确了入市范围，即必须是土地利用总体规划、城乡规划确定为工业、商业等性质的集体经营性建设用地。二是明确了入市条件，即必须经 2/3 以上集体经济组织成员或村民代表同意后方可出让、出租。三是明确入市程序，集体建设用地不必再经过征收转为国有土地的程序，而是在批准后可直接入市。四是明确了入市土地权能，集体建设用地使用权可参照同类用途的国有建设用地进行转让、互换、抵押等。

鉴于国家正在研究集体经营性建设用地入市的具体指导意见，我们建议，一是尽快摸清集体经营性建设用地底数。组织相关部门开展全市集体经营性建设用地现状调查，摸清存量集体经营性建设用地的基数、地块、权属等情况，确定可以入市的集体经营性建设用地资源底数。二是即行谋划集体经营性建设用地入市工作。上述国家法律修改的重要依据是全国 33 个农村土地改革试点做法，我们应充分利用国家农综区先行先试优势，选择这次法律修改肯定了的试点经验做法，即行借鉴推进集体经营性建设用地入市工作。

十　充分调动农民积极性

"组织引领、全民行动"，组织引领终究要落实到全民行动上。乡村振兴为了农民，更要依靠农民，调动农民积极性是激发乡村振兴内生动力的关键所在。从实际情况看，农民对乡村振兴知晓率低、参与乡村建设的积极性不高，在农村人居环境整治、土地流转等许多工作中需要政府推着走，乡村振兴缺乏内生动力。潍坊农业人口超过 400 万，人口基数大、创造力强，如不能充分调动这些农民的积极性、汇聚乡村振兴的强大动能，乡村振兴难有大的突破。

第一，调动农民积极性应着眼多个方面。调动农民积极性，不仅包括鼓励农民投身乡村建设，如以入股的方式修建乡村基础设施；也包括引导农民积极响应上级政策、发挥自身创造力推动改革创新等，比如引导农民服从安排进行异地搬迁、积极流转闲置土地、积极参与乡村自治、以市场化理念进行生产经营、推动生产生活信息化转型等，这些方面的积极性对于乡村振兴将产生更长远的影响，应高度重视。

第二，调动农民积极性应高度重视市场化手段。从前些年推进新农村建设开始，各地都在尽其所能调动农民积极性，从实施效果来看，市场化手段是调动农民积极性最有效、最持久、最根本的手段，它能够给农民看得见、摸得着的实惠。典型的例子是在农业机械化过程中，将补贴直接给农机手，而不是给农机生产企业、经销商和农民，这样，既抓住了事物的主要矛盾，又以市场化手段充分调动了农机手的积极性，农业机械化进展顺利，成效显著。日本、韩国及我国台湾地区在推进农业农村现代化过程中都高度重视以市场化手段调动农民积极性，日本"造村运动"中，政府通过议题引导、举办培训班、培育人才等方式，让村民具备了从大家的共同利益出发经营乡村产业的愿望与能力。韩国"新村运动"明确新村项目建设的受益人、受益方式、受益额度等，有效调动起农民参与的积极性。我们现在推动乡村振兴，特别是开展农村人居环境整治、美丽乡村建设等工作，应注重借鉴和使用市场化办法调动农民积极性。

以市场化手段调动农民积极性，应抓好四个方面。一是让农民知道参与乡村振兴能够受益。乡村振兴有一系列优惠政策，对于推动农民增收具有重要作用。农民之所以积极性不高，主要是因为对这些政策信息不了解，不知道这些政策能给自己带来什么利益，更不知道如何获得这些利益。应加大政策宣传力度，让农民知道这些政策与自己密切相关，能给自己带来实实在在的好处。同时，要挖掘通过参与乡村振兴实现致富的典型农户，在全市范围内广泛宣传，充分展现乡村振兴给农民带来的政策红利。

二是以市场化的补贴调动农民积极性。普惠性的补贴对于提升群众获得感有一定作用，但对调动农民积极性效果不好，应尽量少用。在进行农业补贴时，应找到调动农民积极性的关键环节，以市场化手段充分发挥补贴对农民积极性的带动作用。比如海南临高县以种植辣椒而闻名，2020年初受新冠肺炎疫情影响辣椒一度滞销影响农民的种植积极性。临高县政府及时采取补贴措施，收购商只要按照 0.4 元/斤以上的价格收购辣椒，政府就以每斤 0.1 元补贴给收购商，这项措施直接对收购商补贴，而不是对农民补贴，通过调动收购商的积极性进而调动农民下田采收辣椒的积极性，有效保护了当地支柱产业。

三是鼓励农民以市场化理念探索增收途径。引导农民充分利用自有的资金、技术、房屋、设备等资源要素从市场获取收入,如以土地入股农业龙头企业、抵押农机设备获得贷款、出租闲置房屋获取房租、网上销售农产品等。

四是以市场化方式强化农民主体地位。农民是乡村振兴的受益主体、建设主体和治理主体,强化农民主体地位应高度重视市场化手段。在乡村基础设施建设中,应尽量少用政府全额投资的方式,可采用股份、基金、担保、贴息等市场化方式,吸引社会资本特别是农民资本有效参与,以此强化农民的建设主体地位。

十一　农业不宜作为潍坊城市核心竞争力

农业发达国家和地区均未把农业作为核心竞争力,工业和服务业在城市核心竞争力中占主导地位是普遍规律。从全球看,山梨县是日本农业生产率最高的县,农业产值占GDP比重的10%,第三产业占比达到66%,围绕富士山开发的旅游业是核心产业。加利福尼亚是美国农业最发达的州,农业产值占全美农业产值的13%,但在该州GDP结构中农业仅占2%,第三产业占比超过70%,信息技术产业、生物科技产业、影视娱乐业是该州的战略优势。荷兰、以色列设施农业全球领先,但其农业占GDP的比重均仅为2%左右,高新技术产业和服务业仍是国民经济支柱产业。从全国看,苏州代表了全国农业现代化的最高水平,农业占GDP的比重仅为2.2%,服务业占比超过50%,先进制造业和现代服务业才是苏州的核心竞争力所在。

农业是潍坊的显著优势,但显著优势不一定是城市核心竞争力。城市核心竞争力是在长期发展和竞争中形成的,蕴含于城市发展最基础层面,能对区域资源优化和配置起决定作用的要素组合,具有独特性、增值性和成长性等特征,难以被模仿与复制。潍坊农业的显著优势,如种植规模大、生产效率高等,都是相对于全国农业而言,是横向比较的结果。对照城市核心竞争力的特征,农业发展容易被模仿、增值性较弱,在工业化和信息化时代大背景下成长性也不足,因此,农业不宜成为城市核心竞争力。

要充分发挥好农业对潍坊城市竞争力的基础性支撑作用。农业农村发展的显著优势可以为提高城市竞争力带来若干益处，历史上潍坊农业在促进农民增收、推动城乡产业融合等方面曾发挥过重要作用。未来，潍坊可以在多个方面继续发挥农业对城市竞争力的基础性支撑作用。比如，支撑信息化的推广应用，通过大力发展现代农业，特别是推动 5G、区块链等新一代信息技术在农业领域率先应用，既可以提升农业现代化水平，也可以形成示范效应，推动新一代信息技术与产业融合发展，助力形成智能制造高地。又如，推动城市基础设施、公共服务向农村延伸，加快推进城乡融合发展，这样既可以释放农村巨大的投资需求，补齐资源配置短板，也可以扩大枢纽经济辐射面，完善城市枢纽功能。同时，农业发展对稳定社会预期、维持社会秩序也相当重要。

十二　争取青岛农业大学全面为潍坊所用

潍坊与青岛农业大学全方位合作是双赢选择。潍坊需要青岛农业大学。农业现代化关键在科技进步。潍坊农业农村的优势很大程度上是因为在科技方面走在前列，在乡村振兴背景下，我们比以往任何时候都更需要为农业"插上科技的翅膀"。青岛农业大学建校于 1951 年，发展到现在已经拥有 24 个教学院部、2009 名专任教师、3 万多在校生，拥有 5 名双聘两院院士、3 名长江学者、20 名国务院政府特殊津贴获得者、24 名泰山学者系列人才。对潍坊而言，这是难得的资源。

青岛农业大学需要潍坊。从莱阳农业学校到莱阳农学院再到青岛农业大学，学校发展几经变迁，目前有城阳、平度、莱阳、蓝谷 4 个校区，2007 年主校区迁至青岛城阳区，定位也从主要服务烟台扩大到青岛，正在努力扩大到全省、全国，现在青岛农业大学的科技服务已经辐射到贵州、云南、海南等 20 个省区市。青岛农业大学正在争取成为有特色的一流大学，亟须有更好的服务腹地，而潍坊农业在全国地位特殊、优势突出，是其绝佳的实践基地，一定能够为其大显身手提供广阔的舞台和空间。

潍坊利用青岛农业大学的条件得天独厚。一方面，潍坊是青岛农业大学难得的服务腹地;另一方面,潍坊与青岛农业大学临近,其他地区都没有潍坊与青岛农业大学这样便捷、持续、长久的合作优势。我们借力青岛农业大学应尽快形成共识,争取全面借力成为青岛农业大学服务的重要甚至主要对象。

对此的建议,一是成立领导小组。由市主要领导任组长,统筹推进合作事宜。设立工作推进机构,研究制定合作方案,确定合作原则、合作领域、合作方式、合作项目等,尽快实现实质性合作。合作应是全方位的合作,产业振兴、人才振兴、文化振兴、生态振兴、组织振兴五大领域都要覆盖,政府部门、企业、农村等各类主体要全面对接,技术、人才、市场、平台、资金等要素都要充分互联。

二是鼓励各县市区、镇及农业龙头企业充分对接青岛农业大学。县市区和镇应与青岛农业大学或二级学院、研究所等各类机构建立常态化沟通机制,探索通过政府购买或个别对接等方式,邀请专家进行现场指导、技术支持、把脉问诊、辅助决策等。鼓励农业龙头企业借助青岛农业大学高端科技创新平台、重点实验室、师资力量等优势资源,进行科技攻关、技术研发、骨干培养等;鼓励现代农业产业园区与青岛农业大学重点在现代农机装备、农业大数据应用、智慧农业等方面开展合作,实现产学联动、深度融合。

三是把潍坊变成青岛农业大学的实习基地、研究基地。定期邀请青岛农业大学专家教授来潍坊调研考察,推介潍坊的优势农业资源和项目,吸引他们在潍坊建立教授工作站、职业农民讲习所、合作社学院、乡贤文化工作室等常驻机构。为青岛农业大学在潍坊开展工作提供交通、食宿、调研等方面的便利条件。

四是利用青岛农业大学提高本地办学水平。山东畜牧兽医职业学院、潍坊职业学院等院校的涉农学科应充分借力青岛农业大学,提升师资队伍、专业建设、人才培养等水平。潍坊职业农民学院可以与青岛农业大学共建。

五是特别要借力青岛农业大学合作社学院,这是我国高校目前唯一的合作社学院。"家庭农场+合作社"是发达国家农业生产的共同模式。我国农业合作社在发展过程中出现了一系列问题,远远不能适应现阶段农业发展的需要,如何推动合作社健康科学发展是关系农业农村发展道路的重大课题。青岛农业大学在我国率先设立合作社学院,在国际上有一定的影响力,应借力研究潍坊合作社发展路径,为全国农业合作社高质量发展蹚出一条路子。

(2020 年 4 月)

关于国家农综区建设模式的分析思考

李　波　李少军　方典昌　周志鹏

国家农综区自 2018 年 8 月国务院批准建设以来，按照国务院和部、省有关要求，就农综区建设模式进行了积极探索。两年来，国家农综区以习近平新时代中国特色社会主义思想为指引，坚持世界眼光、国际标准，走出了一条以开放为引领、以科技创新为支撑、以产业融合为方向、以综合改革为保障的建设路子，农综区建设取得显著进展。

一　坚持以开放为引领，打造"农业开放发展引领区"

没有开放就没有农业农村的现代化，当前中国农业最需要开放引领。以开放为引领意味着，所有的科技创新、产业发展和改革试点等工作事项都要聚焦开放，以开放促发展、促改革、促创新，这是农综区发展的首要逻辑。从这个意义上讲，开放不是游离于各项工作之外的某一项工作，而是推进所有农综区工作的重要方法论。

一是大力度"双招双引"。着力开展招商引资、招才引智攻坚行动。农业农村部和省委省政府领导在出访考察、会议论坛等活动中多次专场推介国家农综区；英国、荷兰、以色列等驻华使节，"一带一路"国家双向投资促进会成员等先后到潍坊考察，2019 年以来共接待国内外客商和参观考察团队 580 多批 7400 多人次。瞄准世界 500 强、中国 500 强中的农业及食品行业领军企业开展"双招双引",与先正达公司、正大集团、中农投集团、中粮集团、国药集团、山东土发集团等国内外知名农业龙头企业开展合作洽谈。正大潍坊项目总部已落户农综区总部基地,正大集团现代食品(360万只蛋鸡)全产业链项目开工建设,填补了潍坊世界500强农业龙头企业的空白,与正大集团就建设中日现代农业"双国双园"达成合作意向;投资30亿元的"一带一路"粮谷产业项目已签订协议;滨海现代农业(畜牧)产业园实现境外资金到账1000万元人民币;中国农创港、国际博览园、乡村振兴博览园等一批重大项目落地建设;袁隆平海水稻小镇、山东牧院智慧农牧示范园等项目开工建设。

二是推动优势产业优势企业"走出去"。充分发挥产业、技术优势引导企业"走出去",逐步探索企业总部在潍坊、基地在境外、营销网络遍布全球的农业国际合作机制,目前,20多家涉农企业实施海外并购或在国外投资建厂(园区)。寿光蔬菜产业集团在荷兰、泰国建立蔬菜研发育种基地,采用工厂化生产模式种植,大量潍坊蔬菜实现了"产地销";山东得利斯收购澳大利亚优乐诺集团45%股权,利用其技术、品牌、管理优势,拓展业务范围,年牛肉进口1万吨以上;山东锦昉棉业科技公司在津巴布韦建设海外种植园区,利用国外地理、气候优势进行农作物种植,年销售收入6000多万美元。企业通过"走出去"进行资源开发,既有效缓解了国内土地资源供应不足的矛盾,实现了优势互补,也有效规避了贸易壁垒,扩大了市场份额,提升了农业国际竞争力。

三是着力破解国际贸易壁垒。围绕畅通出口贸易渠道,发挥食品农产品技术性贸易措施研究评议基地功能,提报特别贸易关注11项全部被海关总署采纳,在WTO机制下协调交涉,数量居全国地级市第1,成功解决了输韩胡萝卜退运、澳大利亚蒜薹滞港等问题,也使全国同类农产品企业出口受益。代表国家顺利完成新西兰官方对我国生姜生产监管体系的准入评估,我国生姜正式获准出口新西兰。

现在看,开放发展引领赋能农综区开始显现。下一步,农综区将深刻把握开放发展的鲜明主题,努力破除农业开放发展瓶颈,积极探索农业开放发展模式,在开放环境下集聚创新优势和发展资源,以开放引领推动农业农村现代化。当前,重点抓好以下三个方面工作。

一是聚焦"一带一路",搭建更高水平对外合作平台。践行"一带一路"倡议下"引进来、走出去"战略,搭建中外对话沟通与交流合作的平台,将潍坊打造成为"一带一路"国际农业合作的技术中心、物流中心、产业中心、金融中心、交易展示中心。争取省新旧动能转换基金、国家丝路基金对农综区企业的支持,凡符合条件的在农综区注册的企业走出去项目,优先给予基金支持;争取商务部驻"一带一路"沿线国家"经商处"支持,获取所在国发展规划、招商引资等信息,对信息进行梳理和筛选后集中向企业推介,寻找契合点。

二是聚焦国际贸易,汇聚更多国际化元素。针对食品农产品国际贸易中的难点、堵点、痛点,围绕提高通关便利化水平,进一步加大政策创新力度,加快建设国际交易平台、跨境贸易大数据平台,建立中日农产品检验检测互认机制,探索与中国香港渔农署建立蔬菜质量标准互认机制,创新实施海关质量监管与快速核放政策,构建食品农产品国际贸易新体系,形成农业国际交流合作新格局。聚焦世界一流的人才、机构、产业、项目等进行科学招引、汇集资源。借鉴青岛、苏州等城市做法,涉农开放发展的政策、规则和办事流程等要符合国际规则,如涉外会议邀请外宾、政策文件有国际版本等,选派一定数量的干部赴国内外先进城市学习农业开放发展的经验、收集相关信息。

三是聚焦市场主体,营造最优营商环境。瞄准世界500强、中国500强中的农业及食品相关企业,系统性推出和落实"双招双引"政策,建立优质、高效、便捷的服务体系。高度关注现有产业政策和国家自贸区政策中涉及农业领域的相关政策,争取强化政策集成创新。借鉴广州、苏州等先进城市的经验做法,加速打造法治化、国际化、便利化的营商环境,在事中事后监管、商事制度改革和保护知识产权等方面走在全国前列。

二 坚持以科技创新为支撑,打造"农业科技创新先行区"

科技创新是当今世界农业现代化的基本特征,也是中国农业开放发展的基础支撑。农业只有更强有力的科技支撑,才有可能摆脱弱质产业的地位,才能在国际上有竞争力。农综区始终坚持以科技创新作为推进农业开放发展和农业现代化的重要支撑，不断集聚高端科技成果和高层次人才，逐步形成发展新动能。

一是大力推进种业创新。种业是国家战略性、基础性的核心产业，习近平总书记强调一定要下决心把民族种业搞上去。农综区把现代种业作为农业科技创新的"芯片"，依托本地产业优势和资源禀赋，重点在种子研发和新品种选育上先行先试。充分运用国家赋予的政策，投资30亿元建设702亩的国际种业研发集聚区，目前一期200亩基本建设完成；引进优奈尔生物科技有限公司成立院士工作站，汇集国内国外优质的种子资源共同开展育种研发；同时积极与先正达集团、正大集团等国际知名农业龙头企业洽谈种业合作事宜。目前全市国产蔬菜品种市场占有率已达80%，西葫芦、甜瓜等国产品种达到90%以上。

二是推进建设一批创新平台。科技创新平台是集聚资源的有效载体，能够推动科技、标准、人才等要素加快集聚，为农综区高质量发展提供支撑保障。由北京大学、山东省政府共建的北京大学现代农业研究院建成投用，建成公共科研平台3个、转化平台1个、独立实验室4个；全国蔬菜质量标准中心综合服务信息平台已开始试运行，完成粤港澳大湾区"菜篮子"生产基地山东地区相关标准汇编和设施蔬菜国际标准建议；齐鲁农村产权交易中心与省水发集团开展全面合作，从天津股交所招聘专业团队进行运营，升级为省级平台；东亚畜牧交易所股权转让工作已达成合作意向；引进中国（潍坊）食品科学与加工技术研究院、中国绿色食品协会花生专业委员会、浙江大学诸城高品质肉研究中心等一批高层次创新平台，打造农业创新创业动力引擎。

三是汇聚农业科技人才。农业科技创新的核心在人才。农综区高度重视农业科技人才对科技创新的支撑作用，全力吸引涉农科技人才入驻。成功引建北京大学现代农业研究院，引进5名科学家领衔的42人科研团队。全国蔬菜质量标准中心吸引方智远、李天来、邹学校、赵春江4名院士及67名专家入驻。国际院士谷与33名中外院士建立联系，引进韩国科学技术翰林院郭尚洙院士在农综区设立优奈尔生物院士工作站。

下一步，重点把握好以下几个方面。一是科技创新政策突出农综区的特殊性。对在农综区注册运营的涉农企业引进的人才，予以适当倾斜支持，在生活补贴、科研经费等方面高于其他地区的企业，高出部分的费用可请省、国家支持。目前多数自贸区依托本地高校成立自贸区研究院，如厦门大学自贸区研究院、上海财经大学自贸区研究院、西南财经大学自贸区研究院等，在条件成熟时，择机成立国家农综区研究院。

二是借鉴国内外科技创新成功经验。国内方面，借鉴南京国家现代农业产业科技创新示范园发展经验，该园区系国内首家国家级现代农业产业科技创新中心，在推进科技与产业融合、科技与人才融合、科技与科技融合、科技与金融融合等方面走在了前列，应重点借鉴科技与其他要素融合发展方面的做法。国际方面，学习欧洲厄勒食品产业集群、荷兰瓦赫宁根食品谷的有关经验，重点是协调政府、科研机构、企业三者关系以集聚研发机构服务企业需求等方面的经验。

三是抓住科技成果转化这一核心。培育发展技术市场平台，可灵活采取股权投资、基金扶持、后补助等方式，支持搭建技术产权交易服务平台，培育具有区域和产业特色的技术交易市场，为科研人员开展科技成果转化提供财务、金融、技术和政策信息等专业支持。健全技术成果转化服务平台，依托中科院山东综合技术转移中心潍坊中心等技术转移转化服务机构建设，推动科技成果落地转化为实实在在的产业、项目和产品。

四是抓好信息化这一关键。一方面，提升信息基础设施特别是5G能级，在农综区核心区率先构建高速、移动、安全、泛在的新一代信息基础设施，某些重点领域和关键环节确保全国全省领先；另一方面，以"互联网+政务服务"实现"一次办好"改革，特别是高标准建设好农综区政务服务大厅，实现数据和审批的共享域高效联通。

三 坚持以产业融合为方向，建设"农村一二三产业融合发展示范区"

融合发展是当今世界农业现代化的另一基本特征，凡是实现农业现代化的国家和地区无一不是融合发展的典范，产业融合的程度在一定程度上决定着开放发展、科技创新的高度。农综区深刻把握融合发展这一规律和趋势，抓住关键环节、核心问题集中发力，一二三产业融合发展开始起势。

一是培育产业融合发展主体。出台《关于加快培育农业"新六产"推动现代农业发展的实施意见》，从财政金融、人才培育、用地用电、产权改革等方面，对农业龙头企业、农民合作社、家庭农场等"新六产"发展主体进行支持。大力实施"5566"培育工程，即培育50家农业龙头企业、50家农业产业化联合体、60家农民合作社示范社、60家示范家庭农场，目前组建了总额为2亿元的农业"新六产"发展引导基金，农业龙头企业纳入《潍坊市行业龙头企业群培育方案》、列入"隐形冠军"库培育的数量达20家以上。

二是做优产业融合发展平台。通过建设寒亭国家农业产业园区、安丘农谷、诸城农产品加工园区、寿光现代农业高新技术集成示范区等一批产业融合发展平台，初步形成各级各类园区引领、重点龙头企业带动、原料基地配套、现代物流畅通的农产品产加销格局。

三是塑造产业融合新型业态。通过贷款贴息倡导、工商资本下乡主导、农村一二三产业融合发展试点引导等，大力发展新产业新业态。探索形成了以山东佳士博食品等为代表的全产业链发展型，以峡山"优渥"有机汇等为代表的电商带动型，以庵上湖农业示范园等为代表的功能拓展型，以华以农业科技等为代表的科技渗透型，以青州花博会电商平台等为代表的产业集聚型等各具特色的产业融合模式，推动农业全面发展、多样化发展、高质量发展。

产业是农综区高质量发展的关键。下一步，既要在推动一二三产业发展上融合，又要在资源要素上融合，更要在功能配套上融合，切实发挥"综合试验"的作用。

一是持续抓好产业融合载体平台。平台在产业融合发展中起引领性、推动性作用，能有效集聚各类资源加快产业融合发展。重点抓好袁隆平海水稻小镇、山东牧院智慧农牧示范园、万亩强筋麦生产基地、国际农产品加工产业园等园区建设；培育一批有示范带动效应的农业龙头企业和三产融合示范项目，引导市场主体向优势产区、综合性加工园区集中，因地制宜组建农业产业化联合体。

二是加快推进"互联网+现代农业"。推进"互联网+现代农业"是推进农业供给侧结构性改革、提高农业发展质量和效益的迫切需要，也是推进农村一二三产业融合发展的有效途径。紧盯趋势前沿，深化与正大集团集采中心、巴龙集团央联万贸等平台的合作，推进工业互联网在农业领域的应用，改造提升传统农业生产、流通和销售。借力全国跨境电商综合试验区，发挥农综区优势，建设国际农产品食品贸易电商平台，推动农产品食品跨境电商突破发展。

三是开发农业多重功能。跨界融合是产业融合发展的显著特征，新技术、新业态、新商业模式贯穿其中。应注重跨界融合发展，大力推进农业与教育、文化、旅游、康养等深度融合，创新开发农业农村旅游项目，发展农业研学游、精品民宿等新业态。培育一批像东篱田园综合体这样的集休闲农业、康养体验、农耕文化于一体的综合功能区，延伸农业产业链，提高农业附加值。

四 坚持以综合改革为保障，打造"体制机制创新试验田"

改革是发展的根本动力，注重改革的系统性、整体性、协同性，是新时代农业开放推深做实的基础选择。我国农业在外商投资、农产品进出口等领域的各类障碍、壁垒已基本消除，在某些领域的开放程度已达到或者超过世界平均水平，但是我国农业的国际竞争力仍然不强。究其原因，主要是与综合改革不到位、不协同有关。农业开放涉及农村治理、城镇化、信息化、金融等多个方面，单一领域的改革很难为农综区建设提供保障。综合改革才是农综区建设的生命线，不改革就没有农综区的今天，综合改革不够则没有农综区的明天。农综区坚持把综合试验、先行先试作为根本任务，着力用好用活先行先试政策的实践效果充分说明了这一点。

一是国际贸易便利化方面。潍坊海关2020年1月1日正式在国家农综区全面推行农产品快速通关便利化模式，通过用"数据多跑"的方式，实现了"货物快跑"的目标；依托山东匠造检测有限公司，从生姜和蒜薹等特定农产品入手，积极探索建立中日农产品检测国际互认机制，打破农产品国际贸易技术壁垒。潍坊海关还探索建立应对国外技贸措施的"一呼百应"机制，汇集海关内外多种资源、多方智慧，服务涉农出口企业应对国际技贸措施,保障涉农企业食品农产品顺利出口。

二是新产业新技术方面。东篱田园综合体集中资源研发应用"云上农业"管理平台,利用互联网思维发展农业,打造起"农业+互联网+游戏"的发展新业态,推动虚拟经济与实体经济融合发展,开辟了农村一二三产业融合发展的新路径。潍坊国家现代农业产业园在"改、优、特、融"四个方面开展改革探索,系统提供了一套解决园区建设关键问题的方法,这种集成创新的方法在实践中已取得实效,目前产业园已成为全国知名的示范产业园,西瓜、萝卜两大特色农产品已成为全国知名品牌。中百大厨房围绕"如何更好地供应农产品"这一问题,探索出了从初级农产品到终端消费打包运营的生产方式,形成了农产品供应链一体化发展的潍坊"中百大厨房"模式,该模式经验多次得到部省领导肯定。

三是新模式新业态方面。寿光依托蔬菜产业集群优势,建设全国蔬菜质量标准中心,着力推动标准研发和推广,以蔬菜品质认定服务蔬菜优质优价,引领了蔬菜产业标准化、优质化、品牌化发展,对提升蔬菜产品质量发挥了重要的保障作用,逐步形成了能够在全国可复制能推广的"寿光标准"。诸城深耕农业产业化经营,创新打造畜牧业产业联盟,探索出了一条以"产业联盟+龙头企业+特色园区+养殖农户"的畜牧业发展新模式,为创新提升"三个模式"增添了新内涵。安丘在全国率先实施出口农产品质量安全区域化管理机制,探索出口级农产品"一个标准"供应国际、国内"两个市场"模式,由专注于出口向国内外市场并重转型,实现了农产品出口与内销"同线同标同质"。

四是土地制度改革方面。诸城市、高密市被列入全国农村集体产权制度改革试点单位、入选全国第二批改革经验交流典型单位,在集体资产清产核资、集体成员身份确认、集体资产折股量化、集体经济组织登记赋码等方面探索出一批新路径。以土地流转和土地托管为两大抓手,推进适度规模经营,涌现出以青阜公社等为代表的一批农业社会化服务组织。山东农村产权交易中心探索出农村产权抵押融资新模式,研发了国内领先的"交易鉴证+抵押登记"的产权抵押融资交易系统。

现在看,农综区综合改革有亮点,但整体引领性改革模式仍有待提升,下一步要突出抓好三个方面的工作。一是深入挖掘先行先试政策。农综区建设，核心在试验、在制度模式创新。应持续聚焦并用足用好总体方案中11条先行先试政策，在构建农业开放发展新体制、试行开放性经济新政策、创新投融资体制及农产品安全监管体制等方面进行积极探索。特别是注重从企业的需求出发进行制度创新，对企业的急需和合理的诉求，积极争取上级支持，尽快突破，尽快推动落地。此外，及时关注和研判广东探索中国（广东）农业自由贸易试验区建设、打造世界级农产品贸易港的相关信息，探索潍坊同步申请的可能性，争取国家、省支持。

二是强化集成式创新。复制利用好山东自贸区省级行政权力事项"负面清单管理"（除213个事项外，其他省级行政权力事项全部下放）、烟台自贸片区"全链条供地制度"（实施带方案出让土地、项目选址会商机制、选派规划建设特派员等新措施，形成从选址、设计到验收全链条，从项目洽谈到达产全周期的总体制度办法），探索设立山东自贸区青岛片区潍坊联动创新区，创设更多的政策、模式。

三是深化土地制度改革。一方面探索推进农村宅基地改革，积极争取在核心区率先开展宅基地改革试点，重点是研究闲置宅基地回收利用办法，与国家政策做好衔接，在依法确权登记的前提下，注重充分尊重农民意愿、全面保障农民利益，积极推进闲置宅基地流转和退出；另一方面将集体经营性建设用地入市提上重要议程，研究推开集体经营性建设用地入市改革，当前应尽快摸清集体经营性建设用地底数，为后续工作开展奠定良好基础，切实把集体经营性建设用地变成"活资本"。

工作推进中，摆正农综区全域和核心区的关系，重点突破核心区，以重点突破带动农综区建设模式创新。按照"一年全面起势、三年大见成效、五年形成样板"的目标要求，构建起"3+9+N"的发展布局，即立足打造3大功能片区、布局9大产业组团、打造N个美丽宜居乡村示范点，集中资源力量全力突破核心区。

一是围绕建设开放发展引领区，布局3个产业组团。"一带一路"组团：依托国际食品博览园、中德"两国两园"，建设"一带一路"粮谷产业项目、国家级农业合作平台、品牌交易中心、冻品进口中心、跨境电商培训中心，促进国内外农业交流合作。企业总部组团：依托中国农创港、农业高科技孵化培训中心，瞄准正大集团、先正达公司、中粮集团等国内外农业、食品行业领军企业，引进一批跨国公司、品牌企业总部入驻，发展总部经济、商务办公、金融服务、科技孵化等产业，打造区域性农业企业总部基地。服务平台组团：把平台作为集聚资源、服务全链条发展的重要抓手，规划建设农综区核心区政务服务中心，把改组东亚畜牧交易所、提升山东农村产权交易中心、打造国际贸易大数据平台等，作为近期工作重点，更好地为市场主体服务。

二是围绕建设科技创新先行区，布局2个产业组团。农品加工组团：依托潍坊优势产业资源，提升农副产品精深加工业，打造国际农业与食品产业科研基地，创建国家"百亿级国际农产品加工产业园"，重点打造"三个百亿级产业集群"，即在保税北区规划建设"一带一路"粮谷产业集群，依托东亚畜牧交易所打造智慧冷链物流产业集群，以及依托农综区总部基地、国际食品博览园、食品科学与加工技术研究院打造品牌农业集采产业集群。国际园区组团：积极与日本、韩国、以色列、荷兰等农业先进国家合作，引进先进的设施、种植管理技术并实现本土化发展，重点建设"两个国际性示范园区"，即建设中日韩现代高效农业示范园，着力打通对日韩的农产品出口渠道；建设中日现代农业"双国双园"，在日本、潍坊分别设立果蔬种植基地，建设双园区、打开两道门。

三是围绕建设产业融合示范区，布局4个产业组团。现代农耕组团：重点以袁隆平海水稻示范园区、全国优质麦示范基地为核心，应用农业新技术、新装备，提升机械化作业、规模化生产、智能化管理水平，打造设施农业集群和提标增效样板区。智慧农牧组团：以建设生态循环农业基地为目标，依托山东牧院智慧农牧科技示范园等项目，推广饲养标准化、废弃物循环利用等技术，打造全国最高端的农牧示范园。模式创新组团：通过成立农业协会，加快培育专业大户、家庭农场、农民合作社、龙头企业等新型农业经营主体，探索农村合作经济组织新模式，重点以中医药特色小镇、高标准花生品种鉴定试验田和"育繁推"基地等为基础，培育形成有国际竞争力的特色农业产业集群。乡村振兴组团：推动农业与旅游、教育、文化、康养等产业深度融合，依托省级东篱田园综合体创建国家农业公园，依托中国乡村振兴世博园，集中展示和探索创新提升"三个模式"的新路径，打造农业农村创新发展样板区、三产融合示范区。

四是打造若干美丽宜居乡村示范点。结合核心区产业布局，按照"一村一景""一村一品"的理念，挖掘文化内涵，美化乡村风貌，实现"新村新风貌，新村新产业，新村新亮点"，打造一批美丽宜居乡村。2020年启动核心区内26个村的美丽宜居乡村建设，新增5万亩土地流转。

（2020年8月）

关于借鉴外地经验建设国家农综区的建议

周志鹏　方典昌　李少军　戴真真

一　依托潍坊学院设立农综区研究院

国内前 5 批 18 个自贸区都设立了自贸区研究院。比如，上海自贸区 2013 年依托复旦大学设立上海自贸区综合研究院，福建自贸区 2015 年依托厦门大学设立中国（福建）自贸区研究院，浙江自贸区 2017 年依托浙江大学和浙江海洋大学设立中国（浙江）自贸区研究院，山东自贸区 2019 年 7 月依托山东财经大学设立自贸区研究院，青岛自贸片区 2019 年 9 月依托对外经贸大学青岛校区设立中国（青岛）自由贸易战略研究院，烟台市政府与山东工商学院 2020 年 7 月共建烟台自贸区研究院。

农综区需要设立农综区研究院。农综区的制度创新都是引领性、突破性的，当前对于制度创新的理论研究还没有做实做深做透，亟须设立农综区研究院这样的专业研究机构作为支撑。

农综区研究院应依托潍坊学院设立。自贸区研究院都是依托当地高校设立，潍坊学院是潍坊唯一一所综合性普通本科高校，应作为农综区研究院设立的依托机构，借此引导潍坊学院更多地服务于地方发展。在建设模式上，现阶段应推动潍坊学院以二级学院的形式独立设立农综区研究院，农综区在研究经费、办公场所、人才队伍建设等方面给予支持和保障。该研究院如果发展得好，未来可以探索采用贵阳创新驱动发展战略研究院的运作模式，由政府提供研究经费，研究院转变为社会机构完全市场化运作，既保证了稳定的经费来源，又促进了研究院内部高效运行。

二 编辑出版《潍坊国家农业开放发展综合试验区创新案例研究》

国内自贸区大多出版了制度创新案例研究。比如，上海自贸区2016年发布《中国（上海）自贸试验区制度创新与案例研究》，辽宁自贸区2018年以来发布三辑《中国辽宁自由贸易试验区大连片区创新案例研究》，海南自贸区2019年先后发布三批共25项制度创新案例。

农综区亟须出版创新案例研究。农综区已经探索实践了大量制度创新案例，急需进行总结，出版创新案例研究既有助于宣传推广农综区制度创新成果，扩大农综区影响力，又能够引导有关部门进一步加大制度创新力度，推动农综区取得更大突破。

在推进节奏上，以研究院本次提报的10个案例和前期提报的9个案例为基础，由农综区推进办和市科学发展研究院再提炼部分案例，结集后正式出版发行。且以后应陆续编辑出版第二辑、第三辑，编辑工作可以逐渐形成工作专班，更好地体现专业性。

三 突出"开放"相对于科技创新、产业融合、综合改革的统领地位

农综区只有坚持"开放"统领，才能真正体现价值，才符合国家设置农综区的初衷。在我国开放进程中，农业多年来都是受保护的重要领域，农业开放整体落后于全国对外开放进程，这对维持农业农村稳定起到了重要作用，负面影响则是农业国际竞争力不足。国家设立农综区的目的，就是顺应农业开放发展规律，加快农业农村发展国际化步伐，推动农业农村现代化。

现阶段应对照自贸区标准建设农综区。农综区在定位上高于自贸区，但实际影响力远不如自贸区，这有我们工作方面的原因，更重要的是农综

区政策比较虚、支持力度小。自贸区的政策支持框架已经比较成熟，农综区现阶段工作重点应该是积极争取自贸区政策、按照自贸区标准建设，这样便于起步、起势，发展到一定程度后，工作重点再由"自由贸易"转向"综合试验"的更高形态。

应高度重视借力商务部。农综区与自贸区在实际影响力上的差距，很大程度上源于农业农村部与商务部在开放能量上的差距。商务部是我国对外开放和国际经济合作的主管部门，其掌握的对外开放政策资源远远多于农业农村部，商务部下设机构几乎全部与对外开放有关，而农业农村部仅有国际合作司一个与开放相关的机构。农综区要在农业开放上有所作为，必须更多地对接商务部以争取更大的支持。

农综区一切工作应围绕开放展开。开放发展、科技创新、产业融合、综合改革是农综区四项试点任务，这四方面不是同一层次，开放发展处于统领地位，没有开放就没有科技创新、产业融合和综合改革。以开放为引领就是所有的科技创新、产业发展、改革试点等工作都要在更加开放的条件下进行，以高水平开放推动科技创新和融合发展，以高水平开放倒逼制度创新，在投资贸易、研发合作、金融服务等领域形成更多可复制、可推广的制度创新成果向全国辐射。

四　学讲结合进一步深化认识

以讲促学、学讲结合是统一思想、深化认识的有效手段。贵阳大数据发展初期面对干部不懂大数据、思想认识不统一的问题，以大数据宣讲为突破点，通过主要领导讲、专家学者讲、各级干部讲，以讲促学带动干部学习热情，迅速统一了思想认识，形成推动大数据发展的强大合力。农综区应以学讲结合尽快统一思想。目前，我们对农综区的理解还需要深化，对于如何建好农综区，我们在理念上、认识上还有差距，特别是广大干部还没有牢固树立起开放统领的理念，制约了农综区制度突破。讲是手段、学是目的，学讲结合要落脚真学真用上。在宣讲人员上，一方面要邀请外部专家讲，比如农业农村部国际合作司，商务部自贸区港司、外贸司、外资司、合作司、世贸司，以及上海、浙江、广东自贸区相关专家；另一方面更要组织农综区干部内部交流学习体会，把专家讲的与农综区实际、与自身岗位结合起来，不断深化对农综区的理解和认识。在宣讲内容上，应聚焦农业开放，围绕农综区的内涵本质、如何建好农综区、调动企业参与热情等方面展开。在宣讲对象上，当前主体应该是农综区干部，并逐渐扩大到农综区乃至全省、全国的农业龙头企业，并不是把企业家都请到现场，而是通过视频直播、专家讲授资料网上共享等方式，推动他们线上学习。

五　举办中国农业开放发展论坛

国内还没有以农业开放为主题的高端论坛。清华"三农"论坛、中国农业（博鳌）论坛、中国现代农业发展论坛等都是综合性的，没有聚焦农业开放上。农综区应举办中国农业开放发展论坛。农综区自成立特别是2020年以来举办了一系列高端论坛，有力推动了农综区发展，但对农业开放聚焦得还不够，没有形成品牌效应。农综区举办中国农业开放发展论坛，对于强化潍坊对全国农业开放的引领地位，再次形成潍坊农业品牌至关重要。论坛应突出开放这一特色，持续打造形成品牌。在论坛组织上，应向上申请农业农村部、商务部相关机构作为指导单位甚至主办单位，邀请一些专业学会做交流研讨，如中国农学会、中国农业经济学会、中国农业国际交流协会、中国合作经济学会、中国国际贸易学会等。在举办周期上，建议每年举办一届，持续扩大影响力。

六　争取农综区在省级层面与山东自贸区、上合示范区有相似的支持力度

潍坊要跻身二线城市、省内追赶烟台需要一个农综区这样的抓手。山东自贸区、上合示范区、农综区是山东承担的三项国家级开放试点，分布在济南、青岛、烟台、潍坊。在山东三项试点中，农综区是潍坊唯一的试点，应该作为潍坊进位赶超的核心抓手。农综区在省级层面获得的支持力度远不及山东自贸区、上合示范区。比如，2019年12月山东省商务厅加挂山东自贸区工作办公室牌子，为自贸区建设提供了组织机构保障；2020

年 2 月山东省高规格召开山东自贸区、上合示范区建设工作专题会议，推出一系列支持政策；2020 年 9 月山东省人大常委会发布《中国（山东）自由贸易试验区条例》，在管理体制、投资开放、贸易便利、金融服务等方面为自贸区建设提供法律保障。相比而言，农综区在省级层面获得的关注和支持力度还远远不够。应争取农综区上升到与山东自贸区、上合示范区相似的省内地位，这需要进一步形成共识。

（2020 年 10 月）

乡村振兴应强化要素支撑

李 波 李少军

中共中央、国务院《关于建立健全城乡融合发展体制机制和政策体系的意见》提出，必须破除妨碍城乡要素自由流动和平等交换的体制机制壁垒，促进各类要素更多向乡村流动，在乡村形成人才、土地、资金、产业、信息汇聚的良性循环。"小乐西瓜"是山东省潍坊市寒亭区的一个返乡人员创业的典型项目，有效促进了城乡间要素流动，实现了人才、资金、技术等要素的集聚。通过对其深入研究，得出以下启示。

一 乡村振兴应注重吸引和培育"新农人"群体，为农业农村现代化赋能

"新农人"区别于传统农民，不仅具备农业相关的专业知识和经营意识，更是当下农村电商热潮中的先锋，对农业农村现代化发展具有重要促进作用。"小乐西瓜"的创始人是典型的"新农人"，曾是一线城市"白领"，有较强的市场意识和经营管理经验，特别是对农业怀有特殊感情，自2014年开始投身农业，积极将农业与"互联网+"融合，打造了"小乐西瓜"网红品牌，至今，其种植面积从5亩到200多亩，销售额从不足10万元攀升到近千万元，对乡村振兴起到了重要的示范带动作用。

目前，全国各类返乡下乡人员达700多万，并呈迅速增长趋势，正成

为赋能农业农村现代化的重要生力军。我们落实乡村振兴战略，应高度重视"新农人"这一群体。一是强化人才返乡下乡创业意愿。出台的支持返乡下乡人员创业创新政策，通过各种途径大力宣传，让更多人才有意愿返乡创业。二是强化人才对接。放眼国内外收集人才信息，可依托在外机构、协会、商会等组织，建立人才数据库及信息共享平台，筛选重点引导对象，安排专人"点对点"联系和服务。三是借助返乡人才开展乡村"双招双引"。通过返乡人才的牵线，引进高新技术项目、创新型人才和先进管理理念，带动资金、项目、技术、信息、智力资源全方位回归。

二 乡村振兴应注重以新理念为引领，积极培育新产业新业态

产业兴旺是乡村振兴的重要基础。乡村产业振兴关键在于发展现代农业，推动农村产业融合发展，其根本途径是将新理念、新技术、新业态、新模式引进农业。"小乐西瓜"的高质量发展得益于以创新理念为引领。一是以文化塑造品牌灵魂。围绕"一名高薪白领母亲辞职为孩子种西瓜"这一题材，成功打造了"种个西瓜给娃儿吃"故事品牌，拍摄了相关纪录片，制作了4期故事绘本，从文化层面提升了品牌知名度。二是以互联网电商为平台打造新型智慧农业。如充分利用爱奇艺等新媒体进行传播，与盒马鲜生等新零售建立长期稳定合作的线上线下相结合的销售服务体系。

2020年中央一号文件提出要开展国家数字乡村试点。信息化正逐渐成为农业现代化的制高点，我们应抓住机遇，深入推进"互联网+"现代农业行动，打造一批地域特色鲜明、创新创业活跃、业态类型丰富、利益联结紧密，能提升农业、繁荣农村、富裕农民的产业。同时重视文化在品牌打造中的作用，深度挖掘、打造、提炼和传播与农产品相关的文化价值，增强产品内涵，以文化引领品牌发展，提升竞争力。

三 乡村振兴应把现代农业产业园作为重要抓手

现代农业产业园既是产业园也是示范园，抓住了产业园就牵住了乡村振兴的"牛鼻子"。"小乐西瓜"高质量发展离不开寒亭区国家现代农业

产业园的平台支持，其所处的寒亭区国家现代农业产业园，既是首批国家现代农业产业园，也是国家农综区核心区的重要组成部分和重点项目集聚平台，为"小乐西瓜"的发展提供了重要支持，如土地方面，产业园支持"小乐西瓜"流转了200多亩土地，建设了标准化生产基地。与农民利益联结方面，产业园通过"经营主体主建园区+小农户进园打工"模式，支持其建设了"扶贫车间"，促进小农户与现代农业的有机衔接等。

乡村振兴应将现代农业产业园作为重要载体，聚力打造一批乡村产业振兴样板区。一是将产业园作为吸引返乡创业人员的重要平台。发挥好现代农业产业园优势，强化宣传和"双招双引"，尤其是积极探索建立"园长制"，争取社会力量支持产业园建设。二是强化现代农业产业园科技支撑。加大农业科研投入，加强农业与移动互联网、大数据、云计算、物联网等新一代信息技术的融合，培育一批掌握先进技术并以之创造新供给的涉农领军企业。三是完善产业园区公共服务。加快形成"信息、市场、法规、配套、物流、资金、人才、技术、服务+双创平台"的"新九通一平"，推动园区从产业平台向创新创业平台转型。

四　乡村振兴应注重为返乡人才创新创业创造良好环境

乡村必须始终紧紧抓住产业振兴这个根本不动摇，把打造一流环境摆在首位，让人才留得住，真正发挥作用。从"小乐西瓜"的发展看，当前制约其进一步发展壮大的主要是人才瓶颈，目前其团队中仅有2名研究生学历人才，很难吸引本科及以上学历人才，这与乡村的基础设施完善程度、收入水平、对外开放程度等因素有关。

当前返乡人才对乡村振兴的带动和引领作用越发凸显，应注重为返乡人才创新创业创造良好环境，吸引更多人力资本回归。一是发挥好相关农业园区的功能，以良好的基础设施、生活居住条件吸引"新农人"等返乡创业人才。二是创造良好的政策环境，引导各类创业扶持政策向农业农村领域延伸覆盖，引导各类人才到乡村兴办产业；深化农业系列职称制度改革，开展面向农技推广人员的评审；支持科技人员以科技成果入股农业企业，建立健全科研人员校企、院企共建双聘机制，实行股权分红等激励措施等。三是提升乡村信息化水平。深入推进"互联网+"现代农业,加快重要农产品全产业链大数据建设。全面推进信息进村入户,实施"互联网+"农产品出村进城工程。推动农村电子商务公共服务中心和快递物流园区发展。

(《中国乡村发现》2020 年第 1 期)

实施乡村振兴战略应注意的几个问题

李 波 方典昌

党的十九大以来，乡村振兴战略的"四梁八柱"顶层设计基本形成，各地进行了大量研究，纷纷出台规划和政策，强化组织实施，乡村振兴全面起势，各方对乡村振兴的热情也逐渐高涨，但应冷静思考，关注以下几个方面的问题。

一 乡村振兴亟须从根本上吸引农民的注意力、积极性

实施乡村振兴战略，农业是主阵地，农村是主战场，农民则是主力军，必须把调动农民的积极性上升到战略高度。当前部分群众对乡村振兴不了解，甚至有的成为旁观者。产生这些问题有多方面原因，但根子是群众的获得感不强。实际上，自乡村振兴战略实施以来，基层政府做了大量工作，财政也投入了大量资金进行基础设施建设、环境整治等，但群众对这些"普惠性"举措感受不强烈。主要是我们在调动农民积极性的方法上欠妥当，基层政府有时干预过多，农民群众一定程度上成了乡村振兴的"局外人"。破解这一局面，应尊重市场规律，以市场化的办法将农民融入乡村振兴中，让农民成为乡村经济发展的主要获益者，最大限度激发农民群众参与乡村振兴的积极性。在此方面，日本、韩国以及我国乡村振兴先行地区都有先进经验，特别是韩国"新村运动"通过赋予农民选择和

实施新村项目的独立性和主动权,有效调动了农民的参与热情,形成了农民自主、自助的良性发展机制,对我们调动农民积极性很有借鉴意义。同时,应注意具体工作的推进与乡村振兴总目标的一致性,乡村振兴不是每一个村庄都振兴,不是同步推进、平均用力,应在科学研判城镇化和乡村发展趋势的基础上,以系统、集成、片区化的思路适度超前谋划工作,分区域、分阶段有序推进。

二 乡村产业现代化不能把精力放在人口回流上

乡村产业的现代化是乡村振兴的核心。从全国范围内看,乡村空心化现象普遍存在,应当说,农村人口向城镇特别是大城市转移,这是工业化和城市化的一般规律,实现乡村产业现代化不能把主要精力放在农村人口回流上,而是应树立"该谁干就谁干"的思想。这涉及乡村产业现代化的主体力量问题,主要有两个方面的考虑,一是乡村产业能够跟城市产业竞争,二是乡村产业能与国外农业竞争。实现这两大目标,可以发挥工商资本下乡的力量。工商资本下乡,能够带来新理念、新技术和新管理模式,逐步形成农业全产业链,对农村生态、文化、社会治理、扶贫开发等领域也能产生溢出效应,显现破解乡村发展"人、地、钱"困境的潜力。2020年中央一号文件提出,要引导和鼓励工商资本下乡。我们应把握这一发展趋势,把工商资本下乡作为农村产业现代化的重要力量。同时,特别需要注意的是,我国农业长期以"大国小农"的形式存续并发展,小农户在我国农业农村中占主体地位,将是长期的历史现象。一家一户的小农户也可以实现现代化,日韩模式是小农户现代化的典型代表,被习近平总书记充分肯定的"寿光模式"是成功趟出小农户向现代农业转变的路子典范。小农户的现代化主要走家庭农场的路子,当前的主要问题是适度的规模化经营不够、竞争力不足。我们应一方面持续推进"三权分置"改革,提升家庭农场的规模化经营水平;另一方面应统筹国际国内各类要素资源,将小农户融入世界开放发展大格局,提升家庭农场的效益和竞争力。

三 土地政策应在保障功能基础上向产出效率方向倾斜

土地问题对乡村振兴先行地区不是最迫切的问题,但一定是乡村振兴面上最关键的问题。从更广层面看，土地问题历来是农业农村的核心问题。中国现行土地政策很好，能够保障农民的基本权益和基本生活，没有像巴西、阿根廷、墨西哥等国家在高速工业化和城市化过程中在城市周边形成巨大的贫民窟，这是中国土地政策值得充分肯定的地方。但在保证公正公平的同时，也限制了效率，阻碍了土地流转。国际经验表明，现代农业需要与之相适应的经营方式，规模化、集约化、组织化等是现代农业对经营方式的内在要求。越是规模化经营，对土地的需求越高。发达国家现代化的家庭农场，德国平均规模为 100 公顷，美国为 180 公顷，我国大约为 10 公顷。解决不了土地问题，就无法实现规模经营，就无法实现现代化。从乡村振兴先行区的发展实践看，要实现农业农村现代化，工商资本下乡发挥了重要作用，而引入工商资本等的关键是土地，在确保土地保障功能基础上解决好效率问题，这极有可能成为农业农村现代化进程的一个关键点。

四　开放应成为农业现代化的鲜明标识

开放是提升农业产业竞争力的迫切需要。历史地看，在中国双轨制开放进程中，农业多年来都是受保护的重要领域，这对农业农村稳定发挥了重要作用，负面影响是农业国际竞争力不足。新时代开放正从双轨制变成全面开放，这其中不能没有农业的全面开放，新一轮开放大潮正在深入影响乡村的角角落落。推进农业农村改革发展应深刻把握开放发展的鲜明主题，特别是高度重视国家农业开放发展综合试验区的建设和引领性作用。一是充分借鉴国内自贸区发展经验，积极复制，应推尽推，同时加强与山东自贸区各片区在制度创新、对外开放等方面的合作。二是深度融入"一带一路"建设，注重对标学习以色列、荷兰等农业先进国家和地区的先进技术、经验和模式，大力培育一批外向型农业龙头企业，推动农业优势资源走出去。三是注重从企业的需求出发，畅通企业问题反映渠道，调动企业参与的积极性，把企业的堵点痛点难点作为制度创新的突破点，不断提高企业的获得感。

（《中国乡村发现》2021 年 8 月）

全国唯一的农业综试区要为中国农业带来什么

李 波 方典昌

近年来，为推动不同领域的综合改革、创新试验，国家设立了很多综合试验区，如8个国家级大数据综合试验区、105个跨境电商综合试验区等。但在农业领域，自2018年国务院批复《潍坊国家农业开放发展综合试验区总体方案》，潍坊农综区至今仍是全国唯一的"以农业为特色"的对外开放综合试验区。

国家唯一的农业综试区，应如何扛起农业方面的先行先试重任，为破解中国农业面临的发展瓶颈与障碍，披荆斩棘、闯出一条新路来？

一 为什么是潍坊

先看一组数字。

潍坊用全国1.7‰的土地、1‰的淡水，贡献了全国7.2‰的粮食、15.7‰的蔬菜、12.7‰的花生、19‰的农产品出口额，蔬菜、禽肉出口总量占全国的1/8。

同时，潍坊历来是中国农业改革的"急先锋"。习近平总书记指出，改革开放以来，山东创造了不少农村改革发展经验，贸工农一体化、农业产业化经营就出自诸城、潍坊，形成了"诸城模式""潍坊模式""寿光模式"。因此，国家在潍坊设立农业综试区，就是考虑到潍坊农业在全国具有很强的代表性和示范性。

综试区的主题是"农业开放发展"，有何深意？

在我国开放进程中，农业多年来都是受保护的重要领域，农业开放整体落后于全国对外开放进程，这对维持农业农村稳定发挥了重要作用，负面影响则是农业国际竞争力不足。

根据日、韩等国的经验，从中上等收入阶段迈向高收入阶段的过程，是一个国家集聚公共资源支持农业现代化的最快时期，也是农业国际化水平迅速提高的时期。2019年，我国人均GDP突破1万美元，处于中上等收入阶段，距离高收入阶段仅有20%的空间，正处于当年日、韩加快农业国际化、走向现代农业的阶段。

我们应抓好这一重要战略机遇期，以深化农业开放推动农业生产要素在更大范围、更高层次上配置，更好地借鉴国际先进经验和科学技术，破解资金、人才、技术等瓶颈，提升农业科技创新水平，倒逼农业向规模化、标准化、品牌化发展，提升我国农业竞争力。

问题是，更高水平的农业开放，会否带来农业安全问题？

从我国加入世贸组织后的发展来看，近20年并未出现人们曾普遍担心的中国农业受到严重冲击的情况。相反，我国农业持续保持稳定增长，为经济社会发展奠定了坚实基础。

目前，我国农业在市场准入、国内支持和出口竞争三个主要农产品贸易领域的开放已经比较充分，但从现代农业全产业链看，我国在涉农制造、金融服务、研发合作、检测认证等环节，开放程度明显不足，这也是我国农业开放应重点探索的领域。

二 从量到质

历史地看，潍坊三个模式的特点是以农业产业化为核心，破解了农民一家一户分散经营与大市场之间的矛盾，此后农业产业化模式推广到全国，从整个国家层面解决了农业生产的"量"的问题，成为一个时代的标志。

而新时代的农业综试区，就是要围绕"质"的问题，针对当前比较突出的农产品质量标准不高、食品安全等问题，以开放倒逼农业向品质化升级。

如在蔬菜品质方面，潍坊于 2018 年 7 月成立了全国蔬菜质量标准中心，汇集方智远、李天来等 4 名中国工程院院士、67 名专家，打造蔬菜质量安全评估和预警等四个中心，集成 2299 条蔬菜产业链相关标准，启动 112 项国家标准、行业标准、地方标准研制，目前正在开展设施蔬菜国际标准化、粤港澳大湾区蔬菜执行标准等系列研究。

再如，在农产品检验检测方面，面对日本、欧盟等对农产品品质要求日益严格且技术标准不断提高的形势，潍坊农综区成立了专业的农产品检验检测公司，探索农产品检测国际互认机制。2019 年，农综区农产品检验检测公司与日方相关检测公司在日本东京签订战略合作备忘录，开展中日检测科研技术合作。目前，经检测出口的生姜和姜泥、蒜泥等产品，在日本市场份额分别达到 60% 和 45% 以上。

三 农业科技"卡脖子"问题

当前，我国在关键领域、核心技术等方面仍存在"卡脖子"问题，农业领域也不例外。我国农业科技进步贡献率不到 60%，这与荷兰、美国、德国等发达国家仍有较大差距。

习近平总书记在山东视察时强调，要给农业插上"科技的翅膀"。农综区的一项重要使命就是破解农业科技"卡脖子"问题，以开放引领科技创新，为农业插上科技的翅膀。

以现代种业为例。种业创新是农业科技的制高点，农综区依托本地产业优势和资源禀赋，重点在种子研发和新品种选育上积极先行先试，充分运用国家赋予的政策，投资 30 亿元建设 702 亩的国际种业研发集聚区，目前一期的 200 亩已基本建设完成；引进优奈尔生物科技有限公司，成立"英国诺丁汉大学院士工作站"，汇集国内国外优质的种子资源共同开展育种研发；同时积极与先正达集团、正大集团等国际知名农业龙头企业洽谈种业合作事宜。目前全市国产蔬菜品种市场占有率已达 80%，西葫芦、甜瓜等国产品种达到90%以上。

四 破解土地"碎片化"

当前,我国最大的发展不平衡,是城乡发展不平衡;最大的发展不充分,是农村发展不充分。但同时我们也必须清醒地认识到,在未来相当长的时期内,我国农业在总体上都无法实现户均百亩或千亩以上的大规模经营。户均几十亩耕地的小农户经营,仍将是我国未来农业经营的常态。这是由我国特定的人口、资源禀赋等基本国情决定的。农综区必须在这一背景下,探索如何破解土地碎片化与提高农业生产效率之间的矛盾,探索如何促进小农户与现代农业有机衔接。

早在2013年,潍坊在省内就率先全面完成农村集体土地、农村宅基地使用权确权登记发证工作。2017年,诸城市、高密市被列入全国农村集体产权制度改革试点单位,2020年又入选第二批改革经验交流典型单位,在集体资产清产核资、集体成员身份确认、集体资产折股量化、集体经济组织登记赋码等方面成功探索出一条新路径。

当前,我国农业规模化经营呈现土地流转、土地托管两大趋势。以土地托管为代表的社会化服务,是现阶段促进土地规模经营、实现小农户与现代农业有机衔接的有效方式。

从农综区的实践来看,每年每亩地能够节约成本280元,且农户从土地中解放出来外出打工,人均收入约4000元,实现了种田、务工两不误。同时,村集体对托管的土地计提一定服务费,也拓宽了集体收入渠道。目前,农综区全域土地托管服务面积达到403万亩,占耕地总面积的34%。

五 "大进大出"

"三个模式"之所以成功,很重要的原因是内生性特点突出,主要依靠农业自身及体制机制创新,实现了产业的迭代更新,完成了现代化的起飞。但在当前高水平对外开放的大背景下,我们必须更加注重利用国内国外两个市场、两种资源来发展农业。

潍坊农业发展到现阶段，已经完全具备"走出去"的时机和条件，特别是拥有3100多家农业龙头企业，在种业、蔬菜、农机装备等领域优势明显。

在此基础上，农综区围绕提升中国农业国际影响力和竞争力，正在推动涉农各要素以更高水平"大进大出"。目前，农综区具有自营进出口权的农产品加工企业400多家，1300多种农产品及加工品出口到120多个国家和地区。建设了中凯智慧冷链物流园，开通"中国食品谷号"铁路冷链物流班列、中俄农副产品冷链物流项目，逐步形成联通"一带一路"沿线国家的生鲜农产品集散大动脉。

针对我国农业对外投资竞争力尚不够强、产业链整合程度低等问题，农综区秉承共享发展理念，相继布局了俄罗斯远东农业产业园、塞内加尔花生产业园、尼日利亚阿布贾农业高科技产业园、埃塞俄比亚农畜牧产业园等十多个境外产业园项目，在荷兰、泰国建立蔬菜研发育种基地，并逐步探索以设备、技术输出和直接投资等新模式，推动中国农业"走出去"，以进一步提升中国农业的全球影响力和竞争力。

（《大众日报》2020年6月23日）

从基层实践探索看乡村振兴

李 波 李少军

实施乡村振兴战略，先后有"20字总要求""七个之路""五个振兴"等系列部署，像这种艰巨复杂的系统性工程，必须调动全社会的积极性，关注基层的实践探索。我们以山东潍坊市为样本，对有关区县、镇街、村居和企业进行了实地调研，深入剖析有关经验做法，以期服务推动乡村振兴战略实施。

乡村振兴首要是有一个好班子，特别是选出一个好带头人。松兴屯村隶属于潍坊高密市阚家镇，该村用7年时间把一个偏远落后的小村建成"全国文明村"，初步具备了乡村振兴的雏形。纵观松兴屯村巨变历程，带头人徐林收的引领带动作用贯穿始终。自2012年以来，徐林收带领群众投资6000多万元，分两次流转土地1600多亩，建成鲜食葡萄、高温蔬菜等大棚数百个，目前正准备联动周边6个村建设万人社区，实现了在致富路上快步前进。这启示我们，强有力的基层领导力量是乡村振兴的主心骨，是发挥农民主体作用的领头雁，必须在持续增强基层领导力量内生动力上下功夫。其中，乡镇党委政府应加大工作统筹、人员安排、政策支持等方面的倾斜力度，村两委带头人要进一步打破地域、身份、行业限制，择优选拔村党支部书记，大力实施村干部能力素质提升计划，提升村级干部干事创业的能力，还要通过考核、奖惩等措施，充分调动村干部推动乡村振兴的积极性。

乡村振兴应注重吸引和培育"新农人"群体。"小乐西瓜"是返乡人才创新创业的典型，这一品牌 2014 年诞生于潍坊市寒亭区，5 年多来，种植面积从 5 亩到 224 亩，销售额从不足 10 万元攀升到近千万元，从一户单打独斗到带领几十户农民共同致富。之所以产生这些变化，得益于返乡创业"新农人"宋会灵探索的以品质为核心竞争力、以文化为纽带、以互联网电商为平台构建农业全产业链体系的"小乐模式"，走出了一条"互联网+农业"转型升级之路。比如，围绕"一名高薪白领母亲辞职为孩子种西瓜"这一主线，成功打造了"种个西瓜给娃儿吃"的故事品牌，拍摄了《放弃高薪，只为种好一枚西瓜》等纪录片，制作了《小乐的故事》绘本，从文化层面扩展了影响力；依托每日优鲜、家乐福、盒马鲜生，建立"线上、线下、新零售相结合"的销售服务体系；布局农产品加工、文旅产业，用小西瓜成就大梦想。这启示我们，乡村人才振兴，返乡下乡创新创业的各类人才是重要力量，用好这一力量，既要出台专项政策让人才有返乡下乡创业的意愿，又要放眼国内外收集人才信息，还要借助返乡人才开展招商引资、招才引智，通过这些举措大力支持外出农民工、高校毕业生、退伍军人、城市各类人才返乡下乡创新创业，推动涌现更多宋会灵式的新农人参与乡村振兴。

工商资本下乡是乡村振兴的重要着力点。诸城市属潍坊下辖县级市，党的十八大以来，诸城注重政策引导推动、加快农村土地产权改革、强化生产要素供给，再加上有一批有实力、有下乡意愿的企业，工商资本下乡呈现加速增长态势，对乡村振兴起到了积极的促进作用。从规模看，有 110 多家工商资本投资农业，培育了 31 个田园综合体、50 个千亩现代农业基地，吸引工商资本 15 亿元；从主体看，投资主体呈现多元化，非农比例有了明显的上升趋势，如华山榛业项目投资主体原先从事钢铁铸造业，金查理小镇项目投资主体主业为网络科技；从成效看，在带动农民增收的同时，溢出效应向农产品质量、生态环境、农村社区方面拓展，显现出破解乡村发展"人、地、钱"困境的潜力。总的来看，多主体、多渠道、广领域的工商资本进入，打破了一家一户的生产组织方式，将新理念、新技术、先进管理模式等生产要素带入农业农村。各级政府特别是与工商资本下乡关系密切的基层，应强化理念认识，特别是要尽快研究出台政策，坚持规划引导、市场主导、利益互惠原则，通过财政扶持、融资支持以及强化人才、土地、基础设施支撑等措施，鼓励工商资本投向现代种养业、农产品加工业等重点领域，全力支持工商资本参与乡村振兴。

没有集体经济就没有乡村振兴。2017年以来，潍坊市潍城区望留街道开展了集体资产"双清"工作，即清理规范集体资产资源和承包合同，清理偿付集体欠村民的欠款和村民拖欠村集体的承包费等，为发展集体经济提供了新思路。"双清"工作，本质是对农村集体资产进行清产核资，动因是解决一些村违规挪用资金、侵占变卖资产等问题，目的是摸清村级集体家底，更加有效地发展村级集体经济。经核实，清查土地承包亩数与合同不符、承包地边界不清等问题630余项，村民拖欠集体资产占用费814万元。一是夯实了农村集体经济发展基础，望留街道新增800余万元集体资产，平均每个村增加集体收入13.3万元，消除了大批集体经济"空壳村"。二是促进了农村资产规范化运营，对4800份到期合同、违法违规合同及时进行清理完善，村级财务和村级资产资源管理进一步规范。三是促进了农村社会和谐稳定，让群众参与"双清"工作，实行透明处置、阳光操作，进一步密切了干群关系。"双清"是基层在乡村振兴大背景下，围绕发展村级集体经济进行的有益探索，是农村集体产权制度改革的重要组成部分、壮大农村集体经济的有效途径。

（《农民日报》2020年4月18日）

培育家庭农场应重点把握四个方面

李　波　刘永杰

2020年中央一号文件提出"重点培育家庭农场、农民合作社等新型农业经营主体"，这是家庭农场自2013年以来连续第8年写入中央一号文件。家庭农场作为新型农业经营主体，是与现阶段生产力发展相适应的一种生产关系，是我国农业现代化的重要力量和发展方向。

一　以农户为主体，坚持家庭经营的基础性地位

农户经营是发达国家土地经营的主要范式，英、法、美、德、日等国家农户经营的比例都在80%以上。农户经营之所以能成为最普遍的农业经营形式，是因为其符合农业的产业特征，具有显著的经营经济性并且适应了农业现代化的发展方向。以农户为主体推进家庭经营，既可以发挥家庭经营的优势，又可以避免农村土地大量集中可能导致的社会结构剧烈变动。

以农户为主体培育发展家庭农场，要以培育新型职业农民为基础。经营家庭农场需要具备一定的农业生产经验、市场意识和管理能力，当前多数农民并不具备这种素质。培育一支新型职业农民队伍，可以为发展家庭农场提供人才支撑。新型职业农民既可以从务农农户中遴选，也可以鼓励和引导返乡、下乡人员高起点从事现代农业。

要以稳定土地流转关系为保障。当前农村土地流转体系还不成熟，这在一定程度上影响了农户创办家庭农场的积极性。应继续积极探索"三权分置"的有效实现形式，引导农村承包地经营权长期、稳定地流向那些有长期务农意愿的农户手中，稳定家庭农场发展预期。

要以健全社会化服务体系为支撑。农业社会化服务是小农户与现代农业有机衔接的纽带，是小农户得以扩大经营规模的重要支撑。应当大力扶持各类社会化服务组织，引导它们拓展服务种类、延伸服务链条。同时，要鼓励和引导家庭农场发挥生产性服务功能，不断增强服务主体的多元性。

二　放宽经营自主权，发挥市场的决定性作用

市场化是我国农业农村改革40余年最重要的经验之一，对于解放和发展农村生产力、提升农业竞争力起到了至关重要的作用。

现阶段发展家庭农场，市场化仍然具有很大的改革空间，将为提升家庭农场竞争力提供巨大动力。特别是在经济全球化、贸易自由化、城乡一体化背景下，家庭农场的市场化程度越高、对政府的直接依赖程度越低，越能够在全球农业竞争中保持优势。

以市场导向培育发展家庭农场，就是要真正让农户做"主角"，让市场"说了算"，要相信市场这只"看不见的手"会创造出最佳效益、最佳质量和最具竞争力的家庭农场竞争格局。

一方面，要赋予家庭农场更大的经营自主权。根据市场需求进行生产是家庭农场生存和发展的内生动力，他们能够贴近和了解市场，根据市场需求变化做出调整。另一方面，政府也要"不缺位"，要为家庭农场发展保驾护航，做好服务和支持。当前应当重点在建设土地流转公共市场、发展社会化服务体系、推动农村金融保险制度创新、加强基层公共服务体系和公共基础设施建设等方面加大力度、有所作为。

三　依据自身特点，实现最佳规模效益

家庭农场要实现规模效益，必须达到一定规模，但绝不是越大越好。

从经济学角度看，经营规模过大会影响土地产出率，不利于实现最佳规模效益。理论研究表明，在一定限度内，扩大土地规模的确可以提升劳动生产率和土地生产率。但是超出一定限度后，继续扩大土地规模，尽管劳动生产率会进一步提高，但土地生产率将会下降。因此，发展家庭农场要兼顾劳动生产率与土地生产率，把经营规模控制在适度范围内。

从我国国情、农情出发，当前不具备普遍发展大规模家庭农场的基本条件。家庭农场规模的变化，既是技术演进的过程，也是社会变迁的过程，不能只看效率这一个指标，还要考虑当地农业资源禀赋情况、工业化和城镇化发展水平、农业人口的转移程度，以及农业分配对社会公平的影响。我国人多地少，户均耕地规模仅相当于欧盟的1/40、美国的1/400，在全球范围内几乎是最小的。同时，由于"半城镇化"现象的存在，我国农村劳动力向城镇转移具有一定的反复性和曲折性，依靠城镇化减少农民是一个长期的渐进过程。在这种背景下，发展家庭农场特别要把握好规模的"适度"。

培育发展家庭农场不能以规模论英雄，应从规模导向转向效益导向。只要农户实现了最佳效益，规模可以大一点，也可以小一点。那么从自身效益最大化出发，农户究竟需要多大的土地规模？可以从两个方面来把握，一是经营规模与家庭劳动能力相匹配，保证既能够充分发挥家庭成员的潜力，又避免因大量雇工而推高生产成本，降低产品竞争力。二是要与能取得相对体面的劳动收入相匹配，即家庭农场人均收入水平应达到或超过当地城镇居民。

四 立足发展特点，积极思考稳步前行

要充分认识到发展家庭农场的重要性和紧迫性。从全球农业竞争看，随着农业市场化和全球化的快速推进，中国农业越来越深入地融入全球农业竞争体系中，小规模农业缺乏竞争力的问题日益凸显。这就倒逼我们要在扩大经营规模、提高劳动生产率和竞争力上有所作为。从我国农业发展实际看，随着我国工业化、城镇化水平的提高，大量农村青壮年劳动力选择外出务工经商，务农劳动力老龄化和农业副业化现象在全国各地不同程

度存在,"谁来种地""怎么种地"的问题日益突出,探索发展更加高效的农业组织形式刻不容缓。

另外,要尊重家庭农场发展规律,不能急于求成,不可强制推进。家庭农场的大范围发展要以大量农村劳动力的稳定转移为前提,脱离劳动力转移片面强调发展速度,会使相当多的农民因失去土地而陷入困境。目前,我国还有约1.6亿户农民家庭在经营耕地,户均耕地规模不足10亩,如果要达到户均百亩左右的耕地规模,需要转移出近90%的农户,这在短时间内是难以实现的。这意味着普通农户和家庭农场在当前及今后很长一段时期内将长期共存,我们对于发展家庭农场要有足够的历史耐心。同时,我国幅员辽阔,各地资源禀赋、经济社会发展条件差异较大,家庭农场发展的基础和条件各不相同。因此,培育发展家庭农场必须立足当地实际情况和所处的发展阶段,必须尊重当地农民意愿,因地制宜、因时制宜,使家庭农场发展速度与当地第二、第三产业发展水平和农村劳动力转移程度相适应。

(《农民日报》2020年3月23日)

把工商资本下乡作为乡村振兴和脱贫攻坚的重要力量

李少军　王耀强

实施乡村振兴战略,加快推进脱贫攻坚,关键是把握住产业振兴这条主线,工商资本可以全方位助力农村产业现代化。近期,我们就工商资本下乡开展了专题调研并做了一些分析思考,主要观点及建议如下。

乡村振兴和脱贫攻坚,应把工商资本下乡作为重要力量。从国内外实践看,美国、日本以及我国浙江、苏南等农业农村现代化速度快的国家和地区,得益于工商资本投资农业农村。工商资本力量的介入可以形成与城市产业、国外农业竞争的强大力量。农村产业引入工商资本的效能之一是能够打破一家一户的生产组织方式,将新理念、新技术、先进管理模式等生产要素带入农业农村,有利于培育壮大家庭农场、农民合作社等新型农业经营主体,并对农村生态、文化、社会治理等领域产生全面的溢出效应。当然,任何事物都不是绝对的,工商资本下乡也存在一定的负面因素,比如,有的存在"非农化""非粮化"倾向,有的工商资本存在投机行为。应当用辩证的眼光看待工商资本下乡,发挥其优势和长处,最大限度规避其不足和负面因素。

出台政策引导工商资本有序下乡。工商资本投资农业,一般投资大、见效慢,出台支持政策能有效调动工商资本下乡的积极性和热情。政策的出台与制定，应明确投资重点领域，推动市场主体、市场资源流向最具增值潜力的领域，引导和扶持工商资本有序下乡。从调研看，农产品加工业、乡村旅游业等领域的项目占比较高，这些领域有巨大的发展潜力，应当作为重点领域着力引导工商资本投资。此外，农村教育、医疗、文化、公共基础设施等领域也吸引了工商资本的关注，也应是重点扶持的领域。

引导企业正确认识下乡投资农业。调研发现，企业下乡投资意愿不强、数量偏少，主要是部分企业对下乡投资农业认识不到位，对于乡村振兴战略理解不深刻，没有认识到这对企业发展意味着重大机遇，即使是认识到位的企业有的也存在畏难情绪。值得注意的是，有的企业以前未涉及农业领域，下乡投资农业风险意识不强，下乡投资后才发现土地、资金、人才等要素储备不足，影响了后续建设运营。建议搭建政企间、企业间交流平台，畅通信息交流渠道，加强相关业务指导，着力解决个别企业认识不到位、有畏难情绪以及盲目投资等问题，推动更多更具实力的企业下乡投资。

提升基层政府的服务能力。调研发现，工商资本下乡工作千头万绪，工作量大，既需要企业发挥作用，更需要基层政府提升服务能力。目前来看，有的基层政府仍然沿用服务工业项目的办法，服务工商资本下乡的能力和质量有待提高。建议组织基层负责同志到工商资本下乡态势较好的地区学习观摩，同时就近遴选一批工商资本下乡示范镇、示范村供学习观摩。通过学习观摩，切实把各地因地制宜、精准施策经验理解到位，进一步调动基层政府的积极性，切实提高服务能力和水平。

提供金融服务支持工商资本下乡。工商资本下乡项目一般投资大、回报周期长，且容易遭受自然风险、市场风险，不同程度存在贷款难、融资难等问题。比如，有的田园综合体项目开发周期在10年左右，投资额以数亿计，由此带来一系列不确定因素，金融机构信贷投入的积极性不高；有的涉农企业尚处于成长期，不具备发行股票、债券的基本条件，利用资本市场直接融资的能力不足；还有的涉农项目容易遭受各种风险，目前，农业保险覆盖范围小、赔付率低。建议由金融部门牵头、农业农村部门配合，引导金融机构创新金融产品和服务，如探索涉农企业以大型农机具、仓储、经营预期收益权抵押获取贷款等，切实解决涉农项目银行贷款难、直接融资难、投保难等问题。

完善基础设施配套保障工商资本下乡。完善的基础设施配套是推动工商资本下乡的基础支撑。基础设施配套，涉及项目周边和内部基础设施两个方面。调研发现，一些项目远离市区，亟须完善的水电路等配套，而项目内部的基础设施配套，将挤占企业的很大一部分资金，企业反映压力较大。建议加大对涉农项目内部基础设施的扶持力度，缓解企业资金压力，有效降低建设运营成本；把涉农项目外部基础设施作为基层政府涉农资金投入的重点，高标准建设水利、电力、道路等基础设施，让下乡企业集中精力搞发展。

（《农民日报》2020 年 9 月 12 日）

以开放赋能"三个模式"创新提升

李 波 刘永杰

潍坊创新提升"三个模式"中央关注、省委重视、全国期待,没有哪个城市像潍坊具备这样的先发优势,也没有哪个城市像潍坊这样肩负着沉甸甸的责任。

2018年,习近平总书记在全国"两会"期间到山东代表团参加审议和视察山东时,两次对"诸城模式""潍坊模式""寿光模式"做出明确指示,这既是对潍坊多年来农业农村工作的充分肯定,更蕴含着对创新提升"三个模式"的殷切期望。山东省委省政府对创新提升"三个模式"高度重视,多次做出安排部署。潍坊坚定扛起创新提升"三个模式"的使命担当,开展了一系列先行先试的探索实践,取得了显著成效。2020年是习近平总书记肯定"三个模式"的第三年,潍坊应巩固良好势头,趁势而上,不断赋予"三个模式"新内涵,力争在关键之年取得关键突破。

我国农业在投资贸易领域的开放已经比较充分,2019年全国负面清单涉农条款仅有4条,农产品关税仅为世界平均水平的1/4。但在涉农制造、涉农服务相关环节,如研发合作、金融服务、检测认证等领域,开放程度明显不足,且存在诸多体制机制障碍,已成为制约现代农业全产业链构建和竞争力提升的重要短板。潍坊创新提升"三个模式",应准确把握我国农业开放的阶段性特征,充分发挥开放对农业全领域的引领、赋能作用,以开放倒逼改革、推动转型,加速实现农业农村现代化。

潍坊国家农业开放发展综合试验区(简称农综区)是国务院2018年8月31日批准建设的全国唯一的以农业为特色的国家级对外开放综合试验区,肩负着引领全国农业开放发展的重任,应成为潍坊深化农业开放、创新提升"三个模式"的核心抓手。

一 借鉴自贸区经验,把农综区打造成全面开放和制度创新的"农业自贸区"

自贸区是新时代改革开放新高地,有专家认为,自贸区推广到全国,意味着全面深改重点任务完成。建设农综区,应充分借鉴自贸区发展经验,把综试区打造成全面开放和制度创新的"农业自贸区",把综试区的开放发展经验向全国辐射。

一是充分借鉴自贸区发展理念。在自贸区,凡是国外能做的我们都可以试。建设农综区,应旗帜鲜明地树立这种理念:凡是国内自贸区和国外能做的农综区都可以试。这样,全国农业农村领域几乎所有的试点性改革,农综区都可以率先试验;全国层面没有统一安排的,农综区也可以自主探索。比如,2014年以前政策规定外商独资企业不能进入我国船运服务业,这是我国船运服务业发展水平低的关键原因。上海自贸区突破现有政策,率先从新加坡引进第一家外商独资船运服务企业,立即吸引了14家这类企业入驻,形成"国际船舶管理领域扩大开放"改革试点经验向全国推广。在自贸试验区,几乎所有的制度创新都是这样探索出来的,建设农综区完全可以借鉴这种理念。比如政策规定小麦、玉米新品种选育和种子生产须由中方控股,这在很大程度上影响了外资参与的热情,制约了我国种业竞争力的提升,潍坊如果能用好农综区先行先试政策,大胆探索试验外资控股模式,一定会吸引大量外资种子企业入驻,并形成制度经验向全国辐射。

二是率先复制推广自贸区改革创新成果。2013年以来,自贸试验区累计形成202项制度创新成果在全国范围内推广,其中投资便利化涉及81项,贸易便利化64项,金融开放创新23项,事中事后监管34项。但是受区域发展水平、发展理念的影响，各地复制推广自贸试验区创新成果的效果不理想。建设农综区，应率先复制推广这些创新成果，把农综区打造成复制推广自贸试验区创新成果最好的地方，特别是突出涉农领域和优化营商环境两个方面，让农业开放成为农综区的特色，让一流营商环境成为农综区的标识。

二 调动企业创新创造热情，推动政府改革和基层探索形成合力

这是"三个模式"成功的重要经验，也是国内自贸区制度创新的重要方法。企业是农综区制度创新的主体，对于农综区各项改革举措，如果企业不能积极运用和反馈，就无法检验这些政策的合理性，农综区建设也难有大的突破。

一是更大力度宣传农综区。企业之所以参与热情不高，很大程度上是因为对政策不了解。现阶段应通过新闻发布会、报刊、网络、企业座谈等方式，给区内企业讲清楚农综区的政策，让企业知道农综区是什么、农综区能给企业带来什么、农综区内企业能做什么。在此基础上，进一步扩大影响范围，不仅要让潍坊的企业认识农综区，也要让全省、全国甚至全球的农业企业了解和认识农综区。

二是尊重企业首创精神，保护和激发企业创新求变热情。对于那些农综区层面没有统一部署、企业自主开展的个性化创新创造，只要符合总体改革方向，都应予以鼓励和支持，符合条件的应上升到政策层面加以推广。同时，农综区应及时建立容错机制，通过一些具体的法律法规条文，帮助企业厘清创新与违法之间的界限，最大限度调动、激发企业自主创新求变的积极性。

三是树立典型示范引领带动更多企业用好用活农综区政策。借鉴上海自贸区相关经验，定期组织"农综区制度创新典型企业案例"评选，挖掘、发现一批运用农综区政策开展制度创新的典型企业，在全市范围内广泛宣传，充分展现农综区给企业带来的制度红利，引领和带动更多企业用好用活农综区政策。

三 加强改革举措的系统集成，推动制度创新实质性突破

零敲碎打的改革试验难以取得实质性的制度突破，对全面复制推广意义有限，国内自贸区都把集成创新作为新一轮制度创新的探索方向。比如，上海自贸区探索引进外资医院，已经把它从负面清单里拿掉，但是外资医院在建立过程中会遇到国外医师资格的认定等一系列后续问题，要解决这些难点，就必须系统集成。

一是顶层设计要强调系统集成。农综区在政策设计中，同一领域改革举措要注意前后呼应，相互配合，形成整体。

二是充分发挥农业对外合作部际联席会议机制、部省市联合工作机制、省级联席会议机制的作用，特别是在政策协调、机制创新、人才支撑、活动安排等方面对农综区加强指导和支持，为农综区协同推进各项改革举措创造有利条件。

三是在市级权限范围内进一步理顺管理体制，加强不同部门在制度创新上的协同性，促进相关改革创新的系统集成。在这方面，国内自贸区也在积极探索，应注重学习借鉴相关经验。比如，2015年上海自贸区管委会与浦东新区政府合署办公，在浦东这个完整的一级政府框架下探索自贸区改革，为开展集成创新提供了体制机制支撑。

四 深度融入"一带一路"建设，打造"一带一路"农业贸易港

"一带一路"建设是我国今后相当长时期对外开放的管总规划，在新时代开放大局中占据统领地位。浙苏粤等地都提出以"一带一路"为统领推进新一轮开放、打造开放新高地，任何一个城市、地区，任何一个工作领域，都应顺应这一大势，在这一大势中争取更多资源，谋求发展先机。农业是"一带一路"建设的重要领域，农综区主动服务和融入"一带一路"建设更是题中应有之义。潍坊具有农业产业、区位交通、开放平台等优势，充分发挥这些优势条件打造"一带一路"农业贸易港，有助于提升潍坊农业开放水平和国际地位。

一是建好各类农业开放创新平台。近年来，潍坊先后获批建设中国食品谷、东亚畜牧交易所、齐鲁农村产权交易中心、国家现代农业示范区、国家食品安全示范城市、全国蔬菜质量标准中心、国家现代农业产业园、北京大学现代农业研究院、国家农综区等一批国家级要素支撑和示范引领平台，这在全国地级市中极为罕见。这些平台，有些已经比较成熟，在全国乃至全球具有一定的影响力，有些还处于探索推进阶段，没有充分发挥出潜力，应重点突破、加快提升平台能级，为打造"一带一路"农业贸易港提供有力支撑。

二是大力发展农产品跨境电商。跨境电商作为一种新型国际贸易方式，正在成为我国对外开放和经济发展的全新动力引擎。发展农产品跨境电商有助于构建高效便捷的农产品贸易流通体系，推动潍坊农产品辐射更多"一带一路"国家。现阶段应抓住淘宝、京东、拼多多等电商企业下沉农村市场的机遇，与这些企业合作打造一批淘宝村、京东村，借力推动农产品跨境电商快速发展。

三是加快推动贸易便利化改革。创新检验监管模式，对部分产品探索实行"先验后放""即验即放"，持续压缩整体通关时间，努力降低集装箱进出口合规成本。加强与"一带一路"沿线国家在检验检疫、认证认可、标准计量等方面的双多边合作，努力消除各种贸易壁垒，争取成为"一带一路"贸易便利"最大化"的区域。

（《中国外资》2020年第4期）

以"四化"创新提升"三个模式"

李少军 王国荣[*]

2018年,习近平总书记两次讲到,改革开放以来,山东创造了不少农村改革发展经验,贸工农一体化、农业产业化经营就出自诸城、潍坊,形成了"诸城模式""潍坊模式""寿光模式"。历史地看,"三个模式"的核心是农业产业化,对中国农业农村的功绩已经载入史册;现实地看,在实施乡村振兴战略的伟大进程中,潍坊地位特殊、责任特殊,必须坚定扛起创新提升"三个模式"、打造乡村振兴齐鲁样板先行区的政治责任;发展地看,潍坊可立足农业、农村、农民、城乡融合四个维度,通过产业园区化、农民职业化、居住社区化、城乡融合化"四化",进一步创新提升"三个模式"。

一 产业园区化,就是推动产业向园区集中,提高全要素生产率

没有农业产业园区化就没有农业现代化。产业园区化,就是凡是涉及农村的产业,原则上都以园区的形式来布局和推进。空间布局上,大田作物、设施农业、农产品加工等涉农产业园区化,一二三产业融合在各种园

---

[*] 李少军,潍坊市改革发展研究中心;王国荣,山东省农业农村厅。

区里发展，农村非涉农工业更要园区化。潍坊"三农"的优势在产业，产业振兴是乡村振兴的前提和基础，抓住了农业产业园区就牵住了乡村振兴的"牛鼻子"，这也是"十四五"时期我国推进农业高质量发展的主抓手。建设农业产业园区，潍坊认识早、起步快、数量多，积累了丰富的建设经验，当前潍坊进入以农业园区化推进农业现代化的新阶段。建设过程中应坚持分级推进，市级层面主要是规划引领、政策引导和组织保障；县级主要是抓落实推进，并积极争创建设国家、省、市级现代农业产业园；镇街侧重于农业产业强镇，村侧重于打造一村一品。

二 农民职业化，就是产业向新型经营主体集中，"要么当老板，要么拿工资"

农村产业向园区集中后，经营主体要么是各种类型的企业，要么是家庭农场、合作社以及其他经济组织；从业人员要么是上述经营主体的"老板"，要么是被雇佣的员工，都是新型职业农民。这些职业农民，除工资收入外，可以有股金分红和财产性收入。农民职业化问题，可从乡村产业现代化的标志层面考虑。农村产业现代化的重要标志是农业产业与城市产业有可比性，能与国外农业竞争，要想实现这两大目标，只能靠新型经营主体。没有形成以新型经营主体为主的农村产业，就不能与城市产业、与国外农业竞争，而农村产业一旦以新型经营主体为引领力量，就意味着引入了新理念、新技术和新管理模式，形成农业全产业链，加速农业产业现代化，并对农村生态、文化、社会治理等领域产生全面的溢出效应。

目前，潍坊有各类新型经营主体3万多个，联结120万农户，数量居全省全国前列，但与苏南这些农业现代化水平较高的地区相比，与荷兰、以色列等已经实现农业现代化的国家相比，仍有相当大的差距。从自身发展水平看，经营规模偏小、集约化水平不高、产业链条不完整、经营理念不够先进，家庭农场仍处于起步发展阶段，部分农民合作社运行不够规范，社会化服务组织服务领域拓展不够。从外部环境看，融资难、融资贵、风险高等问题仍然突出，财税、金融、用地等扶持政策不够具体，业务部门指导服务能力亟待提升。一是应把扩大新型农业经营主体数量作为推进农业现代化的基础性工作,在涉农政策、资金资源、推进力量等方面适当倾斜,确保新型经营主体数量快速增长。二是积极稳妥推进新型农业经营主体规模经营,关键是通过土地流转打好规模经营基础。三是培育新型农业经营主体带头人,坚持一手抓培育,以专业大户、家庭农场主、农民合作社带头人为重点培育对象;一手抓人才引进,从政策措施上吸引一批中高等院校毕业生、退役士兵、科技人员等到农村创新创业。四是优化新型经营主体发展的政策扶持、金融支持、科技支撑环境。

三 居住社区化,就是人口向镇区、社区、中心村集中,提高乡村建设和乡村治理水平,让社区有吸引力,"既想来也能来"

农村现代化的重要标志是,农村居民的生产生活水平与城市居民接近。农村新型社区可以成为推进农民生产方式现代化、生活方式现代化、组织方式现代化的重要纽带,是实现农村现代化的关键手段。日本"农村振兴运动"、韩国"新村运动",其重要内容就是建设农村社区,加强社区基础设施建设和社区文明建设。潍坊地区乃至黄淮海、长江中下游地区,与日韩的自然条件有很大的相似性,都是人多地少,地形以平原、丘陵为主,村落集聚分布明显。特别是潍坊所处的发展阶段,与日韩开展上述运动时的阶段大致一致,都是处于基本完成工业化阶段,城镇化进程大大提速,建设农村新型社区有需求、有条件、有可行性。我们以往更多地关注农业现代化、农村产业现代化,对农村现代化关注相对不足,社区建设试点早、有经验,但远未形成共识,亟须积极推动建设。

当前农村新型社区推进难,主要难在规划、建设、管理和治理。可以按照因地制宜、分类推进的原则,优先以镇政府所在地的行政村、规模大的村为关键节点,集中资源重点支持,率先开展社区化建设。建设过程中,更加注重生态建设,注意保持社区的乡土气息和田园风光,让社区不仅成为农民的美丽家园,对城里人也有相当吸引力,让凡是有意愿到农村社区居住的都愿意来、都能来。一是农村社区基础设施建设向城市标准看齐,社区基础设施只有明显高于农村其他地区、基本接近城市水平,才能对农民产生吸引力，才能保证农村新型社区建设顺利推进。二是把优化公共服务作为重要内容，引导农村社区服务中心推行"一站式"服务，积极探索建立政府购买城乡社区服务机制。三是把现代产业作为农村新型社区的重要支撑。四是建立多元化资金投入机制，可以在政府的主导、引导下加大投入，既要加大政府投入，更重要的是广泛吸引社会资本参与，采取多种方式联建、共建。五是发挥典型社区示范作用，以点带面推动面上工作。

四 城乡融合化，就是让城市和乡村没有明显区别，城乡人口双向迁徙、资源要素双向流动、人与自然和谐共生，"城市进得了、乡村回得去"

从"以工补农、以城带乡"到"城乡统筹、城乡一体化发展"再到"城乡融合发展"，我们对城乡关系的认识逐步深化。在乡村振兴大背景下推进城乡融合，对各地既是发展机遇，也是重大挑战，更是创新提升"三个模式"的重要着力点。总的来看，城乡融合难，突出表现在土地改革、户籍制度、财政金融、建设主体四个方面。为此，国家设立了11个国家城乡融合发展试验区，涉及11项试验任务，每个试验区侧重点不同，试验内容均为5项。2021年中央农村工作会议提出，把县域作为城乡融合发展的重要切入点，强化县城综合服务能力。潍坊虽未入选国家城乡融合发展试验区，但是一个突出特点是县域经济发达，城乡发展相对均衡，这本身就是我们的重要优势，未来这一优势将更加突出。建议借助国家农综区这一平台，充分发挥先行先试的政策优势，对标国家城乡融合发展试验片区，但不局限于片区，以系统集成的方法对11个领域全面展开试验，这样既可为全国提供城乡融合发展样本，也可为后期入选国家城乡融合发展试验区奠定良好基础。

（《潍坊日报》2021年6月11日）

三产融合激活乡村振兴新动能

刘 磊 贺绍磊

市委书记在市委农村工作会议上指出，要走融合发展之路，在产业高质量发展上加快突破。长期以来，农业劳动生产率不高、附加值低、竞争力弱，在三次产业之中一直是弱势产业，实现农业农村现代化必须依靠三产融合解决这一问题，这是以色列、荷兰、日本等农业农村现代化先发国家的共同经验。近年来，全市上下聚焦三产融合开展了许多有益探索，有力推动了潍坊传统农业向现代农业转变，有效提高了农业国际竞争力和影响力。

培育多元新型经营主体，打造产业融合新势力。三产融合，首要问题是谁来融。坊子玉泉洼种植专业合作社联合社领办玉泉洼生态观光园，每年吸引市区及周边游客30余万人次前来参观游玩；诸城依托山东华山农林科技和山东三羊榛缘生物两家公司，建设集苗木繁育、榛子深加工、仓储物流、平台交易、生态旅游等于一体的融合发展榛子产业链，辐射带动周边15个村增收；峡山区王家庄街道成立峡源蔬菜专业合作社等20家新型农业经营主体，培育以草莓、大樱桃、桃等新特优品种为主的十大生态旅游采摘基地，开辟农业观光旅游新路线。这些经验告诉我们，传统小农户经营规模小、能力弱，不能胜任融合重任，农民合作社、龙头企业、家庭农场等新型农业经营主体，能够满足现代农业集约化、规模化、组织化要求，是推动三产融合的主要引领力量。一是把扩大新型农业经营主体规模作为潍坊三产融合的基础性工作。在涉农政策、资源要素、推进力量等方面适当倾斜，确保各类新型经营主体数量快速增长。二是有序推进土地流转，推广规模化经营。让更多的土地从小农户手中流转到新型经营主体手中，提高规模效益，促进产业融合。三是开展新型经营主体带头人培训，培育一批三产融合带头人。

把握数字赋能机遇，衍生现代农业新业态。三产融合要把握和顺应当前产业发展的时代机遇。坊子玉泉洼田园综合体利用电商平台扩大销售，探索实行整棚产品拍卖销售等模式，项目区产值增加30%以上；寒亭国家现代农业产业园构建"互联网+产品产销"新业态，成功举办固堤街道首届网络西瓜文化节，开展"县级领导带货"直播活动；寿光打造农圣网、"种好地"等区域性电商平台，5000多种蔬菜、种苗网上销售，成为商务部全国供应链创新与应用试点城市中唯一的县级市。这些地区把智慧农业、数字农业、农村电商等作为三产融合的新形式，做出了有益探索。我们要在农业农村数字化窗口期的战略机遇下推进三产融合，一是加快农村地区信息化基础设施建设，推进现代信息技术应用于农业生产、经营、管理和服务。二是打造一批数字农业试点项目，通过典型带动释放示范效应，激发更多的新业态和新模式出现。三是鼓励农产品直播带货、网红带货等新业态创新创业活动，形成包容农业融合发展新业态的环境和氛围。

构建利益联结机制，探索多方参与新模式。三产融合背后的动力来自各类主体对利益的追求，因此，能否建立有效的利益联结机制直接决定了融合的水平。从实践看，青州九龙峪田园综合体创建"合作社+农户""龙头企业+基地+农户""新型经营主体联盟"等利益联结机制，流转土地5万亩，辐射周边12个村庄，吸纳就业1000多人；诸城推行"大区域多主体""大园区小农场"等利益联结机制，探索"龙头+基地""龙头+合作社+农户"等方式，实现服务订单式精准种植，农产品营销转化率80%；临朐寺头镇培育"龙头企业+联合社+村集体+村级合作社+农户"的五位一体发展模式，探索"保底收益+二次分红""社员入股分红"等多种利益联结模式，实现山楂种植每亩增收300元以上，香椿种植每户增收1000元以上。这些实践表明，各主体之间只有形成切实有效、稳定合作的利益联结体，才能真正实现融合发展、共赢发展。一是持续探索多种形式的利益联结机制，实现各方利益共享、风险共担。二是尤其注重对小农户利益的保护，提高小农户组织化程度、拓展小农户增收空间，促进小农户与现代农业有机衔接。三是建立风险防范机制，借助农业风险基金、农业金融衍生品和农业保险来规避涉农风险。

发挥品牌带动作用，释放现代农业新价值。三产融合，品牌发挥着重要的示范带动、产业辐射和宣传推介等作用。经开区前阙庄村，大力培植"东篱乡村"农副产品品牌，形成"千亩采摘园，十里飘香地"的生态观光采摘园区，成为潍坊市近郊休闲农业的典范；昌邑山阳村依托"山阳大梨"品牌，打造"山阳梨花节""大梨采摘节"，产业与节会相融合，带动就业300多人，每年"梨花节"接纳游客数十万人次，旅游相关收入达近亿元；安丘农谷运营推广"安丘农耕"农产品区域公用品牌，兴办休闲农庄，发展庄园经济，展示农耕文化，包装农产品89种，平均溢价25%。这些地区以知名品牌为依托开展产业融合，既提升了品牌影响力，又提高了产业的附加值和竞争力，也为我们提供了启示和借鉴。一是注重挖掘比较优势与地域特色。上述地区都通过发挥自身资源禀赋优势打造特色产业，形成三产融合独特、持久的竞争力。二是大力实施"品牌+"行动。探索开展"品牌+园区""品牌+电商""品牌+节会"等多种形式的"品牌+"活动，在品牌基础上拉长产业链，提高附加值。三是加强品牌宣传与维护，不断提高农业农产品品牌建设水平。

（《潍坊日报》2020年11月9日）

关于潍坊实施乡村振兴战略的建议

课题组[*]

实施乡村振兴战略,是党的十九大做出的重大决策部署,是决胜全面建成小康社会、全面建设社会主义现代化国家的重大历史任务,是新时代"三农"工作的总抓手。2018年3月,习近平总书记在参加十三届全国人大一次会议山东代表团审议时,提出打造乡村振兴的齐鲁样板;同年6月,习近平总书记视察山东时发表重要讲话,强调要扎实实施乡村振兴战略,推动农业全面发展、多样化发展、高质量发展。2020年2月发布的中央一号文件提出深入实施乡村振兴战略,坚决打赢脱贫攻坚战,全面建成小康社会。2021年为期8年的脱贫攻坚战取得全面胜利,全新机构"国家乡村振兴局"挂牌成立,标志着未来"三农"工作重心转向全面推进乡村振兴。2021年4月通过的《中华人民共和国乡村振兴促进法》,为全面实施乡村振兴战略提供了有力的法治保障,也标志着乡村振兴进入新阶段。潍坊市作为山东省东部地区经济较为发达的农业大市、农业强市,多年来,农业开放发展走在全省、全国前列,创造了贸工农一体化、农业产业化经营、农产品质量安全区域化管理等成功经验和做法,形成了"诸城模式""潍坊模式""寿光模式",得到了习近平总书记的充分肯定

---

[*] 课题负责人:王冰林;课题组成员:山东省华坤乡村振兴研究院马利波、王志鹏,山东省农业农村厅王国荣,潍坊市改革发展研究中心王伟、李少军、戴真真。

和认可。但是，当前乡村发展仍然面临着农业产业化水平低、农村人居环境质量不高、农民增收困难、城乡融合发展不够等一系列问题，带动示范效应未完全显现。在新形势下，为推动潍坊市乡村振兴走在全国前列，全面助推新时代"潍坊模式"升级版的打造，推进潍坊市乡村振兴战略实施纵深发展，按照"全市谋划、县域统筹、整镇推进、重点突破、落实到村、创新政策"的总体思路，结合潍坊实际提出以下六点建议。

一 加强顶层设计，完善乡村振兴规划编制体系建设

（一）全局谋划，编制市域乡村振兴总体规划

深入贯彻实施国家、山东省乡村振兴战略规划，按照到2035年基本实现农业农村现代化的目标要求，加强统筹谋划，强化顶层设计，开展潍坊市乡村振兴总体规划编制工作。一是以五大振兴为实施重点，制定制度创新重点和具体计划，明确相关制度安排，着重在人才、组织、文化等方面进行创新。在人才方面，大力推进乡村振兴学院建设，创新乡村人才培养机制，畅通人才流通渠道，加强人才激励保障。在组织方面，建立健全以党建为引领的乡村治理体系，在打造农村过硬支部、选优配强带头人、推动力量下沉上持续用力，夯实乡村振兴的基层基础。在文化方面，深入挖掘潍坊市后李文化、大汶口文化、龙山文化、遗址遗迹文化、民俗文化等多种文化内涵，以文化活动、博物展览、特色建筑等为载体，进行创新性转化和创造性发展。二是以现有"诸城模式""潍坊模式""寿光模式"为重点，设立"潍坊模式研究院"，深入研究"诸城模式""潍坊模式""寿光模式"三个模式的内涵和发展路径，为潍坊市、山东省乃至全国乡村振兴深入实施提炼总结经验模式。三是统筹谋划全市9600个村庄，按照生产美产业强、生态美环境优、生活美家园好的总体要求，根据不同村庄的发展现状、区位条件、资源禀赋，依据乡村振兴战略规划确定的村庄类别，将全市村庄分为集聚提升、城郊融合、特色保护、搬迁撤并四类，同时进一步明确城镇开发边界内村庄数量及规模，做到因地制宜、分类施策。四是明确实施重点区域。结合潍坊实际，全市摸底调查，明确乡村振兴实施重点片区、亮点片区、难点片区，结合各地不同特点制定政策

措施。五是明确用地需求。按照基本实现农业农村现代化的要求,强化与潍坊市国土空间总体规划对接,明确乡村振兴重大工程、重点项目用地需求,落实到空间规划一张图,做到空间发展有保证。六是制定分期行动路线。按照国家总体部署和省委省政府有关要求,以五年为一个周期,制定详细的实施路线图,并结合实际情况形成定期评估、动态调整的新机制。

(二)强化实施,编制县域乡村振兴战略实施规划

按照潍坊市乡村振兴总体规划要求,以县(市、区)为单位,细化深化分解落实乡村振兴战略有关要求,编制乡村振兴战略实施规划。规划要坚持问题目标为导向,围绕"三农"问题,以统筹协调为前提,以空间布局为支撑,以落地实施为目标,以体制创新为助力,以民生改善为根本。从农业、农村、农民特点出发,创新三生一体单元体系,协同生产、生态、生活融合发展,全面统筹产业、人才、文化、生态、组织五大振兴,对应一图一表分类推进不同乡镇整体开发,明确十大行动百项重点工程,对应县级事权优化整合协调乡村国土空间开发利用格局,形成"横向到边、纵向到底"的乡村振兴全覆盖联动运行实施落实机制。

县级乡村振兴战略实施规划要严格落实"十四五"国民经济发展规划、县域土地利用总体规划、生态保护红线规划、县域城乡总体规划等上位规划,整合衔接综合交通、公共设施、旅游发展等涉农规划,统筹确定县域生态保护红线、永久基本农田保护红线、城镇开发边界,明确"生态空间、城镇空间、农业空间"三区,核定各类用地空间布局。推进乡村振兴规划从单纯的战略性政策规划向以国土空间规划为基础"战略+战术"相结合的落地实施性综合规划的转变。

战略实施规划要统筹城乡空间发展布局,强化城乡网络体系建设,推进城乡均衡发展。以人的城镇化为核心,以基本公共服务均等化为关键,构建县城、中心镇、一般镇、农村社区、特色乡村的城乡居民点体系,实现"全域一盘棋"发展。发挥中心城区基础好、落户成本低、吸引力强的优势,把中心城区打造成为农业转移人口市民化的重要平台;统筹周边乡镇纳入中心城区规划,壮大城区规模、增加城区人口,提升辐射带动能力。对承载力相对较强的乡镇,以下放事权、匹配财力、改革人事权及强化资金、用地保障等为重点,依法赋予部分县级管理权限,加快提升综合发展水平,打造区域中心镇,吸引带动农民到镇区生活就业。对一般乡镇,发挥其在文化旅游、蔬菜大棚、林果种植、苗木花卉等领域的优势,进一步壮大特色产业,强化综合承载能力,打造成各具特点的特色小镇。综合考虑地域特色、生态环境、生产方式、生活习惯、农民意愿和经济发展水平等因素,推进村庄居民点体系有序调整,建设一批功能齐全、设施完善、一二三产业融合发展的新型农村社区,建设农业转移人口就地就近市民化的重要载体。

战略实施规划要打破传统设施配置方式,以信息基础设施建设为统领,不断完善生态设施、生产设施、生活设施配置,推动生态圈、生产圈、生活圈融合发展。一是完善信息设施,建设智慧圈。深入推进智心工程,实施乡村信息基础设施建设,推动5G网络布局和商用进程,大力发展智慧农业,建设智慧农村,培养智慧农民。二是完善生态设施,构建生态圈。规划坚持生态优先的理念,通过建立资源能源循环利用中心,完善垃圾收集、污水处理系统,深入推进农田林网工程,理水置绿,构建"蓝绿"生态斑块和廊道系统,不断完善生态基础设施,逐步建成"多层次、成网络、功能复合"的生态网络框架体系。三是完善生产设施,构建生产圈。规划从农业生产特点出发,以县城为中心,以乡镇为支撑,按照生产单元、种养单元两级体系分门别类配置道路交通、农田水利、农机服务、农资服务等生产服务设施。四是完善生活设施,构建生态圈。规划根据农村各类设施配置标准和要求不同的特点,结合河流、交通廊道、行政管辖范围划定乡村居民点基本生活圈、拓展生活圈,引导乡村设施配置,全面推进基本公共服务均等化。

战略实施规划应分门别类列出乡村振兴重点工程,同时结合乡村振兴重大工程,精准定位用地功能,通盘考虑农村土地利用、产业发展、居民点布局、人居环境整治、生态保护和历史文化传承等,科学有序统筹布局生态、农业、城镇等功能空间。如平原县明确产业突破行动、文化传承行动、美丽乡村行动、科技人才行动、组织建设行动、设施普惠行动、土地整治行动、特色村镇行动、智慧乡村行动、精准扶贫行动等十大行动近百项工程。结合十大重点行动,平原县科学划定种养、生产、循环三个层次的三生一体单元体系，构建生产功能空间。

潍坊市县域乡村振兴战略实施规划中应形成以乡镇为单元、以资源为基础、以产业为方向、以文化为特色、以土地整理为抓手、以村居建设为提升、以设施完善为补充的新模式。

（三）规范引导，编制乡村振兴系列技术导则

按照打造乡村振兴齐鲁样板潍坊模式的思路，立足地域实际，紧扣发展需求，编制乡村振兴系列技术导则，全面规范国土空间总体布局、生态保护修复、耕地和永久基本农田保护、历史文化保护及乡村特色风貌塑造、基础设施和公共服务设施布局、产业发展空间布局、村庄安全和防灾减灾、人居环境整治、开发边界划定、建设布局规划、农房建设管理、配套设施建设等内容和技术要点，指导潍坊市乡村振兴战略落地实施。

二 县域统筹特色，突出抓党建引领

习近平总书记强调，郡县治，天下安。县一级处在承上启下的关键环节，是发展经济、保障民生、维护稳定、促进国家长治久安的重要基础。因此，乡村振兴战略应以县为实施重点，突出县的主体地位。突出抓党建引领，形成"县、镇、村"三级党建体系，发挥全域党建党组织以上带下、以上促下、一管到底、强劲有力的核心作用。在县域层面，建立完善基层党建工作考核机制体系，主抓镇域乡村振兴工作实效；在镇域层面，建立乡村振兴督导机制，通过任务部署、定期督导、节点管控、亮绩晒优、考核验收等，全面指导各村乡村振兴工作开展；在村域层面，建立党支部领办创办的乡村振兴组织模式，确保乡村振兴落地有抓手。如德州市禹城市以党支部领办创办土地股份合作社破题乡村振兴。在不改变原有土地承包关系的前提下，组织农民以土地折股入社，主要依托乡镇为农服务中心，统购生产资料、统管生产环节、统销农副产品，形成"党支部+土地股份合作社+乡镇为农服务中心"的生产模式。切实把党建优势转化为发展优势，把党建资源转化为发展资源，把党建成果转化为发展成果，打造党建引领乡村振兴的动力引擎。

确保重要农产品特别是粮食供给作为县域实施乡村振兴战略的首要任

务，结合潍坊市地形地貌特点，推进乡村振兴战略深入实施。在平原地区，贯彻落实国家"藏粮于地、藏粮于技"战略，大力推进粮食生产规模化、产业化、有机化发展，按照"居住向社区集中、农业向规模经营集中、产业向园区集中"原则，突出专业分工和园区化建设，优化县域城乡发展格局，同时结合实际，科学划定种养、生产、循环三个层次的三生一体单元体系，推动建立生产规模化、生活便利化、生态循环化的农业可持续发展长效机制。如平原县抓住农业大县以及处在城镇化集聚发展阶段的特点，通过水系和绿道串联、要素层级传导，构建县城4公里以内、4~10公里近郊、10~20公里远郊三个圈层。4公里以内核心圈层发挥县城吸纳人口的低成本优势，打造成为农业转移人口市民化核心地区。4~10公里近郊圈层发挥近郊区位优势，以示范园区为主，发展农业新六产，发展科技农业、精细农业、休闲农业。优化涉农服务业布局，加强农产品集散中心、物流配送中心和展销中心建设。10~20公里远郊圈层以规模农业为主，发展农业生产性服务业，完善配套设施，建设资源能源循环中心，打通能量循环圈，打造成为重要的国家粮仓。在丘陵地区，深入贯彻落实习近平生态文明思想，以生态保护为抓手，严格落实生态保护红线，强化山水林田湖草综合治理，构建生态安全格局。同时，立足生态优势，推进"生态+"建设，发展美丽经济，先生态后生产再生活，最终实现生产生活生态的良性互动、融合发展。如日照市坚持把生态振兴作为先导性工程，大力实施生态立市战略，统筹推进山水林田湖草系统治理，深入开展林水大会战和矿山整治行动，通过"矿山修复+"治理，将生态包袱变为旅游景观。

县委县政府需进一步强化资源统筹能力，加强与农业龙头企业、科研院所合作，组建乡村振兴产业联盟，搭建乡村振兴交流合作平台，聚合政府、社会资本、高校及科研院所等资源主体，组织协调乡村振兴所涉及的各相关部门及单位，改善乡村发展营商环境，引导社会资本流入乡村，完善乡村土地制度设计与保障机制建设，有序推进乡村振兴项目的落地实施，推进乡村振兴事业向纵深发展。

三 整镇协同推进，提升全域抓示范

乡镇是乡村振兴的主战场、主阵地。研究表明，乡镇与城市、县城的

距离对乡镇乡村振兴道路选择具有决定性作用。潍坊市要充分结合乡镇不同特点，深入研究各乡镇资源特点、产业重点、文化特色、人口规模等方面的差异，根据乡镇与城市关系，研究推进不同类型乡镇发展的措施，打造各具特色的乡村振兴示范样板。位于城市开发边界内的乡镇着力推进融合一体发展，明确在城市中的地位作用、功能定位，逐步融入城市。位于城市近郊的乡镇，以服务城市为主导方向，突出生态宜居、旅游服务及特色产业，强化设施对接，打造城市周边近郊服务型小城镇。如莒县店子集街道位于城市近郊，结合莒县城市发展需要，着重发展现代农业、观光旅游、休闲体验、运动娱乐、健康养生等产业，致力于打造最美郊区游目的地。远离城市的远郊乡镇，挖掘内生动力，因势利导，走差异化、特色化之路，探索镇域乡村发展的新路径。如阎什镇远离中心城区，城市辐射带动作用较弱，因此通过创新产业发展模式实现自身造血。构建了以"种—养—加工—销售"一体化的主导产业链为主，以资源能源循环利用和特色农业为辅的"1+2"产业发展模式，促进一二三产业融合发展。虎头角海洋艺术小镇依托当地良好的自然生态环境以及丰富的岸线和旅游资源，大力发展文创艺术、旅游度假、医美康养、海洋运动、现代农业等新经济新业态，致力于打造成为国际知名的滨海旅游度假目的地、幸福产业融合发展示范区。

在镇域乡村振兴实施层面上，潍坊市要按照国家乡村振兴的有关要求，强化顶层设计引导，以全域土地综合整治为抓手，全面做好农用地整理、建设用地整理、系统进行生态保护修复和历史文化保护传承，深入开展乡镇乡村振兴齐鲁样板示范工程，统筹梳理乡镇资源，推进土地综合整治、要素资源集聚、产业模式创新、多元资本运作、运营平台同步及美丽村居建设等全过程、多重点打造，充分发挥乡镇的承接带动作用，提高乡镇地域空间的综合价值，实现乡村振兴的多元目标，为潍坊整镇域实现乡村振兴探索出可复制、可推广的路径和模式。

四 选择重点突破，紧盯片区抓建强

按照市、县、镇分级落实的原则，明确近期乡村振兴实施重点片区。市级示范片区可以几个乡镇为一个片区，县级示范片区以一个乡镇或者几个乡镇的邻接区域为一个片区，镇级示范片区以几个村或十几个村为一个片区。片区规模不宜过大，以地域相近、资源相似、产业相同为参照，通过进一步集成村落形成具有明确产业定位、文化内涵、旅游特色的融合发展空间。片区打造要坚持政府主导、企业运作、生态优先、产业注入、一体开发、农民受益的思路，加大招商引资力度，导入农业龙头企业，全产业链运作。潍坊市实施乡村振兴战略要以片区为突破，紧紧围绕土地规模化经营、土地资源整理、格局优化、田园综合体、美丽乡村建设，坚持平台思维、生态思维，坚持创新驱动、典型带动，统筹规划、集聚资源，加强片区建设，建设一批乡村振兴样板示范区、田园综合体、现代农业产业园、美丽乡村示范区，推进一二三产业深度融合、农村生产生活生态协调发展，探索乡村振兴新模式、新路径。如田园综合体成功案例之一的成都多利农庄以当地农户确权后的宅基地及集体建设用地入股，组建村集体资产管理有限公司，与多利公司合作，自主开展土地综合整治和农村新型社区建设，通过整理节余的集体建设用地挂牌出让，实现土地整理项目收益和农民股东利益分配。在田园综合体的打造上遵循"特色化、差异化""高端化、品牌化"的理念，突出"市民农庄""乡村创客""造梦乐园"主题，激活都市农业的多业价值、乐游价值和安居价值，打造集农业休闲康养于一体、生产生活生态相融合、六次产业全链条增值的乡村田园综合体和"宜业宜游宜居"的都市有机农业小镇，形成产村相融、三产互动、城乡统筹的综合示范效应。

五　因村制宜施策，明确任务抓落实

基于村庄本身特点及国家分类思路，因地制宜、分类施策、循序渐进推进乡村振兴，形成不同类型乡村振兴模式互动发展、优势互补、和谐共存新格局。明确任务，狠抓落实。完善基础设施配套，全面提升农村生产生活质量。

一是推进农用地整理，实施高标准农田改造工程，改良土壤，完善农田水利设施，提高耕地质量，增加有效耕地面积，提高农业综合生产能力；实行田、水、路、林综合治理，提高农业抵御自然灾害的能力；加强农田防护林等生态建设,逐步形成点、带、网、片相结合的复合生态系统,改善农田生态环境。

二是推进建设用地整理。充分利用城乡建设用地增减挂钩和耕地占补平衡政策,盘活农村闲散土地,统筹村居建设、产业发展、公共服务、基础设施、生态保护等各项用地需求,优化农村建设用地结构布局,提升农村建设用地使用效益和集约化水平,为农村一二三产业融合发展和城乡统筹发展提供空间保障。统筹考虑村庄现状、气候条件、发展水平和生活习惯,充分照顾不同收入水平农户的承受能力,因地制宜推进美丽村居建设。

三是强化生态保护与修复。筑牢生态防线,按照生产空间集约高效、生活空间宜居适度、生态空间山清水秀的总体要求,划定生态保护红线、城镇开发边界和永久基本农田保护线。推动产业绿色化,推进产业结构优化,制定环境准入负面清单,淘汰落后产业和产能。按照"减量化、再利用、再循环"原则,提升太阳能、风能等清洁能源利用普及率,推动生产系统和生活系统循环链接。以绿色发展引领乡村振兴,统筹山水林田湖草系统治理,加强农村突出环境问题综合治理。

四是协同推进五大振兴。强化组织引领,把实施乡村振兴战略摆在优先位置,把党管农村工作的要求落到实处。夯实产业基础,以农业供给侧结构性改革为主线,加快构建现代农业产业体系、生产体系、经营体系,提高农业创新力、竞争力和全要素生产率。强化人才支撑,把人力资本开发放在首要位置,加快培育新型农业经营主体。厚植文化力量,以社会主义核心价值观为引领,加强农村思想道德建设和公共文化建设,培育文明乡风、良好家风、淳朴民风,为乡村振兴注入强大的思想文化力量。

六 集成叠加政策,集聚多元成合力

发挥省市县乡村振兴政策聚合叠加效应,以产权制度改革和要素市场化配置为重点,强化制度创新,释放激发农村发展活力。

一是结合美丽村居建设,推行地票制度。盘活农村建设用地存量,把农村闲置的、利用不充分的、价值较低的建设用地,通过指标化的形式,跨界转移到利用水平较高的城市区域,满足城市发展对建设用地指标的需求。农民可凭借腾退宅基地及地上房屋所获得地票和房票直接置换政府建设的安置房，或置换货币有序退出，从而实现农村、城市、企业的多方共赢。如重庆实施地票制度，在村民自愿的前提下，对农村废弃、闲置的宅基地、乡镇企业用地和公共设施用地进行复垦，把它变为耕地；由土地部门和农业部门联合对复垦出来的耕地进行质量和数量的把关，将确认腾出的建设用地指标数作为地票的来源；地票在农村土地交易所交易，所有法人和具有独立民事能力的自然人，均可通过公开竞价购买地票；买到地票的企业或个人在城市规划区范围内寻找可开发的农村土地，在符合土地利用总体规划和城乡总体规划下，办理征收转用手续，完成对农民的补偿安置，地票在落地时可冲抵新增建设用地土地有偿使用费和耕地开垦费。由此，农村闲置、低效的建设用地得到优化配置。

二是落实农村土地"三权分置"政策。在依法保护集体土地所有权和农户承包权、资格权的前提下，探索承包地经营权和宅基地使用权的有偿使用制度。依托家庭农场、合作社、龙头企业和社会化服务组织等新型经营主体，发展多种形式适度规模经营。优化农村金融服务，探索土地经营权入股、抵押、担保。如浙江省舟山市定海区马岙村为充分盘活利用闲置宅基地、优化土地资源配置，村集体通过20～30年长期租赁方式取得闲置房屋及宅基地使用权，统一流转用于打造特色民宿，村集体先行支付租金并支持协议者参与将来民宿经营分红以壮大集体经济。同时，通过区招商平台引入联众集团打造"村回民宿"主题特色民宿群。

三是推进农村集体产权制度改革。以明晰农村集体产权归属、维护农村集体经济组织成员权利为目的，以发展股份合作等多种形式的合作与联合为导向，探索建立归属清晰、权能完整、流转顺畅、保护严格的农村集体产权制度。分类推进农村集体资源性、经营性和非经营性资产改革，推动资源变资产、资金变股金、农民变股东，多渠道开辟农民增收致富途径。

（2021年8月）

后郑一村及周边区域乡村振兴路径与实证研究

课题组[*]

山东省委书记刘家义在参加2020年全国"两会"时指出，2020年全面打赢脱贫攻坚战是我们对人民群众的庄严承诺，打造乡村振兴的齐鲁样板是习近平总书记交给我们的重大政治任务。山东全省各级各部门将坚决落实习近平总书记重要指示和党中央各项决策部署，加快打造乡村振兴的齐鲁样板，向习近平总书记、向党中央、向全省人民交上一份合格答卷。

得到习近平总书记肯定的"三个模式"——"诸城模式""潍坊模式""寿光模式"是打造乡村振兴齐鲁样板的重要路径，在创新和丰富"三个模式"过程中，后郑一村及其周边区域在乡村振兴中的实践具有研究意义。乡村振兴不能一个模式"齐步走"，要结合各地不同的自然禀赋和产业特点，因地制宜、精准施策，探索符合自身实际的推进路径。通过梳理相关文献和已有经验，发现后郑一村的自然禀赋和产业结构非常独特，在课题组的案例库中只有青岛市崂山区北宅街道的情况与其相似，建议对该村进行持续观察，总结和梳理相关发展经验。

---

[*] 课题负责人：丛炳登；课题组成员：青岛农业大学李强、杜鹃、鞠立瑜，潍坊市改革发展研究中心王耀强、戴真真、王伟。

一 后郑一村及周边区域乡村振兴的发展问题

(一) 特殊的自然禀赋——水源地

饮用水水源地是城乡居民生活及公共服务用水供给地域，包括河流、湖泊、水库、地下水等。《第一次全国水利普查公报》(2011年) 显示全国地表水水源地有11662处，其中河流型7107处、湖泊型169处、水库型4386处，地下水水源地共有1847处。2016年水利部公布的《全国重要饮用水水源地名录 (2016年)》中有618个饮用水水源地。饮用水水源地数量多、分布广，为防止饮用水水源地污染，保证水质安全，各地先后颁布实施了水源保护条例，对水源保护区各项活动进行规定。《饮用水水源保护区划分技术规范》(HJ338-2018) 提出对一定范围内的水域和陆域划定饮用水水源一级保护区、二级保护区和准保护区。根据部分省市公布的水源保护区面积分析，全国集中式饮用水水源保护区面积约有20万平方公里，占整个国土面积的2.0%以上。水源地保护区面积大、地域广，涉及生态、生活和生产等诸多问题。

《中华人民共和国水污染防治法》(2017年修订版) 对二级水源保护区进行了详细的解释和规定，其第5章"饮用水水源和其他特殊水体保护"第63条"国家建立饮用水水源保护区制度"规定，饮用水水源保护区分为一级保护区和二级保护区；必要时，可以在饮用水水源保护区外围划定一定的区域作为准保护区。第66条规定，禁止在饮用水水源二级保护区内新建、改建、扩建排放污染物的建设项目；已建成的排放污染物的建设项目，由县级以上人民政府责令拆除或者关闭；在饮用水水源二级保护区内从事网箱养殖、旅游等活动的，应当按照规定采取措施，防止污染饮用水水体。

峡山水库是山东省第一大水库，也是潍坊市的主要水源地，峡山水库灌区设计灌溉面积153万亩，有效灌溉面积100万亩，每年向城市生活、工业企业和农业灌溉供水2亿立方米。后郑一村位于潍坊峡山水库上游，是二级水源保护区，这就意味着后郑一村的乡村振兴必须基于《中华人民共和国水污染防治法》而开展。

（二）后郑一村及周边区域乡村振兴发展困境

饮用水水源地为周边城镇生活和生产用水提供保障，水资源安全是水源地的首要使命，保护与发展是水源地最突出的问题，具体表现为以下五个方面。

第一，生态环境敏感，环境保护压力大。水源地生态敏感性高，极易受到周边环境影响，要确保水源地水质达到国家饮用水标准，就必须加强环境保护，保障生态安全。但由于流域面积较大，保护区范围广，生产生活情况复杂，环境保护压力大。通过对后郑一村及周边区域自然禀赋和产业特点进行分析能够发现，二级水源保护区是无法回避的课题，是后郑一村及周边区域乡村振兴的出发原点，其产业发展必定受二级水源保护区的影响和制约。

第二，区域经济较差，传统产业比例高。由于水源保护法规政策的严格要求，该区域放弃了部分发展机会，农业种植现代化、产业化程度低，传统农业比例高。水源保护区经济发展相对滞后，产业相对单一。

第三，城乡二元结构影响，农村空心化严重。受我国城乡二元结构的影响，后郑一村外出务工的人员增加，据不完全统计，全村有1.01万户共3.99万人，其中常年在外务工的人员约2.1万人，占该村人口数的半数以上，此外还有800多人为空挂户口。城镇化进程是农村空心化不可逆的趋势，也是要素市场化配置的必然结果。根据课题组的调研，发现后郑一村人口向城镇迁移的速度并没有放缓，城乡之间公共设施的较大差距和吸纳就业的工作岗位不足直接造成后郑一村的年轻人返乡意愿不强。人才振兴是乡村振兴战略的重要组成部分，但是如果乡村不能创造达到青壮年劳动力期望的就业岗位，人才外流就不可避免。通过对3家玩具加工厂的调研，企业管理层皆表达了业务转型的意愿，且有两家企业负责人自身想外出务工。因此，针对现有的人力资源，工作重点不应放在已经外出打工的人群，而应放在常住的妇女、儿童和老人，从当地产业特点出发，为其创造相应的就业岗位。

第四，简单复制开发，粗放经营管理。城郊水源地凭借区位优势，在城市和周边地区的带动下，乡村旅游开始发展，在社会资本的驱动下，存在急功近利、盲目发展的问题。旅游产品被简单从城镇复制到乡村、从一般地区复制到水源地，项目同质化严重，乡村旅游缺乏特色。

第五，资源尚未开发，资源难变资产。后郑一村及周边区域有着丰富的自然资源和社会人文资源，除优质的水资源、多样性的植物资源和多彩的自然景观，还拥有乡村民俗、传统技艺等传统文化资源，这些资源多处于原始的未开发状态，资源难以转化为乡村发展的资产，水源地的绿水青山优势得不到体现。

郑公街道拥有底蕴深厚的历史文化，是潍水之战的古战场之一，辖区内历史遗迹众多，其中包括省级重点文物保护单位3处、市级重点文物保护单位1处、县级重点文物保护单位2处，另有张良沟、韩信坝、古稻城遗址等文化遗产。

省级重点文物保护单位郑公祠位于郑公街道后店村，始建于唐贞观年间，是奉祀汉代大司农、著名经学大师郑玄的祠庙。郑公祠地理位置优越，北依砺阜山，西邻峡山水库，祠园占地15.3亩，祠内有泥塑郑公坐像。阶前有原"高密八景"之一的"郑祠老柏"，该柏树相传为郑玄20岁时亲手栽植，距今已有1800多年历史。郑玄墓前立有清代乾隆十四年刻立的"郑康成先生之墓"石碑，祠前阶东立有金承安五年重刻唐万岁通天六年使承节所撰后汉大司农郑公之碑，阶西立有清乾隆六十年阮元所撰重修郑公祠碑。每逢节假日，到郑公祠凭吊、参观的游客数量较多，据统计，在2015年清明节郑公祠接待游客达1.5万人次。

据山东省文化和旅游厅统计，山东目前的全国重点文物保护单位为196处，省级文物保护单位为1711处，总数居于全国首位。根据省农业农村厅发布的数据，山东省行政村数量为6.95万个，数量同样居于全国首位。从宏观数据来看，虽然郑玄一村及周边区域的乡村振兴受制于二级水源保护区，但却拥有山东省大部分行政村不具有的丰富文化遗产，后郑一村及周边区域文化遗产的开发潜力和利用空间巨大，应以乡村旅游作为其乡村振兴的主要路径。

二 后郑一村及周边区域乡村旅游发展动力机制

在乡村振兴战略实施背景下，人们对美好生活的需求以及脱贫攻坚工作需要促进后郑一村及周边区域的发展。旅游业是轻投资、低环境成本、高就业岗位的绿色产业，有利于该区域环境保护和生态建设。在内外动力驱动下，乡村旅游能够成为后郑一村及周边区域发展的新动能。

（一）美好生活诉求推动

后郑一村及周边区域位于水源二级保护区和准保护区范围内，按照水源保护法规要求，水源地只能选择对水源水质无影响的产业经济活动，因而传统农业经济改变不大，农村活力不足。由于水源地生产经营受限，生态补偿资金有限，农民收入提高无望，生计受损。与周边地区相比较，水源地的落后面貌给当地居民带来较大的反差和压力，水源地乡村居民对于美好生活的需求与水源保护之间的矛盾日益凸显，改变现有生活状况，改善人居环境，实现增收，成为水源地农民的强烈诉求。

（二）城市市场需求拉动

后郑一村及周边区域位于峡山生态经济发展区，该开发区是山东省首个以生态经济命名的省级开发区。城市社会经济的快速发展，城镇居民人均收入的提高，居民对于高品质生活质量的追求，催生了全民休闲旅游时代的到来。2018年，城镇居民国内旅游达到41.19亿人次，同比增长12.0%，旅游消费4.26万亿元，同比增长13.1%，城镇居民旅游需求旺盛，城郊短途休闲旅游更是受到城市居民的青睐，回归自然、追忆乡愁日益成为城市居民的一种生活状态，城市周边的乡村成为旅游热点。城市巨大的旅游市场以及城市居民的自主选择，促使水源地乡村旅游成为现实。

三 后郑一村及周边区域乡村振兴发展路径

基于后郑一村及周边区域的自然禀赋和发展动力，需要以乡村旅游为抓手，探索后郑一村及周边区域乡村振兴的发展之路，从而带动一二三产业的融合发展。

（一）以"两山"理论和"以农民为主体"发展乡村旅游

绿水青山就是金山银山。"两山"理论是发展乡村旅游的基本依据，为如何进行招商引资和旅游开发提供了指导思想。绿水青山关乎中华民族的未来，不能舍本求末，有些乡村旅游项目可以缓上、不上，但是不能急上、乱上。"以农民为主体"是发展乡村旅游的出发点，通过产业融合，进而提高农民收入，最终达到乡村振兴。建议通过"党支部+合作社"模式提升农民的凝聚力、自助能力和谈判地位，让更多条件成熟的农户参与乡村旅游，并从中受益。

（二）构建政府主导的全程引导监控体系，强化后郑一村及周边区域的水源保护

政府作为水源保护的责任人，在乡村旅游发展全过程中必须确保饮用水安全；同时政府应将在乡村振兴战略中的主体地位传导至乡村旅游发展，特别是水源地乡村振兴更需要政府主导推进乡村旅游。政府能够以行政力量统筹调配各方资源，采取多种措施，对乡村旅游进行扶持和引导，在乡村旅游发展初期功效显著。乡村旅游以政府为主导，可更有效实现水源保护、旅游扶贫、增加就业和乡村可持续发展等目标任务。

水源地乡村旅游的监控体系既包括自上而下的行政监管，也包括自下而上的社会监督。行政监管以政府为主，是水源地乡村旅游监控体系的主体，社会监督则依靠水源地社区、居民和其他社会群体，是监控体系的重要补充。构建以政府为主导的监控体系，政府对水源地乡村旅游全过程进行引导、监督、服务和管理，涉及旅游规划编制、政策制定、基础设施投资建设、旅游项目开发、培训、宣传推介以及经营管理整个动态过程的多个环节，包括乡村旅游对环境影响、旅游扶持资金利用、对乡村自然资源和人文资源开发利用等监管，以及对旅游利益相关者的利益分配协调等方面。

（三）培育供给驱动的乡村旅游产品体系，积极开发利用闲置宅基地

后郑一村及周边区域的乡村旅游不应完全对接城市居民需求，而是要依托地方资源特色和环保要求，以水源地乡村适宜的特色旅游产品供给为主，结合旅游者观光、休闲、度假、康养、科普、文化体验等多样化需求，形成基于农业、林业、文化等资源的旅游产品体系，引导居民旅游消费行为。

发展生态农业和科技农业，开展农业观光、农事体验与农业科普教育活动，带动农产品加工与销售。围绕水源地林业资源，形成以森林生态休闲、生态养生、生态科普、生态体育、森林种植、林下经济等为主要内容的林业旅游产品体系。依托后郑一村及周边区域的古村落、古民居、古建筑和传统文化等特色人文资源，结合乡土节日民风民俗文化以及民间传统技艺等非物质文化，开展古民居、古建筑和古村寨游，农耕文化游，乡土文化游，民俗文化游，民族文化游等活动，感受传统文化，体验民俗风情。利用相关政策红利，在满足环保要求下，可充分利用闲置农房、闲置宅基地、农村土地等资源，适度开发建设乡村民宿、养老等项目。目前乡村民宿仍停留在吃农家饭、住农家屋阶段，而游客更希望深层次地体验农村生活和乡村民俗文化。通过"民宿+旅游"，使民宿成为当地乡村旅游的重要增长点。

（四）完善乡村基础建设和旅游公共服务的支撑体系，内涵式发展当地服务业

发展后郑一村及周边区域的乡村旅游应率先进行基础设施建设，加快当地内外道路交通建设，提升乡村旅游的可达性，在完善农村公路网建设中要注意与水源保护区之间的关系，加快村村通公路"畅返不畅"整治，有条件的地区建设旅游步道、自行车道等慢行系统。结合美丽乡村建设，加快乡村人居环境整治，重点加强农村垃圾、污水收集和处理，合理安排乡村停车、环卫、通信等配套设施建设，提升乡村旅游发展保障能力。

建立相对完善的乡村旅游公共服务体系，有力支撑乡村旅游发展。重点加快"厕所革命"，引进推广厕所先进技术，推进厕所建设和改造。建立乡村旅游咨询服务体系，利用闲置房屋设施结合村庄建设旅游服务驿站，有条件的地区建设乡村旅游标识体系，建设信息咨询、解说、安全救援等服务体系。完善水源地餐饮住宿、休闲娱乐、商品购物、民俗体验、文化展演等配套服务，促进乡村旅游便利化。逐步推进乡村智慧旅游建设，有序推进乡村旅游信息平台建设。

进一步对当地第三产业进行深入调研，需要特别重视餐饮业在乡村旅游中的作用。美食体验一直是乡村旅游体验的重要组成部分。当下旅游需求不断提升，为美食而出游的人不断增加，特色小吃业迅速崛起，因美食成名的热门旅游地也越来越多。乡村餐饮已成为撬动乡村旅游发展和促进农旅融合的重要举措。在物质生活富足的时代，对美食的需求不仅有基本的生理需求，更注重的是有故事、有品位。与其他类型餐饮产品相比，乡村餐饮具有独特的魅力，即绿色、乡土、传统、地道。建议深入挖掘当地特色美食，并将其与郑玄文化相结合，参考"孔府菜"，进而开发"郑府菜"。

（五）建立共建共享共治的旅游协作机制，推进乡村旅游与加工业的协同发展

后郑一村及周边区域的乡村旅游需要高起点、严要求，创新体制机制，促进和保障乡村旅游发展。不仅要在财政投入、金融扶持、用地保障、人才队伍和利益分配机制方面进行改革创新，还要加强环保督察和监管机制建设，规范旅游市场和环保行为，对旅游参与各方制定严格的准入、退出以及激励机制。

建立以政府主导、以社区居民为主体、企业等多方参与的乡村旅游协作机制和利益联结机制。乡村旅游中政府主导地位不能改变，否则市场化的旅游开发会对水源环境保护造成压力。村集体（社区）和居民农户对乡村资源开发利用拥有支配权，是乡村旅游发展的主体，居民是乡土文化的传承者和表演者、乡村旅游服务的参与者，村集体（社区）负责组织农户居民、协调多方利益，并参与乡村旅游开发。

企业是乡村旅游的重要力量，依靠企业的专业经验能有效推进乡村旅游发展。后郑一村及周边区域有8家玩具加工厂，形成了小规模的集聚效应，为当地创造了一些就业岗位。为了促进当地加工业的可持续发展，建议借鉴故宫博物院文创产品的经验，增强郑玄文化文创产品的开发，从而推动当地玩具加工厂的产品换代升级。

（六）分步骤开发文化遗产，以项目统领乡村旅游

在对后郑一村周边郑玄文化遗迹进行考察后，课题组提出了开发郑玄文化的整体设计，即"引进来"、"留下来"和"还要来"。"引进来"就是高效利用已有资源对当地的郑玄文化进行开发，吸引游客到后郑一村

来，带动当地经济发展。"留下来"就是通过举办"郑玄文化节"和相关学术活动将游客驻留后郑一村的时间延长，形成更强的文化和经济效应。"还要来"就是通过研学活动和周边游吸引游客多次来到后郑一村，将其打造成经学文化中心。2019年度的工作重点主要在于"引进来"阶段，具体物化成果为"郑玄文化墙"。

调研期间，课题组与文化遗产开发的利益相关者进行了座谈，无论是政府部门、新型农业经营主体还是个体农户皆认为制约文化遗产开发的最大障碍是融资难问题。但是课题组认为，相关政府部门并没有充分重视文化遗产开发，没有组织专班对文化遗产的开发进行研判。故在此建议，文化遗产开发的利益相关者可以积极申报省文化和旅游厅、省农业农村厅的相关项目，诸如传统村落保护项目、乡村记忆博物馆项目、乡村儒学讲堂项目等，积极争取潍坊市乡村振兴产业基金的支持，以项目统领乡村旅游。

（2020年9月）

利用郑玄文化推进后郑一村及周边区域乡村振兴路径与实证研究

课题组[*]

实施乡村振兴战略,是党的十九大做出的重大决策部署,是决胜全面建成小康社会、全面建设社会主义现代化国家的重大历史任务,是新时代做好"三农"工作的总抓手。习近平总书记多次提及乡村振兴战略,从不同层面对推动这一重要战略的落实提出具体要求,对推动乡村产业振兴、人才振兴、文化振兴、生态振兴、组织振兴五个振兴这篇大文章做了精细谋划,并对山东提出了打造乡村振兴齐鲁样板的具体要求。

乡村振兴,要有自己的特色,坚持因地制宜、循序渐进。后郑一村及周边区域面临着实现乡村振兴的艰巨任务,这是个挑战,同时更是机遇。如何实现乡村振兴,必须要因地制宜,展现自己的优势,发挥自己的特色,后郑一村及周边区域最大的特色,就是历史文化底蕴厚重,这里是历史文化名人、汉代著名经学大家、思想家郑玄的故里。郑玄文化遗产,是后郑一村及周边区域特有的宝贵财富。在乡村振兴过程中,要充分利用好郑玄文化这一宝贵的历史文化资源,把资源优势转化为发展优势,推动乡村经济和文化建设,最大限度发挥其在乡村振兴中的作用。

---

[*] 课题负责人:丛炳登;课题组成员:山东社会科学院刘良海、宋暖,潍坊市改革发展研究中心王耀强、李朋娟。

一 充分认识郑玄文化历史地位，让郑玄文化遗产成为后郑一村及周边区域乡村振兴的鲜活资源

文化遗产是在长期的历史发展中保留下来的文化遗存。当今社会，发展资源不仅仅包括物力、财力、人力等这些传统资源，历史文化遗产也越来越受到重视。历史文化遗产既是一种软实力的体现，也是一个地方发展硬实力的新的重要资源。郑玄文化在历史上是辉煌的文化成就，也是研究中国学术史、思想史、文化史的重要内容，我们要充分认识郑玄在中国历史上的重要地位，深刻把握郑玄文化在中国文化传统中产生的重要作用。郑玄文化留存到今天作为文化遗产，不应被当作"死"的文物，不应该仅仅停留在书斋、纸面上，仅供人们研究和参观，而应该"活"起来，让这一重要的文化资源成为乡村振兴的源头活水，要充分利用这些资源，为后郑一村及周边区域的文化及经济发展提供动力。

（一）郑玄及其故里的文化名片，是后郑一村及周边区域最重要的历史文化资源

"山不在高，有仙则名；水不在深，有龙则灵"，山和水的名与灵，全在于"仙"和"龙"，有了"仙"和"龙"，则山有名水有灵，名人对于提升一方区域的名声有着非常显著的作用，郑玄就是后郑一村及周边区域这一方区域的"仙"和"龙"，是最可宝贵的历史资源。让郑玄文化及历史遗产"活"起来，首要的一点就是利用郑玄作为历史文化名人的历史地位与知名度，发挥其文化名片和品牌效应，带动当地知名度的提升。

郑玄（127~200年），字康成，北海高密人，今天的高密就是他的故里，现在的后郑一村及周边区域郑姓是郑玄家族后裔。郑玄出生成长于高密，他天资聪颖，勤奋好学，从小就出类拔萃。他一生不慕名利，潜心经籍，遍注群经，敢破家法，务实求真。由于他毕生不懈努力，西汉以来长久的今古文经学的纷争烦扰终告结束。"郑学"的确立，代表了汉代经学的最高成就。作为经学的一代宗师，郑学对后世影响深远，一直为儒家学者所推崇，其经注直到今天仍是我们研究古代社会历史、学术发展的重要史料。郑玄屡拒辟召，大司农之位亦不能移易其心志。他一生布衣，被称

为"经神",与晏婴、贾思勰并称"潍坊三杰",与晏婴、刘墉同列"高密三贤"。其弟子门人依照《论语》体例记录郑玄答弟子问学,编成《郑志》八篇,可见当时世人心目中郑玄的地位是直追孔子的。

郑玄是一代思想名家,在中国思想史上有着重要的历史地位,研究中国思想史,就不能不研究郑玄的思想文化,这就奠定了郑玄在中国文化史上的名家地位。这样一位历史名家,是积淀千年的文化资源,是可遇而不可求的历史际遇。郑氏家族在历史上能够出这样一位思想名家,不仅是郑氏家族的荣耀,在今天更是后郑一村及周边区域引以为傲的文化财富。要保护好利用好这一宝贵财富,以郑玄及其故里为名片,能够大大提升后郑一村及周边区域的能见度和知名度,达到非常好的宣传效应,同时还能形成一种无形的文化吸引力,在日渐复兴的乡贤文化中形成一种新的资源优势,对于促进后郑一村及周边区域经济社会的发展,发挥着积极的作用。

近些年来,全国各地都在竞相挖掘利用当地历史文化名人资源,有的地方甚至牵强附会生拉硬扯一些历史文化名人,更有些地方深陷名人故里争夺战中,例如,曹雪芹、朱熹、李白、屈原故里之争,诸葛亮躬耕地之争,甚至文学里的人物故事发生地之争等,其目的都是看重了历史文化名人及其历史故事在人民心中的熟悉度,通过名人效应提升当地知名度,从而起到"文化搭台,经济唱戏"的作用。

高密作为郑玄故里是确定无疑的,与其他历史文化名人相比,避免了陷入多地争夺的旋涡。可能正是因为没有别的地方争当郑玄故里,反而使得郑玄在山东、潍坊、高密都没有受到更大重视,除了学术界,甚至离当地不远的人都不知道郑玄是谁、郑玄故里在哪里;即使是郑氏家族的人,也不清楚郑玄文化的历史贡献和在思想史上的地位。与贾思勰在潍坊的地位相比,郑玄显得相对沉寂,在"潍坊三杰""高密三贤"中,郑玄受到的重视程度相对尴尬,这与郑玄在历史上的地位很不相称,浪费了这样一位历史名人给当地发展可能带来的诸多机会。中国历史上名人与郡望是紧紧联系在一起的,二者相互促动的效应非常鲜明。后郑一村及周边区域在乡村振兴过程中,要充分认识到郑玄在中国思想史上的地位,郑玄就是后郑一村及周边区域的"仙"和"龙",更加重视郑玄的历史名人效应,利用郑玄这张历史文化名人名片,以历史文化名人的知名度和磁吸效应,打响后郑一村及周边区域的知名度,要响亮喊出"郑玄故里,美丽后郑"的口号,积极宣传展示自己。

有了历史文化名人的知名度和名人效应,郑玄文化就成了重要的可供利用资源,有效利用资源,能够发挥经济、文化、教育等多重功能,对于推进后郑一村及周边区域经济社会发展,加快乡村文化振兴,文明乡里,一定能够起到积极的促进作用。

(二)深入挖掘郑玄文化遗产,充分利用有关郑玄的文物资源

郑玄文化遗产,既包括郑玄本人创造、遗存下来的文化,也包括后人创造的与郑玄有关的文化遗存。文化遗产分为物质(有形的)文化和非物质(无形的)文化遗产,物质文化遗产又称有形文化遗产,根据联合国《保护世界文化和自然遗产公约》的界定,物质文化遗产主要有历史文物,具有突出、普遍价值的建筑群以及历史遗迹等,是一种既能代表独特的艺术成就、创造性的杰作,又能在一定时期内或者某一文化区域内产生过重要的文化影响的有形文化遗产。非物质文化遗产又称无形文化遗产,根据联合国《保护非物质文化遗产公约》的定义,主要是指被各群体、团体,有时为个人视为其文化遗产的实践、表演、表现形式、知识体系和技能及其有关的工具、实物、工艺品和文化场所。根据《中华人民共和国非物质文化遗产法》的规定,非物质文化遗产主要指各族人民世代相传并视为其文化遗产组成部分的各种传统文化表现形式,以及与传统文化表现形式相关的实物和场所。在中国,非物质文化遗产主要包括传统口头文学以及作为载体的语言,传统美术、书法、音乐、舞蹈、戏剧、曲艺和杂技,传统技艺、医药和历法,传统礼仪、节庆等民俗,传统体育和游艺以及其他非物质文化遗产。

对于后郑一村及周边区域来说,有关郑玄文化遗产也包括了物质文化遗产和非物质文化遗产两个方面。就物质文化遗产方面看,郑公祠是现存的最主要的物质文化遗产,是有关郑玄的重要文物。后郑一村及周边区域要充分认识到郑公祠的文物价值,有效利用这一文物的价值,使其成为"活"的文化资源,助力乡村振兴。

郑公祠是省级重点文物古迹保护区,郑玄去世后,回乡安葬在故里,后人为了纪念他，在他的墓旁修建了祠堂，并配享孔庙，受到历代统治者、文人骚客及民众的祭祀。郑公祠历史悠久，虽多次重修，但祠堂建筑、祠前古柏、石碑、祠后郑公墓等都有重要文物价值。但是，这样一个省级文物保护单位却呈现出知名度不高、保护不善的现状。当前郑公祠院内有些荒芜杂乱，野草丛生，碑刻风蚀严重，墓地野草覆盖。对郑公祠的管理也不太到位，平时只有一个看门老人进行看护管理，外人很难想象这是一个省级重点文物保护单位。因为不太受重视，郑公祠又面临着年久失修的状态，偌大的一个院子得不到很好的规划保护，非但文物价值没有得到有效利用，其重要的文化资源的意义也没有得到很好地认识及发掘。

推进后郑一村及周边区域的乡村振兴，郑公祠作为省级重点文物保护单位，要发挥其资源价值。首先，必须从思想上予以充分的重视。文物保护单位分为三级：全国重点文物保护单位、省级重点文物保护单位和市县级文物保护单位。郑公祠是级别较高的文物类别，是由省政府划定的保护单位，文物价值不言而喻，保护好郑公祠，就是保护好重要的文化资源。文化资源一旦失去就不会再有，要从思想上认识到保护郑公祠的重要性，认识到郑公祠作为一种物质性文化资源的重要性。兰陵荀子墓的保护可以提供借鉴，荀子墓在20世纪90年代初还是一个比较荒芜的大土丘，令人唏嘘不已；现在的荀子墓前庙后陵，修护力度非常之大。

其次，要利用各种方式管理维护好郑公祠，真正发挥其历史文化资源的作用。党的十八大以来，从中央到地方非常重视传统文化，重视文物的保护利用，文物保护经费投入不断增加，申请文物保护经费的渠道方式也不断增加。2020年山东省《政府工作报告》提出，建设国家级齐鲁文化（潍坊）生态保护区。我们应该充分利用这一有利机会，积极促成有关部门联系省市文物保护部门投入经费，潍坊市县两级政府也应该加大文物保护经费投入，对郑公祠整个区域进行整体设计整修保护，一方面整修保护好郑公祠内已有的建筑、碑刻、郑玄墓等，另一方面可以增加建设郑玄生平事迹展览室、郑玄著述成果展览室、后人研究郑玄成果展览室等。

最后，要重视郑公祠的文化功能。较之普通的物质性文化遗产，郑公祠在作为一种物质性文化资源的同时，又是重要的精神文化资源，其中寄寓着郑玄文化的精神气质。综合考虑，可以把郑公祠打造成中国传统文化教育基地、学生教育实践基地等，成为对周边区域人们有吸引力的文物保护单位。

（三）深入挖掘郑玄文化遗产，充分利用郑玄思想文化资源

郑玄文化遗产，还有无形的文化遗产，主要是指郑玄思想文化遗产，包括郑玄的著述、学术思想以及有关郑玄的各种故事、传说，郑玄的人格、品德等。郑玄是东汉一代经学大师，素有"经神"之称，他一生讲学注经，一统两汉经学，创立郑学。郑玄思想在后世影响深远，研究中国传统文化及经典，就不能越过这位东汉经学大家，郑玄学术思想在中国文化史上有着重要的地位和影响。郑玄的学术著述、思想观点，有助于我们深入了解中国思想文化的发展，他的注疏成为沟通古今的桥梁，他的很多思想观点今天仍然有其现实意义，郑玄的品德人格、正直气节，至今仍为人们所称道。在乡村振兴过程中，尤其是在乡村文化建设、乡风文明建设中，郑玄的这些文化遗产，都有着重要的借鉴意义，是不可或缺的珍贵文化资源。

要把郑玄思想文化等无形遗产充分挖掘展现出来。郑玄作为一代著名的经学大师，有着非常深厚的学识及深邃的思想。但是郑玄思想的挖掘深度、郑玄思想文化在当地的影响力等，与郑玄在中国文化史上的地位远远不相称。全国各地都在极力争取做名人的故里，深入挖掘文献资料中甚至只言片语的名人记载，千方百计丰富名人的思想成果和资料，通过历史名人打造现实名城。作为郑玄故里，潍坊市、高密市更应该积极推动郑玄思想文化的研究，把郑玄文化的思想遗产更深入地挖掘展现出来，不仅要在当地建立郑玄思想文化研究基地，而且要推动全国范围郑玄文化的研究和交流。通常来说，高层次的学术研讨会是加强郑玄文化研究和交流的一个重要方式。山东其他地市的一些经验可以作为我们的参考，如曲阜经常性举行有关孔子的国内各种学术研讨会、国际研讨会，重要纪念日举办祭孔活动；临沂兰陵每年都有全国性的荀子学术研讨会，不定期有国际荀子研讨会，也会在重要纪念日举办祭荀活动；临沂这几年连续举办全国东夷文化研讨会，德州有董子学术研讨会，淄博有齐文化学术研讨会，滨州经常举办孙子学术研讨会，莱芜近几年举办了嬴秦学术研讨会，枣庄市（滕

州）1991年就召开了首届墨子学术研讨会并成立了墨子学会，至今已经连续举办多届，菏泽从2020年开始举办中华伏羲祖源文明论坛。潍坊（高密）有关郑玄学术思想研讨会（国内、国际）多年来一直有举办，应该继续坚持下去。这样的学术研究和交流活动，不仅为促进郑玄文化研究的深入进行起到重要作用，而且对活化郑玄文化遗产有着积极意义，也有助于发挥郑玄文化作为文化遗产资源的价值。

二 利用郑玄文化推进后郑一村及周边区域乡村经济建设

乡村振兴首要的也是最重要的一点是产业振兴，就是要发展壮大乡村产业，促进农民增收。总体上说要加快构建现代农业产业体系、生产体系、经营体系。

对于后郑一村及周边区域来说，拥有郑玄文化这一重要的历史文化资源是可遇不可求的幸事，而如何利用郑玄文化这一资源振兴乡村产业，推进经济建设，则是一篇需要深思的大文章。其基本的思路是，利用"活化"的郑玄文化，充分发挥郑玄文化的资源优势，吸引周边城镇居民、学校学生参观考察郑玄文化遗产，促进文旅产业发展，并与当地生态旅游、特色农业旅游融合发展，积极融入市场和现代元素，发展有特色的创意产品，把郑玄文化从作为文化资源的优势转化成推动产业振兴、经济发展的优势，把后郑一村及周边区域打造成文旅小镇、特色小镇。

（一）利用郑玄文化遗产，推动后郑一村及周边区域文旅产业发展

文化与旅游的融合发展是大趋势，文旅产业是新兴的朝阳产业，是以文化资源为主要内容的旅游活动，包括了文化体验游、乡村民宿游、休闲度假游、生态和谐游等。近些年来，中央一号文件大力提倡发展乡村休闲旅游产业，提出要充分发挥乡村各类物质与非物质文化资源作用，保护好历史文化名镇（村）、传统村落、民族村寨、传统建筑、农业文化遗产等，扶持休闲农业与乡村旅游业发展，推进农业、林业与旅游、教育、文化、康养等产业深度融合。文化是旅游的灵魂，"活"起来的郑玄文化为后郑一村及周边区域的文化与旅游的深度融合提供了比较丰富的资源，为发展文旅产业打下了良好的基础。

郑玄文化为文旅产业发展提供了物质文化资源和非物质文化资源，作为物质文化资源的郑公祠为人们提供了有关郑玄的历史遗迹、建筑特色、碑刻历史、家族文化等，作为非物质文化遗产的郑玄思想文化为人们展示了郑玄积极进取、认真好学、刚正不阿、胸怀天下的情怀，后郑一村及周边区域可以利用这一文化资源推进文化与旅游的融合，促进文旅产业的发展，特别是推进以青少年为对象的，以爱国主义教育、传统文化教育、中国历史教育为目的的文化旅游，使青少年在参观旅游中获得知识，有所收获。此外，现在家长都"望子成龙"，希望孩子有榜样的力量进行鼓励，郑玄的成长故事、学业成就，可以成为学子们的学习榜样，能够对学子们起到激励作用，增强学子们的学习积极性，郑玄文化对于家庭亲子游也有一定的吸引作用。

单纯的文化旅游还不足以有更好的吸引力，后郑一村及周边区域还要把文化旅游与当地特色结合起来，使得文化旅游更为充实。总体来说，主要是与当地两个地方特色旅游结合起来。一是与生态旅游相结合。生态旅游是一种返璞归真、回归自然的休闲旅游，喧嚣城市中的人们，希望走进山川湖泊、林木草地的大自然中去，呼吸大自然的新鲜空气，消除工作的劳累。后郑一村及周边区域有着较好的自然环境，紧靠峡山水库，林木茂盛，是人们亲近自然的好去处，能够为人们提供比较理想的休闲之地。郑公祠集传统文化与现代美景于一体，与整个砺阜花廊交相辉映，每年三四月份，还可以欣赏环湖路沿岸长达八公里的砺阜花廊，是游人的休闲、踏青、赏花的好去处。二是与特色农业旅游相结合。特色农业越来越成为吸引人们旅游的新型项目。后郑一村及周边区域果木比较多，还可以发展一些其他特色瓜果蔬菜，春季开花季节可以赏花，夏季秋季收获季节可以采摘瓜果，为周边城镇居民提供乡村农业体验的新奇项目。

以郑玄文化带动后郑一村及周边区域文化与旅游的融合发展，并同当地山水生态、特色农业相结合，构建以郑玄文化为根基，与环境生态、特色农业相结合的乡村旅游，最大限度发挥其文物价值，带动文旅产业振兴。发展当地的周末旅游、假日旅游，把后郑一村及周边区域打造成文旅小镇、特色小镇，是促进后郑一村及周边区域经济发展的一条可行之路。

(二)利用郑玄文化遗产,推动后郑一村及周边区域特色文创产品发展

文创产品简单来说是指附加一定文化知识、创意理念,把文化资源通过创意形成一种物质产品,形成经济效益,文创产品是经济、文化、技术互相融合的产品。创意产品内容广泛,高端的文创产品包括高附加值的文化艺术、影视创作、创意设计、软件及计算机服务等,其他的包括各种有文化意义的、文化创意的特色产品等。文创产业是正在蓬勃发展的产业,发展文创产品大有可为。

郑玄文化是后郑一村及周边区域丰富的文化资源,完全可以根据自身特色,利用郑玄文化发展自己的文创产品,把郑玄文化资源向文化创意产品转化。把郑玄文化融入产品的创设中去,这些文创产品,可以融合郑玄的历史故事、历史传说、文化成就、历史遗迹等,使其成为产品的文创素材,通过文创产品宣传郑玄文化,也通过郑玄文化提升文创产品价值,如"郑玄"的像章、"通衢门"的手工艺品等,二者相互支持、相互促进,从而促进文创产品、文创产业的发展。这些特色文创产品可以分为三类,一是手工艺术品,二是生活实用品,三是旅游纪念品,特别是要与当地的特色手工业、特色产品相结合,如编织、布艺等手工产品,这些手工产品可以是实用的生活用品,也可以是装饰产品,还可以是旅游纪念品等,只有与当地特色手工业产品相结合,创意产品的发展才有基础。

文创与当地传统工艺相结合,内容上一定要依托于传统,但形式上一定是一个创意产品,而不是简单的"土特产品",这些产品可以依托当地文旅产业创造经济效益,带动产品的销售,也要与现代科技特别是现代互联网相结合,在互联网建立销售渠道。

三 利用郑玄文化推进后郑一村及周边区域乡村文化建设

党的十八大以来,习近平总书记多次强调,培育和弘扬社会主义核心价值观,必须立足中华优秀传统文化。乡村振兴包括乡村文化振兴,推进乡村文化建设,要继承和弘扬优秀传统文化。

作为郑玄故里,后郑一村及周边区域应该是一个有着深厚文化土壤的

地方，在乡村文化振兴过程中，要把郑玄文化的历史传承性在乡村文化建设中得到充分体现，发挥郑玄文化在乡村文化振兴中的作用。其基本的思路是，深入挖掘郑玄文化蕴含的优秀传统思想，通过各种方式展示这些优秀文化，把传统留住，把文化留住，在乡村中形成浓厚的文化氛围，丰富村民文化知识和文化生活，努力把后郑一村及周边区域打造成乡村文化振兴的齐鲁样板。

（一）利用郑玄文化推进乡村文化大院建设

乡村文化大院，顾名思义，是展示乡村文化的地方，是村民学习文化的地方，因而应该是一个有着浓厚文化氛围的地方，乡村文化大院对于丰富农村文化生活、密切党群干群关系、加强党的思想建设有着重要作用。后郑一村现有的文化大院宽敞干净，是全体村民集中活动的场所，是展示后郑一村乡村风貌的窗口，也是上级领导下乡检查指导工作经常落脚的地方，通过文化大院就可以对后郑一村村风村貌、文化建设状况有大概了解，因此加强村文化大院建设十分必要。

文化大院要有文化气息，要发挥文化功能，我们在后郑一村看到，村文化大院房屋建筑比较新，院落也比较宽敞，但是整个大院的院落却显得空空荡荡，室内摆放也比较简单，文化设施比较少，除了一排办公用房之外就是四周院墙，显示不出后郑一村作为郑玄故里应有的文化氛围，也显示不出文化大院应有的文化功能。为体现文化大院的文化属性和文化氛围，也为了加强后郑一村及周边区域的乡村文化建设，可以在院内沿着文化大院进出通道两侧或者大院院墙四周，建立一些文化宣传专栏，这样，既充实美化了文化大院环境，为文化大院增添了文化气息，又可以成为展示后郑一村文化建设成绩的窗口。

文化专栏内容，除了党的基本路线、社会主义核心价值观、习近平新时代中国特色社会主义思想宣传之外，主要应该体现后郑一村的历史文化，尤其是以郑玄文化为代表的后郑一村的厚重历史文化，包括与郑玄有关的故事、思想、事迹等。村民可以从这些专栏中学习到本地曾经的家族文化历史，外地参观的人可以体验到后郑一村历史文化的厚重感，也会给上级领导来指导检查工作提供第一手资料和良好的直观感受。这对于弘扬优秀传统文化,加强后郑一村及周边区域文化建设有着积极的意义。

(二) 利用郑玄文化推进乡村文化墙建设

文化墙是以墙壁展示文化的一种方式,是乡村文化建设的一项重要内容。后郑一村及周边区域村庄农村环境优美,村民房屋建设排列有序,街道整洁,沿街墙面也都比较干净,可是光秃秃的墙面显得单调,缺少一些文化的元素,缺少一种文化气氛,显得空荡无物。

为提高村庄的文化氛围,建设乡村文化,可以充分利用村里主要街道的沿街墙面建设文化墙,既美化了环境,又可以使村民长期在文化墙营造的文化氛围中潜移默化地增长文化知识,形成文化习惯,特别是对青少年学生文化的熏陶,不负郑玄故里的盛名,这对乡村文化建设的积极意义是显而易见的。文化墙的字数短短一句话两句话就行,以社会主义核心价值观、社会主义农村新风尚以及郑玄名言名句为主要内容,坚持时代性与历史性的统一。

(三) 利用郑玄文化推进乡村图书阅览室建设

"治贫先治愚,扶贫先扶智",这句话不仅对贫困地区,对所有乡村都适用,加强乡村文化建设是治愚扶智的重要措施,乡村图书阅览室承担了重要任务。加强乡村图书阅览室建设是乡村文化建设的重要内容,对乡村文化振兴,促进经济发展,推进乡村脱贫致富有重要意义。

后郑一村及周边区域的乡村还需要进一步加强乡村图书阅览室建设,可以通过购买、捐赠等方式充实藏书,藏书的种类应该是丰富多彩、通俗易懂的,除了充实政治学习、科技知识、红色革命传统等方面的图书,作为郑玄故里,还应该大力充实郑玄文化方面的图书,更加深刻了解自己的历史,让全体村民有历史自豪感和文化自信。除了纸质图书,随着经济条件的改善,还应该逐渐建立多媒体阅览室,使村图书阅览室真正成为村民学习文化知识的一个有吸引力的地方,成为乡村对外交流的一扇窗口。

四 利用郑玄文化推进后郑一村及周边区域乡风文明建设

乡村振兴,乡风文明是保障。实施乡风文明培育行动,大力推进乡风文明建设,是实施乡村振兴战略的一项十分重要的任务。乡风文明建设的主要内容,就是要弘扬崇德向善、扶危济困、扶弱助残等传统美德,培育淳朴民风,传承传播优良家风。乡风文明关系乡村振兴的质量,关系广大村民的获得感、幸福感、安全感。

利用郑玄文化推进后郑一村及周边区域乡风文明建设的基本思路是,通过对以郑玄为代表的优秀传统文化的宣传教育,传承郑氏优良家风,把优良家风贯穿村规民约之中,成为约束村民日常行为的规范,并通过先进典型先进事迹的榜样力量,形成积极向上的乡风氛围,从而改善村民精神风貌,提高乡村社会文明程度,焕发乡村文明气象。

(一)开展郑玄文化等"优秀传统文化进农家"活动,传承郑氏优良家风

高密郑氏家族是历史上有名望的家族,有着优良的家风,郑玄一生致力于儒家思想文化的阐释,推崇儒家仁义理智信,他教书育人,泽被后世。可以通过开展形式多样的活动,如村民学堂、道德讲堂、文化讲堂等讲堂形式,或者村民秧歌队、演出队、广场舞队等形式的活动,宣讲优秀传统文化知识和传统优良家风,让广大村民深入认识了解包括郑玄文化在内的优秀传统文化,以及这些优秀传统文化蕴含的优秀思想观念、人文精神、道德规范,更加深刻了解郑氏优良家风,从而传承郑玄文化,传承优良家风,既丰富了村民的精神文化生活,又让优秀传统文化和优良传统家风深入人心,成为大家的自觉行动,形成人人尊德守范的良善民风民俗。

(二)吸纳郑玄文化和郑氏家风优秀成分,订立村规民约

订立村规民约,其目的是维护乡村社会稳定,树立良好的民风、村风,创造安居乐业的乡村生产生活环境,建设社会主义新农村。村规民约的制定不能千村一律,后郑一村及周边区域有自己的特殊优势,有自己的丰富文化资源,那就是郑玄文化遗产和郑氏优良家风,郑玄文化遗产和郑氏传统家风中,有许多优良积极的内容,制定完善村规民约可以吸纳其中的优秀成分,传承优秀传统为今所用,使郑玄文化和郑氏优秀家风创造性转化、创新性发展。在吸纳优秀传统文化、优秀郑氏家风基础上订立的村规民约,能够体现新时代的思想观念,弘扬主旋律和社会正气,培育文明乡风、良好家风、淳朴民风,从而形成团结、互助、平等、友爱的人际关

系，构建温馨、和谐、美好的乡村生活。

(三) 树立先进典型，形成榜样力量

传承优秀传统文化，传承郑玄文化和优良郑氏家风，需要体现在村民的生活中，需要村民脚踏实地地践行。村民的践行需要引导和激励，对于在生活中践行比较好的，要大力进行表扬和鼓励，特别是对于先进典型要树立为榜样，使其成为大家学习的标杆。比如，树立文明家风示范户，开展好儿媳、好儿女、好公婆、移风易俗先进典型、道德模范、身边好人评选等，引导村民向先进学习，向先进看齐，对公德意识淡化、与家人感情淡漠、家庭观念淡化、不养父母、不养子女、不守婚责、不睦邻里、封建迷信等不良现象，形成舆论压力，使家庭和睦、邻里相望、诚信重礼、勤俭简约成为人人追求的社会风尚，体现郑玄故里应有的乡风乡貌。

郑玄文化对后郑一村及周边区域乡村振兴的路径还有很多，但是，在保护利用好郑玄文化遗产的前提下，紧紧抓住经济建设、文化建设、乡风文明建设这三个方面内容，就会让后郑一村及周边区域发展有很大改观，对其他方面发展也会产生极大的促进作用。只要广大干部群众扎实努力，齐心协力，就能够不断增进福祉，走上富裕之路，就能够把后郑一村及周边区域建设成为富饶美丽的社会主义新农村，成为乡村振兴的齐鲁样板。

（2020 年 9 月）

乡村振兴基层实践典型案例

周志鹏　方典昌　董俐君　戴真真　孙潇涵

案例一　寿光市标准化引领蔬菜产业高质量发展模式

寿光市依托蔬菜产业集群优势，充分利用农综区先行先试政策，建设全国蔬菜质量标准中心，着力推动标准研发和推广，以蔬菜品质认定服务蔬菜优质优价，引领了蔬菜产业标准化、优质化、品牌化发展，对提升蔬菜产品质量发挥了重要的保障作用，逐步形成了能够在全国可复制、能推广的"寿光标准"。

一　做法

（一）筑巢引凤，强化人才和平台技术支撑

成立由方智远、李天来、邹学校、赵春江4名院士领衔的67名专家组成的专家委员会，举办三届全国蔬菜质量标准高峰论坛。全国蔬菜标准化技术委员会、华夏有机农业研究院、山东省农业标准化技术委员会在中心设立分支机构，农业农村部农产品质量安全中心在中心设立全国名特优新农产品全程质量控制试验站。

（二）加快研制，全力构建蔬菜全产业链标准体系

以蔬菜全产业链标准为突破口，集成2369条蔬菜产业链相关标准，形成14大类182个品类的蔬菜标准数据库。编制完成37种蔬菜的54项生产技术规程，启动16项国家、行业标准和102项地方标准研制工作，其中，1项国家标准计划正式下达，番茄、黄瓜2项农业行业标准获农业农村部发布，5项地方标准完成评审。完成《设施蔬菜国际标准化研究》和《设施蔬菜标准体系研究》。

（三）全力推广，以点带面服务蔬菜产业标准化

成立国家蔬菜质量标准化创新联盟，在山东、江西、内蒙古、四川、西藏等省（区）认定27个试验示范基地。加强对认定基地的标准输出和技术服务，开发了大数据服务平台，实现基地线上申报、蔬菜质量全程管控、基地产品产销对接、蔬菜标准查询、关键指标比对预警等服务。积极服务粤港澳大湾区"菜篮子"生产基地标准化，牵头制定了《粤港澳大湾区蔬菜生产基地良好农业操作规范》6项（番茄、黄瓜、辣椒、茄子、西葫芦、菜豆）团体标准。

（四）开展评价，推动实现蔬菜优质优价

建设了国内唯一的蔬菜品质感官评价和分析实验室，成立全国蔬菜感官与营养品质研发中心，率先在国内开展蔬菜品质感官评价与分析技术研发，用标准数据定义"好"蔬菜。招募263名感官评价志愿者，累计完成18种西红柿和13种黄瓜的感官评价试验和指标测定。

二　启示

（一）紧紧围绕产业优势开展创新，创造模式经验

对于潍坊农业发展，特别是农业开放发展而言，要紧紧围绕现有的产业优势，从小切口入手。潍坊农业开放的特点是农产品出口多、进口少，投资引进来多、对外投资少，以蔬菜和肉类出口为主，各个县市区都有自己的特色。因此，农业开放发展中，要特别重视上述特点，在产业优势和资源禀赋上下功夫、创经验。

（二）提升农业品质，在市场竞争中以质取胜

随着资源要素价格的提升，农产品的市场竞争焦点越来越向品质转移，粗放型的发展、低成本的比拼难以在市场竞争中保持竞争力。潍坊农业产业发展，需要以提升农业品质为重点，不断塑造农产品优质优价的品牌，引进优质的科研、营销、资本等服务潍坊农业发展。用标准化的方式，提升潍坊农产品质量是一条快捷有效的路径。

专家点评

中国农业科学院农业经济与发展研究所所长、研究员，中国农业经济学会副会长兼秘书长袁龙江：

农业高质量发展是适应我国社会主要矛盾变化和全面建成小康社会、全面建设社会主义现代化国家的必然要求，也是农业现代化发展进入新阶段、深入推进农业供给侧结构性改革、全面实施乡村振兴战略的主动选择。寿光是我国设施蔬菜的发源地和全国最大的蔬菜集散地，自20世纪80年代起，在蔬菜产业发展上不断改革探索，创造了享誉中外的"寿光模式"。在40年的发展进程中，寿光设施蔬菜产业始终勇立潮头，并逐渐由增产向提质导向转变，由技术输出向标准输出转变，全方位引领全国设施蔬菜产业发展。

2018年7月，农业农村部与山东省政府签署省部共建合作备忘录，共同在寿光建设全国蔬菜质量标准中心，通过搭建蔬菜标准体系研发和推广应用平台，以及标准化专业人才培育平台，不断总结提炼成熟的标准化模式，在全国推广应用，对整体提升我国蔬菜产业水平作出了积极贡献，形成了广泛的行业和社会影响力。

如今，寿光市利用农综区先行先试政策，紧紧依托蔬菜产业集群发展优势，以高质量发展为导向不断创新创造，构建了全产业链标准体系，以标准化提升产品品质，以品质塑造产品品牌，进一步推动标准研发和推广，总结提炼以标准化引领蔬菜产业高质量发展的做法和经验，形成能够在全国可复制、可推广的"寿光标准"和升级版的"寿光模式"，进而对全国蔬菜行业发展发挥引领和带动作用，这对我国经济社会进入新发展阶

段，面向新发展格局，以新发展理念引领寿光乃至全国蔬菜产业高质量，都具有重要的实践价值和现实意义。建议在全国范围内推广。

案例二　安丘市农产品"一个标准两个市场"质量管理模式

随着全球经济一体化进程的加快，农产品国际市场竞争已由产品、技术之争发展到标准之争。我国在从农产品贸易大国发展到农产品贸易强国的过程中，亟须打造中国标准，占据标准化发展制高点。安丘市在全国率先实施出口农产品质量安全区域化管理机制，探索出口级农产品"一个标准"供应国际、国内"两个市场"模式，由专注于出口向国内外市场并重转型，实现了农产品出口与内销"同线同标同质"。

一　做法

（一）健全标准体系，将"安丘标准"变成"国际标准"

安丘市成立农业综合标准化研究所，参与制定《初级农产品安全区域化管理体系要求》国家标准。严格按照欧盟、美国、日本肯定列表标准参数，制定推广了对应国际标准的团体标准及企业标准。目前全市已有122家企业通过SC认证，67家企业通过HACCP、日本JAS、英国BRC等国际认证，"安丘大姜""安丘大葱"通过了中欧互认，被纳入欧盟地理标志产品保护范围。

（二）健全追溯体系，实现从农田到餐桌全链条监管

建立以市级农产品质量检测机构为中心，以镇街检测资源为主体，以出口龙头企业和市场检测室为辅的市镇企业共同参与、分工协作、覆盖广泛的三级检验检测网络。全域推行以"二维码追溯"为核心的"双准入一准出"制度，制定印发《安丘市食用农产品产地准出管理办法》《安丘市食用农产品产地准出工作方案》，目前，实施产地准出管理的食用农产品42种，连续8年被确定为全国食用农产品出口质量安全示范区，先后被确定为国家级农业综合标准化优秀示范市、国家蔬菜技术标准创新基

地、国家农村一二三产业融合发展示范县。

（三）健全营销体系，以出口级产品供应国际国内两个市场

注册"安丘农耕"农产品公共区域品牌，发展"三品一标"农产品419个，国家地理标志产品8个。采取"目的地批发市场+大型商超+出口龙头企业"三方合作模式，成功将出口级农产品打入北京、上海、青岛等国内高端市场，年均销售80万吨以上。建设电商"五大平台"，培育电商企业60多家，发展38个农产品电商品牌。通过出口农产品国内标准与国际标准的技术衔接，"安丘出口农产品标准"顺利通行国际市场，2019年蔬菜出口货值达到22.2亿元，占全省的1/5、潍坊市的1/2以上。

（四）健全监管体系，坚决捍卫人民群众"舌尖上的安全"

市政府与镇街、镇街与村、村级监管员与种养业户全部签订农产品质量安全责任书，成立1000多人的专兼职食品安全信息员队伍，建立公安、环保、市场监管、农业农村等部门信息共享联合执法机制，加大对农资市场的检查整治，形成了层层监管、上下联动、左右配合的工作格局。2019年抽检农产品56.6万批次，合格率达100%，农产品平均溢价率25%。安丘市加强食品安全监管的改革经验，被中共中央政治局委员、国务院副总理胡春华和国务委员、公安部部长赵克志批示肯定。

二 启示

（一）提升农产品质量安全是大势所趋

当前我国社会主要矛盾已经转化为人民日益增长的美好生活需要和不平衡不充分的发展之间的矛盾。其中农产品质量安全是人民日益增长的美好生活需要的重要内容，安丘市抓住食品农产品质量安全这一发展规律，积极探索"一个标准、两个市场"的出口农产品质量安全区域化管理，是以开放倒逼农业向品质化升级的生动实践。

（二）要高度重视标准制定问题

打造中国农产品的国际标准，实现以标准提升农产品质量的目标，需要建立以企业为主导的产业化体制，推动和支持企业参与国际标准化工作的积极性。

专家点评

中国农业大学国家农业农村发展研究院研究员、畜牧经济研究中心主任王玉斌：

安丘市率先实施出口农产品质量安全区域化管理机制，探索实行"一个标准两个市场"质量模式，通过健全标准、追溯、营销、监管"四个体系"，实现农产品出口与内销"同线同标同质"，由专注于出口向国内外市场并重转型，迈出坚实步伐。

当前，我国正在着力加快构建以国内大循环为主体、国内国际双循环相互促进的新发展格局，从供给和需求看，我国经济运行面临的主要矛盾仍然在供给侧，必须坚持深化供给侧结构性改革，提高供给体系对国内需求的满足能力，以创新驱动、高质量供给引领和创造新需求；从"大循环""双循环"格局看，国内循环是基础，国际市场是国内市场的延伸，国内大循环为国内国际双循环提供坚实基础。可以说，安丘市的"一个标准两个市场"探索走在了时代的前面。

其"健全四个体系"（健全标准体系，将"安丘标准"变成"国际标准"；健全追溯体系，实现从农田到餐桌全链条监管；健全营销体系，以出口级产品供应国际国内两个市场；健全监管体系，坚决捍卫人民群众"舌尖上的安全"）的做法是可复制、可推广的，对于全国农产品品牌打造、质量安全和农业高质量发展具有很好的借鉴意义。

构建新发展格局，必须运用改革思维和改革办法，打造充满活力的市场主体，形成高效规范、公平竞争、充分开放的国内统一大市场，营造高标准的市场化、法治化、国际化营商环境，提升农产品质量安全、突出高标准引领将是农业绿色高质量发展的必然趋势。建议在全国范围内推广。

案例三　青州市"大带小、公加私"现代种业科技研发新机制

青州市瞄准"以产业为主导、企业为主体、基地为依托、产学研相结合、育繁推一体化"的目标，着力构建"以高等学校、科研院所为主

体的基础性公益性研究体系和以企业为主体的商业化育种相结合"的现代种业科技创新体系。通过培育壮大种业龙头企业，深化政企合作，加强种业科研创新平台建设以及种业科研人才的"引、聘、培"等，大大提升了青州市种业科技创新能力，引领了现代种业高质量发展。

一 做法

（一）强化平台支撑，提升种业研发水平

种业科创平台是种子研发基础设施建设的重要内容，具有技术研发、资源共享、孵化企业等功能，是种业创新体系的重要支撑。青州市加大科研经费投入，积极推动政企深化合作，引导和支持企业加大科技创新力度，不断提高种子产品研发能力和技术创新能力，培育壮大种业龙头企业，带动产业集聚发展。在硬件建设方面，依托"华盛农业"和"天成农业"两大种业龙头企业搭建种业研发创新平台，先后在"华盛农业"建成国家博士后科研工作站、山东省蔬菜生物育种重点实验室、山东省十字花科蔬菜良种繁育示范工程技术研究中心、山东省蔬菜种业技术创新示范联盟等9大科研创新平台，在"天成农业"建成山东省院士工作站、山东省引才引智示范基地、潍坊市辣椒育种工程技术研究中心等研发平台。在内联外引方面，通过与优势科研单位建立合作育种平台，提高企业商业化育种能力，如华盛农业成立大宗蔬菜新品种创新战略联盟，尊悦农业与山东省农科院成立青州市银瓜产业研究院等，扩大企业种质资源，提高企业科研水平，加快了育种进程，并通过与国内知名院所开展分子育种研究，进一步提升了种业研发能力。目前，华盛农业研发的西葫芦杂交育种、辣椒三系育种及十字花科蔬菜三系育种技术已达到国际先进水平。

（二）强化人才支撑，厚实种业研发力量

人才是创新的根基，创新驱动实质上是人才驱动，如果说种业是农业的"芯片"，科研人员则是种业创新发展中的第一要素。在强化科研人才方面，青州市采取"引、聘、培"三种模式。一是直接引进国内外高层次人才和育种领军专家，从国外高薪引进蔬菜科研资深专家，常年在育种

基地指导工作，解决育种难题。二是聘请资深科研人员协同创新合作，充分利用农业科研院校师资力量，与中国农业科学院、中国农业大学、山东农科院、青岛农业大学等科研院校开展人才合作和科研合作，通过兼职、挂职、签订合同等方式，聘请科研人员协同创新合作，从事商业化育种工作，加快育种进程。三是培育企业科研人才，与中国农大、华中农大、山东农大等高等院校签订人才合作培养协议，开展"青州—名校直通车"活动，积极与种业企业对接，形成高素质的专业研发团队，满足种业研发的人才需求，提高公司研发实力。近年来，青州市已聘请院士1名、专家教授23名，拥有"泰山学者"种业计划专家1名、鸢都产业领军人才4名、引进博硕士研究生29名、国外育种专家6名，为现代种业发展提供了强大的人才支撑。

二　启示

（一）增强现代种业的科技创新能力是满足现代农业发展的必然要求

种业科技创新贯穿现代种业的全过程，只有不断地进行科技创新、技术升级，才能更好地提升我国种业国际竞争力。要加强与国内外科研单位的联系，建立紧密的科技合作关系，建立以知名专家为核心的专家顾问组织，积极研究和探讨依托科技发展全市现代种业的有效机制与发展模式。

（二）科研平台与科研人才是提升农业科技创新能力的重要途径

青州市通过建设种业科研创新平台及引进、聘请、培育科研人才的方式，加快了育种进程，提升了种业研发能力，促进了全市种业的快速发展。农业科创平台的搭建吸引更多国内外农业人才的集聚，为科研人员创新和实践提供了重要载体，科研人员通过科创平台实现科研成果落地转化，二者形成良性循环，更好地激发了农业的创新活力。

专家点评

中国农业科学院农业经济与发展研究所所长、研究员，中国农业经济学会副会长兼秘书长袁龙江：

当前，我国已经由高速增长阶段转向高质量发展阶段，全面开启了社会主义现代化国家建设新征程，科技创新成为建设现代化国家的重要战略支撑。农业现代化作为国家现代化的基石，在新发展阶段迫切需要科技创新提供强有力的支撑。种业是现代农业的"芯片"，种业的竞争就是科技竞争。强化体制机制创新，有效整合各种资源力量，加快构建现代种业科技创新和产业发展体系，促使种业科技自立自强，是新时代提升我国种业竞争力的必然要求。

青州市准确把握政府和企业在农业科技创新链上的定位和分工，以政企合作为抓手强化种业科技创新平台建设，探索政企联合发力的现代种业发展机制，不仅能充分发挥政府在战略引领、统筹协调方面的积极作用，以及企业立足前沿、面向市场的技术创新主体作用，而且有利于统筹利用多方资源，组建形成优势互补、深度融合的创新联合体。

青州市在推进现代种业科技创新体系建设的机制探索中，抓住了种业科研人才这一关键，引进、聘请、培育科研人才，大大加快了人才队伍建设进程，提升了人才应用的层级和水平，为青州市现代种业发展提供了有力的人才支撑。这样的多渠道推进、多层次联合、多元化人才利用方式，值得各地在推进种业科技创新体系建设中借鉴。

完善科技创新体制是新阶段我国实施创新驱动发展战略的重要内容，是实现科技自立自强的重要基础。青州市对现代种业科技研发机制的探索，正是践行创新驱动发展战略的有益尝试，具有积极的示范作用和推广价值。建议在全国范围内推广。

案例四　诸城市产业联盟畜牧业发展新模式

诸城市围绕一二三产业融合发展政策，结合区域发展实际，深耕农业产业化经营，创新打造了以生猪、肉鸡为重点的畜牧业产业联盟，探索出了一条以"产业联盟+龙头企业+特色园区+养殖农户"的畜牧业发展新模式，提升畜牧业产品附加值，增强产业核心竞争力，对畜牧业优质高效发展、农民增收致富起到了重要的推动作用，为创新提升"三个模式"增添了新内涵。

一 做法

(一) 围绕主导产业组建产业化联合体

按照"产业联盟+龙头企业+特色园区+养殖农户"的组织形式,重点打造了生猪、肉鸡两大畜牧业联合体。以得利斯、华宝为主,联合龙祥3家企业为龙头,组建了生猪产业联盟;由外贸公司牵头,联合美比特、和生、泽慧新程3家企业,组建了肉鸡产业联盟。通过发挥联盟抱团发展优势,以市场为导向构建利益联结机制,实现了畜牧业全链条利益最大化。

(二) 发挥龙头带动作用,提升行业整体素质

发挥行业联盟龙头企业引领作用,通过"内引外联、培强龙头企业、培养养殖人才、优化要素配置、盘活存量资源"等方式,招引仙坛、新希望、德友、邦基等畜牧龙头企业投资建厂,如仙坛公司投资30亿元建设涵盖种苗、孵化、养殖、饲料、食品等多板块肉鸡全产业链项目,产业链纵向整合程度处于行业前列;鼓励信得与外贸合作共建信得大学规模化养殖场长培训学院,全面提升畜牧行业整体素质。

(三) 完善支撑体系,推动联盟企业抱团发展

联盟定期组织召开会议,探索多种合作路径,通过实行优先采购联盟内部原料、共同举办辅料招标会、统一毛鸡放养模式和宰杀标准、规范合作养殖户的用药标准、共同进行联盟整体品牌形象宣传和推广等措施,产供销关系得到理顺,进一步维护和扩大了市场,实现了成本下降、效益提升。

二 启示

(一) 产业联盟能够有效提升行业区域竞争力

产业联盟根据自身发展要求和市场形势变化,在成员企业间结成了攻守联合的同盟军、产业融合的生态链、命运相连的共同体,规范了区域行业发展,进而实现产业集群核心竞争力的提升。比如,通过形成肉鸡产业联盟,诸城市2019年肉鸡产业联盟龙头企业宰杀数量就比2018年增长了

52%，目前已形成日屠宰100万只的生产加工能力。

（二）产业联盟能够加快带动养殖户增收致富

产业联盟通过推广"拎包入驻""合同养殖"等模式，与联盟"抱团"实现企业和农户利益共享，有效降低了农户养殖风险。2020年新冠肺炎疫情防控期间，肉鸡市场行情低迷，诸城市肉鸡产业联盟龙头企业以超出市场价格的合同价格收购肉鸡，对养殖户补贴费用共计约3050万元，保障了养殖户的收益。

（三）产业联盟能够促进产业生态不断完善

产业联盟通过将上下游企业联合起来，大大加强了企业之间的联系，进而构建起完整的区域产业生态。2019年诸城市屠宰生猪280万头，宰杀肉鸡1.45亿只，加工熟食、调理品17万吨，实现销售收入49.85亿元、利税4.7亿元。目前，全市已形成年出栏生猪200万头、肉鸡1亿只的生产能力，形成年宰杀生猪600万头、肉鸡2.25亿只的加工能力。

专家点评

中国农业大学国家农业农村发展研究院研究员、畜牧经济研究中心主任王玉斌：

诸城市是农业产业化经营的发源地，该市聚焦一二三产业融合发展，结合区域发展实际，组建了以生猪、肉鸡为重点的畜牧业产业联盟，探索了一条以"产业联盟+龙头企业+特色园区+养殖农户"畜牧业发展新模式，发挥了很好的集聚效应，提升了畜牧业产品附加值，增强了畜牧业核心竞争力，助推畜牧业生产方式向规模化、产业化、标准化、区域化方向发展。

当前，农业产业化发展已经进入转型升级的新阶段，创建农业产业化联合体成为近年来的关键词。诸城市重点围绕生猪、肉鸡两大主导产业成功打造畜牧业联合体，形成了以得利斯、华宝为主，联合龙祥等企业为龙头的生猪产业联盟，以及由外贸公司牵头，联合美比特、和生、泽慧新程等企业的肉鸡产业联盟。联盟发挥了抱团发展的优势，实现了畜牧业全链条利益最大化。

近年来部分地区淡化农业产业化，诸城持续重视通过龙头带动提升行业整体素质，告诉我们龙头企业是行业发展的核心引擎：发挥行业联盟龙头企业引领作用，招引行业龙头企业进驻打造全产业链纵向整合样板；通过行业联盟内的龙头企业带动推行统一标准、规范生产、打造品牌、宣传推广等措施，进一步扩大了市场，实现了成本下降和效益提升，有借鉴价值和推广意义。

放眼全球，联合与合作是农业发展的必然趋势。而产业联盟是一种非常有效的联合合作实现形式，因为其有助于联合开拓用户市场，通过联合采购以降低原材料成本，采取共享基础设施和渠道以有效降低营销成本，通过网络互联实现需求方的规模经济。建议在全国范围内推广。

案例五　临朐县九山薰衣草小镇"农业+"现代农业发展新模式

临朐县立足当地资源禀赋，引进山东宋香园现代农业有限公司和恒信集团，投资50亿元规划建设52平方公里的薰衣草小镇，充分挖掘资源优势，借助工商资本力量，因地制宜引进并培育薰衣草特色产业，通过"农业+"实现了生态效益、经济效益、社会效益的有机统一，激发了偏远山区农村产业发展活力，为偏远山区依靠"绿水青山"创造"金山银山"提供了可借鉴样板。

一　做法

（一）坚持第一产业先导

为推动薰衣草产业规模化、高品质发展，临朐九山薰衣草小镇对标法国普罗旺斯、日本北海道富良野等世界知名薰衣草小镇，引进法国和我国台湾地区的先进农业技术，成功培育出适合当地土壤气候条件的薰衣草新品种——中国蓝，该品种的精油含量、质量、稳定性和亲和性等多项指标远高于国际标准。同时广泛带动周边群众自发种植、统一回购，薰衣草种植的规模和质量大幅提升，目前已成为国内重要的薰衣草原材料供应地。

（二）强化第二产业支撑

围绕提升产品综合价值，建成薰衣草加工体验中心，大力发展精深加工，年产薰衣草精油 50 吨、纯露 4000 吨，生产玩具、饼干等薰衣草系列制品 300 万件，年产值近 5 亿元。特别是与南京野生植物综合利用研究院深度合作，成功开发建设世界第一条薰衣草精油低温萃取生产线，实现薰衣草原材料最大限度利用。目前，项目正与阿芙精油、蓝月亮等国际知名日化品企业开展对接，努力打造国际知名的薰衣草产品研发和交易中心。

（三）突出第三产业联动

依托薰衣草的天然观赏优势和齐长城、宋寨、悬崖、温泉等独具特色的旅游资源，延长薰衣草产业价值链，培育出了"农业+旅游""农业+康养"等多种业态。学习借鉴国际先进经验，创新开展废物综合利用，用 68 个废旧集装箱搭建悬崖生态餐厅，用 500 辆废弃自行车制作情侣护栏，修建生态道路、生态护坡，降低生态环境破坏风险。与省航空运动协会达成合作协议，新上高空滑翔、户外攀岩、垂直速降等体验性项目，实现了产业多层次、多环节转化增值。

（四）注重发挥人才和平台作用

对接长江学者、南京野生植物综合利用研究院等，将特色小镇纳入国家乡村振兴研究实践基地，加快薰衣草品种培育和系列产品研发，成功开发出薰衣草抱枕、玩具、饼干、香皂以及精油、纯露等十多类产品。对接德国汉斯·赛德尔基金会，成功举办土地利用与乡村振兴国际研讨会，来自德国、美国等 9 国的 70 名专家学者前来考察交流。

二 启示

（一）乡村振兴应把工商资本下乡作为重要力量

工商资本投资农业农村，可以形成与城市产业、国外农业竞争的强大力量，效能之一是能够打破一家一户的生产组织方式，将新理念、新技术、先进管理模式等生产要素带入农业农村，有利于培育壮大家庭农场、农民合作社等新型农业经营主体，并对农村生态、文化、社会治理等领域产生全面的溢出效应。

（二）实现农业高质量发展应坚持因地制宜

现代农业的发展与谋划要注重立足优势、发挥特色，九山薰衣草特色小镇就是立足当地的地形特点和资源禀赋，特别是根据当地土壤 pH 值、导电性等关键指标适宜薰衣草种植的优势条件，科学确定了薰衣草产业的发展方向和路径，摆脱了地区之间、乡镇之间同质化、低端化的恶性竞争，走出了一条特色鲜明、后劲充足的发展路子。

（三）推动三次产业融合发展是最大化实现农业产业价值的有效途径

一产为根、接二连三，发展农业"新六产"，是有效连接农村、农业、农民的科学路径。九山薰衣草特色小镇以融合发展为基本思路，紧紧围绕薰衣草种植加工这一核心环节，充分挖掘出农业的多种功能，打造出了多元化、多样化的产业链条，推动了农业生产全环节转型升级，成为产业振兴的坚强基石。

专家点评

山东大学县域发展研究院副院长段昊：

九山薰衣草小镇由龙头企业主导的"农业+"的发展模式对很多地区的发展都有一定的借鉴意义。

工商资本下乡是未来乡村振兴的重要动力。九山薰衣草小镇由龙头企业牵头打造，计划投资 50 亿元建设 52 平方公里的产业融合发展区，可以带动整个区域发展。这一模式可以有效地使城市剩余资本向农村转移。在全国产业结构调整大背景下，许多工商资本在城市已经难以获得超额回报，而农村提供了广阔的增长空间。这一项目选择薰衣草作为突破点，也显示出工商资本在经营方向和经营理念与传统小农经营的区别。

产业融合发展是这个项目的优势。除了薰衣草种植，该项目打造了薰衣草精油、饼干、玩具等衍生产品。目前萃取精油市场仍是蓝海市场。消费者对于生活品质的提升带来精油需求量不断提升。2020 年前三季度，淘宝和天猫"护肤美体精油"品类成交额高达 1113 亿元，比 2019 年同期的 869 亿元增长 28%。这一项目的第二产业加工环节准确把握了当前市场的需求。该项目打造薰衣草小镇，并依托薰衣草发展体验式旅游，开发生态餐厅以及高空滑翔、户外攀岩、垂直速降等体验旅游项目。项目的风格和项目的选择对青年人有很大的吸引力，未来具有很好的增长前景。

龙头企业带动的乡村振兴模式，需要注意项目运行中的风险。以农业为依托的产业融合项目需要大量投资，回报周期较长，需要有雄厚实力的工商资本才能承担。建设产业融合项目需要建设用地支持，也需要政府在土地规划与供地上有统一的规划和支持。经营中，市场和政策风险都需要考虑。早年工商资本曾经掀起过下乡的潮流，但许多项目三五年后盈利前景不佳，后续投资方退出，也给地方政府带来很大压力。龙头项目一定要找准自身的市场定位。自2014年以来，乡村旅游投资额增长显著，2016年全国乡村旅游投资额已达4000亿元。大量的资本投向乡村，可能带来重复建设的问题。以薰衣草发展种植为例，据我们研究团队了解，全国以薰衣草为发展重点的项目较多。新疆伊犁早在十几年前就大规模种植薰衣草，甚至伊犁机场草坪也种满薰衣草，飞机起飞降落的确视觉冲击力很强。薰衣草为伊犁旅游带来了大量客源。但如果此类项目遍地开花，未来可能获得超额收益的难度将越来越大。因而，未来该项目也需要不断提升，在全国同类项目竞争中寻找自身的优势，进行差异化竞争，稳定周边客源，不断拓展全国客源。

案例六　临朐县辛寨果品科技示范园果品育繁推一体化产业链模式

临朐辛寨果品科技示范园紧紧围绕优质大樱桃种植，在新品种引进选育、新技术集成应用、新模式示范推广等生产经营的主要领域和关键环节，着力塑造果品育繁推一体化产业链发展模式，实现新品种选育、良种繁殖加工、市场经营推广各环节紧密衔接、高效运转，解决了种业育繁推相互脱节的问题，推进了果品产业的融合发展，促进了产业结构的优化升级。

一 做法

(一) 打造育繁推一体联动发展链条

一是坚持引进、培育新品种，引进国内外大樱桃新品种150个，与科研院所合作，将国内表现优良的甜樱桃进行品种间杂交育种，培育繁殖出更适宜本地种植的优良新品种，打造成为名冠全国的樱桃新品种示范园区。二是发展深加工提高果品附加值，辛寨示范园立足果品产业优势及政策优势，建立果品（大樱桃）进出口基地，发展采后处理、果品加工，开发樱桃冰酒、果脯、冻果干等产品，引导果品产业向纵深发展。三是规范全链条流程环节，建立从品种选育、果园生产、产品分级、预冷、包装、冷藏到运输、配售等环节的标准体系，引导入园科研院所及企业协同制定行业标准乃至国家标准，制定涉及各环节的技术操作规程，推动果品产业标准化、绿色化、生态化发展。

(二) 注重市场需求在产业链中的引领作用

随着人们生活水平的提高，社会新需求正在向纵深发展，对乡村产品的需求已经由中低端向中高端转变，需求结构也正在由单一的物质产品需求向文化体验、健康营养、生态休闲等综合性高质量需求转变。辛寨示范园抓住这一契机，一是大力培育繁殖营养价值高、无公害有机果品，通过组织专业技术人员现场指导、聘请专家教授对果农进行授课培训等方式，提高果树精细化管理技术，提高果品质量和安全。二是立足大樱桃线下交易，积极挖掘园区的多种功能，提供科技集成、品种示范、技术展示、高效生产、交流培训、展会会务、科普观光等各类服务，满足消费者综合性需求，带动农民增收致富。

(三) 突出新技术在产业链中的支撑作用

新技术是影响果品培育、繁殖、推广过程中的重要因素，是现代化果业发展中果品经营种植效益提高的关键着力点。辛寨示范园把科技、生产、市场结合于一体，使农业设施、品种、技术相融合，进一步提升了果品育繁推一体化产业链发展水平。一方面，在果品培育、繁殖过程中对标国内外果品科技园，应用智能水肥一体、自走式打药机、采后预冷设备、互联网/物联网等设备设施，逐步实现智能化管理、标准化生产，大幅度提高果品质量，增加果业经营效益；另一方面，引进组织培养、智能管控、水肥一体化、果园生草、林药种植、采后预冷、加工转化、智能仓储等技术，通过示范现代化品种、砧木、树形、栽培技术、采后处理技术，成为全国大樱桃科技发展引领区。同时，发挥临朐大樱桃交易优势，以大数据为支撑，申请建立全国唯一大樱桃价格指数，成为全国大樱桃价格的风向标。

二　启示

（一）现代农业高质量发展要解放思想，敢于先行先试

传统老旧农耕思想影响下，果树种植存在品种老化、缺乏采后商品化处理、日常管护粗放、栽培模式单一、上市时间集中等问题，严重影响农产品销路、农业产量和农民收入。辛寨示范园敢于走在时代前列，大胆引入果业发展新理念，引进应用新技术和新模式，成功探索了一条育繁推一体化产业链发展经验，具有较强的示范价值。这意味着，现代果业发展不仅要有新技术和新模式，同时还得有新理念，特别是用新理念引导新发展，才能提升农业的竞争力。

（二）农业发展要以市场需求为导向

消费结构升级和农产品供应结构性失衡是我国农业面临的深层次问题之一，要解决这一问题就要注重农产品的市场需求。以市场需求为导向，大力推进农业供给侧结构性改革，调优、调高、调精农业产业，增加适销对路的农产品生产，做强培育繁殖、加工、储藏、包装、销售等各环节，打造完善的农业全产业链。

专家点评

山东大学县域发展研究院副院长段昊：

临朐辛寨果品科技示范园的项目对于发展农业新品种的规模化种植具有很强的借鉴意义。

大樱桃种植项目的选择对市场的把握比较准确。近年来，随着消费升

级，中国消费者对高端水果的需求不断提升，大樱桃、蔓越莓、蓝莓等国外水果品种进入国内，干鲜水果及坚果进口量由2010年的不足300万吨增长到2017年的超过450万吨。在进口水果中，樱桃一直是最主要的进口品类，2016年占全国进口水果的16.2%。进口水果售价昂贵，打造了高端水果的形象，若能在国内种植可以提高农民收入。

辛寨果品育繁推一体化的模式对于进口水果本地化生产具有很强的借鉴意义。国外的引进品种不一定适合中国本地的土壤和气候，因此针对当地生产条件进行育种，才能逐渐培育出适应市场口味的本地品种。育种、扩繁、推广涉及环节较多，既需要农业科研能力，又需要把握市场的能力，才能够选育出消费者喜爱的品种。辛寨果品科技示范园将育种与种植、销售等产业链纵向整合，有效提升了科研院所和农业企业的优势，对于将整个区域打造成为在全国具有竞争力的大樱桃产业基地具有重要意义。

未来，这一项目的发展还需要政府进一步提高公共服务水平，进一步提升临朐大樱桃在全国市场中的市场地位。辛寨果品科技示范园借助大数据开发大樱桃价格指数，有助于本区域掌握行业发展的主导权。但未来行业主导权的确立，政府需要发挥更大作用。一方面，政府需要规制农民生产，打造区域农产品的口碑。农民分散种植往往追求产量而忽视质量。若大量次等品借助新寨大樱桃的品牌进入市场，将影响后续的市场口碑的形成。政府、基层组织领办的合作社应该在引导农民种植和销售中发挥重要作用。另一方面，政府各部门也应对大樱桃产业进行重点扶持，进一步推动产学研一体化。要争取制定大樱桃的国家标准。未来要进一步将樱桃种植扩展到樱桃节庆和樱桃衍生品生产。澳大利亚新南威尔士州的小镇仰恩（Young）是著名的樱桃产地，通过举办樱桃节吸引大量游客，树立了全球口碑，值得临朐县学习。

案例七　昌乐县桃花源现代农业产业园产业化联合体发展模式

昌乐桃花源现代农业产业园（以下简称桃花源产业园）位于昌乐县红河镇，总规划3500余亩，围绕做大做强农业产业化联合体这一核心，创新农业利益联结机制，坚持大片区开发、全流域发展的理念，逐步形成了一套解决园区建设难题、促进园区持续健康发展的新模式，在发挥各类经营主体的独特优势，有效配置各类资源要素，降低内部交易成本和违约风险、提高综合竞争力的同时，更有助于农户获得长期、稳定、更多的经营收益，促进了农业转型升级。

一 做法

（一）以农民、合作社和龙头企业分工协作为前提

让龙头企业带动合作社，让合作社更好地服务农民，让农民更加专业化，从而形成一个强而有力、能够抵御市场风险能力的农业产业综合体。实践中，采用"企业+合作社+基地+农户"的模式，由企业、合作社统一管理并承担市场风险，农户负责种植，产品由企业负责销售，极大地提高了原本贫瘠的山岭地收益。

（二）以规模化经营为依托

桃花源产业园建设过程中，地方政府坚持大片区开发、全流域发展的理念，牵头推动与村集体、村民进行土地流转。在最大化维护村民利益的同时，顺利流转3500亩成方连片的大片区，为后期园区的规模发展和创新运营提供了保障。在此基础上，园区定位规划了建设创意农事体验区、智慧农业观赏区、高效农业集中区、休闲农业度假区、集中居住康养区"五大片区"，形成了园区发展的初步蓝图。同时与城市园丁田园综合体、荣华环水岭田园综合体组团一体打造，积极融入白浪绿苑万亩高效农业产业园，沿白浪河进行全流域开发，形成了发展合力，为园区高质量发展营造了空间。

（三）以利益联结机制为纽带

园区采取"项目+合作社+农户"的发展方式，通过入园务工、入股合作、园区创业等多种模式，构建投资主体、经营主体、生产主体利益联结机制，三个主体各扬优势、利益分享，实现共赢。园区创新"农业龙头企业+合作社+农户+订单"的经营模式，实现企业、村集体、农民利益共享，有效带动集体增收、群众致富。项目投入运营后，预计产业产值每

年可达2000万元，吸引游客10万人以上，年实现旅游业收入5000万元，解决红河当地1500余人的就业问题。

二 启示

（一）农业产业化联合体是促进现代农业发展的重要方式

农业产业化联合体是以龙头企业、农民合作社和家庭农场等新型农业经营主体的分工协作为前提，以规模经营为依托，以利益联结为纽带的一体化农业经营组织联盟。新形势下，发展农业产业化联合体有利于构建现代农业经营体系，对于提高农业综合生产能力、促进农民持续增收具有重要的现实意义。

（二）加大对农业产业化联合体的支持力度

一是将现有支持龙头企业、农民合作社、家庭农场发展的农村一二三产业融合、农业综合开发等相关项目资金，向农业产业化联合体内符合条件的新型农业经营主体倾斜。二是建立和发布农业产业化联合体示范名录，着力开展农业产业化联合体示范创建活动。三是加大宣传引导力度。营造加快农业产业化联合体发展的浓厚氛围，推动农业产业化联合体快速发展。

专家点评

山东大学县域发展研究院副院长段昊：

昌乐县桃花源现代农业产业园打造农业产业化联合体，将龙头企业、农民合作社、家庭农场等多种经营主体有机联结的发展模式，对于很多地区具有借鉴意义。

国家提倡适度规模经营，平衡龙头企业、村集体、合作社和普通农户的利益。既要保障农业生产率不断提升，又要保障普通农民收益的权利不受损害，但多种经营主体之间的竞争与合作一直是农业发展的难题。这类项目，多主体的联合是成功的关键。其中关键点是多主体如何共享收益，如何分担风险。众所周知，农业种植周期长、风险高，农产品市场价格不稳定，这给分担风险和共享收益带来很大挑战。农民天生厌恶风险，企业投资行为本身是风险行为。因而，通常由龙头企业承担主要风险并获取相应的超额收益是合作的基础。

桃花源现代农业产业园采取订单农业的形式，将农民的风险降低，并且发挥龙头企业在农业科技、农业管理、产品销售方面的优势，解决普通农民种植技术水平不高、产品销售难、价格低的问题。

在具体实践过程中多方需要继续探索合作模式，进一步总结和归纳农业产业化联合体的组织架构和制度设计。保障参与方履约是其中的关键。在农产品市场价格低的情况下，企业需要按协议以高于市场价的协议价收购农产品，因而缺乏履约动力；市场价格明显高于协议价格时，农民有动力私自将产品卖给第三方。

根据我们调研的经验，党组织领办的合作社在龙头企业与农户之间可以发挥重要的履约保证的功能。一方面，土地所有权属于村集体，村两委在土地使用中具有主导地位，可以此约束龙头企业的不当行为和违约现象；另一方面，村两委在村民中具有威信，并且村庄经济与社会事务高度联结，村委的权威性可在一定程度上约束村民私自违约的情况。

昌乐县桃花源打造农业产业化联合体的发展模式已经取得初步成果，未来可以进一步提升总结，成为乡村振兴的齐鲁样板。

案例八　青州市胡林古"旅游+"引领产业融合发展模式

胡林古村位于青州市王坟镇西南部，是抗日战争时期益都县委县政府驻地，生态环境优美，历史文化底蕴厚重。该村依托本土自然环境和独特的历史文化资源，吸收现代旅游开发理念，以"旅游+"为先导，整合优势资源，形成独特的旅游特色，走出了一条党支部带头、农民致富的"旅游+"产业融合发展新路，有效推动了农业农村现代化，为乡村旅游田园综合体高质量发展提供了可复制的实践路径。

一　做法

（一）精准定位，培育高端化旅游业态

胡林古村多次外出考察学习，拒绝发展同质化乡村旅游，依据胡林古

现有自然条件，将景区定位为适合我国特色的平民园林。景区采取自然景观和人文景观相结合的模式，将瑞士景观思想中的大气、简约、人工化与中国传统园林景园中的自然化、人文化、阴阳化有机融合，打造特色旅游景观。胡林古村依山就势，对山体进行表面化处理，形成环村景观带，设置游览路线和休闲路线，对山谷小流域综合治理、复垦荒地、新造田地等，如村东山沟种薰衣草，村西山沟种抗寒玫瑰，未绿化的山头全部栽植黄栌、杏、核桃、榛子等。

（二）党支部领办合作社，激活乡村旅游新动力

胡林古村党支部牵头成立青州市胡林古龙泉乡村旅游合作社，农民作为参与主体，以土地承包经营权、宅基地、集体建设用地及现有树木等折价入股合作社；村党支部通过招商引资，引进企业入驻，以合作社名义与潍坊龙瑞旅游管理中心深化合作，强力推进胡林古村乡村旅游田园综合体项目建设，共同出资成立青州市胡林古旅游发展有限公司。合作社与企业分工明确，合作社作为一个中间组织，对内向社员负责，协调整合土地等自然资源，对外与企业合作，保障社员利益；企业安排专人团队负责胡林古旅游资源的投资开发和经营，统一进行公司化运营。

（三）因地制宜，突出实现文旅融合发展

胡林古村多年来一以贯之，秉承"文化是旅游的灵魂，旅游是文化的载体"理念，坚持"用文化引领和发展旅游，用旅游传播和弘扬文化"，推动文化和旅游融合发展迈上新台阶。村内红色教育资源丰富，曾是益都县委县政府抗日战争时期的办公核心区，当年的县委县政府遗址尚保存完整，田园综合体依托此红色教育资源，在原址保护的基础上，打造了红色文化教育基地，同时，围绕"去宗教化的道家哲学"文化，建立中国传统哲学研究基地，多次举办非宗教化文化研讨活动，大力弘扬道家哲学文化，有力推动了文化与旅游的深度融合。

二 启示

（一）重视基层党组织在引领新时代乡村旅游发展中的重要作用

乡村旅游是深化农业供给侧结构性改革，促进农村经济优化升级，持

续增加农民收入的有效途径。在深入实施乡村振兴战略背景下，引领乡村旅游发展是新时代农村基层党组织的重要工作之一，要充分发挥基层党组织的引领作用。

（二）"旅游+"是引领产业融合发展的一条捷径

随着我国经济进入高质量发展阶段，作为关联性、带动性很强的产业，旅游业与其他产业的融合是大势所趋。如在旅游产业与农业的有机融合过程中，经济效益比较低的农业可以通过旅游产业的融合获得更大的收益，不仅增加居民收入，而且提高当地的经济效益，使农业向着多元化方向发展。

专家点评

中共山东省委党校经济学教研部二级教授杨珍：

该案例最大的特色是依托当地自然环境和历史文化资源，打造独特的旅游景区，走出"旅游+"产业融合发展新路。一是发挥基层党组织在引领乡村旅游发展中的重要作用。村党支部牵头成立青州市胡林古龙泉乡村旅游合作社，农民作为参与主体，以土地承包经营权、宅基地、集体建设用地及现有树木等折价入股合作社；合作社与潍坊龙瑞旅游管理中心共同出资成立青州市胡林古旅游发展有限公司。合作社对内向社员负责，协调整合土地等自然资源，对外与企业合作，保障社员利益。二是培育独具特色的旅游业态。充分利用当地资源条件，采取自然景观和人文景观相结合的模式，打造特色旅游景观。比如，依山就势，形成环村景观带；对山谷小流域综合治理、复垦荒地、新造田地等，未绿化的山头栽植黄栌、杏、核桃、榛子等。三是突出文旅融合发展。胡林古村曾是益都县委县政府抗日战争时期的办公核心区，当年的县委县政府遗址尚保存完整。该村据此打造了红色文化教育基地，同时，建立中国传统哲学研究基地，推动了文化与旅游的深度融合。

该案例的现实意义是探索出"旅游+"产业融合发展新路，为促进乡村旅游高质量发展提供了可复制的实践路径。从实际出发，把自然和人文资源转变为优势条件，避免了乡村旅游同质化，切实保障农民利益和村集体利益，其做法具有可复制和可借鉴的价值。在"旅游+"方面，将有更大的发展空间和广阔的发展前景。利用5G等现代信息技术，多渠道促进产业融合发展。建议在全国范围内推广。

案例九 高密市供销合作社社会化为农服务模式

高密市依托供销合作社，充分发挥其在农村基层经济组织的优势，着力加强与涉农部门、村级组织等深度合作，探索出"经营规模化+服务精细化+运营现代化"的社会化为农服务模式，增强了为农服务能力，提振了乡村经济，推动了农业高质量发展。

一 做法

（一）围绕土地托管开展农业经营服务

农业现代化的关键在于农业经营方式，而转变农业经营方式的关键在于合理转变土地生产方式。为提升农业经营能力，高密市供销合作社以土地托管服务为核心，成立土地托管工作专班，与有关社区、村委、农商行联动，整合土地、人力等资源要素，创新开展经营服务。社区组织村两委成立土地股份合作社，发动农民将其"种不了""种不好""不愿种"的土地入股村经济合作社，以合作社为经营主体，把土地经营权集中起来，将散地化零为整、成方连片，并聘请部分种地的"老把式"以职业农民身份参与土地划片管理，既保证了农民打工种地"两不误、同增收"，又为打工农民保留了还乡退路。供销合作社组织为农服务中心与村经济合作社签订土地托管合同，对接实施耕、种、管、收、加、储、销等全程社会化服务，每年每亩提取服务费40元。以供销社土地托管工作专班为牵引、村经济合作社为土地经营主体、村集体以集体资产和管理维护入股合作社的经营服务方式，形成了长期收益、持续发展的增收模式。

（二）建立健全农业基层服务网

高密市以供销合作社经营网络为基础，在29个建制镇分别建设1处为农服务中心。为农服务中心服务半径3公里，辐射面积3万~5万亩，提供测土配方、智能施肥、病虫害统防统治、农机存放维护、粮食烘干储藏、农产品加工等服务，在全国率先实现"3公里土地托管服务圈"全覆盖，实现了农业精细化管理，提升了为农服务效能。一方面，进一步整合涉农服务力量，形成以供销社为"1"，以农业、粮食、水利、农机等部门为"N"的便捷高效为农服务体系，分批将"N"部门的服务事项进驻为农服务中心，实现工作力量叠加，为广大农民提供综合性、一站式服务；另一方面，积极引入社会资本投入农村生产发展，比如，与欧比特人工智能研究院有限公司合作，借助"高密一号"卫星提供的丰富信息和数据，精准开展农机调度、农业作业、虫情预测等服务，形成"天地一体"立体化开展农业社会化服务的新格局，为农业插上"科技的翅膀"。

（三）以现代农业理念创新服务运营方式

供销合作社立足当地主导产业或特色产业，以参股、控股、产业链带动等方式创办领办农民合作社，进一步密切与农民的利益联结，提升农民的组织化程度。在此基础上，建设标准化农产品基地，打造农产品品牌，带动规模化生产、产业化经营。同时，建设现代流通服务网络，按照"公益性+市场化"引领、"线上+线下"双平台支撑、"实体+网络"融合发展的运营模式，构建农村现代流通"一张网"。同时组建高密供销电子商务有限公司，以此为依托，积极整合农产品加工、冷链物流、网络营销等资源。

二 启示

（一）健全农业社会化服务体系是实现小农户与现代农业发展有机衔接的重要途径

高密市供销合作社社会化为农服务模式提高了农民组织化水平，有效地把社会上相关为农服务资源统筹起来，为农民提供了综合性、全方位的农业生产经营服务，提高了农业经营水平，有效促进了现代农业发展。

（二）积极创新为农服务内容和方式是农业社会化服务体系的发展方向

高密市供销合作社围绕农业生产产前、产中、产后各环节，开展了多项专业化的专项服务和综合服务，不断提高为农服务质量和水平，形成了与时俱进的、覆盖农业生产全过程的供销合作社社会化综合配套服务体系，为进一步完善发展农业社会化服务提供了借鉴和思路。

专家点评

中国人民大学中国合作社研究院院长、教授孔祥智：

高密市供销社深入贯彻落实中央11号文件（《关于深化供销合作社综合改革的决定》）精神，落实总社七代会精神，践行着"为农、务农、姓农"的要求，把为农服务成效作为衡量一切工作的首要标准，走出了一条以土地托管服务为核心的为农服务模式。中央11号文件明确要求供销社改革要"坚持为农服务根本宗旨"，要"做到为农、务农、姓农"。怎样才能做到这一点？高密市供销社在后期实践中形成了以土地托管工作专班为牵引，以村经济合作社为土地经营主体，村集体以集体资产和管理维护入股合作社的经营服务方式，具有可复制、可推广价值。

高密市供销社利用组织体系健全的优势，大力推进以土地托管为核心的服务规模化，打造"3公里土地托管服务圈"。高密市在原29处建制乡镇各建设1处隶属于供销社的为农服务中心，每处服务半径2~3公里，服务农田3万~5万亩，开展测土配方、智能配肥、农机作业、农产品收储加工、农民职业培训等"一条龙"服务。中心除了为农民提供智能配肥、大田作业、烘干仓储、收购加工等生产性服务外，还与农村商业银行合作，开展信用合作、领取粮食直补、缴纳水电费等生活服务，真正做到了"农民外出打工，供销社替农民打工"。

高密市供销社从土地托管入手构建为农服务中心，具有以下优势。第一，兼顾了一批不愿意流转土地同时种地积极性又不高的农民。通过托管，这部分农民既不用担心土地转出后会带来的种种风险，又不用自己亲自经营土地，因而很受他们的欢迎。第二，作为新型农业经营主体，流转土地后面临着各种风险，包括自然风险和市场风险。从2014年起，一些地区经营不善的家庭农场开始倒闭，一些土地股份合作社也由于经营风险和晾晒场地等问题难以解决而步履维艰。第三，越是新型经营主体越需要社会化服务。不管是家庭农场，还是农民合作社，包括绝大部分农业企业,土地经营的规模都不可能很大,不可能购买所有农业机械,部分生产环节(甚至主要生产环节)需要采取外包的形式,这就产生了对社会化服务的客观需求。高密市供销社正是基于这样的现实需要在改造自我的基础上加大为农服务力度,走出了一条供销社改革发展的"高密道路"。

案例十 昌邑市青阜农业公社"村企社联动、多极点支撑"经营模式

青阜农业公社是依托昌邑市阜瑞农业发展有限公司,联合昌邑市丰瑞农业科技有限公司、青阜村委、宏丰农机等5家农民专业合作社成立的新型农业经营主体。近年来,青阜农业公社围绕土地规模化开展集体经营,通过农田水利智慧化管控、农业基础设施协同化配套、一二三产业融合化发展等措施,探索出了一条"村企社联动、多极点支撑"的新型农业经营路子。

一 做法

(一)围绕土地规模化开展村企社联动共建

昌邑市柳疃镇青阜村两委联合丰瑞农业科技有限公司,发起组建了整建制行政村入股参与的土地股份制企业——昌邑市阜瑞农业发展有限公司,丰瑞农业科技有限公司以资金、设备、技术入股,青阜村集体以蓄水湾塘、"四荒地"入股,全体村民以承包地入股。在此基础上,村两委与丰瑞农业科技有限公司共同成立了青乡农民合作社联合社,创建了"企业+合作社+村集体+农户"的发展模式,实现了"集体增收、企业盈利、农民致富"三赢局面。目前青阜农业公社"村企社共建"村已达到15个,农业规模化发展水平不断提高,实现了小麦、玉米等粮食作物规模化种植、标准化生产。2019年,共流转和托管土地面积6.8万亩,生产小麦6600吨、玉米7260吨、大豆2250吨、棉花1080吨、苜蓿2.3万吨。

(二)以农业基础设施协同化配套提供硬件支撑

一是解决"水"的问题。投资4100万元实施"群井汇流"和"海绵

村庄"工程，建设蓄水库 23 座，总蓄水能力达 360 万立方米；提升改造村内排水管网，将雨季降水全部收集到水库中，年可收集雨水 100 多万立方米，为农田灌溉提供了有力保障。二是解决"土壤"问题。通过深翻压碱、提取地下卤水等方式，将 2.5 万亩盐碱地变为肥沃屯粮田。三是解决"农田路林网"问题。新建、整修农田道路 37.1 公里，植树 53 万余棵，打造了"三纵十一横"的农田路网框架。

（三）以农田水利智慧化管控提供科技支撑

投资 3500 多万元建设青乡为农服务中心，配套建设大数据智控中心，将水肥一体化、温湿度检测、光照指数等数据资料统一收集、汇总研判，用大数据为农业生产提供专业性、精准化的技术指导，目前已覆盖土地 4000 余亩。推广滴灌、微喷等高效节水灌溉和水肥一体化技术，灌溉节水率和肥料利用率均达到 65% 以上。实施"沃土工程"，智能配肥面积达到 3 万亩，建设生态循环农业试验田 1.5 万亩。

（四）以一二三产业融合发展提供产业链支撑

坚持粮经饲统筹、种养加一体、农牧结合、一二三产业融合的发展思路，积极发展面粉加工、秸秆饲料加工、蔬菜杂粮包装销售等产业，推广种养结合循环农业，实现全产业链发展，构建了现代化的农业产业体系。实施"互联网+"工程，积极对接全国供销社"供销 e 家"及省、潍坊市供销社电子商务平台，搭建了农资、农产品社区电商平台 2 个，开拓了线上市场，增加了线上销量。2019 年实现线上销售收入 100 余万元。

二　启示

（一）适度规模经营是促进农业现代化发展的重要途径

推进农业现代化，关键是加快转变农业发展方式，而创新农业组织经营模式是加快转变农业发展方式的有效手段。青阜农业公社通过农业适度规模经营，优化了资源禀赋和产业结构，农业生产能力显著提升，切实转变了农业经营和发展方式，提高了村集体农业现代化发展水平。

（二）提高农业资源整合水平是增加农业经营收益的有效手段

青阜农业公社在发展过程中，充分利用龙头企业优势，通过整合农村自然资源、资金资源、组织管理资源、上下游产业链资源等，实现了集约、高效的新型农业经营模式，增强了农户抵御市场风险的能力，带动了农民增收致富，提高了农业经营经济效益。

专家点评

中国社会科学院农村发展研究所党委书记、研究员，中国农业经济学会副会长杜志雄：

昌邑市青阜农业公社创建的"村企社联动、多极点支撑"经营模式，亮点在于它是对农业规模经营的内涵和形式的进一步拓展与创新。现代农业本质上是追求规模效益的农业。当前，我国现代农业规模效益的实现形式主要有农业生产单位（主体）内部规模扩大和为农业生产单位提供的服务规模扩大两种基本形式。就这两种基本形式的功能而言，虽然相对传统的农业经营方式和小规模农户生产已然是巨大的进步，但从更广泛的视阈看，他们还没能解决生产单位生产条件改善以及生产和服务主体产业更广泛融合的问题。青阜农业公社恰恰寻求的是这些方面的突破。其通过村企社联动方式突破土地经营规模这一单一要素的规模扩张，解决了农业末梢基础设施的配套等问题，同时，通过粮经饲统筹、种养加一体、农牧结合等多极点支撑促进了产业的广泛融合，从而使规模效益的提升打破单一产业壁垒，实现全产业链发展。

青阜农业公社的探索方向值得支持，经验值得总结。但其中一些关键性的问题如村社企和农民等多主体参与权利和利益界定、作为弱势群体的农户利益保障等，也值得进一步深入观察。先在省内推广，待权利保护、利益联结机制等探索更加完善后，向全国推广。

案例十一　青州市黄楼街道花卉产业转型升级经验

青州市黄楼街道着力提升"青州花卉"品牌，狠抓花卉产业转型升级，经过30多年花卉生产基地培育，20多年花卉交易市场发展和20届花博会品牌的打造，积累了花卉产业转型升级的经验，从政府提供服务角度解决了花卉产业发展中的诸多问题，值得参考学习。

一 做法

（一）优化营商环境

营商环境已成为区域间竞争的核心，一个地区要想在激烈的竞争中胜出，打造一流的营商环境成为必然选择，青州市黄楼街道强化服务意识，切实解决实际问题，通过优化营商环境推动花卉产业转型升级。

一是强化科学规划。成立花卉产业发展区党工委、管委会，专门负责花卉产业发展，街道党工委书记兼任花卉产业发展区党工委书记，设立花卉发展管理办公室，将花卉产业纳入经济社会发展总体规划，编制产业发展规划指导意见，进一步优化产业布局，扩大花卉生产规模。

二是强化主动服务。解决好企业面临的"难点、痛点、堵点"问题，重点帮助解决行政审批、融资、土地等领域的关键问题，黄楼街道先后在财政扶持、金融税收、流通网络、园区建设、人才培养、科研开发等方面出台补贴奖励59项，在土地租金、手续办理等方面给予大力支持，如实行"免五减二"优惠政策，落户前五年全额补贴土地租金，后两年租金补贴一半，不断提升花卉企业档次，形成一批示范性强、发展后劲大、有强劲带动作用的"排头兵"，辖区20余家企业年产值实现千万元突破。

三是加强宏观调控。建立完善的花卉产业预测预警体系，建设全国花卉价格指数中心，引导花农、花企以市场为导向调整产品结构，重点培育优势产业和拳头产品，避免产品雷同和低水平重复。

（二）坚持科技赋能

一方面，打造科技创新平台。黄楼街道成立工作专班，积极进行招才引智、招院引所，与中国农科院、山东省林科院、北京林业大学等13家高等科研院校建立合作关系，打造研发推一体化平台，成立全国首家竹芋育种繁育中心、蝴蝶兰组培中心、兰花繁育工程研究中心等高科技机构。积极引进我国台湾地区美青种苗研发中心，与比利时德鲁仕公司合作，建设包含科研楼、组培室、智能化生产温室在内的种苗研发中心，聚力打造全国种苗研发生产基地。

另一方面，推进种苗研发、试验与推广。黄楼街道大力实施"科技兴花"工程，采取"企业立题、专家解题、政府支持"的研发方式，整合科技资源，加强重点攻关，为花卉产业升级换代提供科技支撑。设立花卉研发专项资金，持续加大创新研发投入，出台补贴政策14项，扶持引导花卉企业开展现代花卉种苗研发，推动由生产型企业向种苗研发型企业转型，种苗年总产量突破3000万株，先后研发出"青州金凤""云门素""双艺同辉"等具有自主知识产权的花卉新品种16个，实现了山东省兰科花卉育种的突破。

（三）创新零售新模式

青州黄楼街道为解决产销不畅、产品滞销等问题，积极研究创新花卉销售方式，一方面，大力推行"互联网+花卉"，规划建设花卉电商物流一体化发展区，集花卉线下交易、电商销售、花卉物流等于一体，出台电商发展优惠政策11项，2019年开展花卉电商培训30余次，培训花农4200余人次，发展花卉电商440余家，与淘宝、天猫、京东、拼多多等电商平台合作，年交易额突破20亿元；另一方面，健全市场物流体系，建立花卉物流工作专班，实行专班全流程服务，吸引山东万红物流公司、青州捷运花卉冷链物流公司等相继落户，开通通往北京、大连、哈尔滨、苏浙沪等多地区的运输专线和全国多条全程冷链运输线，建成5处盆花中转仓及"花彩配送"物流平台，实现花卉生产、运输、储存等各个环节紧密衔接，在降低花卉物流费用的同时，减少花卉损耗。

二 启示

（一）科技研发创新是产业转型升级的动力

充分挖掘当地特有的种质资源，培育具有自主知识产权的花卉新品种，打破花卉发达国家的品种垄断，是推动花卉产业转型升级、实现产业振兴的必由之路。须以提升花卉产业技术创新能力与核心竞争力为目标，积极引进专业研究型人才和创新型人才，加强种苗研发投入，鼓励企业与有实力的高等院校、科研机构合作，建立科研体系，为花卉产业转型升级提供不竭动力源泉。

（二）强化政府引导是产业转型升级的保障

做大做强花卉产业，必须切实加强对发展花卉产业的领导和政策的引导。黄楼街道出台多项政策支持花卉产业发展，组织实施花卉产业规划，促进产业结构调整，在创新管理服务方式、提升服务水平的同时，搭建创新平台鼓励花卉企业加强科技创新，推进花卉种苗研发、试验与推广，为花卉产业转型升级提供强力支撑。

案例十二　寿光市蔬菜小镇现代农业园国际化发展模式

寿光市蔬菜小镇集成应用荷兰、以色列、日本、韩国和寿光最先进的设施农业装备、生产管理工艺和优良品种，充分结合世界和本土农业园区发展的实践经验，致力于推动蔬菜产业由数量向质量转变，探索出一个在全省全国可复制可推广的现代农业园国际化发展模式。

一　做法

（一）坚持国内领先、世界一流目标

寿光市蔬菜小镇总占地面积9348亩，由山东省财金发展有限公司与山东省寿光蔬菜产业集团共同投资建设和管理运营，重点规划建设六大片区，包括国际种业硅谷和设施蔬菜品种展示区、国际先进种植模式种植区（日韩精细化农业生产区）、蔬菜专业合作社生产区、蔬菜全程标准化生产区、农业科技创新中心（种质资源保护中心、天敌熊蜂技术创新中心）以及配套生产加工区（包括蔬菜加工、仓储、冷链物流和生物肥等功能区），探索可复制可推广的高质量发展模式，将其打造成为寿光乃至全国智慧农业、科技农业、高端品牌农业的样板园区。项目全部建成后，每年可生产销售绿色优质蔬菜8万吨、鲜切净菜3万吨，年繁育熊蜂7万群、天敌昆虫7亿头。

（二）以组织化、标准化、品牌化、智慧化和融合化为统领

一是龙头企业主体流转土地建园区，依托园区建合作社，社员（产

业工人）联产计酬种植，新型经营主体已成为蔬菜小镇建设的引领力量。二是制定发布农业行业标准、山东省地方标准、团体标准、企业标准，建立寿光蔬菜全程标准体系。三是全面推行产供销一体化的订单生产，通过生鲜和鲜切两大类产品专供京津冀、长三角、粤港澳大湾区等全国高端市场，培育寿光高端蔬菜代表品牌。四是蔬菜小镇集农业观光、休闲体验、技术展示、科学普及于一体，将品种展示、栽培技术、精细农业、田园超市、创意理念、园艺景观、鲜切蔬菜加工、绿色可持续发展等有机融合在一起。

（三）集成应用国际最先进的设施农业装备、生产管理工艺和优良品种

积极应用推广新型温室建造、环境精准调控、天敌昆虫生物防治等技术，引进集成了日本精细农业、荷兰温室建造技术、意大利工厂化育苗装备等世界一流的设施农业装备和生产管理工艺，自主设计并且在蔬菜小镇项目建造的新材料温室，与传统的日光温室相比，土地利用率提高30%以上，生产效率提高50%以上。比如，寿光蔬菜小镇新材料温室大棚主体由钢架结构组成，模块化建设，后墙保温材料采用日本千叶大学新型保温材料，是目前全国最大的单体日光温室，每个造价高达400万元；温室大棚的种植管理引入和应用了国外高科技设施、水肥一体化和农业物联网技术，集高新技术、品种展示、智能控制于一体，菜农可远程了解大棚内农作物的生长环境状况，操作打开保温、补光、灌溉系统等，极大提高了生产效率。

二 启示

（一）提高农业国际竞争力

农业发展基础条件较好的地区，如寿光、诸城等，应在农业国际化方面走在前列，引领推动我国农业国际化进程，提高我国农业国际竞争力。

（二）推进农业国际化要大胆先行先试

推进农业国际化、提升农业国际竞争力，需要对标世界一流标准，通过体系创新、模式创新、技术创新等激发活力。蔬菜小镇敢于突破、勇于创新，将国际化经验与本地实践相结合，极大地促进了传统农业转型、农业高质量发展。

（三）新型经营主体是推进农业国际化的引领力量

推进农业国际化，无论是流转土地、推进适度规模经营，还是推进农业高端化、品牌化、融合化，传统小农户显然不能适应这种要求，必须大力培育家庭农场、专业大户、农民专业合作社、农业龙头企业等新型农业经营主体，加快推进农业国际化进程。

案例十三　潍城区绿野农机合作社"社院企"合作规模化经营模式

潍城绿野农机专业合作社在散户托管、土地流转等合作模式的基础上，不断摸索创新，逐渐探索出了与村级土地股份合作社、科研院所、企业"社院企"合作的农业规模化经营模式，解决了农业规模化经营中土地规模不足、科技含量低、市场销售难等制约因素，具有重要的推广价值。

一　做法

（一）加强社社合作，解决土地规模化不足难题

社社合作，是指绿野合作社加强与村级土地股份合作社之间的合作，有效将土地流转集中，为规模化种植创造必备条件。绿野合作社优先选择村两委班子建制好、能力强、农田水电等基础设施配套相对齐全的村开展合作。村两委负责组织成立村土地股份合作社，在土地利用性质不变、农民土地承包权不变的前提下，引导村民以土地经营权入股村土地股份合作社。同时，村两委负责监督"社社合作"期间的相关财务结算、作业服务监管、村民收益分配发放等情况；提供种植过程中的村民矛盾调解、水电路设施监督维护、防火防盗等综合性服务，畅通了土地流转渠道，降低了合作社与农户之间的交易成本，加速了土地规模化经营。绿野合作社根据各村入社托管的土地面积，给村集体整体利润

20%分红（每亩约40元）和村集体机动地收益（每亩800元底薪+20%分红），极大地提高了村集体收入。2019年合作社向潍城区8个村支付相关费用670余万元，其中村集体收益31万元，87户贫困户203名贫困人口受益。

（二）开展社院合作，解决规模化经营中科技含量低难题

社院合作，是指绿野合作社加强与科研院所合作，提升农业规模化生产过程中的科技含量，有效改善农业生产方式，提高生产水平和产量。合作社坚持把科技作为农业规模化生产的有力支撑，积极与山东省农科院、山东农业大学、潍坊市农科院、潍坊市农技推广站等农业科研院所合作，探索出免耕播种作业法和节水保墒播种法，极大地改善了土壤理化环境，增加了土壤可耕层厚度，出苗率提高8%。同时，通过推广"水肥一体化"技术节省化肥30%、节水50%，通过无人机植保减少农药70%。农机方面，合作社大力推进"机器换人"战略，彻底摆脱传统"小农耕种"人工劳作方式，将农民从繁重的体力劳动中解放出来，提升了农业机械化水平，为农业规模化生产插上了"科技的翅膀"。依托自身悍马农机装备有限公司雄厚的技术基础，积极与雷沃重工等实力农机企业开展合作，成功研发出320型立旋整地双镇压小麦净量播种机、2BLSZ-260小麦滴灌播种机等高端农机装备，先后获批专利30余项。同时，推行"科技赋能、云端耕种"，搭建项目规模化作业监管平台，对农机手作业情况云端指导、云端监管，及时了解农机手作业地点、作业面积、活动轨迹，推进农业生产向机械化、网络化、规模化方向发展。

（三）增强社企合作，解决规模化经营中的市场销售难题

社企合作，是指绿野合作社积极开展与企业之间的合作，为农业的规模化生产采购、销售等环节解决后顾之忧。在生产资料采购环节，合作社与云天化、鲁源种业等上游农资企业签订供销合作协议，采用出厂价购买农资，收获后结算相关费用，既不占周转资金，又可以每亩节省20~30元费用，降低了生产资料的投入成本。在产品销售环节，积极承接订单种植，先后与香野面粉、碧龙面粉、鲁中粮库等多家面粉企业、饲料公司签订了销售合作协议，大大降低了合作社与采购商、经销商代理等

中间环节的交易成本，每亩可增加收入 80 元，在稳定销售的同时确保了优质优价。

二　启示

（一）重视规模化经营在推进农业现代化进程中的重要作用

现代农业是集约化农业，要求生产要素集聚，一家一户精耕细作的小农生产方式已无法适应这种需求，必须搞规模化经营。规模化经营是探索中国特色现代农业发展道路的必然要求，也是农业现代化的重要途径。只有经营有了规模，才能通过规模报酬吸引物质资本与人力资本更多地向农业流入，加速中国农业发展方式的转型。

（二）高度重视农业规模化经营中的制约或影响因素

发展农业规模化经营是一项涉及新型农业经营体系构建、农村土地制度改革等内容的系统性工程，诸多因素影响或制约着农业规模化经营，如农业经营主体融资难、土地租金不协调、农业经营主体缺乏风险保障等，需要高度重视，认真研究解决。

案例十四　峡山区"研发+服务+推广"有机生姜种植新模式

峡山区依托良好的生态环境和产业基础，集聚各类优质资源，开创了"研发+服务+推广"三者相结合的有机生姜种植模式。成功引进了总投资 3.9 亿元、总用地 4000 亩的潍坊有机生姜融合创新产业园，为做大做强现代高效生态农业、创新提升"三个模式"增添了新活力。

一　做法

（一）科技赋能

一是科研合作攻坚育苗育种。依托脱毒姜苗育繁推中心，同北京大学现代农业研究院、兴旺种业开展技术合作，脱毒姜苗、姜种研发实现突破，年可驯养脱毒姜苗 100 万株，3 年内可培植商品脱毒姜种 3.6 亿斤，相较于传统姜种，具有耐病、耐涝、成活率高等特点，用其种植出的有机生姜的姜辣素及钙、镁、锌、铁、钾等微量元素含量是普通生姜的4倍以上，产量可提高1.5倍左右。

二是强企联合攻坚秸秆利用。投资1.8亿元，同新加坡佳禾集团合作打造姜秸秆无害化处理及高效综合利用项目，将占生姜30%的秸秆等边角料有效成分进行提纯，变废为宝，点石成金，生产出姜精油、姜纤维等衍生品，目前，该项目年可加工生姜秸秆12万吨，带动周边100公里生姜高效利用。

三是基地实验攻坚智能管理。依托有机生姜基质栽培种植基地，持续进行种植实验。基质栽培再升级，将脱毒姜苗种植在采用长白山野生松塔皮木粉及有益菌配方的独立袋内，有效防止病虫害传播，该技术获评两项国家发明专利和九项实用新型专利。棚间管理智能化，采取"物联网+大数据"，配备全球最先进的北京凡米物联网设施和微喷自动灌溉技术，根据光照、温度、湿度、pH值、盐分等情况变化实时进行科学调节，可节省劳动力、水资源70%以上。

四是自主研发攻坚生姜产品。依托生姜产业研究院，致力于生姜产品自主研发，目前，已成功研发鲜姜饮料、有机姜粉、姜纤维面料、有机姜黄素和姜精油等高附加值产品，其中鲜姜饮料填补了国际市场空白，姜纤维制作的可降解收纳袋、一次性餐具以及姜纯露面膜即将上市，以高端产品延展产业链条，抢抓引领市场。

（二）服务升级

一是采取"金融+"模式，破解融资难和融资贵问题。区内农业银行、农商银行等金融机构出台优惠信贷政策，全力支持项目建设。峡山绿科集团以投资占股形式迅速壮大产业园经济实力，并充分发挥金融平台招商引资作用，吸引香港永佳生物公司注资506万美元合力开发。同时，加大招商引资宣传力度，通过提前承包或租赁园区智能大棚，广泛吸纳社会资本参与，有力保障资金需求。

二是采取"支部+"模式，加快推进土地流转。结合"强班子、解难题、促发展"乡村振兴集中攻坚行动，充分发挥园区征地涉及村庄党组织作用，采取支部领导、党员带头、村民代表参与等方式，公开公平公正开展测绘评估工作，入户走访广泛宣传清障征地政策，在群众的积极配合下，整个评估清障工作仅用时15天。

三是采取"代办+"模式，实现全程一次办好。提供保姆式服务，建立"园区吹哨、部门报到"工作机制，一个事项落实一名专员，在项目立项、审批手续、政策配套等方面实行全流程、全方位代办、帮办，最大限度省却中间环节，提高办事效率，助力项目建设。2020年以来，高标准智能种植大棚迅速增至371座，翻了一番；脱毒姜苗育繁推中心、生姜产业研究院从开工到建成仅用时3个月。

（三）村社参与，多样合作加速推广

一是承包代管。团体或个人出资承包园区智能大棚，由园区负责代管种植、销售，除去承包费、成本费、人工费等，对收益进行二次分配，实现合作共赢。目前已承包代管智能大棚256座，促进增收300万元。

二是租赁入园。团体或个人出资租赁园区智能大棚自主进行种植，园区统一提供脱毒种苗、技术指导、冷仓储存等，并保底回收或协助销售，确保稳定收益。目前，已有20户农户租赁入园，户年均收入达15万元。

三是基地输出。园区指导团体或个人出资建设种植基地，进行基地输出、技术输出和模式输出，目前已拓展昌乐营丘、临朐新寨、山西沁县3个种植基地700余亩，济宁泗水、河北唐山、河南洛阳以及我国台湾地区种植基地正在对接洽谈，2021年可拓展区内外种植2000亩以上，正在打造面向全国的有机生姜和脱毒姜苗供应基地。

二 启示

（一）农业现代化关键在科技进步和创新

科技强则农业强，科技兴则农业兴。转变农业发展方式，加速农业现代化，根本出路在于科技创新。峡山区通过加强与企业、涉农高校、科研院所等的合作，强化自主科研攻关，提升了生姜品质，为加快现代农业发展、实现农民增收、推进农村经济社会持续健康发展提供了借鉴。

（二）农业转型升级发展要以市场需求为导向

峡山区有机生姜种植模式是在生姜产业方面的积极探索，满足了人民群众对健康安全农产品和生态环保日用品的消费需求，改变了传统生姜的种植方式，实现了低成本、高品质、稳收益，同时也延展了生姜产业链条，推动了现代农业建设。

（2020 年 12 月）

产业转型

部分城市制造业亮点措施及对潍坊的启示

杜慧心　刘永杰

一　成都打造产业功能区

产业园区、开发区作为我国工业主要的空间组织形式已有 30 多年的发展历程，在促进和推动产业发展方面发挥了重要作用，但发展至今也出现了主导产业不突出、园区产业同质化发展、园区功能单一等一系列问题。2017 年成都提出打造产业功能区，主要就是为了解决产业园区、开发区的这些弊端，促进产城融合发展。截至目前，成都在全市共划分确定了 66 个产业功能区，其中制造业产业功能区 29 个。

成都推进产业功能区建设的主要做法，一是清晰定位主导产业。根据各产业功能区的比较优势和所在城市片区功能定位，分别确定其主导产业和细分领域，将产业发展集中到某一小类产业或行业，聚焦这一产业领域的若干技术发展方向和产品发展方向，这样就选准了产业发展的切入口。比如，成都电子信息产业功能区和成都新经济活力区的主导产业都是电子信息产业，前者聚焦集成电路和新型显示，后者则聚焦 5G 通信和人工智能。在确定主导产业的同时，编制"两图一表"，即产业链全景图、产业生态圈路径图和重点企业、配套企业名录表，以此作为产业招商工作的

"灯塔和航标"。

二是注重生产性服务业相关要素配套。产业功能区在以制造业为主导的同时，高度注重聚焦与主导产业直接相关的生产性服务，包括研发设计、金融服务、物流服务、供应链管理、检验检测、市场调查、广告设计、会计审计、管理咨询等，推动产业园区由单一功能向复合功能转变。制造业与生产性服务业的空间邻近，提高了制造业的生产效率，降低了生产成本，增强了企业的核心竞争力，并为企业带来更多的附加值与利润增长点。比如，成都轨道航空产业功能区以轨道交通和航空为主导产业，通过引进永峰科技等10家服务配套企业，具备了航空维修维护、检验检测、工程管理、租赁等服务功能，巩固和扩大了产业优势。

三是各产业功能区都注重在核心区域打造高品质科创空间。首批选取了19个产业功能区的高品质科创空间作为示范点率先打造，每个高品质科创空间一般不超过1平方公里。主要是以服务"创新"为目的，构建从原始创新到技术转化的全链条孵化服务，夯实产业基础高级化和产业链现代化支撑。高品质科创空间的"高品质"已经对制造业发挥出了重要的科技引领作用，比如，围绕产业功能区内硬核科技企业形态和产品特征，高品质科创空间着力打造"专业孵化+科创投融资+种子交易市场"核心功能，促进创新产品服务快速商业化。

四是探索形成了一批高效的管理和运营模式。双流区搭建了"局区合一"管理体制。双流区把发改局、航空经济局、新经济和科技局列为经济主体局，分别与成都芯谷、航空经济区、西航港开发区三个产业功能区领导班子交叉任职，局机关主要业务科室在园区办公；同时，把住建交通局、生态环境局、行政审批局等列为职能局，这些局组成园区服务科派驻产业功能区，与产业功能区规划等部门合署办公。这样就形成了以"主体局办公合署功能区、职能局机构派驻功能区"为主要内容的"局区合一"管理体制。简阳市的成都空天产业功能区实行"管委会+合伙人"模式，管委会主要负责政策制定、规划及行政审批事项；合伙人是四川能投建工集团，由公开招标选出，负责区内的开发投资建设、招商运营、城市服务等事项。新都区的现代交通产业功能区建立"指挥部+管委会+专业化公司"模式，指挥部负责统筹协调园区开发建设，管委会负责指挥部关于园区任务的下达，专业化公司负责项目融资、开发运营等，充分发挥政府主导引领产业发展和市场化运营的叠加效应优势。

二 南通打造都市工业综合体

制造业正在被信息化重塑，变得更环保、更能够与城市功能和生态相协调，高端制造业回归中心城区已成为重大趋势。南通准确把握这一趋势，于2019年3月出台《关于支持南通市区都市工业综合体建设的意见》，提出在市区范围内打造以工业生产为主体，兼具研发、设计、展示、商业配套等功能的工业综合体。2020年3月南通中心城区奠基开工全市首个都市工业综合体项目——华汇智谷科学园，其主要有以下几点值得关注。

第一，在产业导向上，以新兴、高端的现代都市工业为主。南通提出，都市工业综合体重点发展新一代信息技术、生命健康、节能环保等产业，鼓励发展生产性服务业，不是把传统产业重新搬回中心城区。华汇智谷科学园聚焦新一代信息技术、新能源新材料、电子科技节能环保三个方向，打造"高新技术研发、科技制造产品"双核主导的产业集聚区。

第二，在选址上，强调与城市创新功能区、服务功能区互动。都市工业综合体集聚的现代都市工业对土地等传统要素依赖度不高，但对科技、人才、现代服务业需求强烈，选址须处理好与城市创新功能区、服务功能区的关系。华汇智谷科学园选址在南通大学、中央创新区、中央商务区中间就充分体现了这一点，这里交通极为便捷，非常有助于与各个功能区之间的交流互动。

第三，在运作模式上，采取"联席会议+推进专班+专业公司"的模式。市级层面建立联席会议，统筹华汇智谷科学园开发建设、政策兑现、重大问题会商等事项，由分管副市长召集，相关部门参加。崇川区抽调多个部门精干力量成立工作专班，负责华汇智谷科学园的对上沟通和服务保障工作。华融汇金（南通）产业发展有限公司负责项目开发、建设、招商、运营等事宜，政府直接与华融汇金（南通）产业发展有限公司对接，不再具体参与项目招商、运营事宜。

第四，在优惠政策上，以亩均税收为导向进行奖励。为降低工业综合体项目运营成本，南通依据亩均税收对华融汇金（南通）产业发展有限公司给予奖励，项目竣工后整体亩均税收达 10 万元、20 万元、30 万元，分别按当年地方财政贡献额的 10%、15%、20% 予以奖励，期限 10 年。

此外，南通要求，各区重点规划建设 2~3 个都市工业综合体，在政策支持上享受同等待遇。

三　南通打造中央创新区

南通这些年的快速发展得益于借力上海，而创新是借力上海的关键领域。2016 年 9 月，南通党代会提出打造中央创新区，作为承接上海科创资源的核心载体，目前中央创新区科创一期即将建成使用。以下几点值得关注。

一是选址在城市战略核心区。南通中央创新区位于崇川区、通州区和南通开发区交界处，总面积约 17 平方公里，被中央商务区、南通开发区产业基地、南通高新区等重要板块围合，紧邻南通大学。这是南通最具发展潜力的区域，能够为中央创新区提供一流的人才、产业、交通支持。

二是以生态建设为突破点，把一流生态作为吸引人才的基础性支撑。南通认为，创新最关键的是人才，而生态越来越成为吸引人才的核心要素。南通中央创新区选址就充分考虑生态因素，区域内部有大面积的水面、绿地和森林，水系完整，紧邻全市生态涵养区五山及沿江地区，具备打造高品质科创空间的生态基础。起步阶段以生态建设为突破点，依托原有水系、绿地设计为"南湖北园"，规划建设的科创载体都分布在紫琅湖和森林公园周边。目前，紫琅湖区域已经成为网红景点，近年来人流量暴增，每逢节假日都会吸引大量外地游客，紫琅湖已成为中央创新区吸引人才的靓丽名片。

三是在运作模式上，管委会、投资公司、高等研究院"三轮驱动"。管委会是中央创新区建设组织领导和议事决策机构，中央创新区建设投资有限公司是投资建设和运营管理机构，而创新性设立的高等研究院是中央创新区对接、引进科研院所的关键机构，中央创新区几乎所有的科研院所合作事宜都由高等研究院统一协调。北京大学洽谈团队负责人表示，以往与其他城市开展校地合作，常常需要与科技部门谈、与发改委谈、与落户园区谈，像南通这样始终是一个部门牵头，多部门联合参与、共同推进，还是第一次遇到。高等研究院是南通市属事业单位，可以与高校、院所共建研发机构，共建的这些机构可独立注册为南通市属事业单位，为此南通专门拿出1000个事业编制统筹使用。

四是在政策配套上，建立了"两个一百""两个普惠"的政策体系。南通分析，上海吸引人才有两个障碍，一是住房，二是落户，这可以成为南通打造比较优势、吸引上海人才的突破点。为此，南通制定了"两个一百""两个普惠"的政策体系，"两个一百"，即建设100万平方米人才公寓，限价租售甚至免费提供给各类人才；建立100亿元科创基金，对两院院士等高端人才，一事一议制定支持政策。"两个普惠"即中央创新区落户企业普遍享受全市科技创新、招才引智两大类政策，就高不重复。

四　佛山打造创新集聚区

2017年在国家提出建设粤港澳大湾区的背景下，佛山提出打造三龙湾高端创新集聚区，主要是为了抢占发展先机，打造大湾区的制造中心和创新转化中心，以承接粤港澳大湾区创新资源。2017年9月项目正式启动，2019年6月管理委员会正式挂牌。

其主要做法，一是选址充分考虑交通和产业基础。选址在三龙湾，紧邻广州南站，可在50分钟内抵达香港、澳门、深圳，通勤优势明显。处在佛山三个经济实力最强、产业基础最好的区（南海、禅城、顺德）交界处，区内有2家世界五百强企业总部、9家上市企业、13个省工程中心，区内的季华实验室是首批4家省实验室之一，正在力争建成国家实验室，区内还有佛山潭州国际会展中心，是大湾区唯一的世界级装备制造业展览馆，有强大的制造业创新基础。

二是强调优质生态环境对于高端人才等创新要素集聚的重要性。集聚区建设提出"城市就是园林"的理念，以打造大湾区生态标杆示范区为目标。预留了占比高达50%的蓝绿空间，通过建设生态绿心、组团公园和生态廊道等，着力打造系统化生态格局。在集聚区，300米可以进社区公园、1公里进组团绿地、2公里进大型生态绿地，街道100%林荫化。得天独厚的区位交通优势和优质的生态环境，对高端人才等创新要素的集聚有强大的吸引力。

三是重点突破产业技术研发和转化平台。佛山认为，有影响力和带动力的平台是集聚创新资源的首要因素，创新所需要的高端项目和人才都是跟着平台走，创新集聚区建设必须紧紧抓住这一关键点。佛山把季华实验室作为集聚高端创新资源的制高点打造，结合佛山产业特点将实验室定位在先进制造业基础研究方面，补齐佛山因缺乏高校带来的基础研究短板，为佛山企业、人才提供一个很好的实验和研究平台，成为集聚高端资源最重要的创新主体。针对佛山缺乏高校这一突出特点，创新集聚区还特别注重利用广州、香港、澳门等周边优质高校资源，快速吸收高校创新成果并转化落地，与中科院、中国工程院、清华大学、北京大学等知名科研院校对接合作，建设了清华大学佛山先进制造研究院、清华华南新材料研究院、中科院纳米所广东分所等一批新型研发机构，利用这些研发机构助力佛山制造业转型升级。

四是采取"市统筹、区建设、共分享"建设体制。"市统筹"是指三龙湾管委会作为市委市政府派出机构，统一规划三龙湾内各个区的发展定位、重大设施与重大项目布局、跨区基础设施建设等，避免出现各区、各镇街重复定位、同质竞争的情况。"区建设"是指南海、禅城、顺德三个区，在管委会统筹下，具体落实属地建设发展主体责任，承担行政事务、社会管理、公共服务等职能，充分调动区、镇积极性。"共分享"是指市、区、镇三方共享发展成果。整个建设体制呈现"三专三不变"的特点，即管委会这个专门的架构、专业的队伍、专注建设发展，三个区行政区划、财政管理体制、建设发展主体责任保持不变。

五 佛山强调工业互联网赋能制造业

近年来，特别是2018年以来，以工业互联网赋能制造业高质量发展，是佛山制造业发展的又一个重大特征，目前逐步形成了一条"以平台为支撑、以龙头为引领、产业链中小企业广泛参与"的工业互联网发展路子。

一是鼓励本地制造业巨头提供平台服务功能。佛山鼓励优势行业制造业巨头打造一批面向行业的工业互联网平台，企业借助平台服务输出壮大了实力，同时又具备了信息服务商功能，这成为佛山本土龙头企业转型升级的典型路径。比如，美的打造的工业互联网平台 M.IoT，已经应用于十多个行业 150 多家客户，涉及汽车、家电、地产、新能源等领域，成为兼具制造与平台服务功能企业的典型代表。又如，万家乐燃气具公司通过建设厨电数字化工厂，将供应商、研发机构、金融机构、下游用户等连接起来，形成了一个工业互联网智慧工厂，既实现了自身数字化转型，巩固了行业领先地位，又吸引和带动了一大批上下游企业参与到工业互联网项目中来，改变了许多企业的运营模式和制造方式。2019 年以来又进行 5G 网络升级，现在 5G 网络已覆盖整个工厂，加速了整个行业的工业互联网建设进程。

二是引进腾讯、阿里、华为等科技巨头建设工业互联网技术服务平台。佛山结合自身产业特点，立足于为中小企业提供工业互联网服务，有针对性地引进一些科技巨头建设平台，比如，腾讯建设了腾讯佛山工业互联网生态产业园，阿里建设了阿里云佛山创新中心，华为建设了华为佛山天安数码城云服务中心，京东、富士康、复星等也纷纷抢滩佛山，带来了众多优质的、符合佛山产业需求的工业互联网平台项目。

三是鼓励中小企业"上云上平台"。出台鼓励中小企业上云上平台的奖补政策，每年安排 2000 万元"上云上平台"服务券奖补，引导、扶持中小企业使用工业互联网。建设佛山工业互联网产业生态供给资源池，遴选优秀工业互联网平台企业进入该资源池，佛山本地中小企业若购买使用资源池内供应商的产品，最高还可获得 50 万元补贴，解决了中小企业与工业互联网供应商供需不匹配的问题。

四是成立工业互联网联盟。联盟由基础运营商、工业互联网平台服务商、解决方案商、咨询服务商、高等院校、科研院所、行业商协会、智库院所、相关投资机构、咨询机构等 30 多家单位发起成立，主要是搭建合作互动平台、普及工业互联网技术、开展宣传推广、组织培训、组织企业参加中国工业互联网大会等。通过成立联盟，推进了各工业互联网平台服务商、解决方案商等与企业的有效对接，使工业互联网联盟成为连接工业互联网供需双方的纽带，并有效解决了中小企业对工业互联网认识不足等问题。

六　青岛打造工业互联网之都

青岛 2020 年初提出打造世界工业互联网之都，但其大力度推进工业互联网可以追溯到 2015 年，近年来每年都有新的突破，形成了以海尔卡奥斯为代表的一批工业互联网平台，为青岛发力工业互联网赢得了先机。2020 年是 5G 大规模商用年，工业互联网迎来落地加速期，青岛抢抓这个时间点提出打造工业互联网之都，极有可能成为青岛新一轮跃升的爆发点。其以下几点值得关注。

一是抓龙头企业，举全市之力支持海尔卡奥斯平台建设。海尔是中国最早一批探索智能制造的企业，卡奥斯平台凝聚了海尔过去 30 年数字化转型经验，已成为具有全球引领力的工业互联网平台。青岛把卡奥斯平台作为打造世界工业互联网之都的核心支撑，整合全市资源推动建设。在服务保障方面，成立服务海尔发展工作专班，对涉及工业互联网的重大事项全部顶格倾听、顶格协调、顶格推进，对企业的政策需求全部现场研究、现场协调、现场拍板。在集聚用户方面，青岛动员更多中小企业上云用海尔卡奥斯平台，推动规模以上企业将研发设计、生产制造、运营管理等核心业务向平台转移，助力海尔卡奥斯实现裂变式发展。比如，青岛国资委 2020 年先后两次组织青啤、华通、交运、城投等 20 余家市属企业与卡奥斯平台对接，促成多项合作成果。

二是抓应用场景培育。青岛认为，青岛发展工业互联网尽管在算力算法、核心技术方面不占优势，但在工业基础、应用场景方面优势突出，应用场景培育可以成为青岛发力工业互联网的突破点。在 2020 青岛·全球创投风投网络大会上，青岛向全球发布首批 500 个工业互联网需求场景，广撒"英雄帖"，很快吸引 30 余家工业互联网领军企业入驻，有望打造一批具有行业先导性的工业互联网应用场景。

三是打造工业互联网产业链、资金链、技术链、人才链"四链生态"。青岛认为,工业互联网已经从概念普及阶段进入价值实现阶段,从专注于建设平台到发力解决如何用好平台,仅靠企业自身力量难以实现,必须汇聚企业、资本、技术、人才等各类要素,形成跨界融合、协同创新的产业生态。比如,在做实资金链方面,青岛成立"创投风投支持工业互联网发展联盟",引导各类投资基金向工业互联网倾斜,联盟由海尔海创汇孵化平台、青岛财富管理基金业协会等发起成立,成员为一批国内外创投风投知名机构、工业互联网行业代表企业。在做强技术链方面,成立"青岛市工业互联网产学研合作联盟",打破高校、院所与企业之间的技术转化壁垒,联盟依托山东科技大学计算机科学与技术重点学科成立,成员单位60个,包括一批青岛市重点企业、在青高校、全国工业互联网头部企业。

四是成立青岛工业互联网学院。青岛工业互联网学院由青岛科技大学牵头,与青岛市科技局、教育局、工信局、人社局、崂山区政府六家单位联合共建。工业互联网学院2020年6月做出建设决定,7月15日揭牌,计划11月开始非学历培训,2021年启动全日制本科教育。

七 苏州发布开放创新合作热力图

苏州在2020年1月召开"开放再出发"大会,提出打造投资中国的首选地,让资本到中国首站到苏州,项目到中国首选到苏州。为向投资者提供全面、公开、透明的投资信息,苏州以中、英、日三种语言向全球发布开放创新合作热力图,《人民日报》6月20日对热力图进行了专题报道,认为苏州引领了新一轮数字化招商新趋势。

第一,热力图是苏州网上招商平台,它把原先散落在各市区、部门的招商信息按类别标注在电子地图上,为各类资本选择苏州提供服务指南。现有电子热力图6张,分别是投资考察线路图、平台载体导引图、产业用地供应图、投资合作机会图、产业链全球合作对接图、人才创新合作专享图。其中,投资考察线路图推出8大类125条投资考察线路,覆盖481个节点,有效帮助投资者提高了考察效率;平台载体导引图提供23个类型

280个招商平台载体资源,共895万平方米可用招商空间,助力投资者快速匹配寻找项目落地载体;产业用地供应图提供45个产业用地区域68.8平方公里产业用地,帮助投资者匹配项目土地资源需求,提升产业项目的落地效率;投资合作机会图推介了210个投资合作项目841项合作需求,为投资者提供优质合作资源和投资合作商机;产业链全球合作对接图展示了苏州重点产业链分布及产业链重点企业供需信息,有效促进建链、补链、强链、扩链和延链;人才创新合作专享图汇聚创新创业空间、人才创业平台、人才服务生态3个方面2095条点位信息,助力海内外人才一图掌握苏州创新创业生态。

第二,热力图自发布以来一直在完善提升。1月份首发时有4张电子热力图,5月份、7月份分别增加1张,达到现在的6张,现阶段正在开发建设工业互联网5G热点分布图,下一步还将围绕提升用户体验、完善功能布局持续优化。

第三,热力图已成为苏州高水平开放的展示窗口,特别是在疫情防控常态化背景下成为苏州招商引资的"硬核神器"。从1月3日发布至6月底,热力图平台总点击量超过33万次,提供项目对接线索超过500个,产生有效意向项目超过100个,一大批优质项目按图索骥成功落户。热力图推出后恰逢新冠肺炎疫情,更显示了其强大的线上招商、推介作用,格外引起社会高度关注。在热力图的强力推动下,苏州在新冠肺炎疫情背景下吸引外资逆势上扬,2020年1~5月实际利用外资达到59亿美元,同比增长157.5%,增量、增幅均创下苏州改革开放40多年来的历史新高,并且接近完成全年60亿美元的考核目标任务。

八 苏州打造生产性服务业标杆城市

苏州加快发展生产性服务业推进制造业转型可以追溯到2012年,2020年以来更是把发展生产性服务业上升到战略高度。2020年7月18日,苏州再次召开生产性服务业大会,明确提出把生产性服务业作为苏州打造"中国制造业第一市"的战略支撑,打造"生产性服务业标杆城市"。

第一,抓龙头企业培育。苏州把生产性服务业龙头企业培育作为核心抓手，已经出台多轮政策推进，2020年5月以来又陆续出台《关于加快培育苏州市生产性服务业领军企业的若干意见》《关于推动生产性服务业集聚创新发展的两项重点政策》。有三点值得关注，一是提出3年评选60家生产性服务业领军企业，对入选市级领军企业的规模型企业、创新型企业分别给予200万元、100万元奖励，年度考核评估合格的再分别给予400万元、200万元奖励，入选中国服务业500强的给予500万元奖励。二是建立市级技术先进型生产性服务业企业库，入库企业自入库当年至获得国家技术先进型服务企业认定为止，每年参照国家技术先进型企业所得税优惠政策对企业给予奖励，最长不超过3年。三是实施生产性服务业高端人才贡献奖励，对有突出贡献人才按个人薪酬的5%～20%给予每年最高不超过40万元的奖励。

第二，打造生产性服务业集聚区。苏州把集聚区作为生产性服务业发展的核心载体，2012年、2013年先后出台《现代服务业集聚区认定办法》《服务业集聚区建设评价考核办法》，每年认定一批集聚区重点培育，到目前已先后认定近百家，其中有11家被认定为省级及以上生产性服务业集聚区。2019年以来进一步出台《现代服务业集聚区认定和发展综合评价办法》《优化提升生产性服务业的实施意见》《推动生产性服务业集聚创新发展的十项重点举措》，要求每个区市选择3个生产性服务业细分产业作为重点发展方向，制定三年目标任务，细化至产业规模、产业集聚度、头部企业数量、重点项目、自主品牌、人才集聚等，进一步完善认定评价标准，加大推进力度。

第三，借力上海、错位发展。苏州认为，上海是国内生产性服务业最发达的城市，苏州紧邻上海，这是苏州打造"中国制造业第一市"的重大优势，必须用足用好上海生产性服务业赋能本地制造业，特别是研发设计、金融服务、法律咨询等领域。苏州发展生产性服务业，应重点发力那些上海不作为重点发展方向、又能直接为苏州服务的领域，如技术服务、仓储物流、检测认证等，与上海错位发展、功能互补。

九 长沙打造工程机械世界级产业集群

长沙在全国地级以上城市GDP排名，从1978年的第44位到2000年的第 36 位再到 2019 年的第 14 位，上升幅度全国第 1，广受瞩目，背后一个重要原因是工程机械产业的支柱引领作用。改革开放以来，长沙工程机械产业从无到有、从弱到强，尽管过程有曲折，但总的来看发展近乎完美，关键就在于长沙在产业发展的每个时期都强调科技创新。改革开放之初，长沙工程机械产业起步阶段，一机部建筑机械研究所迁建长沙，产业与科技结合播下了科技创新的种子；20 世纪 90 年代，三一重工、中联重科、山河智能三大企业开启自主创新、快速发展之路；21 世纪前十年，长沙把握国家基建和大规模房地产开发机遇，三大企业通过自主研发快速做大做强，使长沙成为"世界工程机械之都"。2008 年全球金融危机后，全球工程机械行业陷入畸形发展出现大起大落，长沙在困境中又一次把握住机遇，从 2015 年开始建设创新平台，抓智能化改造、产业链建设，在行业低谷中实现浴火重生，又一次创造辉煌，到目前为止工程机械产业产值占全国总量的近 1/4、占全球的近 10%，已经形成世界级工程机械产业集群。

一是以平台建设推进自主创新。长沙充分利用科教资源优势，围绕工程机械产业组建了一批重点实验室、企业技术中心、科技企业孵化器、产学研平台、院士专家工作站等重大创新平台。比如，整合国防科技大学、中南大学、湖南大学等科研资源建设工程机械智能制造技术合作交流平台，重点突破前沿技术与关键共性技术；建设"58 众创""2025 智造工场""三一众智新城"等孵化空间，培育工程机械新生力量；成立刘经南院士工作站、方滨兴院士工作站；等等。这些平台为企业技术创新提供了强有力的支持，如中联重科和三一重工 2019 年平均每个季度专利申请超过 1 万件。

二是着力推动产业智能化升级。2015 年在全国率先出台关于智能制造的行动计划，在工程机械产业率先开展智能制造试点示范，此后每年都出台工程机械产业智能化改造政策措施；2017 年出台《建设国家智能制造中心三年行动计划》，重点加快工程机械产业智能化转型；2018 年出台《支持工业企业智能化技术改造若干政策》，支持工程机械企业智能化技术改造；2019 年出台《支持工业互联网平台建设和应用的若干政策》，大力发展工业互联网。长沙工程机械产业智能化改造成效显著，工程机械智能数字化工厂数量全国最多，拥有4个工程机械方面的智能制造"国字号"项目，如三一重工"工程机械智能制造综合试点示范"、中联重科"工程机械智能装备远程运维服务新模式应用"，国家级智能制造试点示范企业项目总数达27个，居省会城市第1。

三是纵深推进产业链建设。从2017年起，长沙为更好打造"世界工程机械之都"产业集群，寻找和弥补工程机械产业链的薄弱环节，有目的、有针对性地进行招商以建链延链补链强链，着力推动产业链朝价值链中高端发展。招商工作实行"链长制"，市领导担任"链长"，长沙经济技术开发区为工程机械产业链牵头园区，在牵头园区组建产业链办公室。产业链招商实行"两图两库两池两报告"，即编制产业链全景图、现状图，完善招商项目库、客商库，建立人才池、资金池，编制产业链分析报告和招商报告，缺龙头的引龙头，缺关键的补关键，缺高端的引高端，缺人才的引人才，缺研发平台的补研发平台。将招引来的企业分为龙头企业、高科技高成长型企业、关键节点企业三类，引导企业制定未来3~5年发展规划，"一企一策"推进产业链企业"入规、升高（高新企业认定）、上市、扩面（智能化改造扩大覆盖面）"。产业链建设的"长沙样本"成效显著，引起广泛关注。

十 启示与建议

（一）重视高端制造业回归城区，为提升中心城区首位度提供产业支撑

制造业回归中心城区是现代城市发展规律。发达国家制造业在经历都市化、郊区化阶段后，多进入再都市化阶段，我国制造业现阶段也呈现再都市化趋势。特别是由于制造业形态正在被信息化重塑，制造业变得更环保、更能够与城市功能和生态相协调，高端制造业回归大城市、回归中心城区的趋势越来越明显。

先进城市都在把中心城区作为高端制造业发展的核心区域。南通打造都市工业综合体、成都建设现代都市工业港等，都是推动高端制造业向中心城区集聚的有力举措。上海提出"再战工业"，强调制造业占比要有底

线思维，要像保护耕地一样保护先进制造业用地。南京实施"退二进三"，近30年后再次对中心城区考核工业指标，2020年对中心5区各下达上百亿元的新型都市工业指标。

潍坊中心城区首位度低，更应该加快推动高端制造业向中心城区集聚。潍坊能否跻身二线城市，中心城区的体量和带动能力至关重要。长期以来，中心城区首位度低是困扰潍坊发展的重大问题，产业支撑不足是中心城区首位度低的主要原因。2019年，潍坊中心城区第二产业增加值占全市比重29.1%，远低于一些制造业强市（常州86.4%、无锡45.8%、苏州43.4%、南通35.3%）。潍坊应把握住历史机遇，加快推动高端制造业向中心城区集聚，增强中心城区产业支撑，提升中心城区首位度。

潍坊推动高端制造业回归中心城区，应重点把握以下几点。一是在产业导向上，以新兴、高端的现代都市工业为主。现阶段应围绕省新旧动能转换"十强"选取一批符合潍坊战略方向的产业作为中心城区高端制造业发展重点。根据北大林毅夫新结构经济学团队的理论研究和推荐，像潍坊这样的城市应优先选择有比较优势的产业和能够弯道超车的产业，比如高端装备、新一代信息技术、新能源、新材料、医养健康等，不能把传统产业重新搬回中心城区。

二是打造适应都市工业发展的新型载体。借鉴南通都市工业综合体、成都现代都市工业港、上海产业社区建设经验，在中心城区打造一批以产业承载功能为主，配套研发、设计、金融、商业等功能的现代都市工业发展载体，推进功能单一的产业园区向现代化综合功能区转型。与传统产业园区相比，这类新型载体更强调产业链配套，集聚在一个园区或一幢楼宇里的企业都是上下游产业链上的企业；更强调人的集聚，除生产功能外，还包括生活配套、休闲娱乐、教育医疗等功能；更强调集约发展，这类新型载体以工业楼宇为主要形式，占地面积一般不大，但亩均投资强度、亩均产出远高于传统产业园区。

三是以亩产效益评价改革为抓手创新用地模式。探索增设新型产业用地门类，实行差别化地价管理制度，推动投资强度与供地面积、税收贡献与土地价格"双挂钩"，提升中心城区土地产出效益。

（二）把工业互联网作为信息化赋能制造业的关键抓手

工业互联网是新一代信息技术和制造业融合发展最关键的结合点。新一轮信息技术革命催生了包括大数据、云计算、区块链、5G、人工智能、工业互联网等在内的庞大的信息技术体系，对制造业而言，工业互联网是其中最关键的，是新技术和工业制造交叉集成的主要载体，是推动互联网、大数据、人工智能和实体经济深度融合的突破口。

潍坊抓信息化机遇发力制造业，关键就是抓好工业互联网，以此铸就地区硬实力。5G 商用场景 80% 都是在工业互联网领域，工业互联网迎来落地加速期。潍坊制造业基础雄厚，当前正处于转型升级的关键节点，必须抓住牵一发而动全身的关键，而无论是制造业保持领先还是弯道超车，工业互联网都是这个关键。当前工业互联网正步入落地应用关键窗口期，具备新生事物的共同特征，就是见识易行动难，佛山、苏州、青岛等城市已经先发，绝大多数城市在行动上仍在观望随风，对于制造业大市潍坊，这是一个历史机遇。建议潍坊具体抓好以下几点。

一是抓好 5G 基础设施建设。5G 是工业互联网的关键基础设施，没有 5G 的领先，就不可能实现工业互联网的领先。另外，5G 为几乎所有新一代信息技术提供关键支撑，在各领域都具有非常广阔的应用前景。我们应高度重视 5G 建设，加快推动《关于加快推进 5G 产业发展的实施意见》落实落地，加快 5G 建设步伐，尽快实现中心城区和制造业集聚区域 5G 信号全覆盖。

二是以大企业为引领打造跨领域跨行业的工业互联网平台。这也是佛山、青岛等制造业强市的共同做法，青岛就是依托海尔自主研发的卡奥斯工业互联网平台赢得了工业互联网发展先机和优势，助推青岛"世界工业互联网之都"建设，如今卡奥斯成为全国首个工业互联网平台独角兽企业。潍坊想在工业互联网领域有所建树，也必须紧紧抓住大企业这一核心，推动潍柴、歌尔等行业龙头企业打造具有示范引领作用的标杆型工业互联网平台，成熟完善后进而发展壮大成为跨行业、跨领域的工业互联网平台，向产业链上下游中小企业输出技术、模式和资本。

三是鼓励中小企业用好海尔、树根互联、航天云网、阿里云 ET 工业大脑、浪潮等工业互联网平台。我国已经形成了一批较为成熟的工业互联网平台，全国各类型工业互联网平台数量总计已有几百家，其中具有一定区域、行业影响力的平台数量超过 50 家。例如，航天云网已与 20 余个省市签订战略合作协议，协同打造区域工业云+行业工业云发展模式，不断完善服务不同地区和行业的平台功能。我们应积极落实国家推进中小企业信息化的相关政策，发挥各级各类中小企业发展专项资金和基金的扶持引导作用，支持中小企业上云用云。特别是针对潍坊制造业实际应用需求，向全球全国发布工业互联网需求场景，积极推动工业互联网服务商与本地制造企业精准对接，吸引工业互联网平台领军企业入驻。

（三）把中央创新区作为制造业转型升级的核心引擎

中央创新区正在成为新一轮城市竞争的制高点。开发区、产业园作为城市竞争主阵地已有 30 年时间，近年来创新成为引领发展的第一动力，中央创新区正在成为新一轮城市竞争的制高点。创新要素高度集聚，会产生聚合裂变效应，形成爆发力和驱动力，南通建设中央创新区、佛山建设创新集聚区、苏州建设姑苏实验室、深圳建设科技生态园、东莞建设松山湖科技城等，都是把握创新集聚规律、抢占新一轮城市竞争主动权的重要举措。

潍坊具备中央创新区建设的基本条件，应坚定不移推进。中大咨询《中国城市中央创新区发展报告（2018）》显示，国内较为成熟的中央创新区有 4 个，正在建设的中央创新区有 9 个，未明确提出但适合建设中央创新区的城市有 18 个，包括烟台、泉州、唐山、常州等。潍坊尽管不在上述榜单中，但从榜单评价的主要因素看，潍坊与上述 18 个城市相比整体并不落后，部分指标甚至领先。可以认为潍坊具备建设中央创新区的基本条件，但基础相对较弱，因此，既要坚定不移推进，又要在推进方式、推进节奏上有自己的特点。

潍坊建设中央创新区以下两点值得关注。一是在推进节奏上以创新街区建设率先突破。潍坊中央创新区规划面积 4.5 平方公里，这一规模总体上符合潍坊城市能级和创新水平。起步建设阶段应在小尺度空间上率先突破，南通中央创新区规划面积 17 平方公里，起步区面积 0.2 平方公里，潍坊创新基础、资源集聚能力明显落后于南通，在 4.5 平方公里的面积上全面铺开难度很大，更应该选取重点区域集中突破。创新街区是小尺度空间集聚创新资源的重要形式，在上海、深圳、杭州等城市已经比较普遍，可以借鉴成为潍坊中央创新区建设的突破点。现阶段应在规划范围内选取 1~2 处创新基础较好的区域，以创新街区的理念打造高密度创新空间，带动中央创新区全域跃升。

二是在建设理念上强调生态优先。中央创新区普遍强调创新要素密度、生活便利度、生态环境三个因素，南通、佛山等城市打造中央创新区都以生态建设起步，重要原因就是生态处于基础性地位，迅速突破生态瓶颈能够吸引创新要素和生活配套服务集聚。潍坊在上述三个因素中短板是生态，最容易发力的也是生态，更应该把生态作为中央创新区建设的突破点。潍坊中央创新区选址已经充分考虑了生态因素，紧邻浞河生态涵养区，是潍坊中心城区生态最好的区域之一，但与建设中央创新区的要求相比还有很大差距。在开发建设上应坚持生态优先理念，把生态突破作为基础性工作，高起点谋划、高标准推进，把中央创新区打造成全市生态最好的地方，以一流的生态环境吸引高端创新要素集聚。

（四）强化生产性服务业优势助力制造业转型升级

潍坊生产性服务业发展状况良好，已引起全球化与世界级城市研究小组（GaWC）关注。GaWC 以银行、保险、法律、咨询、广告、会计等生产服务业高级机构的分布数量、等级为指标，衡量城市在全球化经济中的地位和影响力，这些指标大都与生产性服务业相关，能够反映城市生产性服务业发展状况。潍坊已连续两年入选全球四线城市，国内 42 个城市进入榜单，地级市仅 5 个，除潍坊外，还有苏州、无锡、珠海、南通。相比同类型城市，潍坊生产性服务业具有一定优势。2019 年此榜单在国内引起广泛关注，青岛、济南入选全球二线城市后，《大众日报》《济南日报》《青岛日报》高度关注并第一时间进行了报道，潍坊也应高度重视这一排名。

生产性服务业发展领先可以为制造业转型升级起到很好的带动作用，也是提升城市竞争力和城市能级跃升的重要手段。生产性服务业是促进产业互动融合、结构优化演进的关键环节，其发展程度提高1%，制造业效率可以提升39.6%，我国目前已进入生产性服务业引领制造业发展的新阶段。潍坊制造业基础雄厚，打造生产性服务业高地，既是现实需要，又有很好的基础。世界著名城市规划大师霍尔《多中心的大都市》一书中很重要的一个观点就是，先进生产性服务业是中心城市功能的主要体现，一个城市要想成为一个区域的极核城市或在城市体系中实现跃升，必须拥有足够强大的生产性服务功能。苏州提出不甘只做"最强地级市"的重要措施是打造"生产性服务业标杆城市"，成都做强生产性服务业以增强城市联通度，进一步在城市群发挥引领作用，国内外许多制造业强市也纷纷瞄准生产性服务业以求突破发展瓶颈，提升城市能级。潍坊进一步提升城市竞争力、跻身二线城市，也应该紧紧依靠生产性服务业增强城市资源集聚、辐射和配置能力。建议抓好以下三点。

一是借力济南、青岛生产性服务业资源为我所用。济南、青岛为GaWC全球二线城市，生产性服务业能级远高于潍坊，对潍坊有辐射拉动作用。潍坊应充分发挥位于济南和青岛之间的优势，用足用好济南、青岛生产性服务业赋能本地制造业，特别是研发设计、金融服务、信息服务、科技服务等。

二是与济南、青岛错位发展。突出制造业需求导向，充分发挥潍坊制造业优势，通过延伸上下游产业和价值链条，大力发展前端的工业设计、中端的供应链管理、后端的现代物流业等围绕先进制造业提供服务的方面，这既是结合潍坊产业实际有重点地有序推进，也是与济南、青岛形成错位竞争的重要筹码。

三是打造生产性服务业集聚区。集群集聚是生产性服务业发展最重要的特征，与制造业相比，生产性服务业规模经济和集聚效应更加明显。发达国家和国内先进地区生产性服务业发展集群化特征鲜明，佛山、东莞、苏州等都根据这一特征提出打造生产性服务业集聚区，比如，东莞提出到2020年形成2~3个百亿级生产性服务业集聚区，浙江提出建设50个在全国有较强影响力和示范作用的生产性服务业集聚示范区。潍坊应把打造生产性服务业集聚区作为重要抓手，围绕制造业的几大集群，针对共性需求，在中心城区和制造业集中区，特别是高新、奎文、潍城打造一批生产性服务业集聚区。建议通过编制生产性服务业发展规划合理规划布局，推进生产性服务业集聚发展，后续可通过相关政策引导，推动具有共同区位指向、产业关联度强的服务业企业向集聚区集中。

（五）集群发展先进制造业，为跻身二线城市奠定坚实的产业基础

第一，制造业应作为潍坊核心竞争力。省会、副省级城市往往承担文化、商务等综合性功能，地级市更多地承担产业功能，苏州、佛山、南通等城市之所以能够长期快速发展，一个重要原因是始终强调与中心城市功能互补，它们都把制造业作为自身核心竞争力，并借力中心城市的现代服务业持续强化自身制造业优势。潍坊与这些城市存在相似性，根据发展经济学比较优势理论，制造业是潍坊现阶段的比较优势产业，把制造业作为潍坊核心竞争力最有可能实现弯道超车、跨越发展。

第二，把集群化发展作为提升制造业竞争力的主要方向。制造业集群化是产业发展的基本规律，是制造业向中高端迈进的必由之路。国内制造业强市都把集群培育作为提升产业竞争力的重要抓手，比如，长沙提出打造世界级工程机械产业集群，苏州提出打造十个千亿级高端制造集群，宁波提出打造"246"万千亿级产业集群。潍坊制造业集群化水平与这些城市相比还有差距，应抓住新冠肺炎疫情背景下全球产业链格局重构的机遇，加快打造一批先进制造业集群，强化潍坊制造业竞争优势。

潍坊打造先进制造业集群应关注以下几点。一是围绕龙头企业培育产业链，打造"一个龙头企业带动一条产业链形成一个产业园区"的发展格局。龙头企业在产业链中处于主导地位，具有集聚产业、技术、人才的综合优势。潍坊拥有潍柴、歌尔、豪迈等一批制造业龙头企业，已经带动了一批在建产业链项目，应加快推进，尽快形成规模效应。同时，应研究出台龙头企业上下游延链补链强链激励政策，在项目用地、平台建设、金融奖补等方面加大支持力度，调动龙头企业集聚上下游产业的积极性，争取推动每一个龙头企业都带动起一条产业链。二是研究出台潍坊重点产业链招商目录，明确潍坊重点招商产业链、重点产业环节、重点承载区域，为全市招商提供靶向目标，提高招商精准性。三是加快推进产业链"链长制"。2020年7月山东省委全会提出在全省全面推行链长制，培育开放型产业链。2017年以来长沙、杭州、南京、苏州等城市已先后试点推行链长制，2020年在疫情防控背景下为维护产业链的安全性和稳定性，链长制在全国各地有迅速推行的趋势。链长制实质上是强化产业链责任的一种制度创新，从先行城市经验看，链长一般由市级领导担任，按照"一条产业链、一位市领导、一个工作专班、一位专班负责人"的模式推进，如南京人工智能产业链，链长由市委主要领导担任，工作专班由市工信局牵头，专班负责人由市工信局局长担任；工作职责主要包括制定产业链发展规划、研究产业链支持政策、组建专业招商队伍、培育龙头企业、推进平台建设等。

(《潍坊工业与信息化》2020年第11期)

关于推进碳达峰碳中和的分析和建议

杜慧心 李朋娟

推进碳达峰、碳中和（"双碳"），将驱动人类社会进入工业革命以来最大一次全新的制度和产业革命。习近平主席向世界庄严承诺中国将于"2030年前实现碳达峰、2060年前实现碳中和"，2021年7月16日全国碳市场上线交易正式启动，"双碳"已是大势所趋，正在重构全国经济版图。对于任何一个城市，"双碳"带来的影响不可估量，谁先人一步，谁就是新赛道上的领跑者，就有可能引领下一轮产业革命。潍坊作为一个以制造业立市、把制造业作为核心竞争力的城市，实现碳达峰、碳中和，既面临着产业乃至城市转型的巨大压力考验，也面临着千载难逢的历史机遇。

一 外地经验做法

中央提出碳达峰、碳中和以来，各地纷纷行动，迅速掀起工作热潮，涌现诸多新经验新做法，反映了发展趋势和工作方向，值得关注。

（一）明确碳达峰时间

从"双碳"实现目标看，达峰时间的早晚、峰值的高低，直接影响碳中和实现的时长和难度，只有争取尽早达峰，才能为实现碳中和打下坚实的基础。中央提出碳达峰2030年的时间点，是一种底线性约束，一些城市特别是沿海发达城市明确提出适度提前达峰。一线城市，北京、深圳已实现达峰，上海提出2025年达峰，广州提出提前达峰；副省级、省会城市，武汉、昆明已实现达峰，济南提出2025年达峰，福州、成都提出提前达峰；地级市，苏州提出2025年达峰，无锡提出2028年达峰，常州提出2029年达峰，东莞、温州提出提前达峰。

（二）建设能源碳排放数据监测平台

这类平台是推进碳达峰、碳中和的基础性支撑，不可不建，越早建越有利。上海智慧能源"双碳"云平台，由浦东区政府、浦东供电公司共同打造，整合电力、水务、燃气、政府、社会等多方系统平台数据，对区域、行业、企业能源碳排放数据进行监测，并依据这些监测数据，进行碳排放趋势预测、碳达峰情况评估等，为政府、能源企业、能源服务市场开展"双碳"对标提供重要数据参考。厦门电碳生态地图，依托供电公司打造，将1811家规上工业企业的电力数据与煤、油、气、热等能源消费数据连接起来，通过用电量实时监测重点行业、重点企业碳排放情况。

（三）成立碳中和技术研究机构

碳达峰、碳中和是一项复杂的系统工程，在众多影响因素中，技术创新是关键因素和核心动力。一些城市依托高校院所，成立相关研究机构、实验室。南京依托东南大学组建长三角碳中和战略发展研究院，成都依托西南石油大学、四川大学、成都理工大学、西南交通大学、中科院光电所等科研院所筹建碳中和天府实验室，合肥依托清华大学筹建中欧碳中和实验室，芜湖依托南开大学共建南开大学（芜湖）碳中和研究机构，苏州市政府和苏州科技大学联合成立长三角人居环境碳中和发展研究院。这些研究机构在促进碳中和技术成果转化和推广应用、为地方政府提供政策咨询、为企业提供绿色转型解决方案上发挥出了重要作用。

（四）建设示范园区

建设示范园区，这是2021年以来的新现象，也是制造业城市推进"双碳"工作的共性做法。成都、上海、南京建设碳中和示范区，东莞、重庆、南京建设零碳工厂、零碳示范园区、零碳未来城，宁波、天津建设"近零碳"示范区。无锡作为制造业强市，有两点值得关注。一是在高新区建立零碳科技产业园，选址在太湖湾科创城，突出零碳、低碳技术研发应用、成果转化和产业集聚，先打造产业园的核心区，进行试点示范，带动22平方公里的零碳科技产业园建设，再进一步拓展到220平方公里的高新区，目标是打造成为长三角乃至全国知名的零碳技术集聚区、产业示范区。二是建立碳中和示范区，选址在有一定产业基础的经开区中瑞低碳生态城，示范区内全部按照端到端碳排放监测、减排路径设计和零碳解决方案闭环的标准建设，广泛应用风电、太阳能发电项目，全部实现绿电替代，园区直接碳减排达到50%，最终实现园区100%碳中和。

（五）实施碳普惠制

碳普惠制是指为小微企业、社区、家庭和个人的节能减碳行为进行具体量化和赋予一定价值，并建立以政策鼓励、商业激励和碳减排量交易相结合的正向引导机制。成都出台关于构建"碳惠天府"机制实施意见，主要围绕公众低碳场景和碳减排项目两大方面。一是推行公众碳减排积分奖励，市民可以用自己的低碳行为产生的个人碳减排量和在绿色商场、绿色饭店消费获得的减排量，在"碳惠天府"平台上参与环保公益活动，兑换碳积分奖励，并获得有趣且实用的绿色商品和服务。二是实行项目碳减排量开发运营，企业可以通过节能技术改造，提高碳资产管理水平，以此来降低生产过程中产生的碳排放量，经过核算的减排量通过政府核证签发后，就可在四川联合环境交易所交易平台上进行交易，目前"碳惠天府"微信小程序已上线试运行，App开发和线上商城建设工作即将启动。无锡"碳时尚"App、苏州绿普惠碳中和促进中心、深圳碳普惠联盟，均按照这一思路运行。

（六）召开专题报告会、讲座、研修班

主要提升部门、企业特别是各级干部的思想认识，从"思想"上破冰突围，进而推动"双碳"工作全面起势。比较突出的是淄博，一是召开生态环境质量提升专题研修班，面向淄博全市县级干部，邀请专家讲解碳中和相关课程。二是举办"碳中和，淄博在行动"金融与产业发展（淄博）峰会专场论坛暨市委理论学习中心组专业能力大提升报告会，邀请国家气候战略中心战略规划部、哥伦比亚大学有关专家做专题报告，为淄博"双碳"发展理思路、出主意。三是召开的一些专题性会议，有些与"双碳"关联度不大，但都对"双碳"工作进行了研究部署，像财经委员会、党外人士座谈会、新旧动能转换综合试验区领导小组会等。

二 潍坊碳达峰碳中和面临的挑战

（一）能源结构、产业结构导致碳排放量大

能源结构上，化石能源使用是碳排放的主要根源，潍坊能源消费结构以化石能源为主。2019年潍坊化石能源占比93.5%，远高于全国83.7%的平均水平、广东各市70%的平均水平。潍坊化石能源消费又以煤炭为主，2019年煤炭消费占比61.4%，加外电消费后占比70%，高于全国煤炭消费57.7%的平均占比。产业结构上，潍坊产业结构偏重，石化、化工、建材、钢铁、造纸、化纤等行业能源消耗多，占全市能源总消费量的75%，碳排放量占比高达70%左右。

（二）碳达峰时间紧压力大

按照山东先前2025年碳达峰的计划，潍坊离碳达峰仅有3年多时间。目前潍坊碳排放量呈持续增长趋势，2015~2019年分别为8271万吨、8181万吨、8459万吨、8506万吨、9095万吨，年均增速2.4%。潍坊被评为碳达峰滞后城市。公众环境研究中心是国内权威的公益环境研究机构，多年来致力于收集、整理和分析环境信息，2020年12月发布的《中国城市达峰指数》报告，分析了58个城市的达峰指数。58个城市包括公布达峰目标年的城市、碳排放总量排名TOP40的城市、达到中等收入水平的城市三类，达峰指数分先锋、领跑、平稳、迟缓、紧迫和滞后六档。山东省的淄博、青岛被评为领跑城市，临沂、济南、烟台被评为迟缓城市，潍坊位列最后一档滞后城市。

（三）碳中和任务极其艰巨

研究表明，要实现碳中和，化石能源与非化石能源的消费比例要达到1∶9左右，即"一九定律"，目前潍坊化石能源与非化石能源的比例为93.5∶6.5。短期看，国家目标是确保2025年非化石能源消费比重达到20%，潍坊非化石能源占比要在2025年提高到20%左右，意味着5年内

要提升约 13 个百分点，这对潍坊是个极大的挑战。

三 建议尽快开展七方面工作

"双碳"工作对城市发展的分化之势已经显现，特别是淄博，由减排压力较大的老工业城市一跃成为碳达峰领跑城市，我们应抓紧谋划和布局。

（一）抓紧编制碳达峰行动方案

编制碳达峰行动方案是推进"双碳"工作的第一步，从了解的情况看，未达峰城市都在谋划编制方案。建议由市"双碳"工作专班牵头，强化分析研判，委托专业机构摸清潍坊碳排放现状、主要排放源和未来变化趋势，做好前期准备工作，确保国家、省方案出台后及时接茬并组织实施。

（二）建设碳排放数据监测平台

前文所述的上海、厦门等城市，共性做法是依托供电公司建平台，主要是这类企业有掌握能源数据的优势。建议市有关部门积极借鉴，研究依托供电公司这类企业建立数据监测平台的办法，为"双碳"工作提供基础支撑。

（三）加快推进工业绿色低碳发展

这是实现"双碳"目标的重点和突破口。一是严格执行国家、省关于"两高"项目管理的规定，严控"两高"项目。

二是培育低碳、零碳产业园区。借鉴无锡、东莞等与潍坊类似的制造业强市经验，结合潍坊产业实际，把打造低碳、零碳产业园区作为推进工业绿色低碳发展的重要抓手。建议选址充分考虑产业基础，可在高新区、开发区建设低碳、零碳产业园，加快培育一批具备低碳、零碳产业基础的重点企业。

三是研究制定激励政策。充分运用财政、税收、金融等手段，围绕节能降耗扶持、绿色低碳技术应用、绿色品牌建设、企业实施循环经济和资源综合利用项目等领域，制定相关扶持、奖励政策，形成鼓励绿色低碳发展的政策导向。2021年5月广州出台《广州市黄埔区开发区高新区促进绿色低碳发展办法》,对纳入监管的重点用能单位实施节能降耗最高补贴1000万元,对纳入国家绿色制造示范名单的绿色工厂、绿色园区、绿色供应链管理企业给予100万元补贴。

四是探索成立减碳联盟。建议可由政府发起成立,由环保行业龙头企业牵头,联合制造业骨干企业及科研机构成立联盟,以此带动更多行业企业、组织和机构参与减碳行动,加快形成推动工业绿色化改造的合力。

(四) 加快实施能源替代

增加非化石能源使用、进行能源替代和结构调整,是实现"双碳"目标的根本途径。

一是加快建设一批风电、光伏项目。风电、光伏是潍坊现阶段能源替代的主要领域。从政策导向看,国家能源局自2019年起连续3年发布政策鼓励引导风电、光伏发电项目建设;从技术应用看,风电、光伏能源替代技术相对成熟,能够大范围铺开;从潍坊实际来看,风电、光伏产业基础好、潜力大。下一步,应尽快落实国家、省关于风电、光伏发电开发建设的有关要求,建设投用一批大项目、好项目,争取将北部滩涂风光储一体化、山东海化集团源网荷储等大项目纳入国家试点、国家规划,实现风电、光伏发电大规模、高比例、高质量跃升发展。

二是依托龙头企业探索将氢能纳入区域能源体系。氢能是潍坊未来能源替代的重要方向。对潍坊而言,发展氢能是能源转型的重大机遇,也是推动制造业转型发展的重要举措。建议落实好潍坊氢能产业中长期发展规划,依托潍柴等龙头企业,着力在燃料电池优势领域深耕发力,进一步拓展氢能在工业、建筑、交通、物流等领域的应用,逐步增加氢能在潍坊能源结构中的占比。特别是立足"鲁氢经济带"潍坊区位优势,尽快补齐制储运氢、零部件生产配套等方面短板,着力构建区域特色明显、上下游协同的氢能产业体系。

(五) 搭建技术研究平台

这是实现"双碳"技术研发转化、服务产业发展的关键环节。一是借力外地技术研究平台，不求所有、但求所用。目前许多城市都在大张旗鼓地建设"双碳"科研平台，我们应及时关注，加强合作，特别是用好邻近济、青的优势，鼓励制造业企业根据自身低碳发展需求，积极对接两地的科研院所、高校、重点实验室，通过跨区域成立研发中心、柔性使用人才等方式，开展"双碳"核心技术研发、技术转移和成果转化。

二是依托周边城市及国内的知名大学或大学研究机构，在潍坊联合筹建研究机构。比如，芜湖依托南开大学、合肥依托清华大学在当地建设研究机构的做法，都值得我们学习借鉴。运作模式上重点借鉴两种：其一，可参考潍坊建设北大现代农业研究院的运作模式；其二，依托龙头企业，市场化运作。芜湖支持中科大、海螺集团共建新材料与智能制造联合实验室，主要依托海螺集团下属的安徽省特种新型胶凝材料应用工程研究中心、塑料型材工程技术研究中心，借助中科大的基础科研能力，采用"学校实验室+企业实验室"的校企合作模式。

（六）积极参与全国碳交易市场

2021年7月16日全国碳交易市场启动上线交易，迈出以市场机制推动碳减排的实质性一步，是重大制度创新。全国碳市场首批纳入电力行业，之后逐步拓展到钢铁、水泥等高耗能高排放行业。建议及时跟进全国碳市场的建设方向、发展趋势和相关要求，分阶段、分步骤推进。现阶段，主要做好基础性工作，最大限度确保相关行业的重点企业参与全国碳市场交易；长远看，着力提升政府在碳监测、碳核算、碳咨询方面的能力。比如，开展碳市场能力建设培训，提升碳市场从业人员包括管理、服务、核查机构的人员素质，让他们能准确把握国家相关管理要求、管理流程，更好地支撑碳市场建设，为碳市场的平稳运行和有效发挥作用打牢基础。

（七）探索以碳普惠制推进绿色低碳生产生活

碳普惠制是引导形成绿色低碳生产生活的主要方式。建议借鉴东莞、深圳、无锡经验探索实行碳普惠制。一是建立碳普惠制推广机构和平台，特别是加快推进建设碳普惠官网、面向商户用于优惠兑换操作的商户App

等平台。二是建设碳普惠制减碳行为量化核证体系，重点是制定小微企业、公众自愿减碳行为量化核查指南，开发碳普惠制量化核算方法和核证方法。三是建立基于碳普惠制的核证减排量交易机制，将碳普惠制的核证减排量纳入自愿减排交易产品，并与碳排放权交易市场进行连接。四是建立基于碳普惠制的商业激励机制，包括建立并不断扩大低碳企业商业联盟，便于公众享受减排后的低碳权益、兑换优惠。

（2021 年 7 月）

升级智能制造：装备制造业跃升的方法论

李　波　杜慧心

装备制造业是山东的优势产业，主营业务收入占全国的1/10，拥有中国重汽、潍柴动力、中车四方等一批骨干企业，具备跃升高端装备产业的良好基础。但对比国内其他装备制造大省，山东装备制造业总体大而不强，产业利润率仅为6%，低于江苏、广东近1个百分点；研发投入占营业收入的比重不到1.5%，高端产品占比不到30%；生产方式落后，多数企业对智能化生产、网络化运营、信息化管理等现代技术应用不足。这些问题和不足，已经成为制约全省装备制造业持续健康发展的突出矛盾。

面对问题、解决问题，我们要牢牢把握辩证唯物主义这一中国共产党人的世界观和方法论，辩证唯物主义强调任何时候都要抓主要矛盾。当前，信息化这一核心生产力，已经成为决定经济社会发展的主要矛盾。各地都在争先布局信息化前瞻领域，全力突破关键核心技术，奋力抢占信息化发展制高点，构筑区域竞争新优势。制造业领域也是如此，山东装备制造业要想实现跨越发展，也必须牢牢把握这一主要矛盾。智能制造作为制造业信息化、数字化、网络化的主攻方向，是新一轮科技革命的核心，是世界制造业发展的大势。世界制造业强国如美国、德国、日本等，都在竞相布局智能制造抢占产业制高点，国内先进地区也都纷纷抢先布局智能制造，把智能制造作为制造业转型升级提质增效的重要途径。现在以5G为代表的信息化已引发新工业革命的高潮，全球制造业正处于颠覆性变革的前夜，山东装备制造业再造新优势面临难得的历史机遇。

要解决山东装备制造业发展的突出问题，肩负起建设现代装备制造业强国的重要使命，同时紧跟世界先进制造业发展大势，抢抓信息化发展机遇，我们必须把对装备制造业的认识提升到智能制造统领一切的高度，把智能制造作为装备制造业转型升级的主攻方向。鉴于此，促进山东装备制造业跃升的方法论，可以聚焦以下几点。

一 聚力打造装备制造领域世界级领军企业

欧美发达国家在制造业转型发展中均强调领军企业牵头作用。例如，德国博世集团、西门子集团等是推动德国实施"工业4.0计划"的工业巨头和领先实践者，牵头建立数字化平台，整合中小企业共同参与；美国由大企业通用电气公司发起工业互联网建设，并由AT&T、思科、IBM和英特尔成立工业互联网联盟进行推广。对此，提出以下建议。

一是实施装备制造业领军企业培育计划。支持开发能力强、经济效益好、发展潜力大、带动作用强的龙头企业，整合国内外创新资源，在全球范围内开展创新链和价值链布局，与国际一流科研机构、跨国企业联合建立创新中心，或引进国内外先进技术、收购兼并境外拥有先进技术的企业和研发机构，开展前沿技术攻关和重大战略产品开发。

二是建立行业领军企业库。每年遴选一批龙头骨干企业，入库重点培育，动态考核管理，优先支持企业新项目建设、实施兼并重组、国内外高端品牌并购，迅速做大做强，根据领军企业对地方财政的贡献情况，给予地方政府财政奖励。

二 强化企业自主创新

一个产业从遴选、发展，进而成为一个区域的核心产业，颇为不易；靠扩大规模，只能增加一时的产能；靠合资和并购，只能解决领先一步的技术；唯有靠企业智能升级、自主创新、全面创新，才能从根本上提升竞争力，持久地立于世界强手之林。如国内装备制造名城湖南长沙，政府尤其注重助力企业修炼内功，在突破关键核心技术上下功夫，在设计智能化、生产智能化、管理智能化、运维智能化、产品智能化上深耕发力，涌现一批智能化样板，如三一集团打造的18号智能厂房，是亚洲最大、最先进的智能化制造车间。鉴于此，我们也要重点打造一批走自主创新之路的高端装备企业。

一是大力支持领军企业自建研发中心、工程中心、技术中心、制造业创新中心、产业创新中心、工程（技术）研究中心和重点实验室等重大创新平台，发挥领军企业连接国内外高水平大学和科研机构的主导作用，建立装备制造发展创新联盟，带头开展政产学研用协同创新，攻克一批关键共性技术，参与建立世界装备制造技术标准体系，使这些企业率先实现整体的数字化、网络化、智能化。

二是支持鼓励大企业扩大对外合作，积极引进人才，加强自主创新能力建设，加大研发投入，尽快成长为自主开发能力强、掌控核心技术、具有市场话语权的高端装备制造领军企业。

三是引导中小微企业走"专精特新"的路子，加强专业制造、精益生产、集约经营，打造一大批行业"单项冠军"和"小巨人"，抢占生产和市场制高点。

三 积极谋划装备制造领域的国家制造业创新中心

争创国家制造业创新中心是山东汇聚全国资源，集中打造制造业"创新之核"的关键之举。根据国家制造业创新中心建设的总体安排，到2020年底在我国制造业的重点领域形成15家左右国家制造业创新中心，目前已累计批复13家，山东有条件全力争取。建议山东依托中国重汽、潍柴动力、中车四方等现有平台，对照《制造业创新中心建设工程实施指南》《国家制造业创新中心建设领域总体布局（2018年新增）》《省级制造业创新中心升级为国家制造业创新中心条件》，精准对接、积极谋划。从实际情况看，武汉国家信息光电子创新中心的建设模式适合我们参照学习，该中心采用"公司+联盟"模式运营，主发起人是武汉光迅科技股份有限公司，公司股东包括光迅科技、烽火通信、亨通光电等11家单位，联盟包括华为技术、清华大学等25家成员单位，覆盖了行业60%以上的国家级创新载体。山东争创国家制造业创新中心，也应发挥龙头企业的优势，同时吸纳山东大学、上汽集团等全国优质资源要素，共同参与建设。

四　狠抓平台建设

通过打造全制造业内的智能制造"最优平台"，从大环境为装备制造业构筑最优生态。比如，长沙下大力气打造了一系列智能制造公共服务平台、技术合作交流平台和孵化空间等：公共服务平台以长沙智能制造研究总院、长沙机器人研究院、长沙新材料研究院、长沙工业云平台等为主；智能制造技术合作交流平台以中国（长沙）智能制造峰会为代表，高效整合国防科技大学、中南大学、湖南大学以及其他科研院所的科研资源；孵化空间以"2025智造工场""三一众智新城""58众创"为代表。对此，提出以下建议。

一是尽快建立省高端装备制造研究总院作为装备制造业公共服务平台。将高端装备制造研究总院作为山东推动装备制造业智能化改造的顶层设计、项目咨询机构，政府以购买服务的方式，为全省装备制造型企业开展免费咨询、问题诊断、改造方案设计等服务。苏州、武汉等地均以企业为主体，以政府相关部门为指导，成立了该类平台，山东也可以采取这种方式，面向装备制造企业、政府部门、科研院所、高校、金融机构等，打造全方位、一体化、定制化的智能制造综合服务平台，服务装备制造产业链上下游企业，吸引上下游产业要素集聚，以及横向合作与创新，形成功能强大、良性互动的产业生态圈。

二是由大企业牵头，率先建立装备制造业领域工业云平台，并逐步将其他制造行业纳入，最终成为整个制造业领域的工业云平台。同时政府应发挥好对智能制造基础设施建设的主导作用，加快局域网、光纤网等信息基础设施建设，作为支持企业发展工业云，以及云平台、标准库、信息安全等的关键支撑。

五　聚焦高端装备制造产业链进行招商，加强引资和引智

围绕高端装备制造这一产业链条，在上下游策划一批有针对性、有影

响力的重点招引项目，搜集建立一批产业链高端人才和技术需求目录，精准引才引智；聚焦高端装备领域的新技术、新产业、新业态、新模式，根据行业发展特性、企业成长规律、项目运营需求，制定扶持政策，积极引进培育独角兽企业、瞪羚企业、隐形冠军、高成长性初创企业及人才团队。比如，长沙以产业链建设作为纵深推进智能制造的着力点，确定了包括高端智能装备在内的 22 条工业新兴及优势产业链，每条产业链由一位市领导担任"链长"，在每个产业链最集中的园区设立产业链办公室，选派干部专职从事产业链工作，在全国首创了一套"链长牵总、盟长搭台、校长支撑、行长帮扶"的"四长联动"工作机制。我们也应借鉴这种模式，在招商上抓住产业链建设不放，精细谋划、精准发力。

(《经济导报》2020 年 2 月 17 日)

潍坊与烟台GDP和税收差异分析及对策建议

课题组[*]

一 现状比较：两市GDP差距明显，财政收入接近

潍坊市地区生产总值（以下简称"GDP"）低于烟台市，由于2018年经济普查后GDP重新核算，从数据上看差距有所扩大。"十三五"期间（2015~2020年），潍坊市与烟台市GDP的差距由1276亿元扩大到1977亿元。2015年，潍坊市GDP为4667亿元，比烟台市6086亿元少23.3%；2020年，潍坊市GDP为5872亿元，比烟台市7816亿元少24.9%。潍坊与烟台GDP差距有所扩大，与2018年经济普查后GDP重新核算有一定关系，2018年GDP重新核算，潍坊市由6157亿元核减为5496亿元，减少661亿元，核减比例10.74%。烟台由7833亿元核减为7184亿元，减少649亿元，核减比例8.29%。尽管GDP核减导致潍坊表面上与烟台市差距扩大，但两市经济基本面基本未变。

潍坊市公共预算收入略低于烟台市，近年差距明显减小。2015年，

---

[*] 课题负责人：李波；课题组成员：山东大学县域发展研究院段昊，潍坊市改革发展研究中心刘永杰、李朋娟。

潍坊市公共预算收入为484.5亿元,比烟台市的542.7亿元低10.7%,差距为58.2亿元。2020年,潍坊市公共预算收入为573.9亿元,比烟台市的610.1亿元低5.9%,差距为36.2亿元。

从经济增长对财政收入的贡献来看,潍坊市在全省仅次于淄博市,排名第2(不包括青岛计划单列市),烟台市排名全省第13。潍坊市每万元GDP带来1004元地方公共预算收入,略低于淄博市1012元的水平,但远高于烟台778元的水平。从全国来看,潍坊市经济增长对财政收入的贡献在大中城市排第28位,低于一线城市、粤港澳大湾区的部分城市和江浙部分城市,远好于烟台市的第52位。

从财政收入构成来看,潍坊税收收入高于烟台,非税收入低于烟台。2020年,潍坊市税收收入426.1亿元,比烟台市421.5亿元高1.08%。三大主税中,潍坊的优势主要来自增值税。潍坊市2020年增值税为168.1亿元,比烟台市153.0亿元高9.88%,但烟台在企业所得税和个人所得税上胜过潍坊。企业所得税潍坊市51.7亿元,比烟台市55.7亿元低7.10%。个人所得税潍坊市13.1亿元,显著低于烟台市的19.1亿元。其他税种潍坊和烟台互有胜负。潍坊市在城市建设维护税、印花税、耕地占用税、契税、环境保护税等方面占优,在房产税、城镇土地使用税、土地增值税、车船税方面居于劣势。非税收入方面,潍坊市2020年为147.8亿元,比烟台市188.6亿元低21.60%。

二 重点企业的行业特性差异与中小企业主体数量差异是潍坊GDP落后的原因

三次产业结构不是两市GDP产生差异的主要原因。依生产法核算,2020年,潍坊市第一产业增加值535.6亿元,比烟台市572.74亿元低6.48%,差距为37.14亿元。潍坊市第二产业增加值为2308.10亿元,比烟台市3192.39亿元低27.70%,差距为884.29亿元,潍坊市第三产业增加值为3028.40亿元,比烟台市4051.29亿元低25.25%,差距为1022.89亿元。潍坊与烟台GDP的差距的52.6%来自第三产业,45.5%的来自第二产业。

潍坊市与烟台市三次产业结构高度雷同，且近两年有相同的变化趋势，即第二产业占比快速下降，第一和第三产业占比上升。潍坊市2020年三次产业占比分别为9.1∶39.3∶51.6，同年，烟台市为7.3∶40.8∶51.8。"十三五"期间，潍坊与烟台经历了类似的产业结构变化，第二产业方面，潍坊市由2015年的占比44.1%下降到2020年的39.3%，下降4.8个百分点，同期，烟台市由46.3%下降到40.8%，下降5.5个百分点。第一产业方面，潍坊市由2015年的占比10.1%下降到2020年的9.1%，下降1.0个百分点，同期烟台市第一产业占比由7.2%上升到7.3%，增加0.1个百分点。第三产业方面，潍坊市由2015年的占比45.8%提高到2020年51.6%，提高5.8个百分点，烟台市同期由46.5%提高到51.8%，提高5.3个百分点。可见，两个城市都在经历去工业化，但总体经济结构依然基本保持雷同。

主导产业的差异是导致两市GDP差异的重要原因。烟台第二产业GDP领先的重要原因是烟台更偏向重化工业。烟台市拥有采矿业企业主体415家，居全省首位，远高于潍坊市的181家，并且山东黄金、招金集团等特大型矿业企业生产基地位于烟台。烟台市注册资本超过1亿元的矿业企业37家，超过10亿元的8家。相比之下，潍坊矿业企业主要集中在盐业，产品价值相对较低，拉大了与烟台的差距。由于采矿业资产总额较高，烟台市每年资产折旧远远大于潍坊市，也导致烟台市计入的GDP高于潍坊市。

制造业企业潍坊市场主体数明显占优，但头部企业与烟台市旗鼓相当，未能给潍坊市GDP带来明显优势。潍坊市制造业企业主体36409家，比烟台市的29533家多6876家。制造业企业中，潍坊市企业A股上市23家，美股上市2家，港股上市2家，无科创板上市企业，新三板上市18家。烟台市A股上市26家，美股上市1家，港股上市2家，科创板上市1家，新三板上市26家。在制造业细分中，潍坊市在高端装备制造方面具有明显优势。潍坊有A股上市的潍柴重机、墨龙石油机械、豪迈科技、华丰股份，相比之下烟台不论是企业规模还是质量与潍坊都有较大差距，但在船舶和汽车制造方面有明显优势，烟台有中集来福士、大宇造船、东岳汽车等大型企业。造纸业潍坊优势明显。晨鸣纸业总资产915.8亿元，

2020年营收307.4亿元,利润27.12亿元,烟台没有大型企业。高端化工行业两市均较强,但烟台实力更强,随着裕龙岛项目的推动,烟台优势将更加明显。潍坊有联科科技、山东海化、潍坊亚星等上市公司,烟台有万华化学、万润股份,其中万华化学是烟台资产营收最大的企业,总资产1338亿元,2020年收入734.3亿元,利润117.3亿元,远超潍坊市此类企业。在新一代信息技术方面,两市产业规模均较大,但各有所长。潍坊龙头企业较强,烟台产业集群效应更强。潍坊有歌尔股份、共达电声,其中歌尔无论从资产、营收还是利润方面都远超烟台企业。烟台有中际旭创、东方电子、昇辉科技、富士康烟台、浪潮乐金数字等企业,仅烟台开发区年产值就超2500亿元。其他产业两市差距不大,对GDP差异影响较小。在纺织服装领域,潍坊胜过烟台。潍坊有希努尔男装、坦博尔服饰等企业,烟台纺织服装缺乏代表性企业。食品制造业两市相当。烟台有欣和、喜旺,潍坊有惠发、得利斯。酿酒行业各有所长。潍坊有景芝白酒、博润实业（食用酒精,纽交所上市）,烟台有张裕得利股份、威龙葡萄酒。医药行业烟台略强,潍坊有沃华医药,烟台有东诚药业、正海生物。

烟台第三产业全面领先于潍坊,第三产业多数行业市场主体多于潍坊,且企业规模和质量较高。例如,烟台市交通运输、仓储和邮政行业市场主体4943家,比潍坊的4273家多670家,住宿餐饮类市场主体3856家,比潍坊2052家多1804家,信息传输软件和信息服务业企业市场主体5570家,比潍坊4693家多877家,房地产企业5657家,比潍坊市4578家多1079家,科学研究和技术服务业主体9293家,比潍坊7706家多1587家。以交通运输类企业为例,烟台有潍烟高铁、德龙烟铁路、烟台港、莱州港、中铁渤海铁路轮渡、龙口港等多个大型企业,相比之下,潍坊只有潍坊港规模较大。再看住宿餐饮类企业,烟台市有五星级酒店26家,四星级酒店84家,相比之下,潍坊市仅有五星级酒店12家,四星级酒店44家。房地产类企业也类似,全国排名前列的开发商如龙湖、招商局等均在烟台有分公司和开发项目,作为国家重点发展的裕龙石化产业园也位于烟台龙口市,注册资本就高达100亿元。相比之下,潍坊市商品房价显著低于烟台市,全国大型房地产商在潍坊布局也相对较少。

若以支出法核算,潍坊市经济开放程度不足是GDP落后于烟台市的主要原因。烟台市贸易和资本开放程度均显著高于潍坊市。2019年，烟台市货物进口额为1173亿元、出口额为1731亿元，分别高于潍坊市的656亿元和1132亿元。同年，潍坊市实际利用外资金额6.99亿美元，远低于烟台市19.41亿美元的水平。

GDP统计与核算方法，对两市GDP的数据影响也相对较大。目前在统计GDP时，采取规模以上企业直报，小型企业由统计调查队抽查，数据由统计局综合汇总。之前在统计法执行不严格时，各地均有多报现象，尽管当前已规范很多，但统计局仍会跟直报企业沟通上报数字。统计工作仍未完全摆脱增量管理的思路，在经济增长较好的年份，存在少报低报，以避免来年增长压力较大；在经济增长不好的年份，可能存在超报多报，以保证增长率达到上级期望。统计上报的数据口径与税务部门有所区别，且税务部门并不依据统计部门数字核查税收，因此GDP数据的可靠性不如税收数据。我国会根据经济普查数据定期调整GDP数据。2018年普查后，潍坊GDP下修比例超过烟台市，与GDP的核算方法有一定关系。2018年经济普查的调整普遍调低了各地第二产业GDP的数字，而调高了第三产业GDP的数字。第二产业的GDP与企业存货（计入当年GDP）有很大关系。在GDP重新估算中，国家调低了各类工业产品的估算的市场价格，同时也依据不同渠道资料对历年GDP进行了重新核算。潍坊制造业较强，烟台在批发零售、交通运输、住宿餐饮、科学研究、居民服务、卫生与社会服务等诸多第三产业领域均领先于潍坊，在GDP的重新核算中受影响相对较小。

三 规上工业企业发展质量较好是潍坊财政能够赶超烟台的关键

经济增长对财政收入贡献较大，体现了潍坊市在高质量发展方面的优势。2015~2018年，潍坊比烟台公共预算收入年均低10.6%，同期GDP的差距为年均21.7%，2019年和2020年，两市财政收入差距缩小到平均5%，同期GDP的差距为25.3%。潍坊市GDP与烟台市GDP差距扩大，但公共财政预算收入缩小，体现了潍坊市企业纳税能力对财政的贡献。

规模以上工业企业发展质量是税收的主要支撑力量。潍坊市规上工业企业发展质量总体上好于烟台市。2019年，潍坊市规模以上工业企业数为3162家，在全省排名第2，仅次于青岛市的3536家，远高于烟台市2030家的水平（烟台排名全省第6）。潍坊市规上企业2019年上缴税金及附加113亿元，规模以上工业企业缴纳增值税141亿元，两项指标均大幅领先于烟台市的51亿元和104亿元的水平。潍坊市企业资产质量高于烟台市。潍坊市规上企业流动资产2019年为5231亿元，固定资产为2120亿元，流动资产和固定资产比为2.47。相比之下，烟台市同期流动资产为4847亿元，固定资产2847亿元，比例为1.70。流动资产比例较高，展示出潍坊市企业经营财务状况较好，也显示出烟台二次产业内部结构更偏向于重化工业的现状。

龙头企业经营状况较好支撑了潍坊市财政基本盘的增长。2020年，潍坊24家上市公司中有20家盈利，总收入3300亿元，总利润205.22亿元。相比之下，烟台41家上市公司中有34家盈利，总收入3178亿元，总利润249.95亿元。潍坊市上市公司数量不足烟台市的59%，但营收达烟台市上市公司的1.04倍，利润为烟台上市公司的82%。

税收结构一定程度上反映两市企业基本面，但不能忽视税收管理形成税收差异的可能。企业所得税与企业利润直接相关。潍坊企业所得税比烟台低7.10%，反映了潍坊企业总体利润相对烟台较低。潍坊企业所得税低，但增值税较高，意味着潍坊企业除原材料之外的其他成本较高。企业所得税受企业当年利润影响较大，增值税受企业当年营收影响较大，二者具有一定的正向关系，但企业所得税受市场波动影响略大，从这一角度来看，潍坊的税收基本盘比烟台更稳固。烟台在GDP显著高于潍坊的背景下，税收与潍坊相当，也存在着烟台税务机构保护本地企业的可能。因地方政府非常重视税收的增量管理，若税收基数较低，政府考虑未来增长的空间，也会协助企业将税收增长控制在一定区间之内。以民营经济为主的浙江省为例，尽管2020年受疫情影响，在全国增长乏力的情况下，浙江税收收入增长6.1%，占一般公共预算收入的86.4%，位居全国第1。相对来说，浙江企业基本盘快速增长的可能性较小，较大可能是浙江对民营企业"放水养鱼"，之前年份征收较为宽松。从当前公开资料来看，无法判断烟台市税收较低是否有这种可能。

四　关于潍坊市进一步践行高质量发展的建议

2021年上半年潍坊市GDP名义增速达到20.56%，居全省第1位，显著高于烟台市13.33%的增速，潍坊在追赶烟台上走出了坚实的一步。潍坊要想在"十四五"期间赶超烟台，每年GDP增长率需比烟台高6~7个百分点，难度很大，需要潍坊全面实施高质量发展的战略，既追求质量又保证速度，不断改善自身产业结构，不断做强做大龙头企业，不断提升城市品质，形成对企业、资金、人才的磁吸作用。建议潍坊找准自身高质量发展的优势，稳步缩小与烟台的差距，争取制造业全面领先于烟台，继续将农业树为全国标杆，第三产业坚持特色发展，成为胶东经济圈中重要性仅次于青岛的城市。

一是坚持工业立市不动摇，明确与青岛市的产业分工。高质量的工业企业是潍坊能够在GDP远落后于烟台的背景下，实现财政收入紧逼甚至赶超烟台的关键。在胶东一体化的背景下，潍坊要与青岛这一经济增长极深度融合。烟台与青岛产业结构雷同，竞争大于合作。而潍坊与青岛更多的是协作关系，而不是竞争关系。青岛市在第三产业发展方面具有显著的优势和历史基础，潍坊市应当充分利用青岛的窗口作用，在第三产业方面与青岛市错位竞争，并使胶东的服务业支撑潍坊工业制造业企业高质量发展。在"十三五"期间，潍坊市第二产业增加值占比由2015的44.1%下降到2020年的39.3%，下降4.8个百分点。这一趋势值得潍坊市委市政府警醒与重视。同期，制造业大市东莞市第二产业增加值占比由46.6%增长到56.6%，宁波、苏州、无锡、泉州这些制造业大市第二产业占比均变动不大，保持在50%左右。长三角城市与上海，大湾区城市与广州、深圳都形成了第二产业和第三产业的协作，而潍坊市与青岛市却未能形成紧密的协作关系。坚持工业立市，利用青岛市的开放优势为潍坊引流，与青岛市形成深度的产业协作，推动潍坊工业高质量发展，应当是潍坊未来发展战略的重点。

二是加快工业企业转型升级，发挥龙头企业的示范作用。潍坊上市公司均为工业企业，尽管总体经营状况好于烟台，但与烟台相比，潍坊市更依赖于少数几个龙头企业。2020年，潍柴动力利润总额高达126.82亿元，占潍坊所有上市公司利润总额205.22亿元的61.8%。潍柴动力、歌尔股份、晨鸣纸业、豪迈机械4家上市公司的总利润占全市所有上市公司利润总额的93.8%，其余20家上市公司总利润仅18.4亿元，另有4家上市公司总亏损5.62亿元。相比之下，烟台市尽管也是万华化学一家独大，但其总利润仅占所有上市公司的39.6%，烟台另有17家上市公司利润超过3亿元。潍坊财政收入过于依赖几家龙头公司更可能受到市场波动的影响。建议潍坊市制定工业企业提升转型发展规划，梳理重点支持的行业与企业进行精准支持，从市场、技术、人才引进等多方面解决企业卡脖子的问题。加快企业工业互联网的部署，推动企业生产、管理、销售全方位提升信息化水平。发挥潍柴、歌尔等龙头企业的示范作用，协助全市工业企业进行信息化改造。

三是推动工业企业绿色发展，未雨绸缪部署减碳工作。山东省是全国碳排放第一大省，2018年排放量高达9.5亿吨，远超第2名河北省8.0亿吨的水平。碳中和的国家战略之下，山东工业企业未来将面临很大的节能减排的压力。潍坊市2019年全社会工业用电431亿度，居全省第3位，略低于烟台市的436亿度，但显著高于青岛市的245亿度和济南市的222亿度。建议潍坊未雨绸缪，高度重视企业碳排放问题，提前做好规上工业企业碳排放的核算，争取未来获得更多的碳排放配额，避免碳排放交易机制实施之后给企业带来过多的成本压力。建议培育、发展和壮大环保产业企业。鼓励龙头企业将自身节能减碳的技术与解决方案推向市场，推动环境服务业发展。利用潍坊制造业的基础和优势，鼓励制造业企业进入环保装备制造业。支持固碳产业的发展，推动美晨生态环境等重点企业和上市公司做强做大。

四是进一步发挥交通区位优势，打造潍坊产业集群优势。除采矿业天然差距较大之外，潍坊与烟台两市GDP的差距主要来自两类市场主体：一是中小企业，二是外资企业。潍坊住宿和餐饮类市场主体数量比烟台市低46.8%，交通运输类企业低13.6%，批发零售类企业低14.9%。尽管潍坊规上工业企业市场主体数量是烟台的1.56倍，但其中港澳台企业主体数仅为烟台的 81%，外资市场主体数仅为烟台的 43%。若能补齐中小企业和外资企业的短板，潍坊和烟台 GDP 的差距将大大缩小。相对于烟台居于山东半岛末端的地理区位，潍坊处于山东半岛的核心地带，区位优势明显。根据省交通厅的研究，潍坊与青岛、潍坊与临沂是山东省内货运量最大的四条通道之二（其他两条为济南与德州、菏泽与济宁），可见潍坊是山东省内物流的核心节点。对于大多数实体经济的产业，物流成本占总成本的比重高达 10% 以上，而大多数产业的净利润也不超过 10%，因此，潍坊发挥交通区位优势，打造综合交通物流枢纽，降低综合物流成本，将给实体企业带来巨大的竞争优势，也可以进一步吸引各类市场主体向潍坊集聚。建议潍坊尽快做大做强潍坊港，利用对外开放口岸优势，进一步加强对外资的吸引能力；建议尽快推动稻田机场建设，重点打造东北亚货运物流枢纽；加强港口、机场、铁路、公路基础设施的互联互通，发展多式联运，打造综合物流枢纽；将物流业企业作为重点招商引资的方向，推动物流企业集聚，并通过物流产业的发展吸引各类产业向潍坊集聚。

五是进一步提升对外开放水平，重点引进全球领先的制造企业。潍坊是环渤海城市群的重要组成部分，潍坊港是国家一类开放口岸，潍坊综合保税区是山东省首个、全国第 14 个。潍坊已经具备对外开放的基础设施，但对外开放程度仍需进一步提升。以规上工业企业为例，潍坊市港澳台和外资规上企业仅 235 家，占全市规上工业企业数的 7.4%。相比之下，烟台市港澳台与外资规上企业占比为 22.4%，威海市和青岛市更是接近 25%。目前，德国、日本、美国、韩国等国在高附加值工业品和装备制造方面仍具有明显的技术和产品设计优势。自 2018 年以来，我国政府也不断放宽制造业行业外资持股比。建议潍坊高度重视引进外资制造业企业，与本土制造业企业形成相互竞争学习、良性互动的市场环境，进一步推动本市制造业企业转型升级。建议充分挖掘潍柴的产业链优势，推动产业链招商，一方面，在汽车、农机等领域引进全球领先的生产企业；另一方面，重点招商引资氢燃料电池等战略产业的领军企业，打造未来持续具有竞争力的动力产业集群。

六是进一步发挥职教优势，推动产学研一体化。潍坊虽然高等教育偏弱，但一直具有职业教育的优势。2019 年，潍坊市普通本专科学校在校生数 20.5 万人，居全省第 4 位，略低于烟台市的 23.1 万人。虽然距高等学校较为集中的济南市（54.1 万人）和青岛市（41.6 万人）差距较大，但潍坊市在支撑工业发展的职业教育方面表现较好。近两年，潍坊科技学院、山东交通职业学院、潍坊工程职业学院、山东畜牧兽医职业学院等高等学校取得的专利数超过部分省内历史较长的本科院校。例如，山东交通职业学院 2020 年取得专利 297 项，超过曲阜师范大学的 277 项。潍坊市应当高度重视和支持职业教育的发展，将职业教育与产业发展相结合。一方面，通过职业教育为区域内企业提供高素质的劳动力；另一方面，发挥职业教育的实践优势，推动产学研一体化，打造全国职业教育高地。

七是进一步提升中心城区的建设水平，加强人口集聚能力。消费是 GDP 的重要组成部分，也是带来地方税收的重要来源。人口是消费之源。目前，潍坊面临着人口流失的压力。从 2010~2020 年十年间人口变化来看，潍坊市占全省人口的比重由 2010 年的 9.49% 下降到 2020 年的 9.25%，下降了 0.24 个百分点。而同期青岛市、济南市、临沂市、东营市、菏泽市占全省人口比例均有不同程度的上升，即使是经济社会发展水平全面落后于潍坊的临沂市，占全省人口比重仍上升了 0.37 个百分点。潍坊消费能力显著落后。2019 年，潍坊市社会消费品零售总额 2388 亿元，人均 2.54 万元，同期烟台市为 2805 亿元，人均 3.95 万元。潍坊市人均社会消费品零售总额居全省第 9 位，在胶东地区仅好于日照市，显著低于威海、烟台、青岛三市。中心城区发展偏弱是潍坊人口集聚能力不足、消费水平不高的重要原因。潍坊中心城区建设水平相比所辖的寿光、诸城等经济发达县并无明显优势，与青岛中心城区建设水平更是差距明显，境内人口多选择赴青岛工作定居。潍坊中心城区的商业发展水平无论从数量还是档次与青岛均有较大差距，部分有钱人专程到青岛消费。建议潍坊高度重视中心城区的建设水平，可考虑借鉴郑东新区等新城建设经验，打造国内一流的居住、生活和消费区，留住本地人才，留住本地消费，提升对区域内人口的吸引力。

（2021 年 8 月）

潍坊打造高端制造业新高地研究

课题组[*]

一 概念界定

(一) 高端制造业的概念界定和特征分析

高端制造业是与低端制造业相对应的概念，是工业化发展到一定阶段后的必然产物，具体是指那些应用高精尖技术、先进方式、创新思维进行生产活动，实现生产的智能化、自动化、生态化和信息化，能够对产业链和价值链起到主导作用，并带来高附加值和强竞争力的制造业的总称。潍坊高端制造业主要集中在动力装备、精密制造、高端化工、新能源新材料、医药制造、机器人等领域。

高端制造业的显著特征主要包含以下几个方面。一是产业高端化。高端制造业处于产业链和价值链的高端环节，具有强带动性和高附加值等特点，能够引领整个产业链和价值链的综合提升。二是技术高端化。高端制造业以智能制造、大数据、云计算、物联网、生物科技等高新技术作为重要的技术支撑，通过高新技术的应用形成强大的市场竞争力。三是产品高端化。高端制造业生产的产品主要集中于高精尖产品，这些产品集中体现

---

[*] 课题负责人：王冰林；课题组成员：山东财经大学王明雁，潍坊市改革发展研究中心杜慧心、李朋娟。

了多领域、多学科最新研发的高精尖技术，有效提升消费者的产品体验。四是价值高端化。高端制造业的价值高端化不仅体现在所生产的产品本身，还体现在产品的设计理念、生产工艺、产品品牌等多个方面。五是思维高端化。与传统低端制造业重视简单劳动力投入和资本投入的生产思维相比，高端制造业更加重视高新技术和高端人才的投入，更加强调生产效率和生产质量。

（二）高端制造业新高地的概念界定和特征分析

高端制造业新高地是指在特定的地域范围内，依托新发展理念，应用高精尖技术，通过改造提升传统制造业或打造制造业新业态等形式，培育出一批具有世界领先地位的代表性高端制造业企业，形成具有较强区域影响力和辐射力的高端制造业集群，在高端制造业领域成为核心引领者和带动者的地区。

高端制造业新高地的特征主要有以下几个方面。一是该地区高端制造业存在明显的产业集聚，且凭借产业集聚的虹吸效应，形成一批拥有强大国际竞争力的高端制造业产业集群。二是该地区高端制造业在全球产业链、价值链和供应链体系中占据高端核心位置，成为全球产业链、价值链和供应链的重要节点。三是该地区高端制造业已经形成具有显著标识的地区品牌，且打造出一批具有国际影响力的高端制造业产业品牌和企业品牌。四是高端制造业成为该地区经济体系最重要的发展新动能，直接体现为高端制造业产值在地区制造业总产值中占绝对优势。五是该地区高端制造业呈现明显的跨地区辐射能力，对周边地区上下游相关产业起到明显的辐射带动作用。

二 潍坊打造高端制造业新高地的现实基础分析

（一）国内外经济形势分析

1. 国际经济形势分析

第一，新冠肺炎疫情全球蔓延，经济活动被迫停滞。伴随新冠肺炎疫情全球肆虐，各国因疫情影响陆续出现不同程度的停工停产情况，复工复产情况呈现严重不平衡态势。

第二,全球性经济大衰退已然形成。自2008年经济危机以后,世界各国一直在寻求各种刺激性政策谋求经济复苏,同时新一代信息技术革命也在变革全球经济发展格局。特别是新冠肺炎疫情的发生直接激化了各种隐性经济矛盾,导致世界经济出现20世纪30年代大萧条以来最严重的经济衰退。

第三,逆全球化趋势显现。近年来,贸易保护主义不断抬头,贸易壁垒不断强化,贸易矛盾不断加深,全球性产业链、价值链、供应链体系遭到破坏,现有的全球性经济格局面临重构风险。

2. 国内经济形势分析

党的十九大报告明确提出,中国经济由高速增长阶段转向高质量发展阶段。高质量发展将是当前和今后很长一段时期中国经济发展的主要方式,这既是经济发展规律的客观要求,也是中国政府和人民的主观选择。

从国家战略看,中国区域经济发展格局发生转变。中国区域发展战略由过去的东中西分布格局逐步转变为南北分布格局,而且当前的五大重大国家战略有四个明确属于东部经济发达地区,这在一定程度上反映了中国区域经济发展思路在顶层设计方面的转变。

从区域发展看,中国城市经济发展思路发生转变。2020年,山东省明确提出构建"一群两心三圈"的区域发展格局,潍坊在胶东经济圈中如何科学合理定位,进而实现资源共享、错位竞争、借力发展,将决定潍坊经济的未来走向。

从总体目标看,中国经济发展的近期目标和远景目标更加明确。根据党的十九届五中全会会议精神,中国到2035年要基本实现社会主义现代化远景目标。围绕远景目标,"十四五"规划中提出,国内市场更加强大,经济结构更加优化,创新能力显著提升,产业基础高级化、产业链现代化水平明显提高,现代化经济体系建设取得重大进展。无论是远景目标还是近期目标,高端制造业的发展都是重要的产业支撑基础。

(二)潍坊高端制造业发展现状

1. 潍坊总体经济发展现状

从总体经济数据来看,潍坊经济总体发展呈稳中向好趋势。根据潍坊市统计局发布的月度数据，2020年第一季度，潍坊地区生产总值1221.40亿元，同比下降6.2%，2020年前两季度，潍坊地区生产总值2711.78亿元，同比下降0.2%。通过前两季度的数据对比可以明显发现，在第一季度受疫情影响较大、生产严重萎缩的情况下，潍坊地区生产总值在第二季度已经明显企稳回升，增长率在第三季度实现由负转正基本没有悬念。

从产业结构来看，潍坊产业结构相对稳定。从绝对数值看，2020年前两季度潍坊第一产业增加值294.13亿元，同比增长0.3%；第二产业增加值1035.8亿元，同比无变化；第三产业增加值1381.85亿元，同比下降0.8%。从相对比例来看，2020年第一季度潍坊三次产业结构比例为8.1∶37.4∶54.5，前两季度的相应比例为10.8∶38.2∶51.0，2019年的相应比例由2018年的9.3∶41.2∶49.5调整为9.1∶40.3∶50.6。受疫情影响，相对于2018年、2019年，2020年产业结构相对比例的变化趋势有所改变，第一产业和第三产业在产业结构占比中呈现一定的上升趋势。

从区域发展来看，潍坊有待进一步优化提升。2020年上半年，在全国城市地区生产总值排名中，潍坊居全国第36位，排名较第一季度上升3位。从省内数据看，潍坊地区生产总值在全省位居青岛、济南、烟台之后，排在全省第4位。由于GDP差距较大，潍坊很难短期内赶超烟台。潍坊的区域发展相对利好在于，烟台不再被定位为省内核心城市，二者区域定位同级，这有利于潍坊在胶东经济圈乃至山东半岛经济圈中的地位提升。

从长期发展趋势来看，未来几年将是潍坊重要的历史发展节点，能否充分借助新一代信息技术和高端制造业结合的历史机遇实现城市的突破发展将在很大程度上决定今后数十年潍坊在国内、省内的地位。在平稳发展的社会中，各个城市的发展相对均衡，城市地位很难发生较大变化，只有重大的体制、技术等方面的变革才会带来城市之间的重新洗牌。而未来几年是新一代信息技术革命推动经济社会变革的关键时期，同时也是中国构建以国内大循环为主体、国内国际双循环相互促进的新发展格局的关键时期，更是潍坊凭借高端制造业带动城市整体发展的战略机遇期。

2. 潍坊高端制造业发展现状

潍坊是全国范围内具有重要影响的传统制造业强市，制造业基础雄厚，产业集群效应显著，企业活力充沛，研发能力和成果转化能力突出，这为打造高端制造业新高地提供了坚实基础。

一是产业门类齐全。按照国民经济行业分类，潍坊分布有41个工业大类中的37个，工业大类涵盖率超过90%，涉及213种主要产品，涵盖了动力装备、精密制造、高端化工、新能源新材料、医药制造、机器人等领域，高端制造业涵盖率达到100%。齐全的制造业产业门类使得潍坊拥有完整的制造业产业链条，这更加有利于发挥产业链和供应链优势，汇聚高端制造业发展资源。

二是集聚效应凸显。潍坊现有年营业收入50亿元以上特色产业集群32个，其中高端动力装备、高端畜牧产业集群规模突破500亿元；重型发动机、微型麦克风等近30种产品产销量引领全球市场，41家企业的主导产品在国内市场的市场占有率高居前3位；高端动力、声学光电等5个产业集群、7家企业入选省首批"雁阵形"产业集群，居全省第2位；10家企业入选全省百强企业，36家企业入选2020年度全省制造业高端品牌培育企业名单，位居全省第1。

三是科研支撑强势。截至2019年底，潍坊现有省级以上创新平台400多家，"政产学研金服用"创新创业共同体8个，备案山东省院士工作站98家。中科院化学所、北大现代农业研究院、北航歌尔机器人与智能制造创新技术研究院等高端院所机构落地潍坊。2019年，国内专利申请数高达2.6万件，增幅达到11%；能够体现研发成果转化能力的国内专利授权1.6万件，增幅高达22.8%。盛瑞、潍柴先后获国家科技进步一等奖，6项科技成果获省科技进步奖，1人获省国际科技合作奖。

三 潍坊制造业发展的阶段性特征

（一）理论依据

学术界的普遍性做法是通过工业化阶段的划分来对制造业发展阶段进行定位。当前，关于工业化阶段的划分标准并未形成统一共识，比较权威的主要有霍夫曼的工业结构四阶段论、配第-克拉克定理、库兹涅茨产业结构三阶段论、罗斯托的产业发展六阶段论、钱纳里的产业结构六阶段论、彼得·马什的制造业五阶段论等。

本研究综合上述各种理论的判别标准并结合潍坊经济发展实际情况，将人均GDP、三次产业结构、第二产业就业人数占比、城市化水平、制造模式五个方面作为制造业发展阶段的衡量指标，具体分类标准详见表1。

表1 制造业发展阶段判别标准

衡量指标	前工业化阶段	工业化实现阶段				后工业化阶段
^	^	工业化初期	工业化中期		工业化后期	^
^	^	^	中前期	中后期	^	^
人均GDP（美元）	860~1720	1720~3440	3440~5165	5165~6890	6890~12930	12930以上
人均GDP（人民币）	5930~11865	11865~23730	23730~35630	35630~47530	47530~89190	89190以上
三次产业占比（%）	A>B	A>20，A<B	A<20，B>C	A<20，B<C	A<10，B>C	A<10，B<C
第二产业就业人数占比（%）	17以上	17~25	25~32.5	32.5~40	40~50	50以上
城市化率（%）	30以下	30~50	50~55	55~60	60~75	75以上
制造模式	少量定制	小批量生产	小批量标准化	大批量标准化	大批量定制化	个性化量产

注：人民币和美元的汇率按照2019年汇率平均中间价6.8985进行折算，A、B、C分别代表第一、第二、第三产业在GDP中所占比重。

（二）潍坊指标分析

从人均GDP来看，近年来潍坊人均GDP保持平稳增长态势，2019年人均GDP已经达到60760元，处于47530~89190元这一区间的中间偏低位置。从三次产业占比来看，2019年潍坊三次产业占比为9.1∶40.3∶50.6，第一产业占比小于10%，第二产业占比小于第三产业；需要特别注意的是，2020年上半年由于疫情对第二、第三产业产生了较大冲击，第一产业受影响程度相对较小，2020年上半年三次产业结构占比为10.8∶38.2∶51.0，这里第一产业比重略微超过10%，但这属于突发事件产生的特殊情况，不应该当作常值进行考虑，因此在阶段定位上我们选取2019年底的相应比例作为判定依据。从第二产业就业人数占比来看，《2019年潍坊国民经济和社会发展统计公报》未发布具体就业数据，在此引用《2019年潍坊统计年鉴》中相关数据进行说明，2018年末潍坊城镇期末总就业人数为87万人，其中第二产业就业人数为42万人，占比48%；从城市化率来看，2019年末潍坊全市常住人口共935.15万人，城镇化率为62.18%。从制造模式来看，潍坊制造业还是以大批量标准化生产为主要制造模式，已经出现部分批量定制化生产，但尚不成规模，有待进一步提升。

通过以上五个衡量标准可以发现，以人均GDP、第二产业就业人数所占比重、城市化率这三个衡量标准来评判，潍坊制造业已经进入了工业化后期。据观察发现，多数研究在对中国整体或国内某一区域工业或制造业发展阶段进行判断时，往往根据上述三个指标判断其是否已经进入工业化后期，对此结果本研究持审慎态度。从三次产业占比评判，潍坊符合工业化后期第一产业占比小于10%的衡量标准，但其第二产业占比低于第三产业这一特征则属于工业化中后期的衡量标准。需要特别注意的是，后工业化阶段第二产业占比同样低于第三产业占比，之所以将潍坊据此标准定位其符合的是工业化中后期的特征，是因为工业化由中后期跨入后工业化阶段必须经过工业化后期这一发展阶段。工业化后期这一阶段也可以被称为"再工业化阶段"。如果忽视工业化后期的重要性，不经历"再工业化过程"，直接跨入后工业化时代，很容易导致制造业空心化问题。过去相当长的时间，很多发达国家都忽略了这个问题，基于全球化资源配置效率提升的考量，将制造业转移到成本更低的发展中国家，这在一定程度上确实提高了其国内价值链体系的附加值，但是也破坏了完整产业链系统，导致制造业空心化问题，随之而来的是大量就业机会的流失以及不可避免的贫富两极分化等问题。再结合潍坊现有制造业的制造模式依然是以大批量标准化制造为主要方式这一工业化中后期的显著特征，本研究谨慎提出，尽管大部分衡量指标表明潍坊制造业已经迈入工业化后期发展阶段，但实际上目前潍坊制造业处于工业化中后期向工业化后期的过渡阶段。

该阶段的典型特征主要有以下几个，一是人均 GDP 率先突破工业化中后期和工业化后期之间的临界值，这主要得益于前期依赖要素投入的粗放式增长的贡献，但是粗放式增长的潜力已得到较大程度的释放，发展速度呈现出逐渐放缓趋势，发展质量还相对偏低。二是第一产业受第二产业和第三产业快速发展的联合挤压，其产值比重已低于 10%，但这种联合挤压的主要力量是随人均收入的快速增长带来的第三产业的快速发展，第二产业有待于通过再工业化进程实现自我发展。三是城市化水平跨越工业化中后期和工业化后期之间的临界值，但处于工业化后期的中低水平，特别是与相应城市横向相比，城市化水平明显偏低，这反映出潍坊产业发展对于劳动力的吸纳能力相对不足。四是虽然已经出现部分批量化定制化生产，但其规模和影响均极其有限，仍然是以大批量标准化生产为主要制造模式，这一方面说明潍坊制造业已经出现转型升级的倾向，另一方面说明潍坊制造业仍然以传统制造模式为主，尚处于转型升级的早期阶段。

（三）横向对比分析

我们选取了苏州、珠海、佛山、宁波、嘉兴五个非省会城市与潍坊进行相关经济指标的横向比较。通过对比可以发现，苏州和珠海的各项经济指标均符合后工业化阶段的特征，而且其制造模式均已进入大规模个性化量产阶段，如世界五百强企业伟创力公司在苏州和珠海两市均建设了大型生产工厂或工业园区，实现了产品从概念设计到流通分销的全产业链服务，这只是两个城市众多个性化量产企业的缩影，因此，有充分的理由认为，苏州和珠海两市已经进入后工业化发展阶段。佛山、宁波、嘉兴三市第二产业产值比重和第二产业就业人员比重均超过 50%，也就是说，第二产业是其经济发展的主导力量，三市人均 GDP 均远超工业化后期阶段与后工业化阶段人均 GDP 分界点的 89190 元，再综合城市化率和制造模式来看，佛山、宁波、嘉兴三市基本符合工业化后期阶段特征，是工业化后期的代表性城市。需要特别说明的是，宁波 2019 年第三产业产值已经略微超过第二产业，处于工业化后期向后工业化的过渡阶段。综合来看，六座城市的工业化进程排序为苏州、珠海、宁波、佛山、嘉兴、潍坊

(见表 2)。

表 2　潍坊与其他城市经济指标对比

城市	人均 GDP（美元）	人均 GDP（人民币）	三次产业占比（%）	第二产业就业人数占比（%）	城市化率（%）
潍坊	8808	60760	9.1∶40.3∶50.6	48	62.18
苏州	25977	179200	1∶47.5∶51.5	58.30	78.70
珠海	25440	175500	1.7∶44.5∶53.8	55.80	90.70
佛山	19714	136000	1.5∶56.2∶42.3	69.70	95
宁波	20038	132603	2.8∶51.3∶45.9	57.88	72.90
嘉兴	16344	112751	2.2∶53.9∶43.9	61	67.40

注：人民币和美元的汇率按照2019年汇率平均中间价6.8985进行折算；基于数据可得性，各城市第二产业就业人数占比数据为2018年末数据，其他数据为2019年末数据；宁波市所有数据均为2018年末数据。

潍坊制造业处于工业化中后期向工业化后期的过渡阶段这一阶段定位符合潍坊制造业发展实际情况，而且有利于政府、企业等各方准确认识制造业发展现状，避免由于定位不准而出台跨越发展阶段的规划和政策。潍坊制造业当前最紧迫的目标显然是借助于新技术、新模式，通过"再造制造业"实现制造业的智能化、高精化、集群化，形成国内领先、世界闻名的高端制造业产业集群，进而将潍坊打造成为高端制造业新高地。

四　潍坊打造高端制造业新高地的对策建议

（一）明确城市定位，依托高端制造业错位发展

党的十九届五中全会指出，优化行政区划设置，发挥中心城市和城市群带动作用，建设现代化都市圈。2020年，山东省先后印发了《关于加快胶东经济圈一体化发展的指导意见》、《关于加快省会经济圈一体化发展的指导意见》和《关于加快鲁南经济圈一体化发展的指导意见》。在山东省的区域发展规划中，潍坊属于胶东经济圈核心城市，应明确自身定位，积极对接济南、青岛，特别是青岛，同时与青岛展开错位发展。结合区域发展规划和自身特点，潍坊应该将自身明确为半岛城市群高端制造中心城市、胶东经济圈高端制造业核心引领城市。

城市定位的级差决定了潍坊无法在总体上和济南、青岛等区域中心城市进行全面竞争,但是潍坊可以依托自身在高端制造业领域的明确定位错位发展,特别是加强与青岛的错位联动。潍坊可以充分运用青岛市在国际贸易、现代海洋、航运物流、现代金融等产业的发展,从贸易、物流、金融等方面汲取优质资源,助力本市高端制造业发展。同时,潍坊、青岛两市在先进制造业发展方面重合度较低,错位明显,潍坊高端制造业的发展领域主要集中在高端动力、声学光电、高端化工等领域,而青岛市主要集中在智能装备、集成电路和新能源等领域。

(二)营造高端制造业蓄力氛围,形成发展合力

在营造高端制造业蓄力氛围方面,德国走在全球前列,代表性举措为其经济事务与能源部、教育与研究部共同打造集群信息平台。潍坊应该通过多种媒体形式立体化宣传潍坊打造高端制造业的相关规划、具体实施方案、进展情况等,使各类人群都能收到相关信息,引发社会广泛关注,凝聚社会氛围。

1. 针对中老年人群采用传统方式进行宣传

在互联网时代,网络话语权主要掌握在年轻人手中,中老年人群的偏好和诉求很容易被无意忽视。特别是在整体社会运行中,中老年人群实质上才是整个社会的主导力量,他们富有经验,对自身行业的认识更加深刻,且多具有一定的专业知识和技术积累。应该说他们真正掌握着各行各业真实的话语权,同时也是整个社会最核心的中坚力量,要充分重视该群体的强大影响力。针对该群体,可以借助广播、电视、报刊等传统媒体进行宣传,宣传方式也可以选择广告等传统宣传手段。

2. 针对年轻群体采用互联网媒介进行有针对性的宣传

互联网和移动互联网是年轻群体最主要的信息获取渠道。针对该群体,应该准确把握其习惯,更多采用网络新媒体进行相应宣传。互联网时代的显著特征之一就是更迭快速,如果不能适应变化就可能很快被淘汰。潍坊应该借助抖音、今日头条、微信公众号等新媒体形式,注册潍坊高端制造业发展专属账号,通过动漫、视频、益智游戏等多种生动有趣的方式发布能够引起群体性关注的内容,选题范围可以围绕高端制造业高精尖技术的原理科普、生产过程展示、全流程可视化动画等展开。目前国内还没有具有较大影响力的地区产业发展专属账号，如果能够打造成功，必将成为潍坊政府的亮点工程。

（三）打造高素质的特色高端制造业人才队伍

打造高端制造业新高地的人才基础就是构筑集聚国内外优秀高端制造业人才的科研创新高地。例如，英国伦敦生物医药产业集群周边汇聚了众多国际顶尖的生命科学研究机构以及牛津、剑桥两大国际顶尖高校，确保了高端人才队伍的有序供给。潍坊打造高端制造业新高地，最重要的工作就是要打造一支高素质的具有显著高端制造业发展特色的人才队伍。

1. 人才培养

围绕潍坊高端制造业重点领域，全力推进国内顶尖高校、科研院所与本地重点制造业企业共建人才培养平台，有针对性地培养高端制造业管理人才和专业技术人才，将急需紧缺专业高技能人才和具有全球视野的高端管理人才作为培养重点。明确普通高校人才培养目标，扩大校企合作规模，重点培养一批既具有扎实理论功底又具有专业技能的现代化复合型高端制造业人才。强化职业院校的本地化服务意识，面向潍坊高端制造业重点领域建设一批工程创新训练中心，规模化培养符合高端制造业需求的高级技工。完善高端制造业从业人员定期培训制度，增强现有从业人员的技能水平。

2. 人才引入

当前潍坊已出台一系列人才引进政策，也取得了一定的成效，但仍需进一步加大人才引进力度，特别是要结合潍坊打造高端制造业新高地的战略目标，有针对性地引进一批高素质高技能的高端制造业人才。在人才引进政策的制定上，潍坊不应局限于对标省内的济南、青岛、烟台等市，而是要放眼全国，特别是长三角、珠三角等高端制造业发展成效突出地区，一方面要注重高端制造业人才覆盖规模，另一方面要注重高端制造业人才引进政策的针对性。此外，针对高端制造业顶尖人才引进难度大问题，还可以制定一些柔性人才引进政策，尽可能地让顶尖人才能够为我所用。

3. 人才服务

针对高端制造业人才，要做好全方位服务保障工作。要不断优化各种人才服务，给人才提供优质的生活保障和充分的发展空间，使人才能够留得住、用得好。首先是从人才服务共性出发，简化各类人才申请审批流程；推动保障性住房建设工程，满足人才的基本住房需求；对人才的配偶和子女等家属的就业就学就医开通绿色通道。其次是从高端制造业人才服务个性出发，提高高端制造业人才与制造企业的匹配度，为高端制造业人才提供必要的软硬件配套设施，为高端制造业人才成果转化提供支撑保障，为高端制造业人才提供充足的发展空间和完善的发展渠道。

（四）推动高端制造业品牌建设工程

《中共山东省委关于制定山东省国民经济和社会发展第十四个五年规划和二〇三五年远景目标的建议》明确提出要"实施质量强省和品牌战略"，可见品牌建设在接下来较长时间内都会是山东省主抓的重要战略之一。高端制造业品牌建设工程是一项全方位、立体化的系统性工程，应从城市品牌、产业品牌和企业品牌三个维度进行立体建设。

1. 塑造高端制造业新高地的显著地理标识

目前，潍坊最知名的城市品牌形象就是"世界风筝之都"。在此之外，潍坊还应该着力塑造世界高端制造业新高地的品牌形象。在高端制造业新高地的城市品牌塑造上，依然可以采用举办国际高端制造业展会、高端论坛等形式，同时也可以通过举办国际高端赛事的形式进行。这些宣传手段都属于外在手段，内在关键还在于形成一批国际领先的高端制造业产业集群，形成产业地区标识。

2. 培育一批链条完备的高端制造业产业品牌

高端制造业产业的品牌培育和产业发展具有一致性、同步性和交互性。潍坊高端制造业发展有助于产业品牌的培育，同时高端制造业产业品牌的培育反过来推动产业发展。潍坊在高端制造业产业品牌培育方面，应该与高端制造业的发展规划相一致，将高端制造业产业品牌培育的重点集中在高端装备、数字经济、生物医药、新能源新材料等新兴产业。培育产业品牌，要注重培养领导企业，通过领导企业的吸引力汇聚一批同产业上下游企业，构建起完整的产业链生态系统。

3. 打造一批层次鲜明的高端制造业企业品牌

潍坊高端制造业企业品牌建设长期以来在全国都走在前列。如潍柴、歌尔、盛瑞、天瑞、迈赫等高端制造业企业在各自领域都已经达到或接近世界领先水平，完全具备打造国际知名品牌的基础条件。潍坊应该在现有高端制造企业品牌建设的基础上，对高端制造企业进行分类，将企业品牌建设目标细化为国际知名、国内知名、省内著名、行业知名等不同层级，根据不同企业的实际情况打造不同的企业品牌形象。

（五）依托现有制造业分布，打造分散式产业集聚园区

产业集聚园区并非完全在某一地区集聚，像德国高端制造业产业集群众多，但分布非常分散，其分布主要依据自身原有制造业基础进行科学布局。在分散式产业集聚园区打造方面，要充分发挥政府的引导性作用，同时要充分运用市场化手段，引导各县市区按照功能定位，做强主导产业、做精特色产业，形成全市各区域之间错位发展、协同发展、互补发展的产业格局和产业体系。

潍坊分散式产业集聚园区可进行如下具体布局：高新开发区围绕国际动力城、国家虚拟现实产业基地建设，重点布局动力装备、新一代信息技术等产业；滨海开发区发挥临海区位优势，重点布局高端化工、海洋动力装备、临港物流等主导产业；奎文区发展新一代信息技术、高端装备等特色产业；潍城区重点布局装备制造；坊子区推动传统产业转型，重点布局智能装备、新材料等主导产业；寒亭区重点布局生物基新材料、机器人等主导产业；青州市重点布局高端装备、高端化工、汽车制造等主导产业；诸城市重点布局汽车制造、食品加工、纺织服装等主导产业；寿光市重点布局高端化工、新材料、新能源等主导产业；安丘市重点布局装备制造、节能环保等主导产业；高密市重点布局精密制造、生物医药、新材料、节能环保等主导产业；昌邑市重点布局高端化工、先进制造、纺织服装等主导产业；临朐县重点布局高端铝型材、精细化工等主导产业；昌乐县重点布局机械装备、造纸包装、新能源等主导产业。

（六）借助价值链升级，推动制造业再造

潍坊现在处于工业化中后期向工业化后期发展的过渡阶段，需要重点注意产业空心化问题，避免过早脱实向虚。该阶段的重心是借助于价值链升级，通过提高制造业发展质量，再造制造业，高端制造业的打造更是其

中的重中之重。潍坊应该明确当前发展阶段,强化高端制造业主导产业发展意识。

一是通过信息化、智能化赋能传统制造业,实现传统制造业在研发设计、生产流程、生产技术、产品品质和售后服务等方面的全面价值提升。在研发设计方面,通过大数据、"互联网+"和物联网技术实现对需求的精准把握和演进趋势分析,实现产品设计与需求之间的高效对接,避免出现供需不匹配问题;在生产流程、生产技术、产品品质等方面,通过智能制造提高资源利用效率、生产效率和质量把控能力;在售后服务方面,通过"互联网+"构建产品实时监测系统,延伸服务边界,提升用户体验。

二是转变高端制造业企业职能,创新制造业新业态,将高端制造企业打造成为集成制造商,而非单纯的生产商。高端制造业企业可以借助于新一代信息技术,向产业链上下游进行整合,扩展自身职能,融入设计和销售职能,将自身打造成为综合性的集成服务商。

三是加强价值链上下游的联动效应,在潍坊范围内形成核心价值链闭环体系。专业化分工是经济发展的结果,职能的拆分和整合具有内在合理性。但是应该以高端制造业企业为核心,强化价值链上下游之间的联动机制,将相关的上下游企业吸引到潍坊范围内,在潍坊内形成核心价值链闭环体系,这既可以增强核心高端制造企业对于产业链的把控能力,确保产业的稳定性和安全性,同时也能够将产业链上的绝大多数增加值留在本市。

(七)聚焦关键核心技术攻关,打造产业升级爆点

现阶段潍坊高端制造业关键技术攻关应该聚焦智能制造、物联网和"互联网+"等领域。从技术层面看,这些领域是在新一代信息技术革命中能够起到决定性引领作用的重要突破领域;从产业层面看,这些领域是与高端制造业联系最为紧密的领域,能够通过技术突破直接带动高端制造业的发展;从发展基础看,潍坊原有制造业基础与这些领域在演进路径上具有统一递进性,可以更好地同以上领域的技术突破进行有效衔接。

高端制造业关键技术攻关的主要载体是潍坊大型制造企业,这是由研发创新的本质特征所决定的,研发本身就是高投入、高风险活动,这就要

求研发主体具有较强的资本投入能力和风险抵御能力。潍柴、海化、歌尔、盛瑞等制造企业应当担负起关键核心技术攻关的重任，在各自领域对本领域关键核心技术进行攻关。高端制造业关键技术攻关的主要方式，一是凭借企业内部研发部门科研人员进行相应自主研发。二是采用企业与科研院所合作方式进行联合技术攻关，企业提供必要的资金和物质支撑，科研院所提供人员和技术支持。三是采用本地制造业企业与国内外相关领域技术领先巨头企业合作研发形式。

（八）强化技术融合，创建工业互联网共享平台

工业互联网是新一代信息技术与工业技术深度融合的工业新业态，是产业链、供应链和价值链的连通。平台是工业互联网的核心，共享平台是工业互联网发展的未来方向。创建工业互联网共享平台本身并不是最终目的，其最大价值在于作为重要手段推动高端制造业的产业发展。

一是加快推进5G等工业互联网基础设施的建设。5G是工业互联网共享平台建设最重要的基础设施，潍坊应该进一步加快5G建设，率先在重要工业园区实现全覆盖，为构建5G+工业互联网应用场景提供必要的基础支撑。

二是由政府牵头、大企业引领创建跨领域、跨行业的工业互联网共享平台。工业互联网共享平台本身就具有跨领域、跨行业的属性，这使得单一制造业企业并不具有充足的动力参与，反而是专业的互联网公司凭借着互联网基因更有动力去参与，如阿里云工业互联网平台、腾讯木星云工业互联网平台分别由阿里巴巴和腾讯创建。因此，政府应该充分发挥牵头带动作用，通过各种方式吸引本地大型制造业企业参与建设。

三是积极引导本地制造业企业与国内工业互联网巨头企业加强战略合作，确保共享平台的技术领先性和服务优质性。由于建设工业互联网平台对技术要求较高，当前政府与互联网巨头企业合作共建是应用最多的合作方式，如贵阳与百度、烟台与腾讯、余杭与阿里巴巴等。潍坊应该积极引导本地制造业企业与国内互联网巨头加强深度战略合作，共建工业互联网共享平台。

四是鼓励中小微企业积极融入工业互联网共享平台。工业互联网共享平台的核心价值在于其信息的共享性。应该积极鼓励中小微制造企业积极融入工业互联网共享平台，借助共享平台实现自身的借力发展。

(2020 年 12 月)

潍坊市现代服务业发展研究

课题组[*]

一 服务经济时代发展现代服务业是大势所趋

(一) 什么是现代服务业

按照科技部《现代服务业科技发展"十二五"专项规划》,现代服务业是以现代科学技术特别是信息网络技术为支撑,建立在新的商业模式、服务方式和管理方法基础上的服务产业。它既包括由技术发展而产生的新兴服务业态,也包括运用现代技术对传统服务业的改造和提升,向社会提供高附加值、高层次、知识型的生产性服务业和生活性服务,本质是实现服务业的现代化。

(二) 潍坊市为什么要发展现代服务业

1. 理论上讲,服务业发展是产业结构演变的必然趋势

根据克拉克定理和库兹涅茨规则,产业结构演变大致分为三个阶段:生产活动以农业为主的阶段、工业在整个国民经济中的比重不断上升的阶段和服务业成为国民经济中最大产业的阶段,发展服务业是产业演变的必

---

[*] 课题负责人:丛炳登;课题组成员:中国石油大学(华东)杨磊、黄新颖、刘洋,潍坊市改革发展研究中心贺绍磊、王耀强。

然趋势。

2. 实践上看，服务业发展是服务经济时代经济发展趋势

美国著名经济学家富克斯在其《服务经济学》一书中提出根据服务业就业人数占全部就业人数比重来判断服务经济时代，中国社会科学院夏杰长研究员认为，对于中国而言，还要考虑服务业增加值占 GDP 的比重。关于这个比重应该是 50% 还是 60%，学者们存在一定争议。按照社科院 50% 的标准，世界主要发达国家如美国早在 20 世纪 70 年代就进入了服务经济时代，2018 年我国服务业增加值占 GDP 比重超过 50%，标志着我国进入服务经济时代，特别是北京、上海、广州、深圳等大都市，服务业增加值占 GDP 比重已经超过 70%，达到了世界发达国家的水平。服务经济时代，服务业成为拉动经济增长的关键产业。

3. 发展现代服务业是产业结构优化升级的内在需求

现代服务业是产业结构优化升级的关键推手。发展现代服务业可以增加就业，创造新的就业岗位，提供灵活就业方式，在很大程度上缓解制造业转型升级带来的就业压力。现代服务业尤其是生产性服务业位于微笑曲线的两端，为制造业转型升级提供很好的支撑和推动作用。现代服务业的特点决定了其本身发展就是产业结构升级的体现。因此，发展现代服务业尤其是生产性服务业，是产业结构优化升级的内在需求。

4. 发展现代服务业是适应居民消费需求升级的内在需求

潍坊市居民恩格尔系数已经降到 30% 以下，居民消费从生存型消费向发展型、享受型消费转变，且服务消费需求快速发展。为了适应居民消费需求扩张和升级的趋势，要积极发展生活性服务业，更好地满足潍坊市居民对美好生活的期待。

5. 发展现代服务业是构建新发展格局的内在需求

我国正着力构建以国内大循环为主体、国内国际双循环相互促进的新发展格局。在这样的背景下，现代服务业尤其是生产性服务业发展可以打通商品流、资金流、信息流、人力资本流的瘀点和堵点，促进商品流的高速运转。金融业促进资金流高效流通，信息与技术服务业打通信息通道，教育及培训业提供人力资本储备。这些现代服务业的发展对于畅通经济循环至关重要。

二 潍坊市服务业发展现状分析

（一）潍坊市服务业发展特征

1. 服务业规模不断扩张，但规模与济南市和青岛市存在较大差距，且增速变缓趋势显著

"十二五"和"十三五"十年间，潍坊市服务业增加值由1204亿元增长到3028亿元，增长了1.5倍，占GDP比重由37%增长到51%，对经济增长的驱动作用不断增强，但体量仍然较小，低于全省平均比重的53.6%，与济南市的61.6%和青岛市的61.4%存在较大差距。随着经济增速变缓，潍坊市服务业增加值增速变缓趋势明显，由2011年的10%以上下降到2015的9.8%，并继续下降到2020的3.5%，低于全省服务业平均增速的3.9%，更低于青岛市服务业增速的4.1%。

2. 生产性服务业是服务业主体，但总体规模较小，发展落后

从服务功能角度，服务业分为生产性服务业和生活性服务业，生产性服务业为生产活动提供运输仓储、研究设计、信息服务、金融服务、商务服务等活动，生活性服务业直接向居民提供物质和精神生活消费产品和服务。相比于生活性服务业，潍坊市生产性服务业发展规模较大，是服务业的主体，2020年生产性服务业增加值为1739.61亿元，占服务业比重接近57%，占GDP的比重接近30%，是生活性服务业增加值的1.47倍。但从绝对规模看，2019年，青岛市和济南市仅"批发零售业+交通运输仓储业+金融业"三个产业的增加值总和分别是2020年潍坊市生产性服务业总量的1.9倍和1.5倍。可见，潍坊市生产性服务业总体规模仍然较小，发展较落后。

3. 生产性服务业规模较快扩张，现代生产性服务业发展不足

2011年以来，潍坊市生产性服务业以较快的速度扩张，其增加值2015年超过1000亿元，2020年达到1739亿元。从相对规模看，生产性服务业增加值占GDP和服务业的比重也不断提高，占GDP的比重由2011年的不足20%提升到2020年的接近30%，占服务业的比重由2011年的

51%提升到2020年的57%。但增长速度明显变缓，2017年降到10%以下，2020年增速仅为4%。

批发零售业是潍坊市第一大生产性服务业，增加值占比由2011年的60%降到2020年的46%，以批发业为主，数量较多的批发企业是矿产品、建材及化工产品批发，机械设备、五金产品及电子产品批发等。金融业是潍坊市第二大生产性服务业，占比维持在20%左右，2019年、2020年增速分别达到6.7%和9.1%，增长势头明显，但与青岛市和济南市金融业规模相差较大。交通运输仓储邮政业是潍坊市第三大生产性服务业，2020年占比降到15%，传统运输业是主体，尤其是公路运输，物流业发展较快。租赁与商务服务业、信息传输软件和信息技术服务业、科学研究和技术服务业规模小，但电子商务发展较快，信息传输、计算机服务和软件业自2014年以来一直以两位数的速度增长，也是服务业中盈利性最好的行业。可见，潍坊市生产性服务业以传统服务业为主，商务服务业、信息技术服务业和科技服务业等高端服务业占比仍然较低，现代生产性服务业发展不足。

4. 生活性服务业规模不断扩大，但规模仍然较小

2011年以来，潍坊市生活性服务业以较快的速度扩张，2015年生活性服务业增加值仅为821亿元，2017年超过1000亿元，2020年达到1180亿元，但规模仍然较小，与青岛市和济南市相差较大。2015年以来，潍坊市生活性服务业占服务业比重保持在39%左右，2020年占GDP比重的20%。

5. 房地产、教育、公共管理社会保障和社会组织业是生活性服务业的三大产业，高端生活性服务业发展不足

从产业规模看，潍坊市的前三大生活性服务业为房地产业、教育服务业、公共管理社会保障和社会组织业。房地产业是潍坊市第一大生活性服务业，增加值比重维持在25%以上，且以较快速度增长。2020年，教育服务业逆袭成为潍坊市第二大生活性服务业，增加值比重达到21%，2018~2020年增速分别为8%、7.4%和9.5%，超过GDP增速和服务业增速，职业教育发展较好。公共管理社会保障和社会组织服务业是潍坊市第三大生活性服务业，增加值比重为19%，但近两年发展速度明显慢于教

育服务业，2020年增速仅为4.9%。居民服务业、卫生和社会工作、住宿餐饮业规模都较小，规模相差不大，尤其文化体育和娱乐业规模很小。可见，潍坊市生活性服务业发展比较均衡，发展水平和层次都比较低，生活性服务业结构不优、能级不高，具有引领辐射效应的居民高端生活性服务业发展明显不足。

（二）潍坊市服务业发展阶段

随着城市经济的发展，服务业发展一般经历三个阶段：专业化阶段、多样化阶段、高级专业化或高级多样化阶段。通常采用相对专业化发展指数RZI，即区位熵衡量服务业的专业化程度，计算公式见（1）、（2）、（3），采用相对多样化指数（RDI）衡量服务业的多样化发展程度，这里采用赫希曼-赫芬达尔指数计算多样化指数，计算公式见（4）。

$$S_{ij} = X_{ij} / \sum_j X_{ij} \tag{1}$$

$$S_j = \sum_i X_{ij} / \sum_i \sum_j X_{ij} \tag{2}$$

$$RZI_i = \max_j \left(\frac{S_{ij}}{S_j} \right) \tag{3}$$

其中，X_{ij}表示i地区j产业的增加值，$\sum_j X_{ij}$表示i地区所有产业的增加值。

$$RDI_i = 1 / \sum_j |S_{ij} - S_j| \tag{4}$$

1. 生产性服务业处于低层次多样化发展阶段后期

根据2015~2018年山东省和潍坊市生产性服务业的增加值数据，按照以上专业化指数和多样化指数的计算公式，计算出潍坊市生产性服务业专业化指数和多样化指数（见图1）。

从图1可以看出，第一，潍坊市生产性服务业专业化指数呈现先小幅下降然后上升的趋势，专业化程度最高出现在2018年，但数值非常小。第二，潍坊市生产性服务业多样化指数呈现先上升然后下降的趋势，多样化指数处于较高位。可见，潍坊市的生产性服务业处于低层次的多样化发展后期，以"摊大饼"的方式建立起完整的生产性服务业体系，专业化

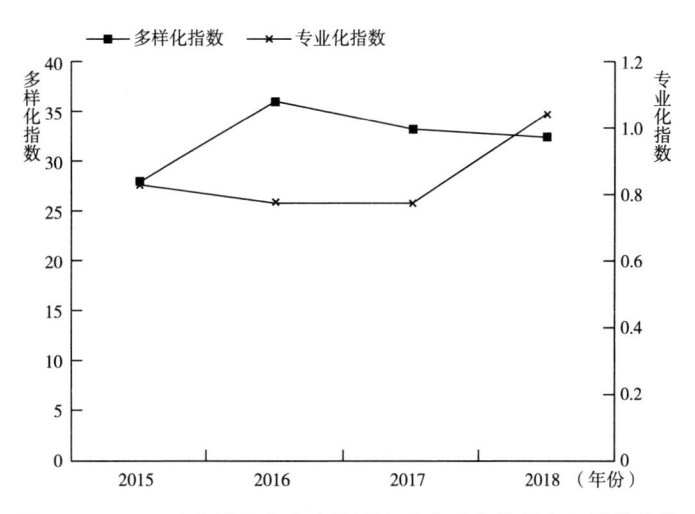

图 1　2015~2018 年潍坊市生产性服务业专业化指数和多样化指数

发展程度很低，但自 2018 年后专业化程度开始提升，呈现出向高级专业化过渡的趋势。

2. 生活性服务业处于低层次多样化阶段中期

根据 2015~2018 年山东省和潍坊市生活性服务业的增加值数据，计算出潍坊市生活性服务业专业化指数和多样化指数（见图 2）。

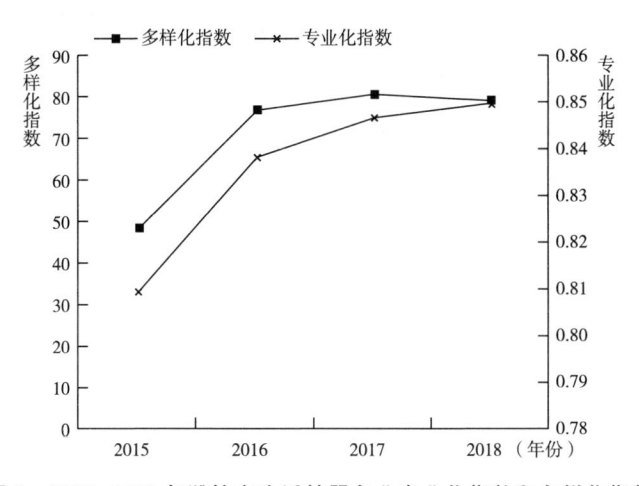

图 2　2015~2018 年潍坊市生活性服务业专业化指数和多样化指数

从图 2 可以看出，第一，潍坊市生活性服务业的专业化指数呈现上升的趋势，但数值一直很低，最大值小于 1。第二，潍坊市生活性服务业的多样化指数先上升，然后自 2016 年数值趋于稳定并处于较高水平。可见，潍坊市生活性服务业发展处于低层次多样化发展阶段中期，正处于以"摊大饼"的方式建立生活性服务业体系的时期，多数产业发展水平很低，整体专业化发展水平很低。

（三）潍坊市服务业的优势产业

潍坊市作为中等规模城市，在服务业由低层次向较高层次发展阶段，非常重要的工作之一是选出具有比较优势和发展潜力的产业，不断提升其专业化发展水平和产业集聚。在以上计算公式（1）、（2）的基础上，在公式（3）中删除取最大值的步骤，可以计算出潍坊市服务业内部各产业的专业化指数，找出具有比较优势的产业（见图 3、图 4）。

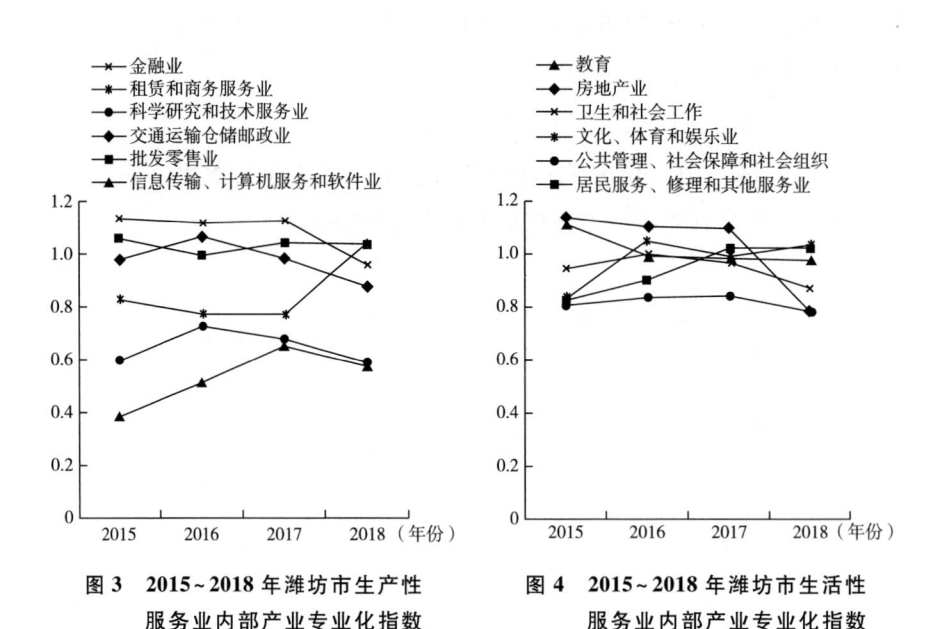

图 3 2015~2018 年潍坊市生产性服务业内部产业专业化指数

图 4 2015~2018 年潍坊市生活性服务业内部产业专业化指数

2018 年，潍坊市生产性服务业内部专业化指数大于 1 的优势产业仅有两个，分别是租赁和商务服务业、批发零售业，且专业化指数仅略大于 1，这显示潍坊市这两个产业专业化水平略高于全省平均水平，还未出现明显的产业集聚。金融业的专业化指数2015~2017年均大于1，但2018年降到1以下，表明这几年潍坊市金融业较全省平均水平存在非常微弱的优势，但发展存在一定的波动性。

2018年潍坊市生活性服务业内部专业化指数大于1的产业有两个，分别是文化、体育和娱乐业及居民服务、修理和其他服务业，两个产业的专业化指数都以较微弱的优势大于全省平均水平，但不显著。教育服务业的专业化指数自2016年小于1，且呈现下降的趋势，表明潍坊市教育服务业曾经发展较好，高于全省平均水平，但近几年发展相对缓慢，不再具有比较优势。

（四）对潍坊市生产性服务业发展的SWOT分析

一个城市生产性服务业的发展受到多种因素的影响，主要有要素禀赋、经济基础、市场化程度、创新能力和营商环境。要素禀赋主要包括区位要素和劳动力要素，经济基础包括经济发展水平、产业结构和对外开放程度，市场化程度可用民营经济发展体现，创新能力主要体现在创新投入和创新产出两个方面，营商环境可通过政府相关政策体现。采用SWOT分析对影响潍坊市生产性服务业发展的主要因素进行优劣势分析，然后从外部环境、技术、宏观政策等方面分析潍坊市生产性服务业发展面临的机遇和挑战，在此基础上提出潍坊市生产性服务业的发展顺序、发展对策与保障措施。

1. 潍坊市生产性服务业发展的优势

（1）区位优势

潍坊市位于山东半岛的中部，北面是渤海湾，东连青岛、烟台，西连淄博、东营，南连临沂、日照，是山东半岛城市群的轴心，连接山东省沿海与内陆地区。得天独厚的区位优势赋予其交通优势，潍坊市是山东省客货运公路、铁路和水陆交通的中转站，是海外物资进入内陆和内陆物资出海的重要通道。潍坊港与大连、天津、京唐等港口相互补充，省内是承接青岛、日照、烟台等主要港口的货物转运地和连接滨州、东营、济宁等中小港口的最佳地，是鲁中、鲁北、鲁西物资出海陆路运距最短、最便利的港口。

（2）劳动力资源优势

劳动力资源是产业和经济发展的最基本要素。潍坊市人口资源非常丰富，2019年潍坊市总人口为935.15万人，是山东省第二大人口城市，占山东省总人口的比重为9.3%，潍坊市就业人数为551.8万人，低于临沂市和青岛市，是山东省第三大就业人口城市。

（3）产业优势

潍坊市生产性服务业发展的产业优势包括农业优势和工业优势。潍坊市农业发展突出，专业化、集约化、标准化、生态化程度较高。2019年，潍坊市农业总产值为995.05亿元，是山东省第二大农业产值城市，占山东省农业总产值的比重达到10.3%。其中，农业和牧业是主要的农业产业，占农业总产值的比重分别为52.8%和28.8%。潍坊市工业尤其是制造业发展良好，产业门类齐全。2019年，潍坊市规模以上工业企业资产和利润规模分别为9171.31亿元和357.59亿元，落后于青岛市和烟台市，居山东省第3位。

（4）市场化程度

潍坊市非常重视非公经济的发展，采取多种措施打造一流营商环境，非公经济的地位飞速提升。2019年底，潍坊市民营市场主体达到103.3万户，包括私营企业和个体工商业户，其中个体工商业户占绝大多数，达到70%以上。2019年潍坊市非公企业创造增加值3242.5亿元，占GDP的比重为57%。从工业总产值来看，规模以上非公工业企业总产值所占比重超过99%，非公经济发展良好，市场化程度较高。

2. 潍坊市生产性服务业发展的劣势

（1）科技创新能力

科技创新能力从创新投入和创新产出两方面体现。从创新投入看，潍坊市不管是研发经费投入还是研发人员投入都明显较低。2019年，潍坊市研发经费投入为119.88亿元，居全省第4位。研发经费投入占GDP比重为2.1%，与青岛的2.56%和济南的2.47%存在较大差距。潍坊市有高等学校15所，专职科研机构30家左右，与济南市的52所和67家、青岛市的24所和58家相差较大。从创新产出看，潍坊市创新产出不仅数量少且层次较低。2019年，潍坊市专利申请受理数和授权数分别为25651件和15677件，显著落后于居于前两位的青岛市和济南市，且实用新型专利占总授权数的75%以上。

（2）对外开放程度

对外开放程度可从对外贸易和外商直接投资两个方面来看。2019年，潍坊市对外贸易总额为2589832万美元，落后于青岛市和烟台市，居全省第3位。潍坊市实际利用外商直接投资为69940万美元，不管是绝对数量还是占GDP的比重都落后于青岛市、济南市、烟台市和威海市。可见，潍坊市对外开放程度不高。

（3）营商环境

潍坊市对生产性服务业发展的关注度不够，政策引导和支持力度不足。首先，缺乏专门的生产性服务业发展规划。虽然2008年颁布了《潍坊市服务业发展规划》，但该规划没有生产性服务业整体发展思路和发展步骤等内容，对生产性服务业发展重视度不够。其次，自2015年以来，由潍坊市政府和市政府办公室下发的近1000份文件中，没有找到针对生产性服务业发展的专门性、直接性文件。与青岛、济南、烟台等城市相比，潍坊市"小富即安""安于现状""工业强市"等思想观念更重，不利于生产性服务业的发展。

（4）人力资本

生产性服务业由低级向高级转化的最关键因素是高层次人才的供给。高层次人才按照获得本科及以上学历的人来计算，潍坊市在人力资本方面表现出明显的劣势。第七次人口普查数据显示，潍坊市大专及以上学历人口占总人口的比重为14%，略高于全省平均水平，但与济南市和青岛市的20%以上相差甚远，甚至低于东营和淄博，仅居于山东省第7位。

3. 潍坊市生产性服务业发展的机遇

（1）服务全球化加快发展带来的机遇

随着全球化的发展，服务业跨国投资不断增加，国际服务业外包发展前景广阔，服务业跨国转移成为新一轮国际产业转移的重点，潍坊市在一些生产性服务业行业具有一定的竞争优势，可以成为电子信息、纺织、医药化工、食品加工、化工、先进设备制造、智能制造装备、金融、现代物流等产业全球产业转移、服务外包和国际并购的重点区域,使生产性服务业借此契机实现快速发展。

(2)信息化和交通网络的发展带来的机遇

高度发达的信息技术是生产性服务业企业管理体系和生产体系不断分离的催化剂。便捷和低成本的信息和交通网络有助于企业在不同区域分别开展技术研发、产品生产、市场营销等环节,以便充分发挥城市—区域比较优势,实现服务环节的重组和重新分工。

(3)胶东半岛一体化发展的机遇

2020年,山东省政府出台了《关于加快胶东经济圈一体化发展的指导意见》,明确提出了山东省胶东半岛青烟威潍日五市一体化发展方向和发展思路,胶东半岛城市群不仅与省会城市群作为"一体两翼"整体布局中的"一体",而且被提高到全国重点城市群的地位,这对胶东五市来说是前所未有的机遇。潍坊市应找准在胶东半岛城市群的发展定位,主动融入胶东经济圈和青岛都市圈,实现突破性发展。

4. 潍坊市生产性服务业发展的挑战

(1)周边地区竞争带来的挑战

周边地区竞争表现为三个方面,一是制造业之间的竞争。潍坊市及周边的青岛市、烟台市制造业层次都不高,处于"微笑曲线"的底端,具有一定的趋同性。潍坊市制造业规模和层次与青岛市、烟台市相比处于劣势,在区域竞争中潍坊市制造业发展受限,制约着生产性服务业的发展。二是生产性服务业之间的竞争。与青岛市、烟台市等周边城市相比,潍坊市生产性服务业发展不具有绝对的优势,潍坊市的金融业、信息产业、科技服务业等受到区域经济较发达城市的竞争与挤压,在一定程度上制约着潍坊市生产性服务业规模的扩大和层次的提高。三是人力资源方面的竞争。潍坊市本身对高素质人力资源的投入不足,在相同条件下,高层次人才更倾向于流向青岛、济南等省内一线城市。

(2)辐射能力和市场需求有限带来的挑战

潍坊市自身市场需求空间有限,生产性服务业发展起来后能向哪些地区辐射,决定了其市场需求的空间扩展能力。首先,青岛、济南等省内一线城市本身比较注重生产性服务业的发展,规模和层次相对较高,潍坊如何与这些城市实现优势互补。其次，潍坊市生产性服务业如何向临沂、日照等省内三线城市辐射，有待思考和挖掘。

三　国内其他城市发展现代服务业的经验

（一）苏州市生产性服务业发展经验

苏州市是全国最大的制造业城市之一，苏州瞄准生产性服务业，抢占生产性服务业高地，争创全国生产性服务业标杆城市，大力发展与高端制造业相匹配的生产性服务业，取得良好成效。以下两点经验值得借鉴。

1. 思想认识深刻，观念转变快

第一，深刻认识到发展生产性服务业的重要性和迫切性，瞄准生产性服务业，以最快的速度抢占生产性服务业发展高地。

首先，生产性服务业是赋能"新苏州制造"的利器。苏州市将生产性服务业与制造业放在同等地位上，发展生产性服务业解决制造业转型难题。为此，苏州市鼓励制造业更加聚焦自己的核心业务，把具有行业发展前景和雄厚基础的服务业分离出来，助推生产性服务业向专业化和价值链高端延伸。

其次，生产性服务业是成长性最好的产业。工业化晚期及其以后阶段，第三产业增速明显增快，成为经济体系的最主要产业，是驱动经济增长的关键力量。而且生产性服务业位于产业价值链微笑曲线的两端，已成为增速最快的产业。近几年，苏州市生产性服务业增加值年均增速8%以上，已表现出良好的快速增长势头，成为成长性最好的产业。

第二，认识到政府引导推动生产性服务业发展的重要性。苏州市政府采用政府和市场多元化投入方式，引导鼓励更多社会资源进入生产性服务业，加速其发展。这种政府助力模式的特点，一是站位高，挖掘与高端制造业匹配的高端服务需求，使生产性服务业向微笑曲线的两端延伸，开拓更广阔的市场空间，打造全国生产性服务业标杆城市。二是政策落地实，落实好各类扶持激励政策，促进生产性服务业企业做大做强。三是服务保障优，优化营商环境，降低制度性交易成本，为制造业和生产性服务业搭建共享供给服务平台，倾力打造"苏州最舒心"营商服务品牌，强化土地、资金、能源等要素保障力度，面对面、实打实地帮助企业解决问题。

2. 行动上找准目标，果断集中攻击

（1）确定重点发展领域

根据经济发展基础与特点、未来发展需求以及长三角区域发展需求，苏州市确定了生产性服务业9大重点发展领域，即信息技术服务、研发设计、检验检测认证服务、知识产权服务、节能环保服务、商务服务、供应链管理、金融服务、人力资源服务。

（2）明确发展定位

苏州市生产性服务业的发展定位为与上海功能互补的重要区域性生产性服务中心城市。错位积极融入长三角一体化发展战略，立足国内最发达的制造业，发展与制造业相匹配的生产性服务业，使其与制造业"跑速同步"。

（3）采取饱和性扶持和激励政策

政府集中多方面力量聚焦生产性服务业，采用政策组合拳，在土地、资金、人力资源、税收、领军企业认定等多方面对生产性服务业企业采取扶持和激励政策。实施政策奖励，对市级技术先进型生产性服务业企业至获得国家技术先进型服务企业认定为止，每年参照国家技术先进型企业所得税优惠政策对企业给予奖励。对生产性服务业重点领域作出突出贡献的高端人才，实施高端人才贡献奖励。

（4）集聚区发展模式

苏州市政府推进现代服务业集聚区的培育和建设工作，建成10家以上省级生产性服务业集聚示范区，涵盖现代物流、科技服务、商务服务、人力资源服务等领域，并建立考评体系和考核办法，对集聚区进行年度考核。

（二）临沂市物流业发展经验

1. 临沂市物流业发展概述

临沂市位于鲁南苏北枢纽之地，依托便利的区位交通优势，商贸物流业发展迅猛，形成了市场带动物流、物流服务商贸的产业格局。2020年，临沂市有规模以上物流企业264家，5A级物流企业4家，2A级以上物流企业32家，大中型物流园区29处。有2000余条物流专线由临沂辐射全国所有县级以上城市，通达所有港口和口岸，且物流价格比全国平均水平低20%~30%。2020年，临沂市实现商品市场交易额2439亿元、物流总额5380亿元，是名副其实的中国物流之都和全国流通领域现代物流示范城市。

2. 临沂市物流业发展的经验借鉴

(1) 物流业与商贸业协同发展

临沂物流业的发展与商贸市场的繁荣息息相关。临沂商城有专业批发市场130多家，各类商品交易市场800多个，经营6万多个商品品牌，商贸产业的发展为物流产业提供了充足的货物运输需求，物流业从无到有、由小变大、变大为强。2005年，临沂已经建立起包括农产品物流、制造业物流在内的商品繁多、相对完善的物流产业体系，自此物流发展开始反哺商贸产业发展，引领商贸产业转型升级。

(2) 区位优势成就物流集散地和中转地

临沂市凭借突出的区位优势，在促进本地货源物流的同时，成为外地商品流入过境的优先中转之地，成为"买全国、卖全国"的商贸物流集散地和中转站。临沂在国内地理位置上优势突出：从南北方向看，临沂与北京、上海的距离相等，三个城市几乎是直线；从东西方向看，临沂至郑州的距离等于郑州到西安的距离，西安、洛阳、郑州、开封、临沂五个城市几乎是直线；从东北角度看，临沂和哈尔滨、长春、沈阳、大连几乎是一条直线；从西南角度看，临沂和合肥、南昌、赣州、广州几乎是一条直线，这五个城市之间的距离是均匀的。此外，临沂与武汉、长沙、南宁几乎是一条直线。显然，临沂的物流中转站可以有效地节省距离和时间成本。此外，临沂土地资源丰富、仓储成本低。

(3) 建设立体交通设施网络和全覆盖物流运输网络

临沂建成海陆空立体化交通设施。境内以5条高速公路、8条国道和11条省道干线为主，形成了便捷的公路网络，其中京沪高速是主要通道。市域5条铁路线形成"两纵三横"主骨架，鲁南铁路物流园等园区成为铁路物流发展的重要载体。临沂机场开辟了通往全国22个城市的26条航线，以及至韩国、泰国的国际航线。临沂港东靠青岛港、日照港和连云港，实现集装箱公海联运，直达东南亚、俄罗斯、日本、韩国等国家和地区。在良好的交通网络支撑下，临沂的物流网络覆盖了全国 1800 个县级以上网点并辐射全球 30 多个国家和地区。

（4）发展第三方物流，带动第四方物流

随着物流需求量的增大，在国家物流标准化试点城市建设和智慧物流示范城市建设契机下，临沂市积极完善物流基础设施和配套物流设施设备，搭建智慧云信息平台，一批专门提供物流活动服务的第三方物流企业发展起来，专业化水平不断提高。第三方物流的发展带动了专门提供物流规划、设计、物流信息系统、供应链管理等活动的第四方物流企业的产生和第四方物流的发展。第四方物流通过信息技术，提供物流信息平台服务，利用物流大数据提供完整的供应链管理，临沂物流业逐渐走向专业化、信息化、智能化。第三方和第四方物流的发展，将传统物流与信息服务、金融、商务服务甚至教育培训相结合，提供高效、精准物流服务。

（5）规划长远的物流发展战略

临沂市根据交通设施快捷性和产业空间分布，制定了"1579"现代物流发展战略，构建"一带五中心七园区九基地"现代物流发展体系，推动临沂物流业跨越式大发展大繁荣。一带，G2 生态商贸物流带；五中心，物流小镇总部集聚中心、高铁物流中心、国际空港物流中心、高速物流中心、综合保税国际物流中心；七园区，鲁南铁路物流园区、临沂城际分拨物流园区、临沂快递物流园区、临沂工业品物流园区、临沂商城"一带一路"出口产品加工物流园区、经开制造业物流园区、临港国际物流园区；九基地，各县根据产业结构特点，分别建设不少于一处具有当地产业特色的物流基地。

（6）会展业助力商贸业和物流业发展

依托专业批发市场密集的优势，临沂市快速发展会展业，促进对外开放，增强品牌效应，进一步拉动了临沂商贸业和物流业的发展。2020 年，临沂市举办各类展会 149 个，参展企业 2.56 万家，举办节庆、论坛活动 37 项。在商务部中国会展经济研究会发布的《2020 中国城市展览业发展综合指数》中，临沂市城市展览业发展综合指数排名居全国第 12 位，在全国非省会地级市中居于第 1 位。

四 加快潍坊市现代服务业发展的对策

(一) 发展目标和发展方向

1. 潍坊市服务业发展目标

一是继续扩大服务业总量规模。潍坊市应立足于本市,逐步扩大生产性服务业的规模,在做大做强服务业的基础上,服务半径不断扩大,东部直达青岛、烟台、威海、日照四个城市,西部向淄博、济南、临沂、东营等城市扩展。二是优化升级服务业结构。生产性服务业重点要提高知识型服务业的比重,加快功能性服务业的升级,形成在山东省境内具有竞争优势的一批特色服务业,培育在全国具有一定竞争力的特色服务业。生活性服务业着眼潍坊市人民需求的变化,聚焦潍坊市生活性服务业的重点领域和薄弱环节,优化服务供给,增加短缺服务,开发新型服务,促进潍坊市消费结构的升级。

2. 潍坊市服务业发展方向

一是集中优势要素发展特色服务业,集中人力、物力、政策等发展优势产业,重点发展现代物流业。二是抓住当前国际产业转移的新形势,加快发展知识性服务业、科技服务业和信息与技术服务业。三是发展与先进制造业、新型战略产业、现代农业相匹配的高端功能性服务业,推动产业的深度融合,重点发展金融业、职业教育培训业。潍坊市生活性服务业的发展方向是快速扩张,增加总量规模,在规模扩张过程中,借助信息技术实现结构升级。

(二) 重点产业发展建议

1. 现代物流业

现代物流业是潍坊市首先应该大力发展的生产性服务业。潍坊市现代物流业的基本发展思路是,坚持"大物流"发展观,以海陆联运为基础,扩大物流服务半径,建设我国东西部物流中转枢纽,发展专业化、信息化、智能化的现代物流业。

第一,要突破服务半径,扩大辐射区域,提高物流业的产业规模和发展速度。借鉴临沂市物流业发展经验,服务半径不断扩展。从南北方向看,临沂从最初的服务于北京、上海等城市,向南延伸到合肥、南昌、赣州、广州、南宁等城市,向北到达东北三省;从东西方向看,临沂从最初主要服务于山东、河南两省,扩展到通过连接青岛等东部沿海地区,沿着"一带一路"辐射到郑州、西安、武汉、长沙等地。临沂市的辐射区域既包括了我国经济最发达的地区,也包括当前发展速度最快的地区,还包括了未来发展最具有潜力的地区,推动着临沂市物流产业的快速发展和不断升级。潍坊市当前的服务半径主要在山东省区域范围之内,服务半径过于狭窄,另外,山东省经济的活跃度与南方各省市相比有较大的差距,制约着潍坊市物流业的发展。潍坊市应立足于胶东半岛、全国交通枢纽这一区位优势,利用海运、陆运的联动机制,将服务区域向东扩展到日本、韩国等海外市场,向南扩展到广东、福建等经济最活跃的地区,乃至东南亚,通过扩大服务区域,推动潍坊市物流业发展进入快车道。

第二,要构建智能化、一体化的现代物流体系,创造物流业发展的规模经济。现代物流体系应当是集运输、仓储、装卸、搬运、包装、配送、信息处理等各种业态于一体的新型物流体系,在这一体系中,不同业态之间高度融合,互相促进,形成良好的协作机制。潍坊市应以陆路和海路运输网络为基础,建立海陆空联动的立体交通设施网络,建设覆盖辐射区域内涵盖县级地区的多层网点,形成全覆盖的物流运输网络体系,建立高度集聚的物流中心和物流园区,大力发展第三方物流和第四方物流,创造现代物流业发展的规模经济。

第三,要加快建设一批高层次、有特色的物流园区,促进物流产业集聚。一是打造制造业产业物流园区。潍坊市应立足于胶东半岛,打造以区域配送为特色,以产业物流为主导,以第三方物流集聚和物流资源整合为核心,以原材料加工分拨为拓展,以物流科技应用为支撑的制造业、商贸业、物流业三业联动的现代物流园区。二是打造大宗商品物流园区,以石油化工等大宗商品物流为突破,发挥山东港口集团化的优势,承接山东沿海港口国内外大宗商品的货物运转,形成大宗商品中转物流园区。三是打造国际物流园区。抓住"一带一路"、中日韩自贸区等战略的发展机遇,形成"潍坊—胶东半岛—东北亚—东南亚"跨境服务,以"国际采购、区域分拨、城市配送"为主要功能,打造成信息互联共享的国际物流园区。四是打造快递物流园区。以现有潍坊市快递区域中心为基础,以服务于胶东半岛为当前目标,未来扩展到以江苏北部、东北地区为发展目标,按照建设二级以上区域分拨中心的标准,吸引国内外知名快递企业入驻园区,形成仓储、配送、包装、销售、信息管理等全产业链电商服务的现代化快递园区。

第四,构建"大物流"观念,扩展现代物流产业链条的广度和深度。现代物流业是一个复合型产业,不仅包括商品运输、仓储、搬运、包装、配送等活动,而且需要物流、仓储、配送等信息管理系统,需要大量资金和专业人才的支撑。同时,物流业与商贸业相辅相成、联动并进,而会展业为商贸业和物流业繁荣发展锦上添花。潍坊市应构建"大物流"观念,大力发展与物流业相匹配的商贸产业、信息服务业、金融业、教育服务业和会展业。一方面,在产业广度上,形成制造业(现代农业)—物流业—商贸业—会展业的大物流产业链;另一方面,现代物流业具有专业化、信息化、智能化、知识化的特点,潍坊市要发展与物流业相匹配的金融、信息和人力资本服务供给,积极发展金融业、信息服务业和教育服务业,增强产业深度,形成现代物流业的"产业+信息+资本+人才"四轮驱动机制。

2. 金融业

金融业是实体经济的润滑剂,是现代经济的血脉,潍坊市应积极发展金融业。潍坊市金融业的基本发展思路是,坚持金融服务实体经济,"抓大抓小"发展金融业,"抓大"是指金融业精准服务于大型重点工农业企业,"抓小"是指金融业满足众多中小微企业的融资需求。

一是坚持金融为实体经济服务,加强产融深度融合。产融融合是金融产业发展的基础,实体经济的发展,扩大了金融产业的规模,推动金融产业不断升级。杭州金融业的发展与数字经济的发展密不可分,数字经济的发展诞生了新型的金融业态——金融科技,使杭州市金融产业实现了跨越式发展。潍坊市应抓住产业结构升级的时机,在加快发展新能源、生物技术、新材料、机器人等高端、高效、高附加值新兴产业的同时,利用各种金融业态,实现与新兴产业的深度融合,在推动新兴产业发展的同时加快金融业发展。

二是发展普惠金融、供应链金融等多种业态，为中小微企业提供金融支持。潍坊市中小微企业的金融支持仍然主要来自传统金融业，因此，创新金融服务模式，解决中小微企业的融资难问题，既是潍坊市经济发展的需要，也是潍坊市金融业突破的需要。潍坊市的县域经济较活跃且发达，中小企业众多，潍坊市应以奎文区国际金融中心为基地，吸引各类金融机构落户，如农村合作银行、保险担保机构、科技金融机构、供应链金融等新业态与传统金融服务联手，重点支持潍坊中小微工农业企业的发展。潍坊市的村镇银行应当充分利用本土的优势，利用普惠金融等业态，重点支持潍坊市农村地区农户的发展。

三是政府制定引导激励政策，助力金融服务实体经济。潍坊市政府应当引导金融机构扩大对重点企业中长期贷款投放，金融管理部门联合相关部门通过公共信用信息平台向金融机构推送重点企业贷款需求，为重点企业提供智能化、批量化融资对接服务，加大信贷支持力度；市政府可以运用大数据平台整合由政府主导的企业信用信息、用电、税务、市场监管、社保、海关、司法等大数据，建立健全金融综合服务平台，为中小微企业融资提供保障；农业是潍坊市的优势产业，潍坊市政府可以试点建立农村土地流转机制，形成农村贷款的担保机制，真正解决农村中小微企业、农户的贷款难问题。

四是强化智库支撑机制，挖掘金融人才力量。金融业是高端人才集聚的行业，潍坊市对金融人才的吸引力不足，需要借助于外部力量提升城市的金融支持。一方面，潍坊市应当聘请省内外高校、研究院所的专业人员，建立智库支撑机制，为潍坊市金融业的发展提供源源不断的原创力。对接济南、青岛的高端金融论坛，可作为分会场加强与国内外金融机构的交流与合作，吸引国内外金融机构入驻潍坊市。另一方面，潍坊市要大力挖掘金融人才，对高端金融人才引进做到一事一议，可以设立金融人才贡献奖，对金融人才和团队进行扶持。

五是加快发展新型金融业，大力发展科技金融。利用互联网金融等多种金融工具，扩大潍坊市金融产业的服务规模，提升金融业的服务质量。借助于济南市金融中心、青岛市财富管理中心的辐射效应，实现资金在济南、青岛、潍坊三市的良性循环，充分利用潍坊市存款数量和人口优势，营造潍坊市金融产业发展的良好生态环境。创新金融服务模式，形成多种业态共同发展的局面。探索互联网金融对潍坊市中小企业支持的有效方式，形成跨界、跨区域的金融支持新模式；推动数字普惠金融的发展，探讨普惠金融与科技相融合的发展模式，利用科技推动信贷、保险、供应链金融等多种方式的组合，形成多种金融方式的融合，降低金融风险，提高金融支持力度。

3. 职业教育培训业

潍坊市应积极推进职业教育培训业的发展，其基本发展思路是，整合现有职业教育资源，吸引国内外优质职业教育资源，突出农业和制造业职业培训和教育，探讨多样化教育模式。

一是对潍坊市职业教育院校进行整合，形成高等、中等、初等教育体系完备的职业教育体系，打造全国职业教育的新高地。近些年来，潍坊市职业院校在人才培养、技能大赛、培养机制等方面都取得了一定成绩，但是这些职业院校的层次不高、规模不足。潍坊市应抓住国家对职业教育支持的机遇，着眼未来社会需求，不断提高职业院校层次，扩大职业教育的规模，合理设置职业院校专业，使职业教育成为潍坊市经济发展的重要推动要素。

二是大力引进国内外优质职业教育资源，提升潍坊市职业人才培养的整体水平。引进国内外优质的职业教育资源，与职业教育发达的德国、法国、日本等国家的高等职业教育学校展开全方位的合作，解决职业教育资源不足的问题，创新教育理念，引进先进的教学模式，促进潍坊市职业教育的多元化与国际化发展。

三是积极探索职业教育的多种办学机制，组建骨干职业教育集团。按照市场导向、利益共享、合作互赢的原则，吸引各类主体参与职业教育集团建设，可吸引潍柴动力、歌尔声学、海化集团等企业与职业院校联合办学，形成公办、民办、混合制等多种所有制形式共同发展的局面，多样化发展职业教育集团。

四是突出发展农业与制造业职业教育。潍坊市职业教育的目标不仅是为潍坊市提供高素质的劳动力，更要满足山东乃至全国对高素质技能人才的需求。利用农业产业的优势，突出发展农业职业教育。在制造业职业技能教育基础上，推动区域内职业院校科学定位，集中力量办好制造业职业教育院校，形成经济社会需要的特色优势专业，职业院校形成集群式发展。

五是依托山东（潍坊）公共实训基地，全方位、全领域、全过程、全环节探究职业教育发展新思路、新机制，努力打造国家职业教育人才培养的新高地。

4. 医养健康产业

潍坊作为山东省确定的六个医养结合示范先行区之一，在现有医养健康资源基础上，应全力推进全域医养健康城建设。潍坊市医养健康产业发展的一般思路是，形成预防与治疗一体化的医养体系，构建社会、家庭、企业三方主体的健康养老体系，加快医养健康养老信息共享体系的建设。

一是积极拓展预防保健服务。依托潍坊市当前的医疗体系，以预防医疗服务为核心，加快完善预防保健产业链条，推动疾病治疗向健康促进转变。大力发展以预防、筛查防治和健康管理等服务为主的医疗机构，支持开展个性化预防和治疗服务。

二是完善大健康下的医疗服务体系。加强潍坊市公共卫生服务资源整合，鼓励组建综合性公共卫生服务中心。提高社区医院、农村医院的医疗水平，促进优质医疗资源下沉。加快推进智慧医疗的建设，提高潍坊市医疗系统的技术能力和服务水平。

三是利用市场机制构建多层次养老服务体系，探索城乡居民新型养老模式。培育居家和社区养老服务主体，构建居家和社区养老服务体系，扶持相关龙头企业规模化、网络化、智能化、品牌化、连锁化运营。推动养老机构与居家养老、社区养老的融合，使养老资源共享，形成三者共同运营的新模式。打造"互联网+居家养老"新模式，加强居家养老服务信息化建设，为老年人提供各类远程服务。促进医养融合发展，提升社区医养结合服务能力，建立从居家、社区到专业机构的专业照护服务体系。

（2021 年 8 月）

美国地方政府招商引资经验的启示

李 波 周志鹏

实现高质量发展需要高质量的招商引资。招商引资工作的成效将极大地改变城市竞争格局，好的招商项目会带来新产业、新就业、新税收，企业可以从中受益，人民群众可以获得幸福感，党委政府可以更好地履职尽责，这是多方共赢的举措，因此很多地方党委政府都将招商引资工作作为"一号工程"或者"一把手工程"。不仅国内如此，美国地方政府也将招商引资工作摆在显要位置。例如，美国地方政府在对亚马逊第二总部、富士康液晶项目、特斯拉超级工厂、福耀玻璃等的招商过程中，都是用尽税收、补助、培训等各种办法，吸引这些企业落户本地，期望为本地经济发展带来新动力。在进入中国特色社会主义新时代的背景下，地方政府的招商工作如何优化提升以提高招商的质量，我国地方政府可以从美国地方政府近几年的招商工作中寻找新方向。

一 始终将人民群众的根本利益放在首位，为人民谋幸福要体现在招商全过程

高质量的招商引资需要符合当地的区位条件、城市定位和产业特点等情况，这样才能形成发展新动能。很多地方出现的无底线优惠条件，明显是牺牲了人民群众的根本利益，以生态环境、财政税收等为代价，这样的

项目不是为人民谋幸福，而是为政浮躁的迹象。招商引资工作应当始终将人民群众的根本利益放在首位，比如，应当在招商协议达成前广泛听取人民群众的意见，在对企业的优惠政策中要加入间接补助居民教育培训的内容，在招商协议执行过程中要设立创造就业岗位数等硬性条件等，人民群众的根本利益在招商引资全过程都可以通过细节体现出来。考察美国招商的四个案例，当地政府基本上都采取了类似做法，以回应社会关切，我国地方政府招商引资工作对此可以借鉴。例如，福耀玻璃招商中，福耀玻璃从密歇根州获得的基于绩效的拨款100万美元（来源于密歇根州战略基金），前提就是必须于2019年12月31日前实现新创造就业岗位不低于553个和投资不低于6600万美元的规定条件，否则就要追回补助资金。亚马逊招商中，在公开的26个竞标方案中，各地都会有高校、大型企业、协会、社区组织等的署名支持投标，在制定招商方案中做到了广泛听取各方意见。还有，针对雇佣本地居民而提供免费职业培训的内容，也被纳入招商优惠协议中。

二　撬动各类非政府组织的力量，广泛集聚招商资源

高质量的招商引资离不开本地非政府组织的力量，政府撬动的资源越多，招商的力度越大，项目落地后的效果越好。政府的职责很多，很难全面掌握有效的市场信息，对接企业的过程中也难以避免出现"驴唇不对马嘴"的现象，招商方案、优惠措施和企业的需求大相径庭，招商效果甚微。相反，大学、商会、协会等非政府组织很多时候都是一种稀有资源，掌握了较多市场信息和企业需求，发挥好它们的力量将有效激发招商活力，形成更加专业化的招商团队。政府可以通过出资赞助、购买服务、荣誉奖励等措施办法，发挥关键群体、重点人物等的力量，将招商资源引入本地，同时做好对非政府组织的监督和服务工作。在发挥非政府组织力量上，美国地方政府方式非常灵活，我国地方政府可以充分借鉴。比如，在亚马逊第二总部招商中，弗吉尼亚州经济发展伙伴关系（Virginia Economic Development Partnership）作为一个独立机构（由17人组成的主任理事会负责），在投标方案制定、谈判洽谈、协调4个区域布局、网站

宣传等方面全程发挥了作用，其董事长兼首席执行官就作为谈判的首席代表。同时，招商方案公开的26个城市中，很多商会和专门成立的组织（如底特律专门成立了一个非营利组织）代表本地区参与招商，这都说明并非都是政府的经济发展部门自己参与招商，很多时候可以发挥其他力量。又如，在福耀玻璃的招商中，密歇根州经济发展集团（非营利性组织）就代表密歇根州与俄亥俄州竞争，并成功落户。

三 崇尚法治和市场规律，营造诚实守信的招商环境

社会主义市场经济本质上是法治经济，无论是企业还是政府，在招商引资过程中都必须以诚实守信的态度来履行各自的职能。很多地方招商中产生了两方面极端现象：一方面是企业获得政府优惠政策后，没有履行或者没有完全履行相应的承诺，财政补助没有产生实际效益，政府很难或者不愿意追究企业责任；另一方面是有关政府没有履行义务，特别是"新官不理旧账"问题，给企业生产经营造成很大困难。这两种现象都会产生不良的示范效应，造成政府公信力下降、企业信誉折扣等，而这都与各个市场主体崇尚法治精神和遵守市场规律不到位有很大关系。招商引资全过程，地方政府要做好监督企业履行合同责任、自身履行服务承诺等工作，用法治和市场的力量最大限度维护诚实守信的招商环境，节约交易成本。美国地方政府在招商过程中，采取了好的做法，我国地方政府可以借鉴。比如，富士康液晶项目招商中，根据达成的协议，富士康每年需要聘请认证的会计机构进行审计，并向威斯康星州政府提交报告。若在2032年协议期内，富士康不能实现投资额度、就业数或者出现其他违反合同的情况，就需要缴回财政资金。其中，未能实现创造就业最高可以年度缴回5000万美元的违约款，违反其他条款最高可以缴回9600万美元。同时，追缴款项需要由富士康集团担保75%，郭台铭担保25%，同时郭台铭个人持股公司进行再担保。而对政府给予企业的优惠政策方面（一般都会向社会公开，可以防止虚假宣传、重复签约等），这四个招商项目都得到了当地立法机构的批准，法律效力不会因领导层的更换而变更，政府只能根据协议文本履行职责，违约成本很高。

四 招商引资不能仅仅依靠优惠政策，更需增强发展的内生动力

地方政府给予的招商优惠政策，是影响企业选址或扩张的一个重要因素，但绝不是单一的决定性因素，一个地区的人才储备、基础设施质量、生态环境、区位条件等都是企业最终做出选址或扩张时要考虑的因素。因此，地方政府招商过程中，不能只盯着优惠政策这个工具，还应全面提升本地区发展的内生动力，方能实现经济发展的良性循环。同时，一个值得注意的趋势就是，企业尤其是高成长性企业，越来越倾向于拟定企业本身定制的选址需求，让有意向的区域根据企业需求拟定投标方案，企业主动"选择"政府。比如，亚马逊招商中，企业列举了6项基本条件：人口超过100万的大都会区、营商环境友好稳定、能够吸引并留住高技术人才、附近有国际机场和主要高速公路、公共交通便捷、能够提供高达800万平方英尺（约合74万平方米）的土地等。这样一些区域优惠政策的比拼，前提是都需要满足企业的基本选址需求。这意味着不能满足基本选址需求的地方，优惠政策再吸引人，也不能成功招商。因此，地方政府招商更要做好长期准备，提前做好吸引人才、发展基础设施、保护生态环境、推进自身改革等工作，把基础打牢。我国地方政府可以充分借鉴美国地方政府在制定招商方案参与企业竞标中对标企业需求，增强自身发展能力的做法。比如，可仔细研究特斯拉在美国选址时拟定的包含劳动力市场、气候、自然灾害等在内的90多个问题，把亚马逊选址提出的6个基本问题等作为招商风向标，逐一推动工作。

（《山东经济战略研究》2020年第3期）

潍坊打造医养健康高地研究

课题组[*]

从国际经验来看，人均GDP达到8000美元时，与民生相关特别是与健康、长寿等相关的产业会进入一个高速发展的阶段。大力发展医养健康产业，对推动城市经济高质量发展、保障民生持续改善、整体提升城市竞争力具有重要意义。潍坊作为省内腹地核心城市，发展医养健康产业基础厚实、产业链完备、医疗养老服务体系健全并呈高质量改革发展、人民健康保障获得感强。但相较国内医养健康产业领先城市和新兴城市，潍坊医养健康产业领军企业少、创新载体及新业态发展不足等问题仍然突出，探索新路径加快发展医养健康产业，潍坊重任在肩。

一 国内城市医养健康产业发展态势分析

2019年12月，由中国健康养老产业联盟、标准排名城市研究院连续五年发布的中国康养城市排行榜50强对外公布。榜单显示，深圳、海口、三亚、贵阳、雅安、珠海、广州、攀枝花、重庆、黄山十个城市荣膺前十（见表1）。山东省内青岛位列第18，威海位列第25，烟台位列第36，潍坊未上榜。

---

[*] 课题负责人：王冰林；课题组成员：山东师范大学张敏、管蓉蓉、王洁，潍坊市改革发展研究中心刘磊、王伟。

表 1 2019 年中国康养城市排行榜

康养指数排名	城市	生态环境排名	城市	民生幸福排名	城市	医疗水平排名	城市	产业融合排名	城市	康养政策排名	城市
1	深圳	1	海口	1	成都	1	北京	1	深圳	1	深圳
2	海口	2	黄山	2	中山	2	深圳	2	海口	2	海口
3	三亚	3	丽江	3	杭州	3	广州	3	三亚	3	三亚
4	贵阳	4	舟山	4	无锡	4	上海	4	北京	4	雅安
5	雅安	5	大理	5	重庆	5	成都	5	贵阳	5	攀枝花
6	珠海	6	普洱	6	宁波	6	东莞	6	上海	6	北京
7	广州	7	深圳	7	广州	7	长沙	7	黄山	7	重庆
8	攀枝花	8	厦门	8	长沙	8	杭州	8	攀枝花	8	漳州
9	重庆	9	福州	9	东莞	9	苏州	9	雅安	9	上海
10	黄山	10	惠州	10	温州	10	重庆	10	珠海	10	青岛

该排行榜评价体系包括生态环境指数，权重为 35%，包含空气质量、适宜温度、绿化覆盖、水资源量等二级指标；民生幸福指数，权重为 20%，包含消费居住、交通便捷度、社会保障等二级指标；医疗水平指数，权重为 15%，包含医院数量以及三级医院的人口占比、医护人员数量、医疗床位数量等二级指标；康养政策指数，权重为 15%，包含基础建设、城市维护、康养规划等二级指标；产业融合指数，权重为 15%，包括旅游产业、教育事业、产业创新等二级指标。

横向比较国内各城市医养健康产业发展现状，可以看出各城市医养健康产业发展大致呈现以下四种时代特征。

（一）稳健起步阶段（1.0 时代）

城市医养健康产业发展的初级阶段是稳健起步阶段，处于这一阶段的城市主要着重于夯实医养健康产业发展基础、优化产业结构、培育新兴产业，对大力发展医养健康产业进行构想和布局。其主要特征表现：①以传统公立医疗机构为主满足居民医疗服务；②建成"居家养老+社区养老+机构养老"的全面养老体系；③康养生态区建设处于起步阶段，以基本的运动休闲公共品供给为主满足人们的康养休闲需求；④有基本的医药产业布局,但产业零散、产能低,新兴产业发展不足,产业结构有待优化;⑤科技创新基础薄弱,缺少创新载体;⑥产业发展政策供给较少,以宏观规划型政策为主,缺少专门领域的指导性政策;⑦无行业协会等社会力量参与;⑧投资主体为公有资本;⑨"互联网+"覆盖水平较低,智慧化建设刚刚起步,信息化建设水平较低;⑩高层次人才明显不足,人才共享机制、人才培养体系有待完善。典型的代表城市主要分布于中西部地区二、三线城市,如陕西榆林。

(二) 扩张发展阶段 (2.0 时代)

当城市已经具备较好的医养健康产业发展基础,并致力于大力发展该产业时,该城市就进入了医养健康产业的 2.0 时代,即扩张发展阶段。其主要表现:①选址建设新型医疗综合体,或在现有医疗资源的基础上扩大医院规模;②在较为完备的养老体系基础上尝试差别化养老,如建设专业化养老社区、开展别墅区养老、生态区养老等;③打造具有区域知名度的康养生态区,注重发展城市运动休闲,不断提升运动休闲公共场所和公共品的供给水平;④产业扩张方面,注重产业集约化发展,选址建设产业园区,致力于引进和打造具有技术优势或特色优势的产业领域,但仍处于起步阶段,行业龙头企业较少;⑤加大创新投入,培育创新载体,推进产学研一体化建设;⑥政府制定并开始实施中长期发展规划,但仍缺少针对某些专门产业领域发展的规划和具体指导性方针政策;⑦行业协会没有或实力弱小;⑧在大规模扩张过程中开始引入私营资本,并不断丰富公有资本和私营资本的投融资平台;⑨注重产业信息化建设,布局大数据建设、公共信息一体化建设,不断扩大"互联网+"、智慧化应用范围;⑩加大高层次人才引进力度,扩大人才培养规模。典型的代表城市包括威海、泰安。

(三) 振兴发展阶段 (3.0 时代)

2.0 时代医养健康产业在迅速扩大产业规模的同时,不可避免地带有一定的片面追求数量、盲目扩张的情况。当城市医养健康产业具有一定规模,产业布局较为合理并具备较高产能的时候,政府开始布局如何提升医养健康产业质量,实现提质增效发展,这时城市医养健康产业发展进入

3.0版,即振兴发展阶段。这一阶段的主要特征包括:①引入或培育国内领先的临床技术,建设并打造国内一流的医疗综合体;②在完备的养老体系和差别化养老模式中探索"互联网+"养老、智慧养老;③康养生态区渐成规模,形成具有国内知名度的康养生态区,注重城市运动休闲内涵发展;④医药产业发展方面,在产能扩充的基础上,形成1~2个优势产业,以及多个特色产业领域,拥有细分行业的龙头企业;⑤创新驱动明显,创新平台、创新载体不断涌现,产学研合作机制、成果转化机制成效显著;⑥政府注重国际视野下细分领域的政策规划和落实;⑦行业协会发挥重要作用;⑧私营资本占有一定比例;⑨信息技术、大数据开始应用于产业各个领域,互联网医疗、智慧养老初具产业规模;⑩形成专业领域的高层次人才队伍,专业化医养人才培养体系建成。总体来看,振兴发展阶段(3.0版)产业各领域间开始融合发展,呈现医疗+养老、房地产+养老、保险+养老、休闲+养生、旅游+养生等产业发展新模式和新业态。典型的代表城市包括青岛、济南、烟台、潍坊。

(四)高质量发展阶段(4.0时代)

这是城市医养健康产业发展的全新阶段,处于这一阶段的城市其医养健康产业呈现较高的国际竞争力。其主要表现:①建成具有国际一流水准的医疗综合体;②逐步实现智慧养老全覆盖;③建成具有国际知名度的康养生态区,建成多功能运动休闲商业综合体;④产业布局合理,产业具备较大规模、较高产能,优势产业、特色产业突出,拥有一批行业龙头企业;⑤拥有国际一流的创新技术产业集群,创新资源丰富,创新成果显著;⑥政府发展规划面向国际化,既有总体的行业发展规划,也有细分领域发展规划;⑦行业协会在主导产业运行方面发挥重要作用;⑧建有完备的、运作成熟的公共投资平台,私营资本占有较高比例;⑨大数据信息完备,"互联网+"全覆盖,公共信息服务实现一体化;⑩人才集聚效应明显,专业化人才培养体系健全。典型的代表城市包括深圳、武汉、苏州。

二 潍坊全面进入医养健康产业3.0时代

基于《2019年中国康养城市排行榜》上榜的国内医养健康产业发展

先进城市，选择深圳、北京、上海3个一线城市，苏州、杭州、武汉、成都4个新一线城市，无锡、常州、宁波、温州4个与潍坊同类型城市，青岛、济南、烟台、威海4个省内城市，与潍坊共16个城市，对照医养健康产业评价体系，对潍坊医养健康产业发展的基础要素和引领要素进行评价，可以看出，潍坊医养健康产业基础要素充足，处于高速发展的良好势头之中，但引领要素存在不足，重点领域大却不强，特色产业不够突出。目前潍坊医养健康产业已经成功跨越扩张发展的2.0时代，进入提质增效振兴发展的3.0时代。

（一）医：医改成效显著、医疗卫生服务水平较高，但医疗综合体建设滞后、医疗卫生专业人才和医院资源供给不足，优质医疗资源供给存在短板

1. 医疗卫生服务水平较高，人民获得感较强

潍坊是首批公立医院改革国家试点城市。2019年，潍坊医改考核成绩和经济社会发展综合考核"看病就医"满意度获得全省"双第一"，整体医疗服务体系呈现高质量改革发展态势。

2. 卫生资源供给较为充足，但卫生专业人才供给存在不足

2019年潍坊每万人拥有卫生机构数明显高于16城市平均水平，各类医疗机构供给较为充足；每千人拥有卫生机构床位数略低于16城市平均水平，处于16城市中游水平，卫生机构床位供给较为充足；每千人拥有卫生技术人员数明显低于16城市平均水平，处于下游水平，卫生领域专业人才供给存在不足。

3. 医院资源供给与医养健康先进城市相比差距较大

2018年潍坊医院数、每十万人拥有医院数、医院床位数和每千人拥有医院床位数，均低于16城市平均水平；省内来看，四个指标数均低于青岛、济南，医院数、医院床位数总量高于烟台、威海，但每万人医院数低于烟台，每千人医院床位数低于威海，医院及医院床位供给仍处于较低水平。2019年潍坊执业（助理）医师数、注册护士数以及每千人拥有执业（助理）医师数和每千人拥有注册护士数，低于16城市平均水平。

4. 优质医疗资源供给明显不足

潍坊现拥有三甲医院5个，远低于16城市平均水平。近几年国内各

大城市建设三甲医院的步伐明显加快。以青岛为例，到2021年仅青岛西海岸新区就将拥有6家三级甲等综合医院和专科医院。相比国内各城市大力发展三甲医院的形势来看，潍坊优质医疗资源规模较小，存在明显不足。

（二）养：医养结合、智慧养老先行先试，成效显著；但养老基础设施供给仍处于较低水平，多样性养老服务供给仍显不足，智慧化养老受众面较窄，养老新业态有待开发

1. 大力推进医养结合有效提升养老服务水平，但养老服务基础设施供应仍存在不足

作为"全国养老服务业综合改革"试点、"全国居家和社区养老服务改革"试点、"全省医养结合示范先行市"，潍坊近几年大力推行医养结合，通过建立健全医疗卫生机构与养老机构合作机制，支持养老机构开展医疗服务，鼓励各级医疗卫生机构开展养老服务等措施，医养结合有效提升了潍坊整体养老服务水平。但养老服务基础设施供应仍存在不足。《2019年民政事业发展统计公报》数据显示，全国每千名老年人口养老床位数为30.5张，潍坊低于全国水平38.6%；从2014~2019年公办养老机构数量变化情况来看，自2017年潍坊养老机构数量逐年减少；对比国内其他城市，潍坊养老机构数、收养人员数水平较低。

2. 基本养老体系有效覆盖城乡，但多样性的养老服务供给仍显不足

近几年潍坊着重建设以家庭为核心、以社区为依托、以信息化为手段、以专业化服务为支撑的居家和社区养老服务体系。养老体系能够有效覆盖城乡，能够在不同领域基于现有资源开展有针对性的养老服务。但对比上海、杭州等先进城市，多样性的养老服务供给仍显不足。以上海为例，2019年末上海全市养老机构共计724家，床位数15.16万张，每千名老年人口拥有养老床位约29.26张，多样性的养老服务供给有效满足了不同群体的不同养老需求，对比先进地区，潍坊全方位多元化的养老体系建设仍需加强。

3. 智慧养老先行先试、成效显著，但受众面仍然较窄，应用领域仍然有限

作为"全省智慧养老"试点城市，潍坊目前初步建成以信息化为手

段、以服务实体为支撑的居家养老服务网络。以县市区为单位，建成养老服务信息平台14处，签约服务老年人12.6万名，累计提供线上服务21.5万余人次，开展线下服务29.1万余人次。2020年9月4日，开通潍坊市12349养老服务网站。但从运行效果来看，智慧养老受众面仍然较窄，应用领域仍然有限，智慧养老价值仍然没有得到有效体现。

4. 积极吸纳社会资本推进养老融合发展，但新业态发展仍显不足

近几年潍坊积极引入社会力量建设运营养老机构，全市125处运营的养老机构中，社会力量兴办的65处，占比52%，公办养老机构中34处实行了公建民营；加强养老基础设施改建、扩建，积极吸引社会资本承建具有康养功能的房地产项目，扩容扩建城市康养区域，但目前养老与保健类企业、金融类企业、生态旅游类企业的融合发展未有立项，新业态发展仍显不足。

（三）康：积极布局康养领域，产业发展态势日渐清晰，亮点突出，但产业发展仍处于起步阶段，产值较小、产业新业态发展不足

1. 积极布局康养领域，产业发展态势日渐清晰

潍坊依托优势中医资源和生态资源，积极布局全域旅游，着力打造生态康养名城，产业发展态势日渐清晰。主要体现在，中医保健康养方面，积极推进"国家中医药综合改革示范区"建设，"三堂一室"渐成规模，在有效保证基层中医药服务供给的同时，为发展中医保健康养提供有利条件；生态康养方面，中医养生峡山区"热敏灸小镇"成为区域康养亮点，有力促进了中医药与健康养生融合发展，为进一步打造生态康养名城树立标杆；运动康养方面，大力发展城市运动健身场所，截至2019年末，潍坊共建有各类体育场地7025处，比2018年增长13.8%，其中全民健身设施中心6个，乡镇体育健身场所105个，村级农民体育健身场所6914个，人均体育场地面积达2.3平方米，人均体育场地面积高于全国水平23.7%。积极承办各类赛事，不断提升城市活力。

2. 健康保健新业态发展明显不足

健康保健领域是医养健康产业的新兴业态领域，具有广阔的发展空间，保健产品（食品）、康复保健、健身休闲、健康管理等都将成为这一

领域重要产值区域。近几年各城市不断涌现新业态，如宁波中体SPORTS城是一个全体验、全客群、全互动的主题式购物运动休闲公园，于2019年6月正式开业。对比来看，潍坊健康保健产业发展仍处于起步阶段，产值较小，产业新业态发展明显不足。

（四）药：拥有较为齐全的产业门类，产业链体系完备，具备较高的产能水平，但企业实力不强、创新载体不足、高技术产业发展滞后

1. 产业门类较为齐全，产业链体系较为完备，但产业规模大却不强

从产业链条来看，上游种植业领域，潍坊现拥有以临朐丹参、青州山楂、昌乐杜仲、安丘文冠果、诸城金银花、潍城鼠尾草和马鞭草等道地中药材品牌为主的中药种植业、采集及加工产业，2018年全市在产中药材达988种，种植面积102万亩。中药材类播种面积占比全省排名第5。中游医药制造产业领域，潍坊拥有沃华医药、海王药业、新和成医药、康地恩生物、汉兴医药、天王集团、富康制药、鲁安药业、特珐曼药业等多家大型企业。从2018年省内部分城市医药制造业工业总产值排名来看，潍坊位居第4，前三位分别是济南、淄博、烟台。从2018年国内部分城市医药制造业工业总产值排名来看，在同类型城市中，潍坊不及无锡，高于常州，处于中游水平。下游商贸流通领域，潍坊拥有主营业务收入过亿元的医药流通企业12家，其中10亿元的3家，过60亿元的1家。基于2018年数据省内城市比较可以看出，潍坊医药及医疗器材批发类企业主营业务收入位列第4，仅次于烟台、济南、青岛；从国内部分城市比较来看，潍坊医药及医疗器材批发类企业主营业务收入仅次于宁波与温州。总体来看，潍坊流通领域产业规模处于中游水平。

2019年山东省医养领军民营企业十强榜，潍坊3家企业上榜。2019年11月，科技部生物技术发展中心发布《2019中国生物医药产业园区竞争力评价及分析报告》，从综合竞争力排名来看，潍坊高新区位列第38，其他省内上榜产业园区包括济南高新区（位列第5）、淄博高新区（位列第19）、威海火炬高新区（位列第24）、青岛高新区（位列第30）、烟台高新区（位列第42）。但2019年度"中国医药工业百强"系列榜单中，山东11家企业上榜，其中淄博3家、菏泽2家、临沂2家、济宁2家、

济南 1 家、烟台 1 家，潍坊没有企业上榜。从全国范围来看，潍坊医药领域仍然缺少龙头企业，整体表现为大而不强。

2. 产业技术创新体系建设滞后

潍坊临床技术创新、新药创新基础薄弱，医养健康领域产学研体系、医药技术创新和科技成果迅速产业化的机制尚未完全形成，创新载体少，缺少具有自主知识产权的新产品，产品更新慢，重复严重。

总体来看，目前潍坊医养健康产业已经成功跨越扩张发展的 2.0 时代，进入提质增效振兴发展的 3.0 时代，但仍处于 3.0 时代的初级阶段。针对这一阶段及面向下一阶段高质量发展 4.0 时代的阶段特征，潍坊有必要进一步树立国际视野，定位城市发展特色，升级打造具有国内一流水平并面向国际先进水平的医养健康产业高地。

三 全力打造"潍坊3.0版医养健康产业体系"，构建全国医养健康产业高地

（一）加强政策规划，将潍坊打造为"胶东半岛和环渤海地区一流康养城市"

国家战略层面强力推进健康产业发展。2019 年 9 月，国家发展改革委联合 20 个部门制定了《促进健康产业高质量发展行动纲要（2019～2022 年）》，该纲要提出，到 2022 年，基本形成内涵丰富、结构合理的健康产业体系，形成若干有较强影响力的健康产业集群，为健康产业成为重要的国民经济支柱性产业奠定坚实基础。

城市健康产业发展需要明确战略目标和发展定位。如上海提出"到 2025 年基本建成具有国际影响力的生物医药创新策源地和生物医药产业集群"，苏州 2020 年 4 月提出"将倾力打造世界级生物医药及健康产业地标"，临沂提出"打造医养健康新名片，建设全国顶尖康养圣地"。

潍坊应立足于胶东半岛腹地枢纽城市明确自身健康产业发展定位。潍坊是环渤海地区及胶东半岛重要的战略腹地中等城市，在工业化城镇化进程和区域协调发展中地位举足轻重，发挥着贯通胶东半岛的纽带作用，是解决区域、产业发展不平衡不充分的重要空间载体。为此，潍坊应定位于

胶东半岛腹地枢纽城市，以"打造环渤海地区及胶东半岛一流康养城市"为目标，发挥纽带作用，对接国内外一流资源，对标苏州、青岛等医养健康产业先行城市，绘制潍坊医养健康产业战略地图。同时，积极出台具有指导性、操作性的实施政策，加大政策供给，为医养健康产业发展保驾护航。

（二）以"建设具有国内一流水平的医疗综合体"为引领，促进医疗卫生服务领域升级发展

国家正逐步优化优质医疗资源区域布局。2020年5月，国家卫健委发布《关于加快推进国家医学中心和国家区域医疗中心设置工作的通知》，确定了6个国家医学中心，其中涉及8所医院。2020年8月，国家卫健委发布《关于设置国家儿童区域医疗中心的通知》，明确分别在东北、华东、中南、西南和西北区域设置国家儿童区域医疗中心。

国内诸多城市积极布局医疗综合体建设。医疗综合体是以医院为核心，包括了健康管理、医学研究、人才培养、养老等的融合服务集群。2017年国内首家医疗综合体——杭州全程医疗的出现，开启了中国医疗商业综合体模式的实践。2019年10月，青岛市人民政府及西海岸新区管委与融创中国、清华大学分别签署协议，确定在青岛西海岸新区合作共建"清华大学附属融创青岛医学中心"。

目前潍坊在医疗服务领域拥有以潍坊市人民医院为代表的优质医疗资源，以潍坊医学院为代表的高等教育资源，以阳光融和医院为代表的民营医院发展的良好环境，但仍然缺少高端医疗资源，医学中心、医疗综合体项目建设尚未破题，应加紧在这一领域的规划部署。

一是应积极对接国内一流医疗资源。争取将优质医学资源引入潍坊当地，与现有医疗资源、医学教育资源融合发展，提升潍坊医学科研水平和医疗服务水平。二是应着力打造以医疗服务为主的医疗综合体，为医疗服务领域发展注入引领要素。所谓医疗综合体，就是一个以医院为核心的建筑集群，在整个综合体的商业模式中，医院成为一个人流的入口，在外围则是布局包括餐饮、休闲、医药等的商业区域，并通过道路修建以及绿化设计，将医疗机构服务业态与商业区域合理地连接起来，搭建成一个社区，达到"医院中的城市"这一效果。国内医疗综合体的业态主要包括以下几种：以药品为主的医疗商业综合体，以医疗服务为主的医疗综合体，医疗综合体+孵化器的医疗综合体，医疗业态+购物中心的医疗综合体。针对潍坊目前缺少高端医学中心的现状，依托潍坊医学院优势教育资源，打造以医疗服务为主的医疗综合体是潍坊的合适选择。

（三）加大养老基础设施供给，进一步促进城乡养老均等化和养老产业化

目前养老产业化发展趋势显著。据测算，到2050年中国老年市场规模将达48.52万亿元，养老产业规模将达21.95万亿元，预计老年市场和养老产业分别将以9.74%和11.48%的年增长率高速发展。

潍坊健康养老领域存在明显的"短板"，有必要加大养老事业投入，加快养老产业转型。一是进一步加大养老基础设施供给，解决养老供需矛盾。目前潍坊每千名老年人口床位数仍低于全国水平，与迅速激增的养老需求相比，养老院、托老机构明显不足，有必要进一步加大养老领域基础设施投入，以满足群众对养老服务的刚需。二是探索农村养老服务新路子，促进城乡养老服务均等化。潍坊地处腹地，农村老年人口占比较高，但目前农村养老、助老服务明显不足。应着力破解农村养老难题，在养老服务资源配置、制度建设上向农村倾斜，加大农村养老基础设施供给力度，加强农村互助照料服务中心试点，加快城乡养老服务事业发展一体化进程。三是积极吸纳资本，将养老事业逐步推向产业发展之路。潍坊有必要更新养老产业观念，积极吸纳社会资本，不断拓宽养老产业空间，促进养老智慧化、融合化发展。

（四）加强康养旅游行业细分，逐步实现全域康养

康养旅游作为旅游行业的新业态、新模式，满足了消费者对健康养生的多元化需求，成为未来旅游行业发展的潮流。发展康养旅游，国家标准已经落地。康养旅游成为诸多城市旅游产业升级的方向。以临沂为例，自2018年以来，依托蒙山旅游区等良好的自然生态和绿特农产品等优势，临沂大力推进从传统的景观旅游向休闲度假、保健康复、医疗养老产业转型，成为"全国著名全域康养度假胜地"。潍坊具备多样性的康养生态资

源基础，应着重在以下几个方面发力。

一是发展生态康养旅游。"住民宿、享慢生活"已成为时下很火的旅游休闲新方式。近年来，诸多城市围绕资源，大力发展民宿、康养型地产项目，实现景区旅游向生态康养旅游、生态康养旅居的升级换代。如泰安市依托丰富的文化旅游资源，打造了一批"看得见山、望得见水、留得住乡愁"的特色精品民宿，民宿经济悄然兴起，"点亮"城乡游。

二是发展医疗康养旅游。潍坊中医中药历史发展悠久，开发中医医疗资源发展医疗康养前景广阔。临床资源方面，"幸福呼吸"中国慢阻肺分级诊疗项目，"潍坊模式"是全国典范，以良好的临床资源为依托，面向慢病旅居疗养市场需求，如气管炎、哮喘、慢阻肺、肺气肿、鼻炎、类风湿等慢性病，开展慢病旅居康养小镇建设，也是潍坊发展医疗康养旅游的选择之一。

三是发展运动康养旅游。体育运动、休闲运动与生态旅游区融合发展，形成集运动养生、旅游观光、休闲体验、度假居住、休闲商业、主题餐饮、特色运动等于一体的运动度假综合体，是近几年很多城市发展康养旅游的新选择。"风筝文化"一直是潍坊的城市名片，但围绕"风筝文化"的产业产值并不显著，打造"风筝运动"基地，将健康、养生、养老、休闲、旅游等多元化功能融为一体，形成生态环境较好的风筝休闲运动基地、风筝运动康养小镇。用旅游思维和理念包装运动街区、运动小镇、运动主题公园、高端俱乐部、运动节庆及赛事、运动绿道及赛道等，升级发展潍坊风筝运动，使之走上规模化、产业化的发展道路，有助于潍坊风筝文化历久弥新。

四是发展农业康养旅游。突出乡村特点，开发一批形式多样、特色鲜明的休闲农业和乡村旅游精品工程，是各地乡村振兴发展的重要实践领域。依托具有领先水平的优势农业资源，潍坊发展休闲农业康养旅游也应该树立"高起点、高品质"的发展理念，基于国际化发展的视野，面向国际和国内游客需求，发展农业会展、农业休闲、农业康养新业态。

（五）培育创新体系，为医养健康产业长期发展构筑战略要素

医养健康产业的振兴发展阶段（3.0时代）以"科技创新、提质增

效"为主要特征,是从"创造产能"转向"扶持创新"的关键阶段。潍坊科技创新喜忧参半。近几年潍坊创新动力持续增强,全社会研发经费投入占比居全省第4位,潍坊高新区列国家级高新区综合竞争力排名第21位,获批建设国家创新型城市。但潍坊科技创新元素主要集中于智能制造及农业领域,高水平创新平台数量仍然较少,缺乏科技领军人才和高水平创新团队。

依托高新区生物医药的良好产业基础,潍坊应着力推进政策创新、资本环境创新。一是大力培育新型创新载体(如重点实验室、研究中心等),推进基础创新能力持续提升,促进重大自主创新成果涌现。二是大力培育医养健康产业市场主体,通过举办创业大赛或遴选创业项目,重点在生命信息、高端医疗、健康管理、照护康复等领域培育一批小微创新型企业,为潍坊生命健康产业创新发展储备重要力量。

(六)升级发展中医药全产业链,打造"中医药高质量发展引领区"

中医药产业发展政策窗口期已经到来。自2017年以来首批国家中医药综合改革试验区(上海市浦东新区、北京市东城区、甘肃省、河北省石家庄市、重庆市垫江县、成都新都区、山东威海)进行了中医药发展不同领域的试验改革。2020年初全国中医药局长会议上提出,我国中医药发展将积极打造中医药发展高地,布局3~5个国家中医药综合改革示范区,形成推动中医药高质量发展的区域增长极。

潍坊应紧紧抓住中医药发展的政策窗口期,升级发展中医药全产业链。一是争创"中央精神先行落地的先行区、完善中医药体制机制的创新区和中医药高质量发展引领区"。一直以来,潍坊大力实施"振兴中医药"行动计划,具有良好的中医药产业发展基础。潍坊具备中医药产业从种植到加工、生产、流通、研发的全产业链条。在此基础上提质发展,就要树立融合发展的大产业链思维,探索发展"中医药+农业""智慧+中医药",打造中医药种植基地、加工生产基地、中医药仓储物流北方集散地,以提升全产业链产值。二是进一步深化"三堂一室"("国医堂"、"名医堂"、"中医养生堂"和"名老中医工作室")改革,树立国内基层中医药诊疗标杆。潍坊目前建成"三堂一室"共197处,但"三堂一室"的诊疗能力、营收水平并不高。始终坚持"中医基层化、基层中医化"发展思路，首先要整体提升中医药基层诊疗的办医水平，如通过举办具有名医效应、名牌效应的特色诊室或特色诊疗技术的创建或评选活动，创办基层中医药诊疗精品项目，为全国树立一批基层中医药诊疗标杆。其次要面向群众需求，不要盲目追求"大而全"，要找准群众对中医的需求点，打造具有市场吸引力的诊疗项目，逐步将其纳入医保报销范围，把"三堂一室"打造成社区居民保健的集聚地。

（2020 年 12 月）

潍坊市提升城市能级跻身二线城市研究

课题组[*]

提升城市能级和核心竞争力，是世界城市发展的普遍规律，是潍坊承担起新时代新使命的必然要求，是应对城市激烈竞争的迫切需要。城市的兴起，在于核心竞争力的形成；城市的衰落，在于核心竞争力的丧失；城市的持久繁荣，在于能级和核心竞争力的不断提升。只有把握全球城市发展的规律，顺势而为，乘势而上，持续提升城市能级和核心竞争力，才能不断超越，永葆生机，赢得主动。

潍坊的城市能级、核心竞争力的提升，其目标不仅是做到泛莱州湾的潍坊、青岛"一主两副"核心城市发展圈的潍坊，更是环渤海湾区高质量发展的潍坊，是继济南、青岛、烟台三大核心城市之后追赶第一方阵、跻身二线城市的潍坊。

一 潍坊市城市发展现状

（一）潍坊市的区位分析

潍坊市作为全国性的交通枢纽，区位优势明显。潍坊地扼山东内陆腹地通往半岛地区的咽喉，胶济铁路横贯市境东西，是半岛城市群"黄金

---

[*] 课题负责人：王冰林；课题组成员：长三角产业发展研究院茆同风、赵军锋、梅华，潍坊市改革发展研究中心贺绍磊、董俐君、戴真真。

三角"的中心，也是山东统筹沿海和内陆的重要连接点。根据国家 2016 年制定的《中长期铁路网规划》，5 条高铁会在潍坊市交会，京沪高铁二通道将打造"到北京 1.5 小时、到上海 2.5 小时"的快速通道，与济南、青岛形成 0.5 小时生活圈。2018 年 12 月 26 日，位于太石济青发展轴与津沪通道发展轴交汇点的潍坊北站正式启用。潍坊北站是国内为数不多的集客货运于一体的高铁综合枢纽，这也使得潍坊成为北连京津冀、南接长三角、东邻青烟威、西接省会济南的铁路"米字路口"。除此以外，潍坊港作为鲁中、鲁北、鲁西物资出海陆路运距最短、最便捷的港口，近几年来吞吐量也在不断地提升。目前，潍坊市已逐步构筑起了集公、铁、水、空于一体的立体交通体系，被确立为全国性综合交通枢纽、全国 100 个区域性高铁枢纽之一。

（二）潍坊市的经济水平

近年来，潍坊市地区生产总值逐年攀升，在 2018 年首次突破 6000 亿元，且当年 GDP 总量位居全省第 4（见图 1）。

图 1　2015～2019 年潍坊市生产总值

2019 年，在国内外风险与挑战明显增多的形势下，最新统计数据显示，潍坊市实现地区生产总值（GDP）5688.5 亿元，按可比价格计算，增长 3.7%。其中，第一产业实现增加值 517.42 亿元，增长 0.9%；第二产业实现增加值 2291.04 亿元，与上年持平；第三产业实现增加值 2880.04 亿元，增长 7.5%。三次产业结构由 2018 年的 9.3∶41.2∶49.5 调整为 9.1∶40.3∶50.6（见图 2）。按常住人口计算，人均 GDP 达到 60760 元，增长 3.8%。全市经济运行呈现稳中向好的态势。

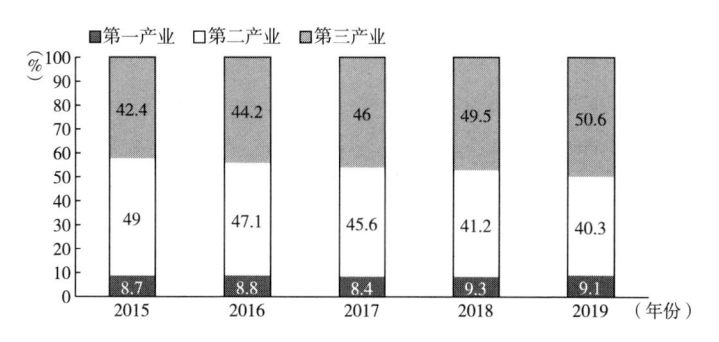

图 2　2015~2019 年潍坊市三次产业结构比重

（三）潍坊市的产业结构

目前，潍坊产业结构仍然以传统产业为主，主要以资源能源和重工业为主，产业层次较低、竞争力不强，特别是高新技术产业产值比、单位投资对 GDP 贡献率等指标，长期落后于中国的南方城市。潍坊市作为山东的重要产业基地，具有完整的工业体系和发达地区难得的农业基础，并已形成融合之势。在农业方面，潍坊已经成功打造"全国农业看山东，山东农业看潍坊"的品牌效应，形成了以粮食、瓜菜、畜禽为主的三大优势主导产业，是全国最大的蔬菜集散地、全国最大的优质蔬菜种苗研发和生产基地；在工业方面，潍坊门类齐全，实力雄厚，尤其是制造业的规模、产量、质量、市场份额、全球影响力，在全国和山东省都占有重要地位；在新兴产业方面，孕育了歌尔、盛瑞、沃华、迈赫等一批龙头型高科技企业；在服务业方面，潍坊也极具发展潜力，除了本身发达的商贸物流业以外，金融、会展、总部经济正迅速崛起。但是，相较于浙苏粤等正向更高水平创新型经济、创新型社会转变的发达地区，潍坊市在贯彻新发展理念，推动转型发展、高质量发展方面反应还比较慢。

（四）潍坊市的社会发展

近年来，潍坊市的社会治理水平和城镇化水平呈现良好发展态势。潍坊市物价水平总体稳定，社会保障能力稳步提升，就业形势持续向好，社会救助水平不断提高，养老服务业加快发展。在城市建设和环境保护方面,城市交通建设重点项目取得新突破,棚改征迁工作进展顺利,环境质量持续改善。潍坊市城乡居民人均可支配收入不断提高(见图3)。

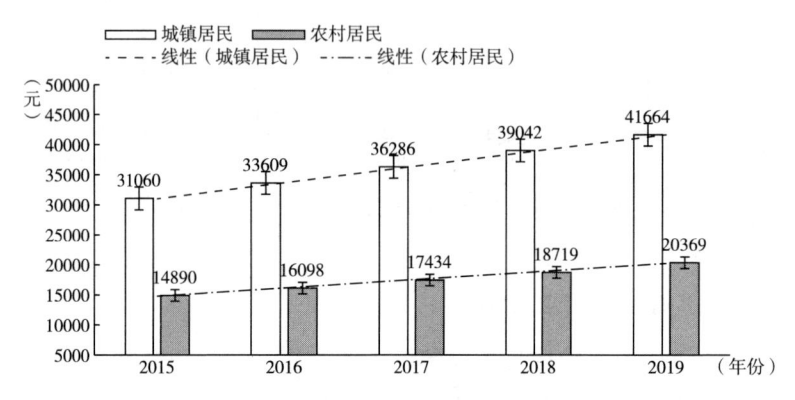

图3 2015~2019年潍坊市居民人均可支配收入

人口结构方面,潍坊市近五年常住人口与户籍人口总体上都呈现出逐年增长的态势。在常住人口稳步增长的同时,户籍人口增幅较为明显。截至2019年末,全市常住人口935.15万人,户籍人口918.1万人(见图4)。

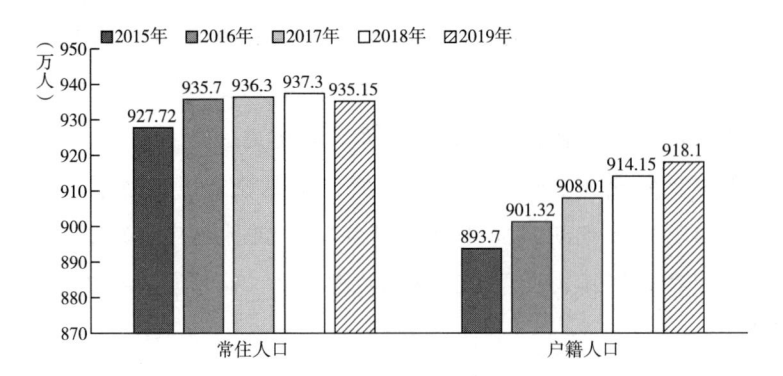

图4 2015~2019年潍坊市常住人口与户籍人口数

城镇化方面,相关数据显示,潍坊市城镇化率从2015年低于全国水平一路攀升,截至2019年城市化率达到62.18%(见图5)。

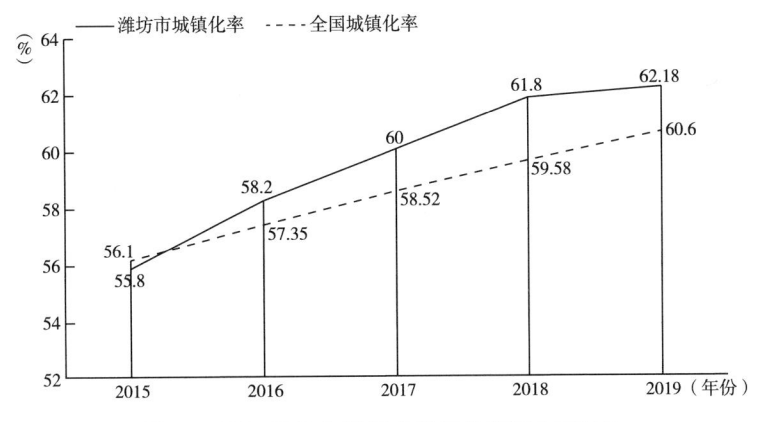

图 5 2015～2019年潍坊市城镇化率与全国对比

二 潍坊市提升城市能级的优势和短板

(一) 优势及机遇

潍坊城市发展的核心竞争力主要体现为"区位好、总量大、教育强",即优越的地理区位、较大的规模总量、强大的基础教育和职业教育三个方面。

1. 潍坊市地理区位优势明显

地理区位对一个城市的发展起着重要的先决作用,潍坊市区位优势明显。一是地理位置突出。潍坊位于山东半岛中部,处于济南、青岛、烟台的几何中心,是半岛与内陆交通的必经之地,也是胶济铁路和山东半岛这两大省内最具活力经济带的核心节点。二是毗邻海洋。发展最大的优势和潜力在海洋,最大的新动能也在海洋。潍坊海洋资源丰富,涉海产业基础雄厚,拥有发展海洋经济的优势。三是交通优势正在形成。这是在地理位置优势的基础上衍生而来的。与烟台、青岛、东营、日照、临沂等周边城市相比,潍坊的公路和铁路交通运输优势明显,随着京沪二通道、德龙烟威快速铁路的兴建,潍坊的交通优势将更加明显。高铁时代,潍坊的区位和交通优势无疑会迎来巨大的发展机遇和红利,可以加速人流、物流、信息流、资金流等汇集,大大增强经济活力,这是潍坊提升城市竞争力的良好条件。

2. 潍坊市体量较大，规模发展潜力足

潍坊市体量大的优势主要体现在三个方面。第一，地域面积大，经济发展空间优势明显。潍坊面积1.6万平方公里，在省内仅次于临沂。第二，人口规模大，人力资源充沛。2019年全市常住人口935.15万人，接近全省的1/10，在全省16个地级市中排名第4。第三，经济总量大，产业规模效益初现。中国社会科学院《中国城市竞争力报告》显示，潍坊市一般公共预算收入在全国城市中排第29位，除去直辖市、省会城市和计划单列市，排第7位（高于常州、徐州、泉州等GDP多于潍坊的城市）。另外，潍坊市私营企业及个体工商户虽数量较低，但近年来增速显著。这得益于潍坊市良好的经济基础，从而保障了其社会经济的发展活力。

地域大、人口多意味着生产要素丰富，人口多和经济总量大反映需求潜力大。在此前提下，潍坊市凭借着其较大的总量，体现出以下几点优势。一是意味着发展选择更多。所有可能的经济形态、改革试点、就业等，都能在潍坊找到落脚点。二是意味着发展稳定性强。在面对外部冲击时，经济发展不会"大起大落"。三是可以集中力量办大事。发挥各方优势，整合社会资源，实施一些重大项目，完成一些重大任务。

3. 基础教育和职业教育扎实，教育优势显著。

基础教育方面，潍坊是全国教育综合改革试验区，是全国唯一连续四届获得教育改革创新最高奖的市。职业教育方面，潍坊是部省共建的第1个国家职业教育创新发展试验区。潍坊基础教育强，既保证了本地人力资源的整体素质处于较高水平，又可以向全国输出人才，让更多人才、地区与潍坊有联系，特别是通过潍坊籍人才联结外部资源，促进潍坊市发展有了巨大的空间；职业教育强，可以培育大量高素质的技能人才，为发展实体经济、打造智能制造强市提供技能型人才支撑；同时，可以吸引青岛、淄博、东营等周边城市的年轻人前来就读，毕业后留在潍坊工作和生活，从而推动人口集聚，增强城市活力。

4. 制造业基础雄厚、县域经济较强

潍坊的大企业基本上是技术为先的制造业，有潍柴动力、福田汽车、雷沃重工、歌尔、晨鸣、鲁丽、豪迈等，也有弘润、鲁清、昌邑石化、山东海化四家大型地炼和海洋化工企业。县域经济、产业集群优势从县城建设和消费可以看出，潍坊的县城建设省内突出。县市大型产业集群，有寿光防水建材、盐化工、蔬菜，青州工程机械、食品机械、挖沙机械、花卉，临朐铝型材及门窗、磁电，诸城汽车及配件、食品机械、服装、食品加工，安丘蔬菜加工，高密纺织、机械，昌邑纺织、苗木，昌乐宝石、新能源汽车等。

5. 市区融合度较高

奎文（高新）是省内全域城市化的少数几个市辖区之一，四区基本连接。

6. 自身发展进入发力阶段

近年来，潍坊实施向北发展战略，滨海新区已初具规模，下一步会在泛莱州湾发展中打头阵、当先锋，从而带动整个潍坊的发展。

7. 被纳入青岛"一主两副"核心城市发展圈

最近，山东省公布了沿海城镇规划带，潍坊与烟台同时被纳入"两副"（"一主"为青岛）规划蓝图，成为山东省的发展战略。从位置上看，潍坊将承担起发展泛莱州湾的主责和重任，这为其提供了难得的发展机遇。

（二）短板和不足

城市的短板和不足会在与其他城市的对比中显现出来。我们先按照2013~2017年的城市GDP总量将城市进行分层，再根据地理区位、发展速度、城市相似度等各方面进行综合权衡比较，选择了杭州、青岛、长沙、宁波、佛山、郑州、烟台、东莞以及济南这9个城市与潍坊一起组成对标城市组，发现潍坊市相较于其他城市存在以下不足。

1. 产业结构调整缓慢

近年来，潍坊市持续推进产业转型升级，"十二五"期间潍坊万元GDP能耗大幅下降，超出省定指标6个百分点以上。但潍坊市GDP和人均GDP增速放缓（见表1），反映出产业结构调整问题突出，与南方发达城市相比，潍坊的转型力度仍然不够，产业结构仍然偏重，产业层次较低、竞争力不强。

表1 2014~2017年十城市GDP和人均GDP增长率统计

单位：%

城市	GDP增长率				人均GDP增长率			
	2014	2015	2016	2017	2014	2015	2016	2017
长沙	10.5	9.9	9.4	9.0	9.2	8.4	7.0	5.6
佛山	8.6	8.5	8.3	8.5	6.6	7.9	6.5	7.2
郑州	9.5	10.1	8.5	8.2	7.5	7.9	6.5	6.5
东莞	7.8	8.0	8.1	8.1	7.4	8.4	8.6	7.5
济南	8.8	8.1	7.8	8.0	7.9	7.0	6.5	6.6
杭州	8.2	10.2	9.5	8.0	7.8	9.1	7.7	5.4
宁波	7.6	8.0	7.1	7.8	6.2	3.5	6.2	14.0
青岛	8.0	8.1	7.9	7.5	7.5	6.2	6.7	9.1
潍坊	9.1	8.3	8.0	7.0	8.9	8.0	7.4	6.5
烟台	9.1	8.4	8.1	6.5	8.9	8.2	7.6	5.9
均值	8.72	8.76	8.27	7.86	7.79	7.46	7.07	7.43

2. 对外开放程度低

追求全面开放是提高开放水平的必然。全面开放体现在开放内容上，就是进一步放开制造业，有序扩大服务业对外开放，扩大金融业双向开放，促进基础设施互联互通。然而，潍坊市外贸依存度一直偏低（见表2）。

表2 2014~2017年十城市外贸依存度统计

单位：%

城市	2014年		2015年		2016年		2017年	
	数值	排名	数值	排名	数值	排名	数值	排名
东莞	169.76	2	166.43	1	167.20	1	161.75	1
宁波	176.64	1	150.54	2	136.59	2	140.55	2
佛山	55.60	5	51.14	3	47.87	3	45.63	3
青岛	56.46	4	46.90	6	43.46	5	45.60	4
郑州	42.05	8	48.56	4	45.05	4	44.10	5

续表

城市	2014 年 数值	排名	2015 年 数值	排名	2016 年 数值	排名	2017 年 数值	排名
烟台	53.99	6	47.72	5	41.94	6	41.94	6
杭州	45.40	7	41.24	7	40.60	7	40.50	7
潍坊	22.82	9	22.80	8	22.62	8	24.99	8
济南	11.18	10	9.30	10	9.79	9	9.83	9
长沙	60.65	3	9.47	9	7.79	10	8.90	10

2014~2016 年，潍坊外贸依存度一直保持在 22.8% 左右，2017 年有所上升，达到 24.99%，与排名第 1、第 2 的东莞市和宁波市差距很大，即便剔除转口贸易和加工贸易总量较大的东莞和宁波，潍坊与佛山、青岛、郑州、烟台和杭州相比仍然具有较大差距。外贸依存度较低说明潍坊市外向型经济发展仍然存在较大差距，资源、资金、技术和人员的跨国、跨地区流动仍然存在较多障碍，经济开放程度有待提高。

3. 城市创新乏力

习近平总书记强调，要坚持把发展基点放在创新上。但目前潍坊与南方发达地区在创新驱动上存在着巨大差距。首先，南方发达地区注重把握世界科技革命、产业变革新趋势，强化企业的创新主体地位，在一些重点领域突破一批关键共性技术。如江苏省出台科技创新 "40 条政策"，最大限度激发创新活力。其次，南方发达地区善于用新模式增创优势，用新办法破解难题。20 世纪 90 年代，江苏迅速转变原有发展模式，抢抓开发区建设机遇，建设了南京、徐州、昆山、常熟等一大批国家级工业园区，发展外向型经济，特别是 1994 年建设的中新苏州工业园，使江苏特别是苏南地区逐渐成为长江三角经济区最强劲的一翼，被经济学家吴敬琏称为"新苏南模式"。

近年来，潍坊大力推进创新发展，取得一定成绩：国家创新型城市获批建设，北京大学现代农业研究院落地潍坊，盛瑞传动 8AT 项目获得国家科技进步一等奖等。但潍坊在全社会研发经费投入占 GDP 比重、政府资金占全市科研经费支出比重、高新技术产业占比等方面，与南方发达城市相比差距还很大,因此,潍坊市在创新力度方面略显乏力。

4. 高等教育和高端科研院所发展落后

目前,潍坊普通本科院校数量较少,发展滞后,缺少知名高校和优势学科,科研转化能力较弱。从全社会研发从业人员来看,万人研发人员数量近几年潍坊一直低于山东省平均水平,低于烟台,不到宁波的1/2(见图6、图7)。

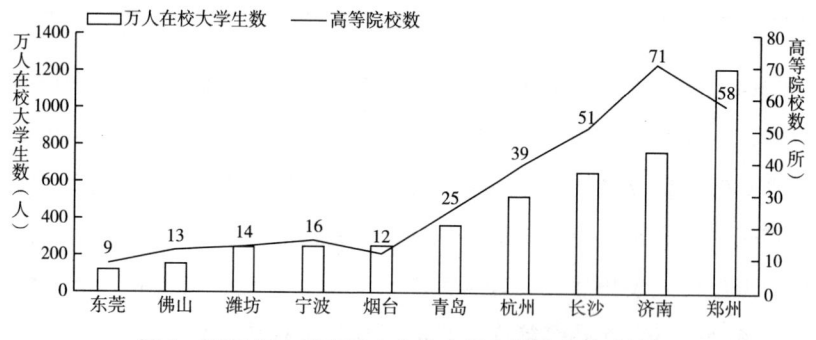

图6 2017年十城市万人在校大学生数及高等院校数

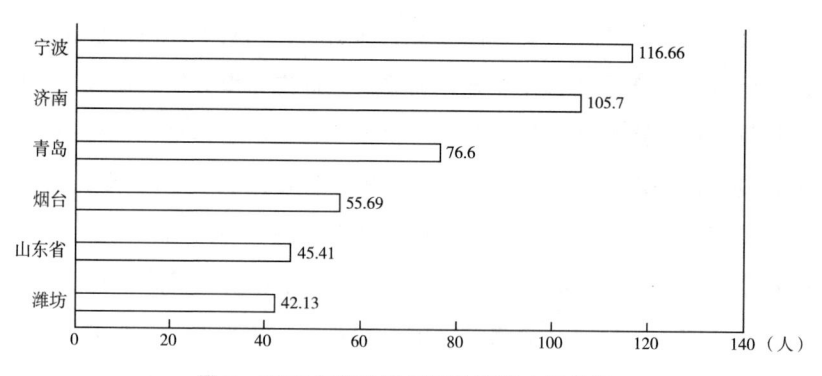

图7 2016年部分地区万人研发人员数量

(三) 潍坊市发展潜力分析

1. 实施乡村振兴战略具有先发优势

全国农业看山东,山东农业看潍坊。潍坊市作为"潍坊模式""诸城模式""寿光模式"的发源地,这些年农业农村工作一直走在全省、全国前列,现代农业产业体系、生产体系、经营体系较为完备,农业特色化、品牌化、生态化建设卓有成效，城乡一体化发展呈现融合趋势，小城镇、农村新型社区建设快速推进，农民增收形势总体良好。全国范围内，潍坊最有基础、最有条件、最有信心加快推进乡村振兴战略。

2. 发展现代海洋经济存在巨大潜力

习近平总书记深刻指出："纵观世界经济发展的历史，一个明显的轨迹，就是由内陆走向海洋，由海洋走向世界，走向强盛。"作为潍坊发展的优势和潜力巨大的产业，海洋既是潍坊经济社会发展的重要依托和载体，也是高质量发展的战略要地。潍坊市海洋化工增加值居于全国首位，已建成亚洲最大的以盐、碱和溴系产品为主导的海洋化工产业集群，形成了4条相对完整的产业链，盐化工、精细化工是其中两大主力。

3. 定位枢纽型城市拓展多元功能

目前，以高铁为骨干的快速交通体系深刻影响了中国经济空间格局和城市之间的关系，成为决定城市体系演变的关键。正在迈入的中国新高铁时代，是城市洗牌的重要机遇期。潍坊处于环渤海湾区与内陆腹地的连接地带，是湾区通往内陆的便捷通道，拥有港口对接陆地的交通枢纽的独特地理位置优势。为此，潍坊市应该充分发挥区位优势，强化"从交通枢纽到经济枢纽、从经济枢纽到枢纽经济"长远规划，推动潍坊从交通节点城市向多元城市功能拓展和突破。

4. 平台经济仍有较大发展空间

知名的交易平台，如京东、慧聪、58同城、阿里巴巴、美团、苏宁等在潍坊已开展业务，建立了网上交易平台或者本地运营机构。在阿里巴巴平台注册的外贸企业有1000多家，入驻1688B2B平台企业16000多家；在淘宝和天猫注册的网上店铺2万多家，有力地支持了中小企业发展。同时，潍坊市本地平台也在多个领域同时发力，以智慧商务综合服务平台为代表的公共服务平台，潍柴英致汽车的互联网汽车智慧化系统平台——Meetwo（米图）等工业生产平台，爱购商城、奕佳商城、中团网等商品交易平台，在招商引资、生产制造、商品交易等领域发挥了重要作用。由此可见，数字技术驱动的平台经济将会成为潍坊动能转换的重要力量。

三　潍坊市城市发展的条件和动力

（一）有利于潍坊市高质量发展的客观条件

1. 充分用好自然条件

潍坊市海洋矿产资源丰富。地下卤水资源得天独厚，居全国首位，富含溴素、氯化物、氟化物等独特资源。土地面积较大。咸淡水分界线以北面积达2657平方公里，拥有974平方公里浅海和447平方公里滩涂。

2. 充分调动要素条件

海洋物流运输外部发展条件较好。潍坊港是国家一类对外开放口岸、对台海运直航港口，是山东半岛蓝色经济区、黄河三角洲高效生态经济区两大战略区域港口群的重要成员之一。海洋旅游资源独具特色，建设步伐加快。潍坊有着悠久的海洋、风筝、渔盐文化，近些年加大了旅游基础设施和大项目建设。海洋产业研发平台建设速度较快。目前，潍坊争取市级以上大项目不断增加，科技成果转化步伐加快。海洋机械装备基础牢固。机械装备产业是潍坊市的传统优势产业，在动力机械、工程机械方面已形成一定的产业规模，成为山东省重要的机械装备生产基地。

3. 充分用足政策条件

山东省内对于潍坊市发展的支持力度正不断加强。《山东省新旧动能转换重大工程实施规划》《山东省"十三五"海洋经济发展规划》《山东海洋强省建设行动方案》等，给予潍坊市海洋产业发展有力政策与财政支撑，促进与青岛、烟台、威海等拓展深化区域协作发展。对外合作加快推进。潍坊市把与东亚、东盟的海洋经济技术合作作为突破口，积极引进国外资金、技术、项目，大力改善海洋渔业生产、加工和流通业、服务业。

（二）推动潍坊市高质量发展的动力

1. 特殊区位的天然利好是潍坊市高质量发展的初动力

区位优势利用得好，就能大幅加速开放发展，提升区域开放发展水平和竞争力。苏州利用紧邻上海的优势，通过建设中新工业园区等重大举措，迅速崛起，实现赶超；武汉、重庆等城市打造内陆开放型经济新高地，都充分利用了区位优势。潍坊地处济南都市圈和青岛都市圈的中心、京津冀和长三角连线的中心，在全省范围内，这种适中的地理位置比较特殊。近几年潍坊市通过鲁辽大通道，实现了与"一带一路"和"跨欧亚经济带"对接。

2. 开放大市的巨大承载力是潍坊市高质量发展的源动力

潍坊经济总量大、大企业数量多、地域面积大，具有对外合作选择多、空间大，面对开放冲击稳定性强等优势。潍坊是开放大市，近几年主要指标取得突破性进展，为新一轮高水平对外开放奠定了基础，为全面扩大对外开放创造了有利条件。2017年，潍坊外贸进出口、进口和出口三大指标总量和增幅均取得近6年来最好成绩，进出口总额居全省第3位，仅次于青岛、烟台；出口增量居省内第2位，仅次于青岛。外商直接投资同比增长48.8%，增幅居全省第2位。服务贸易实现跨越发展，2017年潍坊市获批省级服务贸易创新发展试点城市。开放整体呈现良好态势，为提升开放质量创造了条件。

3. 节会时代的发展机遇为潍坊市高质量发展提供了助推力

G20峰会之于杭州、金砖五国峰会之于厦门、上海合作组织峰会之于青岛等，都大幅提高了城市的国际影响力和知名度，节会越来越成为一个城市展示形象、走向世界不可或缺的平台，成为衡量城市开放活力的重要标志。节会是潍坊开放的一张名片，对提升潍坊的国际知名度和影响力至关重要。节会是潍坊的传统优势，1984年首届潍坊国际风筝会的召开，为潍坊打开了对外开放的重要窗口。风筝会至今已连续举办37届，使"提起潍坊，就有风筝；提起风筝，就是潍坊"的印象深入人心。随着我国开放进入新阶段，以及新一轮技术革命兴起，各地举办节会的形式更加多样，内容更加丰富，更能体现时代特征和发展机遇，如乌镇的世界互联网大会、杭州的云栖大会等。在新一轮高水平对外开放的大潮中，潍坊既要紧跟时代步伐，创新性举办一些规格较高、影响力较大、体现时代特征的节会，又要用新技术、新形式丰富传统节会的内涵，提升层次和水平，巩固提升节会在潍坊对外经贸合作、技术交流、文化碰撞中的优势作用。

4. 众多开发区和试验区的引领是潍坊市高质量发展的主驱动力

开放必须依靠一定的载体，其中开发区和各种试验区是最重要的载体。目前，潍坊市拥有多个开发区，在吸引对外投资和技术、建设开放经济新高地方面发挥着重要作用。潍坊也拥有多个实验区，特别是国家农业开放发展综合试验区，大大提高了潍坊农业在世界上的影响力。潍坊主要有国家食品农产品质量安全示范区、山东省食品农产品质量安全出口示范区、山东省跨境电子商务综合示范区等。最大的载体应该是潍坊国家农业开放发展综合试验区，其也是中国唯一的农业开放发展综合试验区，对潍坊来说，是一个重大的历史机遇。这将在促进中国农业开放发展先导地区建设的同时，加速提升潍坊农业的起飞和开放程度，增强潍坊农业在世界农业中的竞争力和影响力。

四　对标南通瞄准提升城市能级

（一）南通市发展的借鉴意义

南通市位于长江入海口北翼、江苏省东南部，处于沿海经济带与长江经济带"T"形结构交会点，在地缘上与中国经济最发达的上海及苏南地区相依。从长江三角洲范围看，随着苏通大桥、崇启大桥的建成通车和洋口港、吕四港两大深水海港的通航启用，沪通铁路及跨江大桥的开工建设，南通区位优势更加突出，在全省都处于重要的交通枢纽地位。南通产业结构早期以重工业和资源能源为主，经过持续的结构调整，产业逐步转型升级，形成船舶海工、新能源及装备、电子信息等六大主导产业和海洋工程装备、新能源、新材料等六大新兴产业，经济发展总量位于江苏省内乃至全国前列。

潍坊作为连接山东沿海与内陆地区的中心枢纽城市，同样拥有优越的地理位置和发达的交通网络，城市人口规模与南通相近，产业结构基础及资源能源储备也与南通有异曲同工之处。资源禀赋共同下城市发展水平理应相近，而据第一财经·新一线城市研究所于2020年5月29日发布的《2020城市商业魅力排行榜》，潍坊在三线城市（所选对标城市南通为二线城市），其中70个三线城市中潍坊占据首位，极有机会跻身二线城市。从城市发展的外在显性因素来看，潍坊与南通处于同一起跑线，但深究二者之间存在的城市发展后天内在因素可发现明显差距，这恰恰是潍坊对标南通发展经验，实现提升城市能级跻身二线城市目标的关键所在。

（二）南通提升城市能级分析

1. 南通的基本空间格局形成了沪、苏、通跨江融合发展的有利态势

南通发展的基本空间格局是，以江海组合港、航空港、信息港为支撑，以创新创业生态城、通州湾临港产业城、启东生命健康科技城为平台，以现代先进产业协同发展基地、文化旅游休闲度假基地、优质农副产品市场服务保障基地为重点，形成"三港三城三基地"全市域对接服务上海的空间格局。

（1）"三港"。策应上海国际航运中心建设和江苏港口一体化改革，提升港口、机场能级，完善公路网、铁路网、通信网等相关配套，增强以江海组合港、航空港、信息港为支撑的开放门户功能。

上海国际航运中心北翼江海组合强港。围绕打造上海国际航运中心北翼重要港口、区域对接亚欧国际物流门户、江海联动开放战略支点、江海交汇的现代化国际港口，深化江海港口一体化改革，促进港口布局与区域开放相协调、沿江沿海各港区错位竞争、港产城融合发展。创新发展"陆改水"运输模式，推动通海港区与洋山港构建快送直达的"水上巴士"集装箱运输系统，打造上海国际集装箱枢纽港多式联运集散基地（到2020年，集装箱吞吐量达到200万标箱）。

长三角北翼重要航空港。发挥"两地三场"资源互补优势，逐步从支线机场迈向区域中心机场。深化沪通空港物流合作，拓展空陆中转联运新业务，打造长三角北翼重要航空物流基地。依托南通空港产业园，建立航空产业协作区、上海航空要素配套服务基地（南通新机场、上海南通国际机场）。

华东地区重要信息港。以南通中央创新区为试点，积极推动沪通"在线"同城化，重点建设"一张网、两通道、两平台"（沪通一体化信息通信基础网络，国际互联网专用出口通道和通沪量子干线通道，沪通城市公共数据交换平台和智慧城市公共服务平台），建成上海—南通信息高速公路。以南通国际数据中心产业园为依托，争取上海云计算服务平台数

据中心落户南通，探索建设沪通大数据共享中心，努力成为大数据处理和运用基地。

（2）"三城"。以城市转型升级为引领，以科技创新为驱动，以产城融合为路径，重点依托中心城区建设创新创业生态城。利用江海资源打造通州湾临港产业城、启东生命健康科技城，形成"一主两副"产城融合、特色鲜明的城市组团。

创新创业生态城。主动接受上海全球科创中心和苏南国家自主创新示范区的辐射带动，以打造青年和人才友好型城市、具有区域影响力的创新之都为目标，加快建设南通中央创新区，做大做强中心城区各类产业园区，增强创新创业要素协同、聚合功能，以"大众创业、万众创新"引领城市发展，基本形成与上海水平相当的创新创业生态系统。

通州湾临港产业城。突出通州湾示范区龙头作用，带动沿海地区整体发挥陆海统筹、江海联动的优势，打造江苏沿海湾区经济增长极。利用通州湾深水航道和广阔腹地，积极承接精品钢材、临港装备等产业转移与配套，发展旗舰型临港先进制造业，规划建设新材料产业园。

启东生命健康科技城。坚持市县联动、园区联建，争取与上海重点园区在启东沿江共建生命健康科技城，大力发展基因检测、生物医药、医疗器械、健康养生等产业，建设长三角生命科技创新基地、健康产业集聚区、滨江休闲宜居新城。

（3）"三基地"。发挥南通产业基础优势，聚焦先进制造业、现代服务业和都市农业，构建与上海及周边地区协同发展、富有鲜明特色和竞争力的产业高地。

现代先进产业协同发展基地。围绕建设长三角特色产业科技创新基地、长三角北翼具有国际竞争力的先进制造业基地，以沿江沿海前沿为主轴、国家和省级重点园区为节点，构建高端纺织、船舶海工、电子信息、智能装备、新材料、新能源及新能源汽车等"3+3+N"的先进制造业体系。把握现代物流、金融、信息、软件和服务外包等现代服务业。

文化旅游休闲度假基地。立足江海文化旅游特色资源，推动上海都市游、江南风光游与南通江海风情游互动发展，促进江海文化与海派文化、江南文化交相辉映，加快创意休闲园区、特色旅游小镇、旅游度假区和近代工业遗产游基地建设，建设集文化体验、观光休闲、运动养生于一体的江海旅游带，打造"南通：上海下一站"旅游品牌。

优质农副产品市场服务保障基地。遵循绿色、健康、安全的理念，围绕发展粮油、蔬果、花卉苗木、畜禽、水产等产业，打造一批优质农产品生产供给基地，培育一批知名特色农产品品牌、地理标志商标，拓宽服务上海都市圈市场的农产品供应通道，提升"菜篮子""米袋子"等供给水平。

2. 交通互联趋于更加紧密

目前，南通积极抢抓战略机遇，推进南通沪苏跨江融合发展试验区建设，呈现"八龙"过江，一路向南。综合已经建成、在建和规划的过江通道，苏州市和南通市之间将形成张皋过江通道、沪通长江大桥、苏通第二过江通道、苏通长江公路大桥、海太过江通道、北沿江铁路通道、崇海通道、崇启大桥，此举为南通深度跨江融合带来更多机遇。同时新机场的规划建设、通州湾新出海口也为苏通跨江融合赋力。南通与苏州港、江阴港、上海港加强合作，发挥南通的"江出海、海进江"的江海联运优势，同时推进通州湾江苏新出海口建设，优势更为明显。

3. 创新进入崭新阶段

南通的经济整体由制造迈向"智造"。产业的集聚度不断提升，特色产业集群崛起。在南通规模工业总产值中，"3+3"重点产业占比已超六成。其中，船舶海工、高端纺织、电子信息三大主导产业产值均突破2000亿元，智能装备、新材料、新能源和新能源汽车三大新兴产业产值均突破千亿元。南通产业转型步伐不断加快，强攻产业转型升级促进实体经济提质增效，加快创新之都建设提升科技创新竞争力。苏州南通创新发展战略各有侧重，将在协作创新、成果转化等方面产生相互促进作用。

4. 要素流动迎来难得时机

经过多年的高速发展，苏州人才队伍不断扩大，转型升级步伐加快，迫切需要构建辐射周边、联动发展的格局；南通的区域经济总量进一步攀升，产业特色更加明显，创新人才集聚规模不断壮大，但在发展空间上面临很大制约。苏州经过"十三五"时期的稳健发展，综合实力稳步提升，产业转型升级步伐加快,改革创新力度空前,但在人才等高端要素集聚方面由于受到上海虹吸效应的影响难有较大提升空间。因此,实施与南通的对接协作,既能够促使高端要素的区域间快速流动,又能发挥南通相对充足的发展空间优势,满足产业转移、技术转化的空间需求。从产业能级转移条件看,苏州每平方公里陆域面积支撑工业产值达到4.2亿元,已经接近上海,而南通是1.83亿元,仅为苏州的43%,因此协同发展的空间充足。苏通两地可以结合自身的要素禀赋,推动产业合理布局分工,加速协同融合。从产业发展需求看,作为南通乃至长三角区域要素资源最充足、发展潜力最大的区域,对苏州需要大用地量、大吞吐量、大建设量支撑的企业,南通能够成为产业梯度转移、增量发展的承接地。从产业合作的时空距离看,多条过江通道的建设和完善,南通与苏州的交通路网将全面融合,时空距离进一步缩短。同时,南通正在规划建设城域内的江海快线,市区范围内较远的通州区出发到连接苏州的过江通道仅需半小时,南通市的南部区(市)将完全处于苏州核心区一小时辐射范围内。

(三)南通城市升级之路启示

1. 产业高地吸引人气

南通的初始条件并不优越,它的城市枢纽型不强,由于长江天险,与苏州、上海隔江、隔海相望。随着交通条件的改善,产业的转型升级,南通背靠苏州和上海,走出第一步:产业与工作机会吸引人气,通过产业的辐射与迁移吸纳了大量的年轻工作人口,城市人活跃度表现优秀。

2. 绿色南通把人留住

多样的休闲选择、多元化的商业供给、舒适的城市空间、生活方式的多样性等,才是将人留在城市、城市持续发展的重要因素。在过去的发展中,众多知名品牌入驻南通,作为江河湖海共存的南通散发出了特有的魅力,酒吧、咖啡馆、书店等各项城市生活设施在这里不断地增加,满足城市人对于生活空间多位面的需求,越来越具备大城市多元包容的气质。"独具海韵江风,坐拥古寺名刹,林水园城相依,宜居人家入画。"诗人笔下的南通曾以山水相依、江海融汇的小城旖旎风光迷倒世人。如今,站在改革开放再出发的起点上,南通正以大城崛起的姿态,闪耀在新时代筑梦征程上。

3. 枢纽南通已在路上

近年来,"枢纽南通"建设正在迈开历史性的步伐。确定了"区域性综合交通枢纽、亚太地区重要国际门户和组成部分、'长三角'北翼现代物流基地"的定位,并紧扣建设上海"北大门"的定位,继续强势促推交通重大项目建设。

4. 发展底蕴南通愿景

南通这几年经济运行总体平稳。2020年1月7日,南通市第十五届人民代表大会第四次会议上的《政府工作报告》提出,2019年,南通预计地区生产总值9400亿元,增长6.5%以上;展望2020年,报告明确指出,2020年是南通经济总量突破万亿元的关键一年。南通要乘着长三角区域一体化发展等国家战略东风,全方位融入苏南,全方位对接上海,建设长江经济带战略支点和上海大都市北翼门户城市,确保经济总量过万亿元。

南通跻身"GDP万亿俱乐部"是更高城市经济能级的象征,但总量过万亿元,并不代表质量上台阶,还必须更加自觉地把新发展理念作为指挥棒、红绿灯,推动基础设施、公共服务、营商环境、精神面貌等与万亿级城市相匹配。南通是制造业大市,此前传统的发展模式达到了瓶颈,因此通过提升城市能级,做大做强中心城区,把市域的基础设施搞上去,尽可能地完善当地的公共产品,一定程度上可以完善发展环境,有利于人才、技术等要素集聚,进而推动转型升级。

五 潍坊市提升城市能级跻身二线城市的对策建议

提升城市能级主要从五个方面考虑:影响力指标(发展规模、集散功能)、竞争力指标(发展效率、科创教育)、支撑力指标(产业支撑、服务功能)、吸引力指标(生态治理、营商环境)和创造力指标(可持续发展、智慧引领)。

城市的竞争力是按商业资源集聚度、城市枢纽性、城市人活跃度、生活方式多样性和未来可塑性五大维度商业魅力指数排名。

无论是以评判提升城市能级的指标体系为标准，还是以评估城市竞争力排名指数体系为标杆，提升城市能级和核心竞争力，必须围绕增强城市核心功能，聚焦关键重点领域，在经济、金融、贸易、航运、科技创新中心的核心功能建设上取得新突破，在品牌建设、制度创新、对外开放、创新创业、发展平台、人才集聚、品质生活等关键领域打造新高地。具体而言，遵循问题导向、目标导向和结果导向，在借鉴南通市经济发展经验的基础上，潍坊市需要从自身基础出发，充分利用自然条件、政策条件和各种要素条件，坚持"理念先行，创新驱动"，以新旧动能转换为保障，并且进一步开发利用海洋资源，充分发展"蓝色经济"。

（一）加快互联互通，打造枢纽潍坊

城市建设，交通先行。潍坊处于环渤海湾区与内陆腹地的连接地带，是湾区通往内陆的便捷通道，拥有港口对接陆地的交通枢纽的独特地理位置优势，正为潍坊承接资源溢出、深度融入京津冀和"一带一路"打开窗口。

以大交通视角，加快完善城市快速路网布局；对城市内部的交通系统提升同样提出新要求，充分预估未来新城人口、车流，留足拓宽空间、停车空间。这是一种科学的前瞻思维。

大格局中的城市，对应的理应是高站位、高能级和高质量。站在新时代和大格局的交汇点上，需要前瞻思维、主动接轨、提前布局，乘莱州湾融合、区域一体化之势，领高质量发展之先。

（二）突出融合发展，打造活力潍坊

纵观世界城市发展史，任何一个枢纽城市，依靠其交通、区位、产业、环境等方面的优势，必将吸引大量人口集聚，繁荣城市经济。

就潍坊而言，除了枢纽潍坊的打造，以潍柴制造为代表的高端装备制造业，正在接受发达地区产业溢出效益。未来，随着主导产业的不断壮大，产业对人口的吸附力也将增强。

支持潍柴国家商用汽车动力系统总成工程技术研究中心、内燃机可靠性国家重点实验室、盛瑞国家乘用车自动变速器工程技术研究中心创建世界一流研发平台。同时积极争创国家制造业创新中心，加快潍坊市产业技

术研究院和专业技术研究分院等创新创业共同体建设，建成运营浙江大学潍坊工业技术研究院，推动潍坊先进光电芯片研究院进入省"1+30+N"创新创业共同体，攻坚、储备一批国际前沿技术，推动潍坊（寿光）高新开发区升建国家级高新开发区。

未来，潍坊的城市格局必将迎来新的变化与重构，正因为此，潍坊的城市建设必须紧紧围绕人口发展趋势与流向，把准新城老城的建设方向，着力提升城市能级与品质，以与未来发展相匹配。

坚持城市发展规划一张图，潍坊城乡一体化发展步伐也会加快。需牢牢把握城乡融合发展方向，协调推进新型城镇化和乡村振兴战略建设。

增强前瞻性、创新性和协同性，潍坊要优化空间布局、调整生产力布局，全力提升空间、要素和设施的承载能力，加快形成产城深度融合发展的全新格局。

（三）围绕优质普惠，打造幸福潍坊

要打造最具幸福感城市，在生活品质指数、生态环境指数、城市吸引力指数、教育指数、交通指数等方面形成一定竞争力，在城市人性化设计、便利化设施方面，在教育、医疗等资源的优质均衡发展上，需补齐短板，围绕优质普惠，增强公共服务的科学配置，创造有利条件整合高端资源、集聚人气商气、吸引创新创业，高质量提升城市品质。

持续优功能、提品质、强管理、塑特色，潍坊需坚持以人民为中心的发展理念，用生动的实践打造形神兼备、秀外慧中的品质家园，不断满足人民群众对美好生活的向往，展现幸福潍坊的独特魅力。

（四）实施新旧动能转换，打造创新潍坊

潍坊产业结构偏重，以资源能源和重工业为主，产业层次较低，特别是高新技术产业的更新和发展与南方沿海城市还有一定差距。对标南方先进地区，想要奋起直追首先就要坚定不移地实施新旧动能转换重大工程，这是迈向高质量发展的关键一招，也是必要的一步。

一是加快产业转型升级，坚持高端高质高效发展方向，加快存量变革和增量崛起，提升产业基础能力和产业链现代化水平。全面实施新一轮企业技术改造，推动"千项技改、千企转型"，2020年内实施重点技改项目

1000 项，完成技改投资 600 亿元。深化智能制造"1+N"带动提升行动，大力推进"现代优势产业集群+人工智能"融合发展，创建 20 家智能制造示范工厂，新增 10 家省"两化"融合贯标试点企业。

二是抢抓数字经济发展机遇，以 5G 商用为突破口，积极培育物联网、大数据、云计算等核心引领产业，超前布局区块链、人工智能、虚拟现实等前沿新兴产业，加快建设 AI 物联网产业园。

三是发挥潍柴、福田、盛瑞、豪迈等骨干动力装备企业的带动作用，加快推进氢燃料电池研发及产业化、新能源动力产业园等项目，支持潍柴争创国家燃料电池技术创新中心，着力打造国内领先、国际一流的氢燃料电池生产基地和氢能示范城市。培育做大昌乐新能源汽车产业基地，支持比德文集团加快 6 万辆高速乘用车项目建设和 20 万辆乘用车项目尽快落地。

（五）挖掘海洋经济，打造蓝色潍坊

山东作为滨海省份，最大的发展优势在海洋，最大的新动能也在海洋。潍坊海洋资源丰富、涉海产业基础雄厚，同时地处山东半岛蓝色经济区的核心区，拥有发展海洋经济的巨大潜力与优势。

要充分挖掘潍坊海洋经济的发展潜力，一是进一步突出海洋化工产业的独特优势，培育一批核心技术能力和集成创新能力强、能够引领海洋化工产业发展的创新型企业，提升产业规模效益，形成世界级海洋化工的重要集聚区。海洋化工的重点发展领域可在原基础上升级改造传统盐化工产业，开展医用盐、多晶型盐、畜牧盐、盐藻等高附加值产品技术研发，形成面向高端市场的系列盐产品，深化现代盐化工产业链。建立盐、碱和溴化工产业循环示范工程，鼓励传统制盐与海水淡化产业有机结合，支持海水资源综合利用技术研发，推动相关成果的产业化应用。

二是提升海洋生物制药产业规模，推动新产品研发。潍坊目前生物制药产业发展处于中后段，科技研发力量不足以支撑产业的升级，因此，需要以海洋生物医药产业发展走在全国前列的青岛、烟台等市为标杆，借力发展，引进青岛、烟台等市以及省内外在海洋生物医药上的先进技术和人才，合作开展对海洋生物基因及海洋水产品功能性食品、药品等领域的研究开发，深化研究海洋生物活性物质的提取、结构和功能，解决产品高效制备、合成和质量控制等药源生产关键技术、主要海洋生物资源提取利用的核心技术，尽快形成潍坊市独有的生物制药优势，建成全国重要的海洋生物医药产业基地。

（六）推进数字经济，打造智慧潍坊

在有条件的区域打造智能楼宇、智慧社区、智慧停车场，推进数字化城市管理，着力打造智慧之城、数字之城、移动之城。可以通过社区重塑重构，整合网格管理体系，抓好城区基础组织社区化建设，加快形成系统、有效、扁平化的以及直接到达老百姓、服务老百姓的治理体系，不断提升人民群众的获得感、幸福感、安全感。

制定完善智慧城市建设总体规划，以建设"城市大脑"为引领，优化智慧产业、智慧服务、信息资源、基础设施等各个层面的结构设计，加强数字经济基础设施与治理体系建设。整合综治中心、智慧党建、数字城管、广电网络等系统，筹建大数据管理服务中心，运用云计算、大数据、人工智能等现代科技与市域社会治理深度融合，推进信息化手段在城市管理等方面的综合运用。

推进城管智能化，借助"大、智、移、云、物"等现代科技手段，整合城管、公安、交警、环保、民政等部门资源，构建涵盖市政、供水、排水、供热、燃气、市容、环卫、园林、照明等方面的城市管理智能化服务平台，大力拓展数字城管平台功能，实现数字城管平台互联互通、信息共享，推动数字城管向智能城管转化，提升城市监管服务水平和突发事件应急响应能力。整合政府社会管理和公共服务资源，依托智能手机、新媒介等载体多渠道开展便民服务，提升市民参与度。

（2020年6月）

潍坊市打造区域性对外开放高地研究

课题组[*]

"对外开放"是中国的基本国策,也是多年来我国经济快速发展的重要动力。党的十八大以来,习近平总书记对山东省对外开放工作多次做出重要指示,打造对外开放新高地,是习总书记对山东的殷切嘱托。近年来,潍坊市深入贯彻落实习近平总书记视察山东重要讲话、重要指示批示精神,贯彻落实山东省委关于扩大开放的一系列要求,坚持以开放促改革、促转型、促发展,全力打造对外开放新高地,在相关领域取得了显著成绩。为全面了解当前国内外城市区域性对外开放高地建设现状及未来趋势,谋划潍坊打造对外开放新高地的重大发展思路,潍坊市改革发展研究中心及潍坊学院组成联合课题组,在广泛调研和理论研究的基础上,全面了解当前国内典型二线城市对外开放发展水平,梳理潍坊市区域性对外开放高地建设现状,厘清潍坊区域性对外开放高地建设面临的问题,谋划潍坊在建设国际一流营商环境、构建全方位开放新格局等方面的重大发展思路,并提出了相关对策建议。

一 潍坊市打造区域性对外开放高地建设现状

近年来,潍坊市先后出台《关于推进新一轮高水平全面开放的政策

[*] 课题负责人:丛炳登;课题组成员:潍坊学院李庆军、周志霞、张帅,潍坊市改革发展研究中心周志鹏、孙潇涵。

措施》《中共潍坊市委关于深化改革创新打造对外开放新高地的实施意见》等政策，对外开放发展具备了较好的基础，开放发展优势凸显、后劲十足。

（一）外资外贸、境外投资均实现大幅增长

截至2020年，潍坊已与212个国家和地区建立了贸易关系，年进出口总额达1903.9亿元，稳居全省第3位；累计批准利用外资项目3661个，实际使用外资120.88亿美元，已吸引86个国家和地区的客商在潍投资；已有283家企业成功"走出去"，在81个国家和地区设立企业（机构）475家，中方协议投资额58.4亿美元，累计完成境外实际投资额28.3亿美元。

（二）外贸新业态增长迅速

目前，潍坊有省级跨境电商综合服务平台7家（新海软件、洲际硕远、潍坊保税物流、广贸天下网络、海盈互联、智炎众益合、诸城中盈），省级跨境电商集聚区2家（新华总部经济、寿光中印软件园），省级跨境电商公共海外仓2家（海盈互联墨西哥海外仓、昌邑德明乌干达海外仓），省级跨境电商实训基地2家（智炎众益合、潍坊科技学院），国家外贸转型升级基地5家（青州市、诸城市、安丘市、高密市、临朐县）。其中，智炎众益合"世界制造网"电商平台国内、国际注册企业分别超过2.3万家、1万家，"化工谷"垂直电商平台国内注册企业2100多家。

（三）对外合作交流取得新的进展

RCEP协议签署后，潍坊与日韩等国家合作交流更加密切，目前已与包括日韩在内的9个国家10个城市建立友城关系，与17个国家27个城市建立友好合作关系。对外合作交流平台不断拓展，进口肉类口岸和澳大利亚活体肉牛口岸已顺利运行，进境粮食指定监管作业场地建设正积极推进，鲁台会、中日韩博览会等展会及风筝会、菜博会、花博会等节会定期举办，加深了潍坊对外合作交流的广度与深度。

（四）开放发展优势进一步凸显

潍坊市充分发挥山东半岛蓝色经济区、黄河三角洲高效生态经济区和

山东半岛国家自主创新示范区三大国家战略叠加区的区位优势，加快开放发展进程，目前已获批潍坊国家农业开放发展综合试验区、国家跨境电商零售进口1210试点、中国（潍坊）跨境电子商务综合试验区等国家级试点，开放发展后劲十足。同时，作为中国（山东）自由贸易试验区青岛片区潍坊联动创新区，潍坊全面深化与青岛自贸片区对接合作、联动发展，以进一步实现优势互补、叠加与升级。

（五）国际一流营商环境建设取得进展

一是基本建成"公平竞争"的市场环境。在稳定外贸方面，建立授信和放款"绿色通道"，根据企业不同情况分类施策，对符合条件的企业"应贷尽贷"，中小企业参与竞争机会增大。二是基本建成"公正透明"的法律政策环境。全面落实外商投资准入前国民待遇加负面清单管理制度，凡未纳入负面清单的限制措施，一律取消。三是基本建成"开放包容"的人文环境。政府相关部门积极收集外资企业多方面诉求，使其在资质许可、标准制定、项目申报、政府采购等方面享有与内资企业平等的权利。

二 潍坊市打造区域性对外开放高地面临的问题

虽然潍坊开放成效凸显，但在激励性政策实施、营商环境建设、应对国际经济形势变化等方面还存在一定的差距。

（一）激励性政策实施效果不强

一是对RCEP规则、规制和标准的对接、培训等不够健全，政策宣贯及支持力度有待进一步加大。二是政策实施门槛过高，政策激励作用在一定程度上被弱化。比如，境外展会补贴政策在实施中由于指定展会公司提高了企业承担的人员或其他费用，企业展会补贴政策受益缩水。三是政策落地存在申报烦琐、奖励兑现缓慢、不能灵活兑现的问题。比如，奖励政策申报的环节多、流程复杂，企业付出的时间成本过高，导致部分企业选择放弃申报或不去参展。四是属地事权对政策执行监管的局限性问题。以高新区为例，100项改革事项中区属改革事项仅31项，大部分事项审批、监管的实施层次不在区级层面，审批部门、主管部门和属地监管的责任界限还不是很明确。

(二) 部门之间、政企之间协同联动水平有待提升

一是在联动执法方面还有较大提升空间，比如，在企业执行合同过程中多元化矛盾解决机制尚需推进，部分调解资源丰富的单位参与度偏低，有效协作不够。二是在市场监管过程中各部门对跨部门联合执法的事项梳理还不够到位，跨部门联合的"双随机一公开"还未成为常规性工作等。三是数据的协同利用需要加强，部门间信用信息共享仍不够畅通，潍坊市信用信息服务平台由于信息采集不全面，平台功能的充分发挥受到制约。四是政企之间的对接机制不够完善，在政企沟通机制、沟通有效性和回应满意度等方面，仍有提升空间。比如，有很多企业反映了解政策的途径少、不及时，难以享受政策红利。

(三) 要素成本和要素配置效率需要进一步优化

一是企业发展普遍面临用工难问题。比如，山东千榕家纺、诸城外贸、山东中沃优达等公司的翻译人员和外派人员均为紧缺人才，招不进留不住。二是融资难融资贵问题。企业在实际办理贷款业务时面临很多限制，而且需要购买强制性保险，贷款费用过高。比如，高密斯达克生物降解淀粉塑料项目人员反映，由于公司固定资产少、可抵押物少，贷款困难。三是企业物流成本过高的问题。潍坊港海运船只少，很多国际航线没有开通，集装箱周转速度相对较慢，部分企业只能选择其他港口出海。四是当地配套资源不足的问题。不少企业很长时间都为无法找到合适的当地供应商而苦恼，产业配套资源不足严重制约了企业的引进与发展，一方面源于信息不对称，另一方面源于配套产业区域发展不平衡。

(四) 国际经济形势变化带来新的挑战

一是新冠肺炎疫情对世界经济和全球贸易的冲击，使得国际市场消费需求下降，外贸企业市场开拓持续受阻。二是中美贸易摩擦引发的高关税和不确定性，使得原材料价格上涨，企业运营成本上升，企业利润大幅下降，部分企业丢失美国市场。三是利用外资的制约因素愈显突出，主要体现在潍坊土地储备少，环保容量对项目的要求也越来越高，利用外资工作

水平亟须提升。

三 潍坊市对外开放水平与部分二线城市对比分析

(一) 选取依据

1. 城市选取依据

综合考虑区位、经济发展、外经旅游等因素，选取了宁波、无锡、佛山、东莞、南通和泉州6个二线城市进行比较。

首先，从城市属性上来看，选取对象主要来自二线城市。其次，从经济总量和人口规模角度，选取了2020年人口500万~1000万，5个经济总量过万亿元和1个近万亿元城市。最后，从代表性来看，选取的均为南方发展最具活力和创新力的城市。

2. 指标选取的原则和依据

（1）指标选取的基本原则

为了保证对比分析的严谨性，数据来源于各城市2020年统计年鉴，各城市统计局发布的2020年国民经济和社会发展统计公报，以及《中国火炬统计年鉴2020》，同时遵循以下基本原则。

第一，科学性原则。在指标选取、数据选取和处理上以统计学、决策分析为科学依据，对城市的对外开放程度做出准确的描述、分析和评价。

第二，可操作性原则。每个城市统计年鉴的指标分类不尽相同，因此，要考虑用于开放度评价的各项指标数据的可获取性，以确保评价指标的可操作性。

第三，可比性原则。该原则要求评价指标具有普遍的统计意义，使得评价指标体系能够在更广泛的范畴中应用，进而实现不同城市间的横向比较。

（2）指标选取的主要依据

本课题主要从影响对外开放的经济、技术和社会三个维度来分析各城市的对外开放水平，具体指标内涵如表1所示。

表 1　对外开放指标构成

指标要素		内涵
经济开放度	贸易往来	衡量区域经济对国际市场的依赖程度
	投资往来	包括"引进来"和"走出去"
	要素流动	人流、物流、资金流水平体现集聚生产要素的能力
技术开放度	知识获取	对外交流过程中对信息、技术等要素的吸收能力
	创新能力	以创新为特征的专业化能力是赢得高附加值的基础
	产业化水平	高新技术企业的集聚和增长体现核心竞争优势
社会开放度	人员交往	人员交往是隐性知识传递的主要渠道
	信息流动	丰富的信息交流渠道有利于信息资源最大限度整合与共享
	文化交融	多元开放的现代文化是全球化时代特定区域的独特竞争力

第一，在经济开放度方面，选取贸易往来、投资往来和要素流动三个指标要素来衡量。其中，出口依存度（%）、进口依存度（%）两个指标衡量贸易往来，实际使用外资额（万美元）、外商及港澳台投资企业数占比（%）、外商投资企业产值占比（%）三个指标衡量投资往来，金融机构本外币存款余额（亿元）衡量要素流动。

第二，在技术开放度方面，选取知识获取、创新能力和产业化水平三个指标要素来衡量。其中，每万人在校大学生数（人）指标衡量知识获取，每万人专利授权数（件）指标衡量创新能力，高新企业工业总产值（亿元）、高新企业出口总额（亿元）两个指标衡量产业化水平。

第三，在社会开放度方面，选取人员交往、信息流动和文化交融三个指标要素来衡量。其中，接待境外旅游者数（万人次）、入境旅游外汇收入（万美元）两个指标衡量人员交往，每万人国际互联网用户数（个）、每万人移动电话数（个）两个指标衡量信息流动，艺术表演场馆机构数（个）、人均公共图书馆藏书数（本）两个指标衡量文化交融。

（二）评价结果分析

1. 经济开放方面

潍坊出口指标排名落后，与先进城市差距较大。2020年，潍坊的出口依存度在7市中排名第5，高于南通和泉州；且从数值来看，潍坊市的出口依存度仅为20.7%，远低于东莞（85.82%）和宁波（51.63%）。但是，从出口总额的绝对数来看，2020年潍坊市排名最后，情况相当不乐观，东莞是潍坊的6.8倍多，宁波是潍坊的5.2倍多，无锡和佛山是潍坊的3倍左右，其他城市总量也均高于潍坊。

潍坊实际使用外资额排名靠后。2020年，该指标值潍坊排名倒数第2位，仅高于泉州。佛山的实际使用外资额遥遥领先，是潍坊的4.2倍多，无锡排名第2位，是潍坊的3.3倍多，南通该指标值是潍坊的2.5倍。

潍坊在外商投资方面排名也较落后。2019年，外商及港澳台投资企业数占规模以上工业企业数（泉州数据缺失）方面，潍坊排名最后。东莞占比是潍坊的3倍多，无锡、宁波和南通占比也是潍坊的2倍多，仔细对比指标数值，潍坊不仅是排名的落后，绝对数的差距也是非常的明显。外商投资企业产值占规模以上工业企业产值（南通数据缺失）方面，潍坊同样排名最后一位。可以看出，潍坊市在外商投资方面不仅是数量上的落后，投资质量也亟须进一步提升。

潍坊金融机构本外币存款余额排名倒数第2位。2019年，潍坊市金融机构本外币存款余额为8750.6亿元，在7市中仅高于泉州市的7728.61亿元，其他城市均超过万亿元。宁波市处于领先地位，是潍坊的2.4倍，无锡是潍坊的2倍，佛山和东莞也接近潍坊的2倍，南通是潍坊的1.6倍。

2. 技术开放方面

潍坊在校大学生数排名相对理想。2019年，潍坊市普通高等学校在校学生数总量为20.5万人，排名首位。但是，高层次在校学生（硕士及以上学历）数量仅为1629人，与其他城市相比并不占优势；每万人在校大学生数为223.4人，排名7市的第4位，除与东莞的差距较大外，总体与其他城市差距不大。

潍坊专利授权排名有差距。2019年末潍坊市国内授权专利数为15677件，从绝对数量上来看，在7市中排名最后。对比发现，东莞是潍坊的3.9倍，宁波是潍坊的3倍，无锡、佛山、泉州也是潍坊的2~3倍。从相对数每万人授权专利数来看，潍坊市在7市中排名末位，与其他城市相比差距较大。

潍坊产业化水平还有较大提升空间。2019年潍坊市高新企业工业总产值排名第5位,高于南通和泉州,除与东莞差距较大外,与宁波、无锡和佛山的差距不大,还有较大提升空间。2019年潍坊市高新企业出口总额排名第6位,仅高于泉州,与东莞和无锡差距在1000亿元以上,与南通差距不大。

3. 社会开放方面

潍坊在接待境外游客和外汇收入方面还需要提升。2019年,潍坊接待境外旅游者数为26.6万人次,仅高于南通,但远低于其他城市,东莞是潍坊的15倍,泉州是潍坊的6.6倍,其他城市也是潍坊的2~3倍。入境旅游外汇收入方面,2019年潍坊市排名最后,没有突破1亿美元,与其他城市相比差距非常大,泉州高达潍坊的20倍,南通是潍坊的1.7倍。

潍坊在信息开放方面整体落后。每万人国际互联网用户数,2019年潍坊为3062.8户,排名末位;每万人移动电话数,2019年潍坊为11195部,也排名末位,低于其他各城市。其中,南通每万人国际互联网用户数是潍坊的1.4倍,每万人移动电话数与潍坊差距不是很大。

(三)分析和思考

从前述调查结果来看,在经济开放、技术开放和社会开放方面,潍坊市绝大多数指标处于下风,与其他先进二线城市相比差距逐步加大。综合来看,造成这些差距的原因,我们认为主要有以下几个方面。

第一,总体发展水平的制约。从GDP总量看,潍坊2020年的数据低于其他各市,与最多的宁波相比少6536亿元,与最少的南通相比少3777.99亿元。从人均GDP来看,潍坊为60760元,低于全国人均水平的70892元;同时,低于其他6市,与数值最高的东莞相比,有近6倍的差距。从发展阶段来看,虽然同处于工业化后期发展阶段,但潍坊市还处于工业化后期的前半阶段,东莞、无锡、佛山等已进入工业化后期的后半阶段。

第二,产业结构不合理。潍坊传统制造业占比高,且大部分处在产业链、价值链的低端,而先进城市的传统产业也已走向高端,如宁波已经全部进行了智能化改造,南通高新技术产业产值占比达50.1%,潍坊仅为44.9%;潍坊2019年机电和高新技术产品进出口占比为32.1%(佛山为

61.4%、南通为56%），远低于全国的81.7%。

第三，开放意识和格局亟须加强。积极融入国家重大战略的主动性不够，没有充分利用好"一带一路"、胶东经济圈一体化发展、山东自贸区、新旧动能转换试验区、RCEP等带来的发展机遇。而像南通、宁波积极融入"长江经济带"等国家发展战略，通过规划对接、战略协同、空间集聚、专题合作、完善机制，全面融入长三角区域一体化发展，基本形成了创新引领的区域产业体系和协同创新体系，充分释放国家战略叠加整合效应，闯出一条开放合作新路子。

四　对策建议

（一）对接RCEP规则，建设国际一流营商环境

一是深入对接RCEP统一规则，提高贸易和投资便利化水平。进一步协调海关等部门，开展贸易自由化的集成创新，降低区域内贸易成本，提升产品竞争力。调研发现，潍坊部分企业由于对政策缺乏了解，未能利用自贸协定关税优惠，政府相关部门应充分引导企业合理使用RCEP协定优惠关税，引导企业优先考虑RCEP区域内的绿地投资和产能布局，引导重点产业充分利用RCEP规则优化全球布局。

二是进一步对标全球最高经贸规则，形成市场化、法治化、国际化的营商环境。进一步完善对外开放推进体系，加强涉外法律服务保障；全面对标国际标准规则，推动检验检疫、信息、物流服务与国际接轨，推进金融、保险、法律、文化、旅游、卫生等高端服务贸易开放发展；改革涉外投资管理体制，健全外商投资促进、保护和服务体系。

三是进一步优化潍坊对外开放发展的服务支撑。加快推进"以港兴市"战略，在国际互联互通大通道上重点突破，推动潍坊海关与青岛关区联动发展，建设现代化保税港区，降低企业贸易成本；进一步加强政策资金保障和开放发展人才体系建设，为国际化建设提供资金与人才支撑。

四是积极对标"中国营商环境评价"指标体系，建立"指标长制度"，落实建设国际一流营商环境的"目标和责任"。建议以"中国营商环境评价"指标体系及18个评价指标为导向，结合潍坊实际情况，建立

指标长制度，优化责任分工。一级指标分别由市政府分管领导兼任指标长并设立相应一级指标优化推进办公室，由该项一级指标牵头单位主要负责人兼任办公室主任，统筹负责该项一级指标及相关二级指标的优化提升；二级指标分别由相关单位主要负责人对该项指标优化提升负总责，各指标牵头单位设立单项指标优化专班。市发改委定期对指标完成情况进行调度，负责指标的全面统筹协调工作。

（二）全面推行"链长制"，在产业深层次开放上重点突破

一是聚焦"十强"产业，梳理重点产业链，建立"一个牵头部门、一个工作方案、一套支持措施、一条龙企业联动"工作机制。以建设国际动力城为引领，加快推进潍柴国际产业园、商用车新能源动力总成系统制造基地等项目；以雷沃重工、英轩重工等企业为龙头，重点发展农副产品精深加工、智能大型拖拉机、多功能联合收获机械等新型智能农机装备，建设全国重要的智能农机装备生产基地；以豪迈科技、浩信机械等优势企业为龙头，重点发展数控机床、轮胎模具和智能铸造等产业；以潍坊日本高端果蔬基地、中日韩现代高效农业示范园、农综区现代农业（畜牧）产业园建设为牵引，打造国际化高品质现代农业产业生态圈。

二是以大项目为抓手，培育壮大优势进出口产业。集中优势资源，进一步培育壮大电子信息产业、新能源动力产业、进口大宗商品产业、食品农产品加工产业，加快建设总投资18亿元的最新一代VR智能硬件项目、总投资7亿元的佩特来新能源动力产业园，开展进口棉花、天然橡胶、矿产等大宗商品加工贸易，推动总投资2亿元的香港冠博进口粮食加工项目，总投资5亿元的汇源进口果汁加工项目、20万吨进口果汁保税冷库等项目建设。

（三）以"保税+"模式扩大进出口，增强保税区服务开放发展的功能

学习外高桥保税区、苏州工业园区综合保税区、青岛前湾保税港区等创新监管制度、发展新兴业态、精准灵活运用保税功能服务企业的经验做法，服务新一轮开放发展。

一是推进保税+产业集聚，培育开放发展新动能。聚焦外贸外资，立

足区域优势，重点发展电子信息、新能源动力、保税加工、保税物流贸易等产业，着力打造全球VR/AR智能硬件生产基地、保税物流分拨基地、区域性大宗商品加工交易基地、新能源动力生产基地。

二是推进保税+业态创新，建设改革创新试验田。梳理落地国务院21条新政策，新复制推广一批自贸区政策，形成政策集成优势，培育跨境电商、外贸综合服务、融资租赁及保税研发检测维修等开放发展新业态。

三是推进保税+供应链金融，放大政策功能服务效应。以服务外贸做大做强为导向，找准"保税、金融、外贸"结合点，进一步优化完善金融服务、创新外贸外汇服务模式、创新"保税+金融+贸易"模式，叠加保税功能政策服务企业扩大外贸，用金融赋能跨境贸易。

四是推进保税+区域合作，推动区域联动发展。主动融入山东自贸区、上合示范区等国家战略，加快建设区域一体化先行区、示范区。加快建设现代化保税港区，申建自贸区联动创新区，搭建综合性口岸服务平台，服务货物大进大出，提升开放合作水平。

五是推进保税+企业服务，营造自贸区式营商环境。全面实施容缺受理等创新举措，打造零跑腿"网上保税"，提升企业服务中心功能，提升营商环境舒适度，营造"自贸区"式营商环境。

（四）拓展与RCEP成员国经贸合作，持续放大对日韩开放优势

一是全面拓展与RCEP成员国地方经贸合作，深化与协定国家和地区交流合作。全面提升与日韩合作，强化产业衔接、合作，推动中（潍坊）日韩地方经贸合作示范区建设，开拓多元化国际市场。围绕创新发展货物贸易、拓展对日韩合作、构建贸易物流"黄金大通道"、深化投资与服务贸易双向合作、打造一流营商环境等方面，研究起草落实RCEP的先期行动计划。

二是利用好保税区功能优势，实施对日韩跨境电商倍增计划。定向引进国内外垂直跨境电商平台和综合服务企业，构建一流的中日韩跨境电商产业生态，探索与日韩地方经贸合作新模式。

三是健全与日韩地方政府及重点企业间合作机制。聚焦高端装备、新一代信息技术、新能源汽车、生物医药等先进制造业和工业设计、金融服

务等现代服务业，深化经济合作，举办日本、韩国、RCEP区域进口博览会等系列活动，持续放大对日韩开放优势。

（五）加快高能级对外开放平台建设，构建全方位开放新格局

一是高水平建设国家农业开放发展综合试验区。用足、用活农综区11项先行先试政策，复制推广国内自贸区制度创新和政策创设成果，推动核心区率先发展；加快建设农综区便企综合服务中心，承接好市级下放的经济管理权限；完成农综区对外合作规划编制工作，推动中国（潍坊）国际农产品加工产业园尽快获批。

二是高标准建设中国（潍坊）跨境电子商务综合试验区。创新跨境贸易电子商务高效便捷监管模式，推动企业共建共享海外仓，探索跨境电商零售进口超限额商品转为一般贸易，发展"网购保税+线下自提"模式，促进"保税+免税"共同发展；加快综保区"四自一检"监管创新模式、海关总署关于简化综保区货物进出区管理措施的落地实施，加快综合保税区提质升级。

三是高质量建设山东自贸区青岛片区潍坊联动创新区。推进与上合组织地方经贸合作示范区联动发展，以建设"准自贸区"为方向，壮大加工贸易、保税物流、一般贸易三大业态，探索离岸贸易、转口贸易等新模式，培育外贸竞争新优势。

（六）创新要素配置模式，切实解决企业用人用钱问题

一是探索人才共享模式。建议由市人力资源部门搭建人才共享平台，积极引导高校、企事业单位中具有外语和贸易专业背景的优秀人才进入共享平台，采取"原单位+外贸企业"共享人才的模式，切实解决企业用工难问题。

二是探索建设专业贸易支行。建议由金融主管部门引导和鼓励各类银行开设专业贸易支行，结合潍坊市现有的外贸产业基础及未来产业发展导向，加大对新兴产业成长型、外贸型中小企业的信贷支持力度。支持本地外贸企业开展资本运作，为成长型外贸企业发行中短期票据、融资租赁、资产重组和收购兼并及在境内外上市提供金融服务，进一步畅通外贸企业融资渠道。

三是探索"银行+市场监督管理局"的融资模式。鼓励引导银行与市场监督管理局的合作，建议由市场监督管理局主动采集外贸企业类经营信息，建立动态监测机制，由市场监督管理局出具外贸企业信用情况，给出评级，各类银行依据市场监督管理局的信用评级，在无抵押的情况下，对符合借款条件、信用评级高的中小微外贸企业增加授信支持，切实提高中小微外贸企业融资获得性和便利性，破解融资难、融资贵的问题。

（2021年8月）

品质城市

落实五中全会精神抢抓人口流动窗口期做大做强中心城区的分析与建议

李 波 刘永杰

党的十九届五中全会提出，逐步形成城市化地区、农产品主产区、生态功能区格局。潍坊属于"主要城市化地区"，主要任务是高效集聚经济和人口。"十四五"时期及未来15年是人口流动的窗口期，也是潍坊做大做强中心城区的窗口期。

一 潍坊未来15年应瞄准Ⅰ型大城市，做大做强中心城区

（一）应立足Ⅰ型大城市建设谋划未来工作

2014年《国务院关于调整城市规模划分标准的通知》按城区常住人口数量把城市规模划分为七档，其中城区常住人口500万~1000万的为特大城市，2019年省内济南、青岛在此范围；300万~500万的为Ⅰ型大城市，淄博、临沂在此范围；100万~300万的为Ⅱ型大城市，烟台、潍坊等在此范围。

2019年中心城区常住人口，潍坊214万人，距离Ⅰ型大城市还有86万缺口；淄博326万人、临沂302万人，已经进入Ⅰ型大城市行列；烟台2019年249万人，2020年区划调整后达到295万人，距离Ⅰ型大城市仅一步之遥。潍坊建设现代化高品质城市、在区域发展中谋求更高城市地

位，应该瞄准Ⅰ型大城市建设，提升中心城区首位度和能级。

（二）应迅速补齐中心城区弱小的短板

中心城区弱小是现代化高品质城市建设的致命缺陷。潍坊中心城区首位度低，中心城区人口、面积、GDP占全市比重分别排全省第12位、第14位、第15位。其主要原因有三，一是区、县市数量比低。潍坊4区8县市，而济南10区2县、青岛7区3市、烟台5区6市、淄博5区3县。二是区均GDP低、面积小、人口少。2019年，潍坊4个行政区均GDP为452亿元，排全省第13位；区均面积662平方公里，排全省第14位；区均常住人口53.5万人，排全省第15位。三是区弱，没有全国百强区，与潍坊的城市地位不相称。工信部2019年中国百强区榜单，济南4个百强区、青岛4个、淄博2个、临沂1个；《人民日报》2019年全国综合实力百强区榜单，淄博、济宁、聊城分别有2个，威海、临沂、东营、日照分别有1个，潍坊在上述榜单中无一入选。与此形成鲜明对比的是，潍坊常年有4个县市入选全国百强县，县强区弱特征明显。

2019年我国常住人口城镇化率达到60.6%，专家普遍认为这标志着进入城市化时代，中心城区对城市间竞争越来越具有决定性意义，潍坊中心城区弱小的缺陷将越来越突出。潍坊应当顺应时代发展要求和城市发展规律，把提升中心城区首位度作为推进现代化高品质城市建设的基础性工作。

二 应把人口尽可能多地吸引到中心城区

人口是现代经济社会活力的源泉，是创新创业的基础，是集聚资源要素的动力，是提升城市竞争力最核心的因素。

（一）过去10年潍坊中心城区在人口集聚上已经落后

剔除区划调整对人口变动的影响，2010~2019年中心城区常住人口增加值，济南71万人，青岛62万人，烟台30万人，临沂25万人，淄博13万人，潍坊仅9.5万人。潍坊9.5万人增量中，高新区4.4万人，经济区4.3万人，潍城区、坊子区、滨海区、峡山区都在1万人左右，而奎文区减少1.9万人，寒亭区减少1.4万人。

（二）人口大规模流动的窗口期还有 15 年

2019 年常住人口城镇化率潍坊 62.2%，山东 61.5%，全国 60.6%，潍坊与全省、全国水平基本一致。中科院等多个机构的预测都表明，到 2035 年全国城镇化率将达到 72%，比 2019 年提高 12 个百分点左右，参照这一预测，潍坊未来 15 年城镇常住人口将增加 110 万人左右。

（三）潍坊中心城区吸引人口任务艰巨，既要整体性推进，更要突出战略性重点

过去 10 年潍坊中心城区常住人口仅增加 9.5 万人，远低于烟台、临沂、淄博，这充分说明潍坊中心城区人口吸引力弱。未来 15 年潍坊城镇常住人口尽管将增加 110 万人，但增速比过去 10 年放缓。在此背景下，中心城区要吸引更多人口，数量甚至是过去 10 年的 2 倍、3 倍，难度可想而知。

党的十九届五中全会强调系统观念，中心城区吸引人口的影响因素有很多，最根本的是产业，最直接的是生活舒适度，二者相辅相成、互为因果，产业更多地依靠市场力量推动，生活舒适度涉及的民生、生态、基础设施等领域更多地应依靠政府推动。应抓紧研究推进人口集聚的系统的政策措施，找准关键突破点等战略性重点。

（四）把基础教育作为中心城区吸引人口的关键

重视教育既是中国文化传统，更是家庭的战略性投资。中国家庭投资的核心往往在孩子，对孩子投资的核心在教育。一个孩子在城区上学往往能带动一个家庭到城区落户，应该抓住这一点吸引更多的孩子来中心城区上学，进而带动更多的家庭到中心城区落户就业。多年来，县城甚至乡镇有大量的孩子想到中心城区上学，但受制于种种条件难以实现，这种现象从幼儿园到初中普遍存在。我们应该一方面迅速增加中心城区教育资源供给，另一方面抓紧研究和创新性出台相关政策措施，在保证教育公平性、普惠性的前提下，破除周边县市的孩子到中心城区上学的障碍，直至打造一个以基础教育吸引人口的政策高地。

（五）把稳定房价作为中心城区吸引人口的基础性工作

人口与房价存在辩证关系，人口迁移会影响房价，房价也会影响人口

迁移的意愿。长沙近年来持续打造"房价洼地"比较优势，并使之成为长沙城市竞争、产业集聚、人才流入的要素保障，国家相关部委对此给予充分肯定，深圳、东莞等多个城市对此给予高度关注，长沙房价现象成为智库研究热点。2020 年，长沙住房均价仅 1 万元左右，远低于同能级的中西部省会城市，甚至低于许多东部地区地级市。低房价对长沙经济发展、人口集聚起到了重要的推动作用，长沙 2019 年经济增速 8.1%，在 17 个万亿 GDP 城市中位居第 1；近 3 年人口增量 74.9 万人，增量排全国第 6 位。

潍坊与长沙有两点相似之处，一是房价低，二是制造业强，长沙的发展经验对潍坊很有借鉴意义。在区域分工中，济南、青岛、长沙这样的省会城市、中心城市往往承担政治、金融、科技、文化等综合性功能，潍坊这种地级市应更多地承担产业高地功能，低房价对于集聚产业要素特别是产业人才至关重要，潍坊更应该把稳定房价作为中心城区吸引人口的基础性工作。低房价是潍坊的显著特点，这是历史形成的，是潍坊未来发展的基点，更是潍坊难得的比较优势，尽管低房价对城市发展存在一些不利影响，但不应该轻易改变这种局面。

当然，也必须充分考虑高端人才、高端市场主体的高品质需求，集中打造部分高端要素富集区。潍坊在高端要素集聚上不可能成为济南、青岛，应牢固树立不求所有、但求所用的理念，用好济南、青岛的高端要素提升城市竞争力。

三 以行政区划调整拉开中心城区发展框架

潍坊已经 26 年未进行行政区划调整，这在全国地级市中极为罕见。自 1994 年设立奎文区后，潍坊区级行政版图一直没再变过。近 10 年来，全国市辖区数量增加 110 个，县级市增加 19 个，县减少 140 个；山东省 10 个城市行政区划较大规模调整，撤销 7 县 7 市，新增 13 个市辖区。2020 年以来，全国 11 个城市调整了行政区划，包括四川成都、吉林长春、江苏南通、山东烟台、安徽芜湖、湖北荆州、河北邢台、海南三沙、贵州六盘水、江西赣州、青海黄南。

行政区划的每一次调整，往往都会改变一座城市的发展轨迹。苏州2012年合并三个区设立姑苏区，撤销吴江市设立吴江区，中心城区面积由1718平方公里扩大至2910平方公里，几乎达到无锡、常州两市城区面积之和，苏州一举凸出了在苏南城市群中的地位。芜湖15年内4次调整行政区划，特别是2020年合并两个区设立弋江区，撤销繁昌县设立繁昌区，撤销芜湖县设立湾沚区，城市发展框架大大拉伸，芜湖"安徽第二城"的地位从此毫无争议。这些各省第二梯队头部城市近年来呈现出的良好发展态势，与其区划调整有密切关系。

行政区划调整面临新一轮重大机遇。近年来，国家发改委《新型城镇化建设重点任务》把行政区划调整作为重点工作，明确提出优化城市市辖区规模结构，目前正研究出台《市辖区设置标准》《市辖区设置审核办法》，稳步推进撤县市设区，旨在增强设区市辐射带动作用。潍坊应抓住机遇尽快谋划推进行政区划调整。

潍坊推动行政区划调整应充分考虑青岛因素。都市圈、城市群正在成为集聚发展要素的主要空间形态，也是我们区划调整必须重点考虑的因素。随着青岛都市圈、胶东半岛一体化进程提速，青岛的发展方向、发展能级对整个区域越来越具有决定性意义，对潍坊的影响尤其剧烈而明显。占青岛市域面积61%的平度、胶州、胶南、黄岛历史上都曾属于潍坊，应该引起我们的高度重视。潍坊推动行政区划调整，应充分考虑青岛对潍坊的影响，充分考虑借力青岛，特别是着眼用好青岛港、胶东机场、上合示范区、青岛自贸片区，为潍坊借力青岛加速。

省政府2018年《山东省沿海城镇带规划》提出，适时推进潍坊昌邑市撤市设区，这是离我们最近的上位支持，也是最容易突破的点。仅昌邑撤市设区一项，潍坊中心城区人口将新增62万达到276万，距离Ⅰ型大城市标准仅差24万。

以行政区划调整推动扩区、强区。无锡2015年合并三个区设立梁溪区，当年就成为全国百强区。潍坊中心城区区均面积小，特别是奎文区面积164平方公里，扣除高新区后仅为57.6平方公里，占中心城区总面积的2.2%，发展空间严重不足，资源集聚严重受限，近10年奎文区常住人口减少1.9万人就充分说明了这一点。应该加快谋划中心城区内部优化整合，打造全国百强区，提升城区资源集聚和辐射带动力。

近期可谋划推进 4 个行政区与周边镇整合，实施渐进式扩区。镇级行政区划调整审批属于省级行政权限，以这种方式扩区、强区易于推进。比如，成都 2017 年把简阳市 12 个乡镇划到成都高新区，安徽铜陵 2018 年把枞阳县 3 个镇划到中心城区，从动议到批复周期大幅缩短，都高效地扩大了城区体量。我们可以借鉴这些经验，谋划推动周边镇特别是部分经济强镇划入中心城区，提升中心城区实力。

（2020 年 12 月）

潍坊市加快发展总部经济的调查与思考

李 波　王冰林　丛炳登　刘永杰　董俐君

总部经济是一种强辐射、强带动的高级经济形态，在都市圈、城市群背景下越来越成为推动城市跃升的决定性力量。"十四五"时期潍坊要进军GDP万亿城市、跻身二线城市、冲刺全国大中城市综合实力前30强，都应当把加快发展总部经济作为重要着力点。为此，市委经济工作会议之后，围绕落实"一一二三四五"基本工作思路，市委办公室、市改革发展研究中心联合市发改委、市财政局、市统计局等部门，利用春节前后时间，到部分县市区和有关单位专题调研总部经济，并采取多种方式调查了解外地先进做法，现报告如下。

一　潍坊总部经济发展现状

潍坊2012年、2014年、2017年三次出台总部经济招引和支持政策。按照2017年《潍坊市市级鼓励总部经济发展的扶持政策》总部企业认定标准（分支机构不少于3家，其中市外不少于2家；实缴注册资本1亿元以上或年上缴税金500万元以上），据有关部门统计，潍坊目前拥有大型总部企业76家，分区域看，中心城区32家、寿光14家、昌乐8家、青州6家、诸城6家、高密5家、昌邑2家、安丘2家、临朐1家；分行业看，制造业41家、建筑业11家、批发和零售业7家、商务服务业6家、房地产业4家、信息技术服务业2家、其他行业5家。

总的来看，潍坊总部经济已经形成一定基础，但与先进城市特别是无锡、温州、南通等二线城市相比，还存在不小差距，与潍坊经济地位很不匹配，其主要体现在三个"度"上。

一是"高度"不够，500强企业、上市公司等高端总部企业少。根据2020年排名，中国500强企业，潍坊2家、烟台4家、温州5家、绍兴5家、南通9家、无锡14家；中国民营企业500强，潍坊3家、绍兴9家、温州11家、南通14家、无锡25家；A股上市公司数量，潍坊24家、东莞34家、南通36家、烟台42家、绍兴61家、无锡87家。

二是"密度"不够，还没有形成标志性的总部经济集聚区。无锡高新区集聚了该市53%的总部企业，营业收入占全市总部企业营业收入总量的70%。青岛金家岭金融区拥有全市80%的大型金融总部。相比而言，潍坊总部经济布局比较零散，奎文、高新是总部企业数量最多的区，占全市的比重都不足10%，总部资源、总部功能高度集聚的发展格局还没有形成。

三是"热度"不够，总部集聚的氛围不够浓厚。潍坊按现行标准统计的76家总部企业，绝大多数是本土存量企业，从外地新引进的很少。而位于济南市历下区的济南中央商务区已集聚各类总部企业500余家，东莞南城区吸引区域总部超过了200家。

二 潍坊总部经济发展正处于关键窗口期

（一）一线城市大企业加速下沉布局"第二总部"，潍坊总部经济发展面临新机遇

近年来，一线城市营商成本不断提高，大企业纷纷向外转移功能型业务，把研发、运营、物流、销售、后台服务等功能向二、三线城市布局，形成"第二总部"现象。特别是北京、上海正推进非核心功能疏解，这一趋势正进一步加速。

（二）作为三线城市的潍坊，发展总部经济的基础优势与国内二线城市相比也极为突出

根据《第一财经》2020年商业魅力排行榜，国内二线城市共30个，其中一般地级市16个，潍坊居三线城市第1位。总部企业选址重点关注交通区位、产业基础、生产性服务业配套、营商成本等因素，就这些方面而言，潍坊与二线城市相比具有明显优势。从交通区位看，潍坊是全国性综合交通枢纽城市，二线城市有15个拥有这一定位，其中省会、计划单列市9个，一般地级市6个；国家"八纵八横"中长期铁路网规划中，潍坊有3条通道经过，通道数量在二线城市中最多，11个二线城市没有通道经过。从产业基础看，规上工业营业收入，潍坊2020年为8755亿元，在二线城市中排第7位，除去省会城市、计划单列市，潍坊排第4位，位于泉州、无锡、嘉兴之后；企业数量，潍坊2019年为29.8万户，在二线城市中排第7位，除去省会城市、计划单列市，潍坊排第3位，位于金华、无锡之后。从生产性服务业配套看，全球化与世界级城市研究小组（GaWC）每年都以生产性服务业为主要评价指标对全球城市进行排名，潍坊2018年、2019年连续两年入选全球四线城市，其中，2019年国内42个城市进入榜单，地级市仅5个，除潍坊外还有苏州、无锡、珠海、南通。从营商成本看，职工平均工资，潍坊2019年为70054元，在30个二线城市中仅高于泉州、保定。同时，潍坊平均房价低于绝大多数二线城市，营商成本优势明显。

（三）国内城市对总部资源的争夺日益激烈，潍坊应迅速抢占先机

从全国看，越来越多的地级市、制造业强市开始发力总部经济，以此推动产业升级、城市转型。比如，东莞2018年出台《促进总部经济发展的若干意见》，设立最高1亿元的落户奖励，2025年总部企业数量力争突破100家。无锡2020年出台《关于加快推进总部经济高质量发展的实施意见》，提出打造长三角乃至全国具有重要影响力的总部基地城市。从山东省来看，2018年以来几乎所有的城市都出台了新一轮总部经济促进政策。特别是青岛提出打造"企业北方总部"最佳目的地，2020年先后出台《青岛市鼓励总部企业发展若干政策》《青岛市总部企业招商行动方

案》，提出到2023年全市总部企业要达到500家，营业收入过亿元的达到200家。国内城市对总部资源的激烈争夺，给潍坊发展总部经济带来巨大挑战，全市应迅速形成共识，加速突破。

综上，潍坊总部经济发展正处于关键窗口期，机会窗口转瞬即逝，抓得好就能够迅速形成质的突破，带动潍坊加速向既定目标推进，否则，与先进城市的差距会越拉越大。

三 潍坊加快总部经济发展的建议

（一）找准定位，立足潍坊优势打造总部经济特色品牌

总部经济天然地适合在高能级城市发展，一线城市、省会城市、副省级城市有明显的先天优势。因此，地级市发展总部经济，必须找准定位、突出特色，发挥比较优势。佛山智能家电总部基地、温州世界级鞋服产业总部基地、浙江永康五金总部中心等都是围绕当地优势产业打造的。浙江永康作为一个县级市，相对于周边的武义县、缙云县，具有布局企业总部特别是五金企业总部所需的战略资源，2008年以来围绕五金产业持续打造总部经济品牌，成为中国最具影响力的五金总部中心，充分说明了找准定位、突出特色的意义和价值。

与济南、青岛相比，潍坊发展总部经济的优势主要体现在区位交通、产业基础、营商成本等方面，应该围绕这方面的优势打造总部经济核心竞争力。重点发展先进制造业、现代农业、商贸流通业总部，这是潍坊相对于济南、青岛最大的比较优势，在这方面发力最有可能形成核心竞争力。在总部类型上应以"第二总部"为突破点，逐步集聚一批区域性总部、全国性总部甚至全球性总部。配套发展生产性服务业总部，包括金融类、保险类、会展类、管理咨询类、服务连锁类等，这些行业本身就是总部经济集聚的主要行业，也是为其他总部企业提供专业化服务的配套行业，发展总部经济必须要有这些行业作为支撑。在总部类型上应聚焦"第二总部"、功能性总部，如销售中心、运营中心、结算中心等。

（二）把中央商务区打造成标志性的总部经济集聚区

总部企业只有集聚才会产生辐射外溢效应。目前，潍坊拥有各类总部

经济载体近40个,中心城区有十余个。这些总部经济载体,实际上更多承载的是一些成长型企业,高端化不够,总部特征并不明显。从发展总部经济的角度看,需要一个集聚度更高、吸引力更强的载体;从提升城市功能品质的角度看,潍坊需要一个能够集中展示城市形象、引领城市发展的标志性区域。潍坊提出中央商务区建设,必要、可行、紧迫。建议重点关注以下几点。

一是突出高端化。中央商务区应聚焦高端总部,打造全市亩均税收最高、亿元楼宇最多、现代化水平最高的区域。

二是强调生态优先,以一流生态环境吸引高端总部集聚。生态环境越来越成为集聚高端资源的核心要素。这些年来,南通、佛山、东莞、成都等在城市功能区建设中都高度重视生态,南通紫琅湖、中央公园区域,佛山三龙湾区域,东莞松山湖区域,成都锦江生态带、麓湖生态水城,这些生态最好的区域,往往被作为城市功能区的首选地。由于气候原因,北方地区在蓝、绿生态方面与南方地区存在天然差距,潍坊建设中央商务区应充分考虑这方面因素。一方面应最大限度地亲水,用好运河水系,打造沿河景观带;另一方面应最大限度地增绿,提升绿化覆盖率。

三是坚定不移地推进市场化运作。从各级各类开发区到国家级新区再到近年来的城市中央创新区、中央商务区、城市新区,那些做得好的无一不是市场化运作,市场化运作是普适规律。深圳前海区是目前市场化运作最成熟的地区,2010年成立前海管理局,直属于市政府,实行企业化管理但不以营利为目的,负责前海开发建设、运营管理。管理局下属三家公司:前海开发投资控股公司,负责土地一级开发、基础设施建设和重大项目投资;前海金融控股公司,定位为战略引导型的综合性金融投资平台,通过有效的资本运营,推动前海金融创新和深港合作;前海科创投控股公司,主要负责前海的科创、文创产业规划和政策制定。另外,由前海科创投成立全资子公司前海商务秘书公司,为企业提供住所托管、政策咨询、审批受理咨询等商务秘书服务。南通中央创新区实行管委会、投资公司、高等研究院"三轮驱动"模式,管委会是中央创新区建设组织领导和议事决策机构,中央创新区建设投资有限公司是投资建设和运营管理机构,而创新性设立的高等研究院是中央创新区对接、引进科研院所的关键机构,中央创新区几乎所有的科研院所合作事宜都由高等研究院统一协调。潍坊提出"投资人+EPC+产业发展"的中央商务区开发运营模式,并成功引进正大集团,体现了高度的市场化理念。建议继续深化市场化运作模式,多引进几个像正大集团这样具有全球影响力的建设运营商,把更多先进理念、先进模式引进潍坊,加速集聚一批高端总部企业。

(三)研究出台最有竞争力的总部经济支持政策

近年来,苏州、无锡、东莞等总部经济发展得好的城市,都在根据形势变化及时调整总部经济支持政策,每隔2~3年就更新一次。《潍坊市市级鼓励总部经济发展的扶持政策》于2019年12月31日到期废止,目前市级层面还没有总部经济专项政策。建议抓紧研究出台市级总部经济发展意见,明确总部经济发展目标、主要任务、认定标准、奖励政策等。根据国内总部经济支持政策的新特征、新趋势,建议重点关注以下几点。

一是放宽认定标准。随着"第二总部"越来越受重视,很多城市都在放宽总部企业认定标准。比如苏州,2016年取消了注册资本、年营业收入增长5%的认定条件,降低了除房地产、金融外其余行业的入库税收条件,2020年又取消了总部企业分支机构数量的限制。在佛山、东莞、温州等城市,独角兽企业、上市公司、500强企业的分支机构可直接被认定为总部企业。

潍坊过去的总部企业认定标准相对较高,部分招商人员反映很少有企业能达到认定标准,不利于总部企业招引。在新一轮政策制定中,应适当放宽认定条件,弱化硬性认定指标,对500强、上市公司、独角兽等企业的分支机构,可直接认定或简化认定,迅速集聚一批符合潍坊发展方向的总部企业。

二是分类型、分行业精准认定。近年来,总部企业的运营模式不断调整,业态不断丰富,越来越多的城市开始根据自身发展需要对总部企业进行分类,并制定相应的认定标准。比如佛山,按类型分为综合型总部、职能型总部。综合型总部是指集团最高总部及其授权的区域总部,在认定上关注分支机构数量、营业收入、纳税额等指标;职能型总部包括销售中心、运营中心、研发中心,在认定上不强调分支机构数量,销售中心、运营中心侧重营业收入、纳税额，研发中心侧重研发经费支出总额。比如无锡，按行业分为先进制造业总部、现代服务业总部、现代农业总部，分别制定了营业收入和税收贡献标准。

潍坊过去一直没有对总部企业进行分类认定。在新一轮政策制定中，应综合考虑潍坊未来发展定位、产业基础等因素，对总部企业按照总部类型和所在行业进行精准分类，制定差异化的认定条件，特别是对潍坊重点发展的行业，应予以倾斜认定。

三是加大奖励扶持力度。随着总部经济竞争日益加剧，各地也在不断加大奖励力度。比如无锡，2020年出台《关于加快推进总部经济高质量发展的实施意见》，从落户、经营贡献、投资、做大做强、兼并重组、人才、办公用房、土地8个方面进行奖励扶持，几乎覆盖企业发展的全生命周期。比如中山，2019年1月出台《关于进一步鼓励发展总部经济的若干意见》，2019年12月进行修订。修订后落户奖励最高达到1亿元，是原来的3倍多；经营贡献奖由最高不超过地方贡献的50%提升至80%。

建议围绕打造山东半岛城市群最具竞争力的奖励扶持政策，关注总部企业发展的全生命周期，适当提高有关条款的奖励比例或奖励上限。

（四）建立总部企业招商信息库

温州、南京等很多城市都建立了这类数据库，这是精准招商的基础性工作。建议潍坊谋划建设总部企业招商信息库，重点关注两类企业。一是与潍坊优势企业处于同一产业链条的总部企业。特别是潍坊有41家制造业企业主导产品国内市场占有率处在前三位，这些企业对上下游的带动作用非常明显，应重点对这些企业所在的产业链进行调研，掌握上下游总部企业信息。二是在外实力潍商。据初步了解，目前在潍坊市外注册的潍商企业有4000余家，注册资本1亿元以上的近800家。这是潍坊引进总部企业的宝贵资源，应高度重视。

（五）用好服务企业专员制度推动总部经济发展

一是推动本土总部企业培育。服务企业专员应密切关注本土企业向总部企业升级的需求，鼓励引导那些业态模式新、发展潜力大的高成长型企业向总部企业升级，对于总部升级过程中遇到的资本、人才、技术等各方面需求，应第一时间协调解决。二是开展关联企业调研，特别是与服务对象处于同一产业链条、业务联系密切的市外总部企业，应高度关注，收集相关信息纳入招商信息库。

（六）尽快成立市总部经济发展领导机构

加强全市总部经济发展的统筹协调、指导服务，研究制定总部经济发展规划、支持政策，开展总部企业认定、奖励、评估等工作。

（2021年3月）

关于潍坊发展几个问题的分析

李 波　李少军　刘永杰

一　济南和青岛是潍坊发展最重要的外因，推动形成济青城市群隆起带，对潍坊打造山东第三城至关重要

（一）济南、青岛联结越紧密对潍坊越有利

山东半岛城市群这些年来在全国的影响力下降，很大程度是因为济南和青岛联结不够紧密，这也在一定程度上影响了潍坊的城市发展和城市地位。除诸城、临朐外，潍坊所有的县市区建成区都在济青城市群隆起带上，推动济南、青岛联结，对潍坊和山东都至关重要，应该成为潍坊实现三大目标、提升城市地位最重要的战略努力方向。

（二）在济南、青岛联结紧密的上位规划和战略中，潍坊都是重要节点

如省"十四五"规划中的"济青科创制造廊带"、省氢能产业中长期发展规划围绕济南、青岛两大高地构建的"鲁氢经济带"。应尽量多地影响和推动形成这样的上位规划和上位战略。

（三）推动形成济青城市群隆起带应注重借力济青，错位发展

在区域分工中，省会、副省级城市往往承担着政治、金融、科技、文化等综合性功能；地级市则更多地承担产业高地功能，苏州、无锡、佛山、泉州、南通这些地级市之所以率先进入GDP万亿俱乐部，根本在于围绕制造业打造竞争优势，接受周边大城市的带动辐射。潍坊一方面应与济南、青岛错位发展，围绕制造业打造核心竞争力；另一方面应充分借力济南、青岛的高端资源，特别是机场、港口等重大基础设施和高端服务业资源。如青岛农业大学是潍坊创新提升"三个模式"特别需要的资源，青岛农业大学也需要潍坊这样的服务腹地，完全可以争取全面为潍坊所用，实现双赢。

二 实现三大目标要高度重视制造业比重下降过快问题

（一）制造业对于地级市打造核心竞争力至关重要

国内23个GDP万亿城市中，苏州、无锡、佛山、泉州、南通这5个地级市第二产业比重都在50%左右，省会、副省级城市第二产业比重多在35%以下。

（二）潍坊制造业比重连续14年下降，降幅明显过快

2006~2019年，潍坊制造业比重由46.3%降至30.1%，降低16.2个百分点，GDP前15位地级市中只有烟台、苏州降幅大于潍坊。苏州由61.6%降至42.2%，符合后工业化阶段发展规律。潍坊和烟台降幅明显高于其他12个城市，可能有主动调整产业结构等合理因素，但下降如此之快，应引起关注。

（三）潍坊制造业占比明显偏低

2020年制造业比重潍坊为29.5%，在GDP前15位地级市中排第14位，高于徐州。而佛山、泉州、东莞、苏州等8个城市制造业比重均在40%以上。

（四）"十四五"甚至今后十年，潍坊制造业比重应保持在30%以上

中国社会科学院工业经济研究所提出，到2030年中国制造业比重保持在30%左右为宜。制造强国战略课题组提出，一段时期内我国制造业比重的底线不能低于25%。从潍坊制造业发展阶段看，今后十年应该保持制造业比重在30%以上。

（五）潍坊做强制造业，应高度重视围绕大企业的片区化、智能化发展

潍坊制造业的优势在大企业，历史上潍坊海化、亚星、华光、海龙等很多优势企业因错失转型机遇而衰落，这是企业的损失，也是城市的损失。现阶段，片区化、集群化是制造业空间布局的主要方向，智能化是制造业转型升级的主攻方向，应围绕大企业推进片区化、智能化发展。

一是围绕大企业推进片区化发展。工业化进入中后期，一个明显的特点就是空间布局越来越集中，产业分工越来越细，片区化成为制造业空间布局的主要方向，被视为产业空间布局的一场革命。成都2017年以来建设29个先进制造业功能区，潍坊建设潍柴国际配套产业园等都符合这一理念，有效提升了产业链现代化水平，应尽快围绕一批大企业打造若干产业功能区。

二是以大企业引领智能化转型。目前大企业智能化转型已经到了要突破工业互联网的关键阶段，如果抓不住机遇，短期影响可能不明显，长期看将与先进企业差距越拉越大。应大力支持大企业牵头建立工业互联网平台，成熟完善后发展成为跨行业跨领域平台，向产业链上下游中小企业输出技术模式，形成大企业建平台、中小企业用平台的格局。

三 潍坊农业比重大、农村人口多已经制约城市发展

（一）农业发达国家和地区均未把农业作为核心竞争力

农业是潍坊最强的优势，但不宜作为城市核心竞争力。荷兰、以色列农业全球领先，但两国农业占GDP比重仅2%左右。加利福尼亚是美国农业最发达的州，农业占GDP比重仅2%。苏南代表我国农业的最高水平，苏州、无锡、常州农业占比分别仅1%、1%、2%。

（二）潍坊现阶段人均GDP低、城镇化率低、中心城区弱等重大问题，几乎都与农业比重大、农村人口多有关

从GDP前15位地级市看，农业占比与城市发展水平明显呈负相关关系，种植业、第一产业占GDP比重最高的5个城市徐州、盐城、潍坊、

唐山、烟台，城镇化率、人均 GDP、人均一般公共预算收入几乎全部位于后 5 位。潍坊种植业占 GDP 比重 4.8%、第一产业占 GDP 比重 9.1%，在 GDP 前 15 位地级市中仅盐城、徐州比潍坊高，应引起重视。

（三）潍坊农业应强调做强、不强调做大

在工业化城市化信息化快速推进过程中，第一产业比重特别是种植业比重下降是发展趋势，这不意味着农业萎缩。如果过分强调农业规模，会阻碍生产要素向城市汇集，农业优势有可能转化为潍坊发展的劣势。

四　应树立都市区理念，并从战略高度谋划和推进

（一）潍坊亟须做强都市区

都市区是实体城市的概念，由中心城区、郊区、卫星城组成。潍坊市既是一个行政区概念，也是一个都市区概念，作为行政区概念，涵盖全域；作为都市区概念，青州、临朐尤其是诸城、高密算不上真正意义上的卫星城，诸城、高密更像青岛的卫星城。紧邻青岛是潍坊的区位特点，既有有利的一面，也对我们造成了独特的区位压力，占青岛市域面积 61%的平度、胶州、胶南、黄岛历史上都曾属于潍坊。从战略高度谋划和推进潍坊都市区及诸城、高密的发展，对潍坊至关重要。

（二）把人口和产业尽可能多地向都市区特别是中心城区集中

其原因主要有二，一是中心城区经济效率更高，2013 年以来潍坊中心城区 GDP 增速连续 8 年高于县域，把资源布局到中心城区能产生更大效益，这对全市发展至关重要。二是潍坊中心城区弱，中心城区人口、面积、GDP 占全市比重分别排全省第 12 位、第 14 位、第 15 位，集聚人口和产业是提高中心城区首位度的根本途径，也是做强潍坊都市区的基础性工作。

（三）推动人口和产业集聚应找准着力点

产业可以吸引人口，人口也可以集聚产业，二者相辅相成，互为因果。一是以提升生活舒适度为着力点吸引更多人口到中心城区，特别是保持低房价优势，增加基础教育供给。二是发挥好土地指标的杠杆作用，把

土地作为政府优化产业布局的抓手，以此推动产业向中心城区、都市区集中。

五 信息化是最鲜明的时代特征，规定或影响着城市化、工业化、农业现代化的进程和方向，抓住信息化就抓住了主要矛盾

（一）信息化正在加速区域分化、城市分化

生产力决定生产关系进而决定上层建筑，潍坊与南方城市的差距根子在生产力水平的差距，在产业生产力、政府服务生产力、社会治理生产力的差距。信息化已经是生产力水平的主要标志，城市传统优势的弱化、新优势的形成，几乎都与信息化有关，信息化牵一发而动全身，抓住信息化就抓住了主要矛盾。

（二）用好考核指挥棒推动数字化转型实现质的突破

数字化转型说起来重要，做起来很难一以贯之，这是新生事物的共同特点。必须在考核上予以重视，把城市数字化转型纳入年度考核，并区分不同区域不同部门适当增减权重。

（三）尽快把数字政府优势转化为数字经济和数字社会优势

清华大学《2020数字政府发展报告》中，潍坊排全国第23位、地级市第5位。数字政府是基础，数字经济和数字社会建设才是最终目的，应尽快把数字政府优势转化为数字经济和数字社会优势。

（四）突出信息基础设施、信息化企业两大抓手

一是把信息基础设施建设提到战略高度，现阶段应突出5G。信息基础设施是信息化发展的前提和基础，应像抓交通基础设施一样抓信息基础设施建设。现阶段应把5G作为关键着力点，争取在5G基站建设、场景示范应用的某些重点领域走在全省全国前列。二是引育信息化龙头企业、高端人才。缺乏信息化龙头企业和高端人才是我们数字化转型的关键制约，应着力突破。

六 区位和交通优势具有长期性和根本性，应持续强化

潍坊交通的优势，一是陆路交通，国家"八纵八横"高铁主通道，3

条经过潍坊，全省最多；公路密度潍坊为 180 公里/百平方公里，济南为 177 公里/百平方公里，烟台为 144 公里/百平方公里，青岛为 135 公里/百平方公里。二是海陆空齐全，有立体综合优势。潍坊提升交通枢纽地位，这两方面优势都应加强。

（一）迅速改变潍坊机场的弱势，处理好老机场、胶东机场、新机场的关系

潍坊机场迁建十多年来在胶东五市中陡现弱势，2020 年机场客运吞吐量，青岛千万级、烟台五百万级、临沂百万级、威海百万级、日照五十万级、潍坊五十万级以下。一是老机场应最大限度地发挥作用，在新机场投用前不能弱化机场在立体交通中的支点作用。二是最大限度地用好、借力胶东机场，把胶东机场纳入潍坊综合立体交通体系中。三是新机场建设应坚定不移推进，越早建成对潍坊越有利。以色列人口 800 万，面积 2 万平方公里，有 9 个机场；比利时人口 1100 多万，面积 3.1 万平方公里，有 6 个机场；国内 30 个二线城市中，28 个有机场，没有机场的嘉兴、绍兴正在申建机场。

（二）尽可能做大港口，扩大与临沂、淄博等内陆城市的非对称优势，缩小与青岛、烟台等港口城市的差距

全国 55 个沿海地级以上城市都高度重视发展港口，包括盐城、南通这样的沿海滩涂多、建港条件较差的城市。潍坊发展港口，最困难的是硬件，是航道、码头等重大基础设施的突破，但再困难也要做；最关键的是找准定位，发挥好港口的功能。一是突出鲁辽大通道功能，这是潍坊港相对于青岛港、烟台港的比较优势。二是突出货物中转功能，加强与省内港口的分工协作。三是注重服务省会经济圈出海需求，潍坊港是省会经济圈最近的出海口。四是加强港口与高铁、新机场等的互联互通，发展多式联运综合交通枢纽。

（三）加快发展枢纽经济，把区位交通优势转化为经济发展优势

凭借交通枢纽实现大发展的城市，几乎都是通过发展枢纽经济实现的。一段时间以来，潍坊没有很好地把区位交通优势转化为经济优势，错失了一些发展机遇。随着京沪二通道在潍坊过境设站，潍坊枢纽地位将出现质的提升，发展枢纽经济将面临重大机遇。潍坊应抢抓机遇，提前谋划，着力引进培育一批商贸流通龙头企业，建设一批枢纽经济高能级平台，推动商贸流通产业链条化发展，打造枢纽偏好型产业集群。

七 碳达峰、碳中和是城市发展新的挑战，谋划好、推进早就是换道超车、脱颖而出新的机遇

应在全市上下迅速形成共识，尤其是让各级领导干部对"双碳"给予足够重视。尽快在政府、企业、社会各个方面形成专业力量干专业事的局面，依靠专业队伍谋划和推进全市"双碳"进程。

（2021 年 5 月）

加快建设现代化品质城市的几点建议

李　波　李少军　刘永杰　杜慧心　周志鹏　刘　磊

一　以"三大目标"为统领谋划和推进各项工作

市委提出,"十四五"时期要实现 GDP 过万亿元、进入全国大中城市前 30 名、成为二线城市"三大目标"。实现"三大目标",意味着城市能级迈上一个新台阶,是谋求更高城市地位的基本条件和底气。以"三大目标"为统领谋划和推进各项工作,有助于自我加压、形成合力,推动城市大发展、大跨越。

实现"三大目标"是可能的。"三大目标"中,GDP 过万亿元难度最大,但可行、跳起来够得着。潍坊 2020 年 GDP 为 5872 亿元,全国 23 个万亿级城市中,从 5800 亿元起步、在 5 年之内突破万亿元的城市有 13 个。新华社《经济分析报告》预测,2020 年 GDP 超过 5500 亿元的 17 个城市都有机会在"十四五"期间冲击万亿元,其中一般地级市 11 个,潍坊排第 10 位。

实现"三大目标"任务异常艰巨。全国共有 5 个一般地级市迈进万亿俱乐部,这 5 个城市 GDP 从 5800 亿元到突破万亿元平均用时 6.4 年,其中苏州 4 年、泉州 6 年、南通 6 年、无锡 7 年、佛山 9 年。11 个有机会冲击万亿元的一般地级市,东莞 GDP 超过 9000 亿元,烟台、常州、徐州、唐山为7000亿元级别，温州、扬州、绍兴为6000亿元级别，盐城、潍坊、嘉兴为5500亿元级别，潍坊经济规模处在最小量级，用5年时间突破万亿元，难度可想而知。

一线城市、顶级城市的能量外溢和辐射，是苏州、南通、无锡、佛山这些地级市GDP过万亿元的重要动力和源泉。潍坊远离三大经济圈，远离一线城市，缺乏顶级城市的带动和辐射，要顺利实现"三大目标"，必须发挥比较优势，找准发展关键点，在自己的优势赛道上积攒加速前进的势能，实现进位赶超，跨越发展。

二 实施强区战略，补齐潍坊发展的短板

（一）潍坊中心城区首位度低，这是实现"三大目标"的关键障碍

城市化率超过50%后，城市引领经济社会发展的特征更加明显，中心城区对于城市间的竞争越来越具有决定性意义。潍坊中心城区人口、面积、GDP占全市比重分别排全省第12位、第14位、第15位。主要原因有三，一是区、县市数量比低。潍坊4区8县市，而济南10区2县、青岛7区3市、烟台5区6市、淄博5区3县。二是区均GDP低、面积小、人口少。2019年，潍坊4个行政区区均GDP为452亿元，排全省第13位；区均面积662平方公里，排全省第14位；区均常住人口53.5万人，排全省第15位。三是区弱，没有全国百强区，与潍坊的城市地位不相称。工信部2020年中国百强区榜单，青岛5个百强区、济南2个、烟台1个、临沂1个；《人民日报》2019年全国综合实力百强区榜单，淄博、济宁、聊城分别有2个百强区，威海、临沂、东营、日照分别有1个百强区。潍坊在上述榜单中无一入选。与此形成鲜明对比的是，潍坊常年有4个县市入选全国百强县，县强区弱特征明显。

（二）把人口尽可能多地吸引到中心城区

人口人才是区域经济和各行各业兴衰的根基，是一个城市可持续的内生动能。未来15年，潍坊常住人口城镇化率预计提高12个百分点左右，新增常住城镇人口110万左右，应把这部分人口尽可能多地吸引到中心城区。党的十九届五中全会强调系统观念，中心城区吸引人口的影响因素有

很多，最根本的是产业，最直接的是生活舒适度，二者相辅相成，互为因果，产业更多地依靠市场力量推动，生活舒适度涉及的民生、生态、基础设施等领域更多地应依靠政府推动。

一是把基础教育作为中心城区吸引人口的关键。重视教育既是中国文化传统，更是家庭的战略性投资。中国家庭投资的核心往往在孩子，对孩子投资的核心在教育。一个孩子在城区上学往往能带动一个家庭到城区落户，应抓住这一点吸引更多的孩子到中心城区上学，进而带动更多的家庭到中心城区落户就业。多年来，县城甚至乡镇有大量的孩子想到中心城区上学，但受制于种种条件很难实现，这种现象从幼儿园到初中都存在。我们应该一方面迅速增加中心城区教育资源供给，另一方面抓紧研究和创新性出台相关政策措施，在保证教育公平性、普惠性的前提下，破除周边县市的孩子到中心城区上学的障碍，直至打造一个以基础教育吸引人口的政策高地。

二是把稳定房价作为中心城区吸引人口的基础性工作。人口与房价存在辩证关系，人口迁移会影响房价，房价也会影响人口迁移的意愿。长沙近年来持续打造"房价洼地"比较优势，并使之成为长沙城市竞争、产业集聚、人才流入的要素保障，国家相关部委对此给予充分肯定，深圳、东莞等多个城市对此给予高度关注，长沙房价现象成为智库研究热点。潍坊与长沙有两点相似之处，一是房价低，二是制造业强，长沙的发展经验对潍坊很有借鉴意义。在区域分工中，济南、青岛、长沙这样的省会城市、中心城市往往承担政治、金融、科技、文化等综合性功能，潍坊这种地级市应更多地承担产业高地功能，低房价对于集聚产业要素特别是产业人才至关重要，潍坊更应该把稳定房价作为中心城区吸引人口的基础性工作。低房价是潍坊的显著特点，这是历史形成的，是潍坊未来发展的基点，更是潍坊难得的比较优势，尽管低房价对城市发展存在一些不利影响，但不应轻易改变这种局面。

（三）以行政区划调整拉开中心城区发展框架

自1994年设立奎文区后，潍坊区级行政版图一直没再变过。近10年来，全国市辖区数量增加110个，县级市增加19个，县减少140个；山东省10个城市行政区划较大规模调整，撤销7县7市，新增13个市辖区。2020年，全国11个城市调整了行政区划，包括四川成都、吉林长春、江苏南通、山东烟台、安徽芜湖、湖北荆州、河北邢台、海南三沙、贵州六盘水、江西赣州、青海黄南。近年来，国家发改委《新型城镇化建设重点任务》把行政区划调整作为重点工作，明确提出优化城市市辖区规模结构，目前正研究出台《市辖区设置标准》《市辖区设置审核办法》，稳步推进撤县市设区，旨在增强设区市辐射带动作用。潍坊应抓住机遇尽快谋划推进行政区划调整。

一是区划调整应充分考虑青岛因素。都市圈、城市群正在成为集聚发展要素的主要空间形态，也是我们区划调整必须重点考虑的因素。随着青岛都市圈、胶东半岛一体化进程提速，青岛的发展方向、发展能级对整个区域越来越具有决定性意义，对潍坊的影响尤其剧烈而明显。占青岛市域面积61%的平度、胶州、胶南、黄岛历史上都曾属于潍坊，应该引起我们的高度重视。潍坊推动行政区划调整，应充分考虑青岛对潍坊的影响，充分考虑借力青岛，特别是着眼用好青岛港、胶东机场、上合示范区、青岛自贸片区，为潍坊借力青岛加速。

二是推动落实省政府2018年《山东省沿海城镇带规划》。该规划提出，适时推进潍坊昌邑市撤市设区，这是离我们最近的上位支持，也是最容易突破的点。

三是近期可谋划推进4个行政区与周边镇整合，实施渐进式扩区。镇级行政区划调整审批属于省级行政权限，以这种方式扩区、强区易于推进。比如，成都2017年把简阳市12个乡镇划到成都高新区，安徽铜陵2018年把枞阳县3个镇划到中心城区，从动议到批复周期大幅缩短，都高效地扩大了城区体量。我们可以借鉴这些经验，谋划推动周边镇特别是部分经济强镇划入中心城区，提升中心城区实力。

（四）强化交通枢纽功能

在中心城区相对于县市的众多高端先进性功能中，交通枢纽功能极其重要。一方面，强化中心城区交通枢纽功能可以有效集聚资源要素，辐射带动周边发展，带动提升中心城区首位度；另一方面，中心城区一般位于城市的几何中心，具有交通区位优势，是上位规划、上级支持优先考虑的区域。南京、南通、温州等城市提升中心城区首位度都在打造交通枢纽上下功夫。潍坊的交通区位优势主要在中心城区，与周边城市相比，综合的海陆空交通体系是难得的竞争基础，京沪二通道是难得的历史机遇。我们应充分用好这些条件，把握住国家新一轮基础设施建设重要机遇期，以重大基础设施为支撑进一步强化中心城区交通枢纽功能。从市域范围看，应着力构建以中心城区为核心的现代化交通体系，加快推进中心城区快速路建设，加快周边县市到中心城区的快速通道建设，尽快实现潍坊北站、潍坊站、新机场之间高效联通。从更大范围看，应用好胶东机场提升中心城区枢纽地位。潍坊中心城区高铁优势突出，但机场优势不明显，潍坊中心城区亟须借力高能级机场提升枢纽地位。胶东机场定位为区域性枢纽机场、面向日韩地区的门户机场，是省内唯一的4F级机场，距离潍坊中心城区100公里左右，可成为潍坊提升中心城区交通枢纽地位的重要支点。

（五）在中心城区高标准打造城市功能区

这是提升中心城区辐射带动力的关键抓手，主要包括中央创新区、中央商务区等。最近几年，许多城市都在打造城市功能区，并逐渐形成了比较成熟的理念。其主要有两点，一是强调生态优先，以一流生态环境吸引高端要素集聚。生态环境越来越成为集聚高端资源的核心要素。近些年来，南通、佛山、成都等在城市功能区建设中都高度重视生态，南通紫琅湖、中央公园区域，佛山文翰湖区域，成都锦江生态带、麓湖生态水城这些生态最好的区域，往往被作为城市功能区的首选地。由于气候原因，北方地区在蓝、绿生态方面与南方地区存在天然差距，潍坊建设城市功能区应充分考虑这方面因素，一方面应最大限度地近水、进水，打造沿河沿湖景观带；另一方面应最大限度地增绿，提升绿化覆盖率。二是坚定不移地推进市场化运作。从各级各类开发区到国家级新区再到近年来的城市中央创新区、中央商务区、城市新区，那些做得好的无一不是市场化运作，市场化运作是普适规律。深圳前海区是目前市场化运作最成熟的地区，2010年成立前海管理局，直属于市政府，实行企业化管理但不以营利为目的，负责前海开发建设、运营管理。管理局下属三家公司：前海开发投资控股公司,负责土地一级开发、基础设施建设和重大项目投资;前海金融控股公司,定位为战略引导型的综合性金融投资平台,通过有效的资本运营,推动前海金融创新和深港合作;前海科创投控股公司,主要负责前海的科创、文创产业规划和政策制定。另外,由前海科创投成立全资子公司前海商务秘书公司,为企业提供住所托管、政策咨询、审批受理咨询等商务秘书服务。南通中央创新区实行管委会、投资公司、高等研究院"三轮驱动"模式,管委会是中央创新区建设组织领导和议事决策机构,中央创新区建设投资有限公司是投资建设和运营管理机构,而创新性设立的高等研究院是中央创新区对接、引进科研院所的关键机构,中央创新区几乎所有的科研院所合作事宜都由高等研究院统一协调。潍坊中央商务区提出"投资人+EPC+产业发展"的开发运营模式,并成功引进正大集团,体现了高度的市场化理念。下一步,应继续深化市场化运作模式,把更多大企业、新理念、新模式引进潍坊,提升城市功能区建设水平。

三 把乡村产业优势转化为乡村建设优势和乡村治理优势,进一步强化潍坊"三农"工作这一最大优势

(一) 创新提升"三个模式",应明确基本实现农业农村现代化的时间节点

从全国层面看,中央明确提出到2035年全国基本实现农业农村现代化(2018年中共中央、国务院《关于实施乡村振兴战略的意见》)。从省级层面看,江苏率先提出到2030年基本实现农业农村现代化(2019年江苏省政府、农业农村部签署部省合作框架协议,共同推进江苏率先基本实现农业农村现代化)。从市级层面看,苏南地区的苏州、无锡、常州均提出到2022年率先基本实现农业农村现代化。中央要求,有条件的地区要率先基本实现农业农村现代化。潍坊无论是创新提升"三个模式"、打造乡村振兴齐鲁样板先行区,还是"十四五"时期实现GDP过万亿元、进入全国大中城市前30名、成为二线城市的"三大目标",都应尽快明确基本实现农业农村现代化的时间节点,这有利于全市上下统一思想,凝聚共识,明晰方向,增强实现农业农村现代化的责任感、紧迫感和使命感。

建议潍坊将基本实现农业农村现代化的时间定在2027年左右。2020年,中国社会科学院发布农业农村现代化评价指标体系及目标值,苏州发布率先基本实现农业农村现代化评价指标值。我们据此选取城镇化率、农业科技进步贡献率、城乡居民收入比等6个关键性指标进行测算,情况如下。

一是常住人口城镇化率。中国社会科学院现代化目标值是70%,苏州2022年现代化目标值是80%。潍坊2019年是62.2%,按照潍坊"十三五"城镇化率年均1个百分点以上的速度测算,潍坊到2025年为68%、2027年为70%。2027年该指标达到中国社会科学院设定的现代化目标值。

二是农业科技进步贡献率。中国社会科学院现代化目标值是70%,苏州2022年现代化目标值是73%。潍坊2020年是67%,按照我国"十三五"时期农业科技进步贡献率年均提高1个百分点的速度测算,潍坊到2025年为72%、2027年为74%。2025年该指标就超过中国社会科学院设定的现代化目标值。

三是农村居民恩格尔系数。中国社会科学院现代化目标值是低于25%,苏州2022年现代化目标值是24.5%。潍坊2018年为28%,达到联合国20%~30%的富足标准,按照近5的速率测算,到2025年为26%、2027年接近25%。2027年该指标接近中国社会科学院设定的现代化目标值。

四是农村居民人均可支配收入。中国社会科学院现代化目标值是超过2.5万元,苏州2022年现代化目标值是4.25万元。潍坊2020年是2.2万元,同比增长6.3%,按照年均6%的增长速率,到2025年接近2.9万元、2027年达到3.3万元。2025年该指标就超过中国社会科学院设定的现代化目标值。

五是城乡居民收入比。中国社会科学院现代化目标值是1.8∶1,苏州2022年现代化目标值是1.95∶1。潍坊2020年为1.99∶1,按照2020年基数、近5年平均增速测算,到2025年为1.89∶1、2027年为1.86∶1。2027年该指标超过苏州现代化目标值,接近中国社会科学院现代化目标值。

六是农作物耕种收综合机械化率。中国社会科学院现代化目标值是

85%，苏州 2022 年现代化目标值是 96.5%。潍坊 2020 年是 92.4%，按照近几年的增长速率测算，到 2025 年为 95%、2027 年为 96%以上。2027 年该指标远超中国社会科学院设定的现代化目标值，接近苏州现代化目标值（见表1）。

表 1　农业农村现代化关键性评价指标

指标	潍坊目前指标值	潍坊 2025 年预测值	潍坊 2027 年预测值	中国社会科学院农业农村现代化目标值	苏州农业农村现代化评价指标值
常住人口城镇化率（%）	62.2	68	70	70	80
农业科技进步贡献率（%）	67	72	74	70	73
农村居民恩格尔系数（%）	28	26	25	低于 25	24.5
农村居民人均可支配收入（万元）	2.2	2.9	3.3	超过 2.5	4.25
城乡居民收入比	1.99∶1	1.89∶1	1.86∶1	1.8∶1	1.95∶1
农作物耕种收综合机械化率（%）	92.4	95	96 以上	85	96.5

注："潍坊目前指标值"中，城镇化率为 2019 年数据，2020 年数据第七次人口普查后公布；恩格尔系数为 2018 年数据；其他为 2020 年数据。

综上，潍坊到 2025 年，6 个指标中 2 个指标距离中国社会科学院、苏州市发布的现代化目标值有差距，分别是常住人口城镇化率、农村居民恩格尔系数；到 2027 年，6 个指标全部超过或接近中国社会科学院、苏州市现代化目标值，其中 3 个指标可以超越目标值。因此，可以将潍坊基本实现农业农村现代化的时间设在 2025～2027 年，为稳妥起见，建议设在 2027 年。

建议研究制定潍坊基本实现农业农村现代化的指标体系和行动计划。2020 年 5 月，苏州与中国农科院共同发布《苏州市率先基本实现农业农村现代化评价考核指标体系（2020～2022 年）》，设定农业现代化、农村现代化、农民现代化、城乡融合4个领域，制定3级指标，区分市、县、镇3个行政层级，总体形成"四三三架构"，其中市级评价指标体系分12个一级指标、27个二级指标、49个三级指标。2020年6月，无锡出台《无锡市率先基本实现农业农村现代化示范建设实施方案（2020～2022年）》，明确34项指标和25项任务，确保到2022年率先基本实现农业农村现代化。建议潍坊吸收借鉴，谋划研究基本实现农业农村现代化评价指标体系。建议尽快制定潍坊基本实现农业农村现代化行动计划，紧紧围绕到2027年基本实现农业农村现代化的目标，明确要素保障、资金投入、社会动员和考核监督任务。

（二）可以通过产业园区化、农民职业化、居住社区化、城乡融合化"四化"创新提升"三个模式"

推进农业农村现代化，应注重借鉴苏南经验、荷兰经验。苏州聚焦"三化一融"，即农业现代化、农村现代化、农民现代化和城乡融合发展；无锡瞄准"五个现代化"，即农业现代化、农村现代化、治理现代化、农民现代化和体制现代化；荷兰农业在全球最具竞争力，融合化、科技化是其两大特色，带动形成了产业布局园区化、农民职业化和城乡融合化，这些做法对我们具有借鉴意义。潍坊可以立足农业、农村、农民、城乡融合四个维度，通过产业园区化、农民职业化、居住社区化、城乡融合化"四化"，进一步创新提升"三个模式"。

产业园区化，就是推动产业向园区集中，提高全要素生产率。没有农业产业园区化就没有农业现代化。产业园区化，就是凡是涉及农村的产业，原则上都以园区的形式来布局和推进。空间布局上，大田作物园区化、设施农业园区化、农产品加工等涉农产业园区化，一二三产业融合在各种园区里发展，农村非涉农工业更要园区化。当前，潍坊进入以农业园区化推进农业现代化的新阶段，建设过程中应坚持分级推进，市级层面主要是规划引领、政策引导和组织保障；县级主要是抓落实推进，并积极争创建设国家、省、市级现代农业产业园；镇街侧重于农业产业强镇，村侧重于打造一村一品。

农民职业化，就是产业向新型经营主体集中，"要么当老板，要么拿工资"。农村产业向园区集中后，经营主体要么是各种类型的企业，要么是家庭农场、合作社以及其他经济组织；从业人员要么是上述经营主体的"老板"，要么是被雇佣的员工，都是新型职业农民。这些职业农民，除工资收入外，可以有股金分红和财产性收入。农民职业化问题，可从乡村产业现代化的标志层面考虑。农村产业现代化的重要标志是农业产业与城市产业有可比性、能与国外农业竞争，要想实现这两大目标，只能靠新型经营主体。没有形成以新型经营主体为主的农村产业，就不能与城市产业、与国外农业竞争，而农村产业一旦以新型经营主体为引领力量，就意味着引入了新理念、新技术和新管理模式，形成农业全产业链，加速农业产业现代化，并对农村生态、文化、社会治理等领域产生全面的溢出效应。

目前，潍坊拥有各类新型经营主体3万多个，联结120万农户，数量居全省全国前列，但与苏南这些农业现代化水平较高的地区相比，与荷兰、以色列等已经实现农业现代化的国家相比，仍有相当差距。从自身发展水平看，经营规模偏小、集约化水平不高、产业链条不完整、经营理念不够先进，家庭农场仍处于起步发展阶段，部分农民合作社运行不够规范，社会化服务组织服务领域拓展不够。从外部环境看，融资难、融资贵、风险高等问题仍然突出，财税、金融、用地等扶持政策不够具体，业务部门指导服务能力亟待提升。

对此的建议，一是把扩大新型农业经营主体数量作为推进农业现代化的基础性工作，在涉农政策、资金资源、推进力量等方面适当倾斜，确保新型经营主体数量快速增长。二是积极稳妥推进新型农业经营主体规模经营，关键是通过土地流转打好规模经营基础。三是培育新型农业经营主体带头人，坚持一手抓培育，以专业大户、家庭农场主、农民合作社带头人为重点培育对象；一手抓人才引进，从政策措施上吸引一批中高等院校毕业生、退役士兵、科技人员等到农村创新创业。四是优化新型经营主体发展的政策扶持、金融支持、科技支撑环境。

居住社区化，就是人口向镇区、社区、中心村集中，提高乡村建设和乡村治理水平，让社区有吸引力，"既想来也能来"。农村现代化的重要标志是，农村居民的生产生活水平与城市居民差不多。农村新型社区可以成为推进农民生产方式现代化、生活方式现代化、组织方式现代化的重要纽带，是实现农村现代化的关键手段。日本的"农村振兴运动"、韩国"新村运动"，其重要内容就是建设农村社区，加强社区基础设施建设和社区文明建设。潍坊地区乃至黄淮海、长江中下游地区，与日韩的自然条件有很大的相似性，都是人多地少，地形以平原、丘陵为主，村落集聚分布明显。特别是潍坊所处的发展阶段，与日韩开展上述运动时的阶段大致一致，都是处于基本完成工业化阶段，城镇化进程大大提速，建设农村新型社区有需求、有条件、有可行性。我们以往更多关注农业现代化、农村产业现代化，对农村现代化关注相对不足，社区建设试点早、有经验，但远未形成共识，亟须积极推动建设。

当前农村新型社区推进难，主要难在规划、建设、管理和治理。可以按照因地制宜、分类推进的原则，优先以镇政府所在地的行政村、规模大的村为关键节点，集中资源重点支持，率先开展社区化建设。建设过程中，更加注重生态建设，注意保持社区的乡土气息和田园风光，让社区不仅成为农民的美丽家园、对城里人也有相当吸引力，让凡是有意愿到农村社区居住的都愿意来、都能来。

建议重点抓好五方面，一是农村社区基础设施建设向城市标准看齐，社区基础设施只有明显高于农村其他地区，基本接近城市水平，才能对农民产生吸引力，才能保证农村新型社区建设顺利推进。二是把优化公共服务作为重要内容，引导农村社区服务中心推行"一站式"服务，积极探索建立政府购买城乡社区服务机制。三是把现代产业作为农村新型社区的重要支撑。四是建立多元化资金投入机制，可以在政府的主导、引导下加大投入，既要加大政府投入，更重要的是广泛吸引社会资本参与，采取多种方式联建、共建。五是发挥典型社区示范作用，以点带面推动面上工作。

城乡融合化，就是让城市和乡村没有明显区别，城乡人口双向迁徙，资源要素双向流动，人与自然和谐共生，"城市进得了、乡村回得去"。从"以工补农、以城带乡"到"城乡统筹、城乡一体化发展"再到"城乡融合发展"，我们对城乡关系的认识逐步深化。在乡村振兴大背景下推进城乡融合，对各地既是发展机遇，也是重大挑战，更是创新提升"三个模式"的重要着力点。总的来看,城乡融合难,突出表现在土地改革、户籍制度、财政金融、建设主体四个方面。为此,国家设立了11个国家城乡融合发展试验区,涉及11项试验任务,每个试验区侧重点不同,试验内容均为5项。2021年中央农村工作会议提出,把县域作为城乡融合发展的重要切入点,强化县城综合服务能力。潍坊虽未入选国家城乡融合发展试验区,但是一个突出特点是县域经济发达,城乡发展相对均衡,这本身就是我们的重要优势,未来这一优势将更加突出。建议借助国家农综区这一平台,充分发挥先行先试的政策优势,对标国家城乡融合发展试验片区但不局限于片区,以系统集成的方法对11个领域全面展开试验,这样既可为全国提供城乡融合发展样本,也可为后期入选国家城乡融合发展试验区奠定良好基础。

(三) 当前应把乡村建设作为关键抓手,尽快将乡村产业优势转化为乡村建设和乡村治理优势

潍坊乡村产业优势突出,乡村建设优势不明显,乡村治理远没有形成优势。应把乡村建设作为关键抓手,这样推动乡村治理事半功倍,产业优势会迅速转化为综合优势。这也把握住了习近平同志在浙江抓"千村示范、万村整治"的精髓。

将乡村产业优势转化为乡村建设和乡村治理优势,关键在于乡村建设。从讲政治的高度抓"三农",最直接和最根本的目的,都是提高乡村执政能力。把乡村建设作为先手棋,以修路架桥、建新居建学校为突破口,可以让群众在短时间内就能感受到村庄面貌的变化,见到实实在在的成效,将会极大增强和扩大党的执政基础,乡村治理的许多难题将会迎刃而解,农民会得到更好的政治引领、组织保障和民主参与。特别是潍坊乡村产业优势突出,这种条件是许多地区不具备的,在具备产业优势的基础上推进乡村建设,与单纯推进乡村建设不可同日而语,潍坊这一特点决定了乡村建设不仅有可行性而且前景广阔,可以通过乡村建设这一抓手,最终实现乡村产业、乡村建设、乡村治理的有机统一和良性互动。

把乡村建设作为推动乡村产业现代化的重要力量。潍坊作为人口大市,在相当长的时期内农村人口将保持较大规模,即使城镇化率达到峰值，也会有200万~300万人口居住在乡村。推进乡村水、电、路、气、网络、住宅、垃圾治理、污水处理、水利设施等基础设施建设，农村教育、文化、医疗、养老等公共服务设施建设，将带动巨大的投资，极大地带动乡村关联产业发展。实施乡村建设行动，可有效释放乡村的生产、生活、生态、社会、文化价值，发展乡村产业有了更高的标准和平台，这样潍坊的乡村产业优势将会更大。

乡村建设，应坚持政府引导、市场主导、群众主体，充分调动各方主动性。落实好乡村建设行动，关键是把充分发挥市场在资源配置中的决定性作用和更好发挥政府作用结合起来，把政府引导与尊重群众结合起来，准确定位政府、市场、群众的作用，凝聚起工作推进合力。

一是政府引导。主要体现在规划引领、政策支持、组织保障等方面，就是把主要精力放在管方向、管政策、管引导上来，用规划科学布局生产生活生态空间，用政策引导社会共同参与，用组织保障乡村科学高效建设。

二是市场主导。乡村建设需要大量的资金投入，必须用市场化思维、市场化手段推进，发挥好市场的决定性作用。韩国"新村运动"明确新村项目建设的受益人、受益方式、受益额度等，有效调动起市场主体的积极性，值得我们学习借鉴。充分发挥市场作用，关键是引导社会资本参与梳理相关项目，让社会资本充分了解参与方式、运营方式、盈利模式、投资回报等相关信息，增进政府、社会和市场主体的互信和共识，让社会资本投资可预期、有回报、能持续，确保社会资本更有动力参与乡村建设项目，积极采取多种方式联建、共建。

三是群众主体。乡村建设为了群众，更要依靠群众，只有坚持群众主体地位，充分依靠和发动群众，乡村建设才能行稳致远。要想方设法让群众认清乡村建设大趋势和广阔前景，了解政府政策与自身的密切关系，特别是让群众感受到实实在在的好处，切实提高其投身乡村建设的自觉性；对于乡村建设项目，能直接得益的积极参与，不能直接得益的积极支持，一时见不到利益的至少不能成为阻碍力量。这就要充分尊重群众意愿，群众最清楚乡村的实际状况与自身需求，也最有资格对建设项目进行选择和评估，乡村建设建什么、怎么建、建到什么程度，必须广泛征求群众的意见,切实保障群众的决策权、选择权和监督权,确保各项决策反映群众需求、符合群众利益。

四　围绕制造业打造城市核心竞争力

在区域分工中,省会城市、副省级城市往往着承担政治、金融、科技、文化等综合性功能,地级市则更多地承担产业高地功能,苏州、无锡、佛山、南通、泉州这些地级市之所以能够率先迈入万亿俱乐部,一个重要原因就是他们都围绕制造业持续打造竞争优势。制造业是潍坊最核心的优势,与潍坊的城市地位密切相关,持续强化制造业优势对于潍坊实现"三大目标"至关重要。

(一) 应该保持制造业比重基本稳定

党的十九届五中全会明确提出保持制造业比重基本稳定。首次从量的角度对制造业提出明确要求。潍坊制造业比重从2006年以来持续下降,从46.3%下降到2020年的29.5%,15年下降了16.8个百分点。与同类型制造业大市相比,潍坊当前制造业比重偏低。2019年制造业比重,佛山为43.8%,东莞为42.5%,苏州为42%,南通为41%,都远超潍坊的30.1%。潍坊制造业比重下降态势与当前发展阶段不符。发达国家和城市在工业化进程中,一般在人均GDP1.9万美元左右、制造业走向高端后出现比重下降,且下降一段时间后基本保持稳定;潍坊制造业比重在人均GDP不足1万美元、制造业未走向高端时,就已出现大幅持续下降,与当前潍坊正处在工业化中后期向后期过渡、第二产业占比应逐渐攀升的阶段特征不相符。潍坊制造业比重应保持在30%以上。中国社会科学院工业经济研究所所长史丹提出,到2030年,中国制造业比重保持在30%左右为宜,至少应在27%以上。中国工程院院士、制造强国战略研究负责人朱高峰提出,一段时期内我国制造业比重的底线不能低于25%。当前和今后一个时期,制造业依然是潍坊经济的基本盘,比重应保持在30%以上。

(二) 以智能制造为技术主攻方向

新一代信息技术是当今产业革命最深刻的技术,智能制造是新一代信息技术和制造业的融合。抓住了智能制造，就抓住了最核心的先进制造业技术。苏州、无锡、佛山、南通、泉州等众多城市都通过狠抓智能制造，先进制造业发展越发强劲，优势更加明显。比如，泉州2016年开始打造智造标杆，先进制造业发展如虎添翼，使GDP每年迈上一级1000亿元台阶。近年来，潍坊智能制造发展成效显著，2家企业当选2020年山东省智能制造标杆，数量与青岛并列全省首位。对此，提出如下建议。

一是以智能制造能力成熟度国家标准发布为契机，谋划开展智能制造成熟度评估工作。中国电子技术标准化研究院制定的《智能制造能力成熟度模型》和《智能制造能力成熟度评估方法》两项国家标准将于2021年5月正式实施。建议尽早谋划开展相关工作。比如，聘请专家咨询团队对全市智能制造整体水平进行摸底，客观评价本地智能制造发展水平；以政府采购方式，选择全国范围内优秀的智能制造诊断服务商，为重点企业开展智能制造诊断服务。

二是积极争创国家级工业互联网产业示范基地。2020年11月，工信部支持山东、广东创建工业互联网示范区担当"国家示范"，赋予两省为全国工业互联网发展"探路"的国之重任，山东将在全省建设30个以上工业互联网产业园区。同年12月工信部发布《工业互联网创新发展行动计划》，提出到2023年遴选5个国家级工业互联网产业示范基地。建议在山东工业互联网全面起势、加快发展的重大利好下，大力推进工业互联网产业园区建设，打造具有区域特色的工业互联网产业集群，争创国家级工业互联网产业示范基地。

三是围绕工业企业智能化改造和数字化转型，加快推进新一轮高水平技改。全市正稳步推进新一轮高水平技术改造，为更好发展智能制造，应以推动工业企业智能化改造和数字化转型为重点，充分用好技改经费。比如，在政策扶持上，可设立工业企业智能化改造贴息奖励资金；通过实质性补贴鼓励中小企业上云用平台。在完善服务方式上，实行智能制造顾问制度，为中小企业提供生产要素数字化采集服务等。

（三）以服务型制造为产业结构变革的重大方向

服务型制造是先进制造业在产业结构上最深刻的变革。2018年工信部在第二届中国服务型制造大会上，公布了 6 个服务型制造示范城市，分别是广州、苏州、厦门、嘉兴、泉州、郑州，地级市有 3 个。2020 年第四届中国服务型制造大会首次发布了《服务型制造区域发展指数（2020）》报告，对全国各地服务型制造发展现状进行评估，浙江、江苏、广东等南方省份排名靠前，山东排在十名以外。潍坊具备发展服务型制造的基础条件，曾在 2018 年、2019 连续两年凭借生产性服务业高级机构的数量、等级，入选全球四线城市，但目前还没有出台服务型制造的规划、意见。

对此的建议，一是尽早制定促进服务型制造发展的指导意见。明确服务型制造发展目标、方向、步骤、重点和支持措施，加快布局。二是积极争创全国服务型制造示范城市。工信部等部门到 2022 年将新遴选培育 20 个服务型制造示范城市。目前，全国只有 6 个示范城市，仍有 14 个剩余名额。与潍坊条件相似的泉州、嘉兴等成功获评全国示范城市，潍坊也完全有机会争创，应积极向上对接。三是以培育国家级服务型制造示范企业为目标，开展示范遴选。2020 年工信部等部门明确提出，全国要遴选培育 200 家服务型制造示范企业。建议潍坊尽快开展示范遴选工作，以培育示范企业为抓手，鼓励存量服务型制造企业、高科技和高成长型企业瞄准服务型制造方向，加快发展、做大做强。四是依托中心城区，打造服务型制造产业集聚区。服务型制造相比传统制造，更高端、环保、生态，是非常适合在中心城区布局的一种现代都市工业形态。建议在高新、奎文、潍城等中心城区，依托现有的制造业集聚区，努力提高集群内制造业和服务业相互协同、配套水平，打造服务型制造产业高地；借鉴南通都市工业综合体、成都现代都市工业港、上海产业社区等都市工业发展经验，在中心城区打造一批适合服务型制造发展的平台载体。

（四）以推行"链长制"为重要抓手

以"链长制"抓产业链、产业生态，是先进制造业在产业体系上最深刻的变革。"链长制"最显著的特点是一把手直接挂帅，比如长沙 2017 年明确 20 位市领导担任 22 条新兴优势产业链"链长"，市委书记、市长担任"总链长"，带头抓产业、抓招商，近三年来，始终保持平均每 2.3

天就新签约 1 个投资过亿元项目的招商速度。山东 2020 年开始谋划"链长制"，2021 年在《政府工作报告》中将其作为重点工作大力推行。潍坊打造先进制造业集群、提升骨干龙头企业支撑带动力，"链长制"是重要抓手，要尽快推行。

对此的建议，一是明确重点产业链，由市级领导任"链长"，成立工作专班，全面推行"链长制"。聚焦市委经济工作会提出的制造业八大优势产业、六大新兴特色产业这 14 个产业，打造重点产业链。由市领导担任"链长"，统筹考虑产业链上的项目建设、人才引进、招商引资、技术创新等工作。成立工作专班，重点围绕产业链展开深度解剖梳理，每条产业链形成"1 个图谱"和"N 张清单"。二是用好服务企业专员制度推动"链长制"实施。服务企业专员制度是精准服务企业的有力举措，我们应充分利用。其一，服务企业专员应提高产业链服务意识，密切关注服务对象的上下游畅通情况及其相关建链、延链、补链、强链需求，与产业链工作专班及时沟通，协调解决产业链存在的堵点、卡点、痛点问题。其二，开展关联企业调研，高度关注与服务对象处于同一产业链、业务联系密切的市外大企业、大项目，将其纳入招商信息库，进行精准招商。

五　把信息化作为持续提升城市竞争力的战略引领

（一）信息化是当前最鲜明的时代特征，正在加速区域分化和城市分化

从党的十七大"两化"融合到党的十八大"四化"同步，再到党的十九大关于信息化的系列重大思想，中央推进信息化的顶层设计非常清晰，就是通过信息化加快推进工业化、城镇化和农业现代化，实现与西方国家的并跑到领跑，信息化已成为我们全面赶超西方国家的重要着力点。对一个国家、一个地区、一个城市而言，信息化都是根本性决定力量。对任何一个城市而言，信息化是机遇更是挑战，抓好了可以实现弯道超车、继续领先，抓不好将不进则退、差距拉大。这些年，潍坊无论新形成的发展优势，还是传统优势的相对弱化，往往都与信息化有关，信息化是牵一发而动全身的关键，应该作为潍坊全面实现"三大目标"的关键着力点。

（二）聚焦数字政府、数字经济、数字社会三大领域

一是以数字政府建设提升治理效能、优化营商环境。在整个系统的数字化转型之初，数字政府在其中的权重是最大的，引领转型时序，提供转型底座。数字政府是优化营商环境的核心抓手，这些年，我们与南方地区在营商环境上的差异，很大程度是数字政府建设水平上的差异。比如浙江，推行掌上办事"浙里办"App，小到住房公积金提取、护照办理，大到机动车注册登记、不动产登记，基本做到一次都不用跑。

二是以数字经济推动产业转型升级、培育经济新动能。2020年，我国数字经济占GDP的比重接近四成，对GDP增量的贡献近七成。各行各业都在推动数字化转型，有些部门已经出现颠覆性变化，那些数字化转型快的企业发展得普遍较好，数字化转型慢的企业普遍萎缩。

三是以数字社会建设推动治理体系和治理能力现代化。数字社会是以信息化破解城市发展瓶颈、提高城市治理水平的新趋向。如杭州，城市大脑优化1300个红绿灯路口，平均延误时长减少15.3%；智慧医疗覆盖医疗机构203家，平均排队时间缩短2小时以上。

（三）突出基础设施、企业、人才三大抓手

一是把信息基础设施建设提到战略高度。信息基础设施建设是信息化发展的前提和基础。我们应当将信息基础设施建设上升为战略工程，加强顶层设计和统筹谋划，像抓交通基础设施一样抓信息基础设施建设，在某些重点领域和关键环节确保全国全省领先。建设过程中，特别要注重推动政府和市场的有机统一、相互补充、相互协调、相互促进，把满足政府、企业和社会公众日益增长的信息化需求作为信息基础设施建设的着力点，适度超前建设社会急需、受益面广、带动性强的信息基础设施重大工程，积极鼓励和吸引社会资源参与信息基础设施开发建设。

二是把龙头企业引育作为关键抓手。一方面，加快招引一批信息化龙头企业。一个城市的信息化发展水平很大程度上取决于龙头企业的带动，如阿里巴巴引领杭州打造中国数字经济第一城，海尔卡奥斯助力青岛打造世界工业互联网之都。缺乏信息化龙头企业带动是潍坊发展信息化的关键制约，应加强对新一代信息技术、大数据、人工智能、物联网等重点产业

的招商力度，集聚一批信息化龙头企业。另一方面，加快推动传统企业数字化转型，支持潍柴、歌尔、雷沃等优势企业建立跨领域、跨行业的工业互联网平台，引领、带动更多中小企业数字化转型。

三是把信息化人才作为重要支撑。对于上述信息基础设施、企业数字化转型所需的各类信息化人才，都应该重点支持。一方面，应立足优势企业、高能级创新平台招引一批信息化人才；另一方面，充分发挥潍坊职业教育优势，在学科设置上适当向信息化领域倾斜，培育一批信息化专业人才。

（四）现阶段抓信息化应突出 5G

5G 是信息化发展的新阶段，是城市数字化转型的关键支撑，应该成为潍坊抢抓信息化机遇的关键着力点。一是加快推进 5G 基站建设。潍坊已经出台《关于加快推进 5G 产业发展的实施意见》，该意见提出，2020 年底全市 5G 基站目标为 4000 个，实际建设 4276 个，超额完成目标，但与省内先进城市相比还有差距，其中，济南实际建设 1.5 万个、青岛 1.3 万个、烟台 5570 个。下一步，潍坊应进一步加大 5G 基站建设力度，加快推进公共资源向基站建设开放，大力发展智慧塔杆，不断扩大 5G 基站覆盖范围。

二是加快开展重点领域 5G 应用示范。现阶段，5G 一次性全面推进难度太大，首批试点城市也都选择场景应用示范的发展路径，如上海打造五个应用示范区，每个示范区内容各不相同。我们可围绕 5G 赋能民生服务、5G 赋能城市管理、5G 赋能产业发展三大领域，重点在工业互联网、智慧政务、智慧医疗等领域率先应用。特别是运用政府采购，发挥重大工程、重大节会、重大项目作用，优先采用 5G 新技术、新产品、新业态、新模式，加强示范引领。

三是引导成立 5G 产业发展联盟。5G 产业培育需要资金、技术、应用场景等各类要素支撑，单个企业很难完成。5G 产业联盟是在政府支持下，整合产、学、研、用等力量，进行 5G 技术创新和产业发展研究。比如临沂，2019 年 3 月成立 5G 产业联创中心，由临沂移动公司牵头，与有关信息化企业、科研院所、金融机构联合成立，共同孵化超高清视频应用、远程医疗、智慧城市等十大 5G 应用场景，加快 5G 商用价值实现，助推临沂抢占 5G 发展先机。

六 把科技创新作为推动产业升级、城市赶超的关键抓手

（一）科技创新是城市赶超发展的关键

当前我们正处于科技创新决定城市竞争力的新发展阶段，谁能率先突破科技创新，谁就能把握发展主动权，率先建立先发优势。合肥五年前 GDP 为 5660 亿元，与潍坊 2020 年 GDP 相仿，全国排名第 28 位，五年后赶超东莞、大连等 7 个城市，GDP 突破万亿元大关，合肥能实现跨越发展，核心依靠是科技创新。泉州、佛山、无锡等凭借制造业优势 GDP 突破万亿元的普通地级市，背后都有强大的科技创新能力发挥决定性作用。2021 年 23 个 GDP 万亿元城市普遍把科技创新作为首要任务，力求打造城市竞争新优势。对潍坊而言，无论是做大做强产业，还是实现 GDP 突破万亿元、迈向大中城市 30 强和二线城市目标任务，都必须抓住科技创新这个核心抓手。

（二）现在看，潍坊科技创新发展不平衡，突出表现为"有高峰、无高原"

一方面，一批龙头企业已经在全球科技竞争中脱颖而出。盛瑞、潍柴先后获得国家科技进步一等奖，歌尔虚拟现实一体机入选 2020 年全球 100 项最佳发明，潍柴突破热效率 50% 柴油发动机等，这样的成就在地级市中极为罕见。另一方面，全市企业大部分研发能力偏弱。全市规上工业企业只有 15% 的有研发活动，而淄博 40% 的有研发活动，绍兴为 51%，嘉兴为 34%，温州为 60%。

（三）坚定不移走龙头企业带动科技创新的路子

以龙头企业带动产业链上中下游、大中小企业、高校院所融通创新，实现"高峰"带"高原"，是发挥潍坊科技创新优势，补齐科技创新短板的最佳选择。

一是支持现有龙头企业建设高能级创新平台。优先支持潍柴"燃料

电池国家技术创新中心"创建成国家级技术创新中心。通过专项资金扶持、市财政贴息支持等方式，支持龙头企业加快建设一批重点实验室、工程技术研究中心、产业技术创新战略联盟等平台。同时，积极争取科技部和国家发改委支持，在现有创新平台的基础上打造国家工程研究中心、国家工程实验室等国家级重大平台，带动城市创新水平整体跃升。

二是把隐形冠军、单项冠军、瞪羚企业、专精特新行业领军企业等逐步培育壮大为龙头企业。这些企业长期深耕某一领域，技术底蕴深厚，发展壮大后往往容易形成产业集群，歌尔就是这样的成长历程。因此，要加大对上述企业的扶持力度，分批次培育壮大为龙头企业。

三是建设创新联合体，引导中小企业和高校院所融入龙头企业创新链。创新联合体是以龙头企业为引领，带动中小企业和高校院所融通创新的新型创新组织，中央正大力倡导建设。建设创新联合体可以发挥潍坊龙头企业带动优势，弥补中小企业创新能力弱、高端科研院所不足等短板，完全切中潍坊科技创新要害。应出台创新联合体认定办法，围绕农业、制造业等优势产业率先建设一批联合体，给予重大科技项目倾斜支持、专项资金扶持等政策，对中小企业和高校院所参与积极、效果显著的创新联合体给予奖励，激发中小企业、科研院所参与科技创新的内生动力，形成产业链上下游协同创新的格局。

（四）把中央创新区打造成城市崛起的主引擎

23个GDP万亿元城市，无一没有科技创新集聚区，如无锡的太湖湾科技创新带、佛山三龙湾高端创新集聚区、南通的中央创新区等。科技创新集聚区通过集聚高端创新要素，对周围区域产生强大的辐射带动作用，成为城市创新发展的战略策源地。

潍坊正在建设中央创新区，对此的建议，一是用建经济特区的理念建中央创新区。中央创新区不同于普通的创新集聚区，必须要大胆探索、特区特办，在项目管理、人才引进、资金筹措、知识产权、金融科技、成果转化等方面实行特殊的政策，突破各种体制机制不合理的约束，营造催生重大科学发现的文化，打造地标性的科创区。

二是把中央创新区打造成数字经济集聚区。新发展阶段的科技创新，很大程度上是由新一代信息技术与其他领域技术融合创新加剧,催生新一轮科技革命和产业变革带来的。应把中央创新区打造为全市数字经济活跃高地,以数字技术赋能科技创新和产业转型。当前应重点抓好5G技术的推广应用,加快中央创新区5G基站建设,在全市率先实现5G网络全覆盖,加快5G产业集聚,打造5G智慧社区等。

(五)把握国家重大科技工程的历史性机遇

国家重大科技工程是城市的战略性基础设施,一旦研究成果转化落地,将对城市带来不可估量的影响,极有可能推动城市能级几何级提升。2020年合肥之所以能依靠科技创新脱颖而出,成为6个GDP万亿元城市之一,与其拥有8个国家大科学装置密切相关。国家重大科技工程对潍坊而言并不是没有机会,宁波、连云港、保定等城市已经有国家大科学装置。潍坊要实现赶超跨越,国家重大科学工程是重大推手。

一是高水平建设SDL(水动力)科学实验室。SDL科学实验室是目前潍坊仅有的相当于大科学装置的科研平台,已经入选省大科学装置重点支持项目。建成后将对潍坊海洋动力领域的基础研究、关键性科学研究和成果转化产生重大影响,有望使潍坊成为世界水动力科学高地。应在科研经费、成果转化对接、人才引进等方面加大支持力度,及时协调解决建设过程中的难题。借鉴浙江之江实验室等高能级平台建设经验,在基础研究与应用研究融通发展、科技成果转化、体制机制等方面加强创新,释放大科学装置在集聚资源、做强产业等方面的巨大作用,争取将其建成国家大科学装置。

二是积极筹备申报国家科技创新2030—"种业自主创新、智能制造和机器人"两个重大项目。国家"科技创新2030—重大项目"是以2030年为时间节点,体现国家战略意图的重大科技项目和重大工程,总共16项,已启动6项,其余10项将陆续启动,在尚未启动的10项重大项目中,种业自主创新、智能制造和机器人项目是潍坊的两个重大机遇。若申报成功,对做大做强现代农业、先进制造业"两大主业",大幅提升产业竞争力和影响力、提升城市能级具有深远而重大的意义。我们应加强与科技部等相关部门对接,及时关注跟进其他重大项目动态,了解已经启动的重大项目申报经验、申报技巧等，帮助企业选好项目、尽早准备。同时，帮助企业申报山东省重点研发计划（重大科技创新工程），争取上位资金支持，争取省科学技术奖励项目等，不断提升技术攻关能力，为申报国家重大项目打牢基础。

七 以更高水平开放全面融入新发展格局

新时代对外开放，不仅包括横向维度上的开放范围扩大、开放领域实现突破，也包括纵向维度上的开放方式创新、开放层次加深的"全面开放"。中央把开放作为推动全球化和建设人类命运共同体的必由之路，开启全面建设社会主义现代化强国新征程的重要支撑。对城市而言，开放是激发城市发展活力、推动城市崛起的关键一招，抢抓开放机遇的城市总是能够迅速脱颖而出，错失开放机遇的城市往往发展缓慢甚至走向衰落。潍坊开放的优势在于节会影响力大、平台数量多、龙头企业国际化水平高，但也存在一些短板和弱项。市委提出实现GDP过万亿元、进入全国大中城市前30名、成为二线城市三大目标，必须在更加开放条件下进行。GDP过万亿元的5个普通地级市，全部位于东部沿海沿江开放地区，足见开放对城市发展的重要作用；潍坊未来五年能否实现GDP过万亿元等三大目标，开放水平也是决定性的因素。对潍坊而言，开放不仅是加快"引进来"和"走出去"步伐，统筹国际国内两个市场、两种资源、两类规则，更重要的是通过开放来提升创新能力，促进发展方式转变、经济结构优化、增长动力转换。今后一个时期，建议重点做好以下三个方面的工作。

（一）深度参与"一带一路"建设

"一带一路"建设是我国今后相当长时期对外开放和对外合作的管总规划，在新时代开放大局中占据统领地位。中央有大量的政策，省配套政策也会越来越多，"一带一路"建设本身也具有政策、机遇等集聚效应。潍坊深度参与"一带一路"建设将会享受更多的政策支持，城市竞争力和国际影响力将会有更大提升。近年来，西安、重庆、成都、泉州等逐步成为亮点突出的开放城市，开放发展势头好，都与深度参与"一带一路"

建设有很大关系。潍坊深度参与"一带一路"建设，应特别注意以下四点。

一是凝聚深度参与"一带一路"建设的共识。潍坊当前把握"一带一路"重大开放历史机遇有欠缺，干部队伍、企业群体普遍对"一带一路"理解不够、研究不够，进而重视不够，工作反应慢、接受慢、落实慢，个别甚至认为与我们没有多大关系，直接影响潍坊开放的速度、层次和格局。建议通过会议、研修班、干部大讲堂等途径，凝聚共识、鼓足干劲，想方设法深度参与"一带一路"建设。

二是深化与沿线国家的投资贸易合作。经贸合作是"一带一路"建设的基础和先导，发挥着"压舱石"和"稳定器"的作用。潍坊的机械装备、汽车制造等优势产业发展良好，是融入"一带一路"建设的良好产业基础和巨大发展潜力所在，目前潍柴动力入驻中白工业园、康洁环卫中标巴基斯坦卡拉奇城市环卫项目、桑莎主导建设柬埔寨工业园等已经产生了示范效应。下一步，要进一步加大装备制造业"走出去"力度，突出引导潍坊设施农业、农业食品、农机装备等优势产业走出去，到"一带一路"沿线国家投资，促进优势企业在全球布局产业链条。同时积极开展"一带一路"招商引资招才引智工作，吸引沿线企业到潍坊投资兴业，特别是投向高新技术产业、先进制造业和现代服务业，更好建设现代化经济体系，实现高质量发展。

三是加强与沿线国家人文交流合作。人文交流合作是"一带一路"建设的重要内容，更是促进经济合作的重要推动力量。潍坊人文资源丰富，非物质文化遗产众多，特别是有国际风筝会、中日韩产业博览会等一批知名节会和平台，下一步要注重用好优势，以教育、文化、旅游等领域交流合作为切入点，加大推介力度，加强潍坊与沿线国家的人文交流与合作，迅速提升潍坊在"一带一路"建设中的知名度，为潍坊深入融入"一带一路"建设提供不竭动力。

四是利用好上合组织地方经贸合作示范区。青岛上合组织地方经贸合作示范区是山东省参与"一带一路"的最大平台，享有各类政策资源支持。潍坊与青岛距离近，有天然的条件利用好其海陆空铁多式联运优势，向上合组织国家输出潍坊产品，扩大经贸往来。

（二）建设高能级开放平台

高能级开放平台是资源要素集聚高地，更是制度创新高地。目前，全国高能级开放平台建设的浪潮正在兴起，苏州、青岛、南通等地都将其作为高水平开放的重要抓手，竞争日益激烈。潍坊拥有全国唯一的国家农综区、3个国家级开发区、1个自贸区联动创新片区等高能级开放平台，平台数量位于省内前列，开放发展有着较好的基础。

第一，突破国家农综区建设。对国家、山东省和潍坊市而言，国家农综区都是划时代的、战略性的，建设好国家农综区意义重大。具体对潍坊，一是为实施乡村振兴战略、提升农业国际竞争力探新路、出经验，二是以农业大开放带动全市大开放、城市能级大提升。下一步，国家农综区建设，建议重点以制度创新为突破点，开展农产品检验检测互认、农业贸易自由化、投资便利化等领域深层次改革。具体有四个方面的工作建议，一是依托潍坊学院设立农综区研究院，开展农业开放、制度创新等方面的研究。二是编辑出版"潍坊国家农业开放发展综合试验区创新案例研究"，向国家和省有关部门宣传推广国家农综区制度创新成果。三是申请农业农村部、商务部相关机构作为指导单位甚至主办单位，举办中国农业开放发展论坛。四是争取农综区在省级层面与山东自贸区、上合示范区有相似的支持力度。

第二，高标准建设山东自贸区青岛片区潍坊联动创新区。潍坊联动创新区具有接轨青岛的区位优势、联动发展优势和战略叠加优势，尤其是弥补了潍坊缺乏自贸区的空白，对新时期推动潍坊开放发展具有重大的战略意义。建议高标准谋划，及早出台"潍坊联动创新区建设实施方案"，重点明确推进机构、功能布局以及重点任务等，为今后转型成自贸区打好基础。这一点有成功的经验，杭州在成立自贸区之前，便以联动创新区的模式对标国内国际知名自贸区，全面复制试点经验，并在两年之内申报成立自贸区，潍坊联动创新区也要提早部署，为后续发展奠定良好基础。

此外，还要做大做强高新区、滨海区和综合保税区。

（三）增强城市国际化功能

一个高水平开放的城市，需要有相匹配的国际化功能。积极增强城市的国际化功能,需要特别重视以下两个方面的工作。一是提升城市国际化接待能力。菜博会、风筝会、鲁台会等大型节会是潍坊扩大开放、展示形象的重要窗口,节会举办期间国外客商集中来潍,对城市的国际化接待能力提出了更高要求。建议参考国际大型会议接待标准,不断提升会议场馆、酒店宾馆、旅游景点等国际化接待能力,有序建立与国际先进城市相适应的公共服务标准体系。

二是高质量建设国际学校、国际医院和国际社区。国际学校方面,潍坊拥有6所国际学校,基本能够满足国外子女就学需求,下一步要着力提升国际化办学质量。国际医院方面,目前潍坊还没有一家正式的国际医院,建议以潍坊人民医院、阳光融合医院为主体开设国际诊疗窗口和医疗专区,持续提高国外客商的就医满意度。国际社区方面,建议借鉴广州、杭州等地国际虚拟社区的建设经验,为在潍国际客商开展工作、交往、休闲、创业等搭建起一站式服务港湾。

八 以数字政府为核心抓手打造一流营商环境

(一)在影响营商环境的一系列因素中,信息化是牵一发而动全身的关键,数字政府是政府信息化的具体实现形式

世界银行《营商环境报告》中10个评价领域,几乎都可以通过数字政府建设实现优化提升。上海一网通办、江苏不见面审批、浙江最多跑一次改革、贵州集成套餐服务等,都以数字政府建设为核心支撑。特别是浙江,通过打造掌上办事、掌上办公的数字政府"双引擎"构建数字政务生态。掌上办公"浙政钉",是指与阿里钉钉合作,构建五级机构全覆盖、超百万公务人员接入的掌上办公生态。掌上办事"浙里办",小到住房公积金提取、护照办理,大到企业开立、不动产登记等,基本做到一次都不用跑。

(二)潍坊近几年营商环境的改善与提升,与大力推动数字政府建设密切相关

近几年,潍坊的营商环境明显改善,这在有关榜单排名中得到印证。中国社会科学院《中国城市竞争力报告No.17》显示,潍坊宜商竞争力排全国第 26 位、普通地级市第 8 位。中央广播电视总台《2019 年中国城市营商环境报告》显示，潍坊营商环境指数排全国第 42 位、普通地级市第 8 位。我们认为，潍坊营商环境出现这些变化，是与我们近几年大力推动数字政府建设密切相关的。清华大学《2020 数字政府发展指数报告》显示，潍坊数字政府发展指数排全国第 23 位、普通地级市第 5 位，位于苏州、珠海、佛山、台州之后。2020 年全国政府网站绩效评估，潍坊排全国地级市第 5 位、山东省第 1 位。

（三）推动政务数据整合：以电子证照共享应用为重点

政务数据融合应用是建设数字政府的基础性工作。电子证照是以数字方式存储、传输的文件凭证，是实现一网通办的前提，是政务数据融合应用的核心内容。潍坊已经构建了全市统一的电子证照库，并与部分业务系统实现对接，在有关事项办理的过程中，系统可直接调用各类电子证照，减少了纸质证照，减少了群众跑腿次数。下一步，应进一步拓展电子证照应用场景，更大力度推动电子证照库与各区、各部门政务服务事项对接，特别是尽快实现与山东政务服务网、潍事通、潍企通等政务服务 App 对接，率先实现行政审批系统电子证照全面应用，逐步推动民生领域电子证照全覆盖。

（四）整合现有各类政务服务平台

目前，潍坊承担政务服务、民生服务的线上平台有潍事通、潍企通、V 派、潍 V 等，数量多、功能散，各平台功能存在重复现象。比如，V 派与潍事通在公积金提取、医疗挂号缴费等很多功能上存在重复。建议进一步整合现有平台功能，逐步取消 V 派、潍 V 等功能比较弱的平台，把潍事通、潍企通作为潍坊数字政府建设的主平台，潍事通侧重于政务审批、民生服务，潍企通侧重于企业问题收集、政策发布等。

（五）提升平台功能，推动政务服务事项"应上尽上"

潍坊 2020 年印发《全市优化营商环境三年行动计划》，提出 2020 年底线上预审事项达到 100%，线上直办事项达到 80% 以上，现在看这一目标远没有实现。下一步，应坚持分类、分批推进原则，聚焦与企业生产经营、群众生活密切相关的重点领域，梳理出第一批 100 个高频事项，优先推动一网通办、一次办好，并逐步推出第二批、第三批，直至政务服务、民生服务事项 100% 上云上平台。

九　加快借力青岛，用好潍坊发展最关键的外因

苏州、无锡、佛山、南通这些地级市之所以能够率先迈入 GDP 万亿俱乐部，主要得益于一线城市、顶级城市的辐射带动。潍坊位于山东半岛地理中心，济南、青岛之间，特别是与青岛大面积接壤，青岛外溢的能量将首先辐射至潍坊，潍坊应该把借力青岛作为实现"三大目标"的重要动力。建议从以下几个方面加速推进。

（一）胶东经济圈一体化发展中，重点突出与青岛一体化发展

当前，潍坊对接青岛工作大多是以推进胶东经济圈一体化的形式来开展的。为更好融入胶东经济圈一体化发展步伐，潍坊设立了交通运输、科技创新等 10 个工作专班，这 10 个工作专班是面向胶东 5 市、涉及各发展领域的。对接好青岛是潍坊在胶东经济圈中最重要、最关键的工作，建议在 10 个工作专班对接过程中，率先落实《潍坊市推进胶东经济圈一体化发展行动计划》中与青岛合作、对接、共建的部分，突出工作重点。

（二）把交通基础设施互联互通作为借力青岛的基础性工作

基础设施互联互通在一定程度上决定着借力青岛的速度和规模。纵观国内外发展成熟的城市群、都市圈发展历程，交通基础设施一体化发展与区域经济圈层发展是相依相伴、共同促进的。城市群内各城市间的交通一体化发展为城市间经济要素的自由流动、产业结构优化调整、产业集群的形成与规模效益的溢出创造了前提条件，奠定了坚实基础。现实地看，苏通大桥的开通成为南通借力上海、重返江苏经济"第一方阵"的关键因素，黄岛的腾飞与青岛跨海大桥建设息息相关，港珠澳大桥正成为香港、澳门和内地协同创新、融合发展的纽带。历史和现实经验反复启示我们，交通基础设施互联互通在一定程度上决定着借力青岛的速度和规模，要率先突破。目前两市交通基础设施间连接不够通畅是一个突出问题，必须集中资源力量尽快解决。公路方面，加快推进潍坊至黄岛、潍坊至胶东机场等高速公路建设，在增加路网密度的同时还要提质增效，打造高等级公路

基础设施；加快开通诸城、高密、昌邑等毗邻青岛县市的城际公交，打造快速化、通勤化和公交化的交通体系，率先形成一小时生活圈。轻轨方面，积极配合青岛轨道交通连接诸城、高密段的建设；规划布局潍坊市区轨道交通方案与青岛都市圈轨道交通方案的衔接，积极争取接入青岛市轨道交通网络。

（三）用好胶东机场、青岛港口

潍坊作为全国性综合交通枢纽，高铁、公路优势突出，而机场、港口相对较弱，已经成为制约城市能级提升的重要短板。胶东机场定位为区域性枢纽机场、面向日韩地区的门户机场，是省内唯一的 4F 级机场，即使潍坊新机场建成投用以后，用好胶东机场仍然至关重要。青岛港口是山东港口发展的龙头，从区域发展的角度看，青岛港口既是青岛的港口，也是潍坊乃至山东的港口，用好青岛港口是应有之义。

（四）加快高密临港经济区建设

建设高密临港经济区是潍坊抢抓胶东国际机场投用机遇、全面借力青岛先行先试的重点，要按照发展规划加快推进，在规划布局、产业集聚、发展机制上打造先行示范区样板。

一是主动对接青岛胶东临空经济示范区。青岛胶东临空经济示范区是依托胶东国际机场建设的国家级临空经济示范区，享受诸多国家先行示范政策资源支持。潍坊要加强与胶东临空经济示范区的对接，学习借鉴其建设发展中好的经验做法，在临港经济区加以推行。同时，在临港经济区的项目招引方面，要围绕承接青岛产业转移功能，进一步优化产业布局，与胶东临空经济示范区实现错位发展。

二是探索青潍共建产业园。南通借力上海过程中，大力推进两地间的园区合作共建，取得了良好效果。临港经济区在承接青岛产业转移时，应充分借鉴沪通共建合作产业园经验，积极探索与青岛园区共建模式，合作模式可采用研发在青岛、生产在潍坊，孵化在青岛、转化在潍坊，前台在青岛、后台在潍坊等形式。

三是实行 SZV 模式。SZV 模式即货物空陆联程中转模式，由苏州工业园区首创，用于解决苏州没有机场的难题。这一模式，是把苏州工业园区虚拟成一个国际机场，上海机场则被当作飞往园区飞机的一个停靠站，货物到达上海机场之后，直接由园区企业的货车运送到园区，在园内海关办理通关手续。按照 SZV 模式运送的进口货物，平均通关时间由原来的 36 小时降为 7 小时左右，企业平均物流成本下降接近三成。临港经济区应借鉴这一模式，与胶东国际机场达成共识、探索推行。

（五）把科技创新作为借力青岛的重要内容

近年来，国内城市在借力周边大城市过程中普遍强调科技创新领域的合作。比如，佛山借力广州科创资源，出台《关于推进广佛科技创新合作的工作方案》；南通借力上海，出台《对接服务上海科技创新资源行动方案》《沪通科技创新全面战略合作协议》。青岛是全国 15 个创新策源地城市之一，对潍坊有较强的辐射效应，潍坊应该重视借力青岛的科创资源，建议重点关注以下几点。

一是推动"济青高铁创新发展轴"成为青潍协作的新载体。潍坊是济青高铁重要节点城市，这是潍坊相对于烟台等城市的地理优势。如若培强济青高铁创新发展轴，潍坊的这一地理优势就会转化为城市竞争优势，这将有利于潍坊充分利用济青两地丰富的人才、资本、信息、技术等创新要素，提高在省内城市竞争格局中的地位。当前，培强济青高铁创新发展轴已被列入潍坊"十四五"规划，一方面，加快推动创新发展轴建设的前期规划工作。积极向上对接，争取省委省政府支持，将济青高铁创新发展轴建设纳入省级重大规划研究项目，聘请世界知名机构开展战略研究，将创新发展轴建设规划做出世界水准。创新发展轴可先从青岛至潍坊段试验建设，之后扩大范围。另一方面，鼓励社会力量来推动创新发展轴建设。充分借鉴 G60 科创走廊、粤港澳大湾区广深科创走廊等建设经验，鼓励高校、科研院所和重点企业在济青高铁站点周边地区新设研究机构，开展科学研究、人才培养、技术转移和科技成果转化工作。同时支持智库、协会、大学等开展相关的决策咨询工作，为创新发展轴建设营造良好的社会环境和理论支持，争取更多社会力量和民众的支持。

二是推动青潍科技创新券通用通兑。科技创新券跨区域通用通兑是 2020 年国务院为支持创新而面向全国推广的 20 项改革举措之一。科技创新券是政府支持企业使用外部科创资源的补贴手段,目前长三角城市纷纷通过该手段支持企业借力上海科创资源,南通《沪通科技合作大仪券使用管理办法》对科技企业使用上海大型科学仪器给予50%补贴,最高30万元。潍坊2018年出台创新券政策,用于补贴本地企业使用市内科创资源,2021年10月底到期。我们认为,应当用好科技创新券政策,范围扩大到市外,提高补贴比例,以此支持企业借力市外科创资源,特别是最大限度地利用好青岛、济南的大型科创设备。

三是积极引导两市人才的自由流动。大规模、频繁的人才流动是提升创新协作水平的基础。应尽快培育功能齐全、运作规范、竞争开放的跨区域人才中心市场,协调人才引进政策,改革人才制度规定,通过体制机制创新实现人才跨区域共享、共引、共用。

(六)重视借力青岛工业互联网平台

如果说信息技术制造成就了深圳,消费互联网成就了杭州,工业互联网成就的极有可能是青岛,如今卡奥斯已成长为全球三大工业互联网平台之一,先后主导和参与了31项国家标准、6项国际标准的制定,在工信部发布的2019年跨行业跨领域工业互联网平台中位居第1。青岛谋划早、见势快,已经在工业互联网领域领先"半个身位"。目前胶东五市中烟台、威海、日照都在加快借力:烟台已与卡奥斯签订合作协议,促成其与春雪、鲁宇重工、大丰轴瓦等多家企业在工业互联网和智能制造领域深度合作,初步树立了食品包装、工程机械、汽车零部件三个行业样板。威海正推动工业互联网标识解析国家二级节点(威海)与卡奥斯开展对接合作,推动光威集团、环球集团等渔具企业应用卡奥斯平台,实现渔具行业数据平台化,打造行业平台经济生态圈。日照将借助卡奥斯平台,发挥钢铁、汽车等产业优势,加快推进区域产业链整合、供应链互补、创新链共享,赋能产业智慧化转型升级。潍坊发力工业互联网也应以"顶格推进"的态度,抓住山东工业互联网加速起势、胶东五市联手共创国家级工业互联网先行示范区的重大窗口机遇,依托海尔卡奥斯等优势平台的开放架构,构建数字化、网络化、智能化的工业生产制造和服务体系,加快制造业向"新工业"升级,在这个关键节点上,谁能率先做大做强,领先一步甚至半步，就能率先突围。

（七）充分借力青岛海洋优势

在青岛众多发展优势中，最大的比较优势是海洋。潍坊和青岛海洋发展有着较大的阶梯差距，有效接受青岛海洋优势的辐射，是潍坊攻坚海洋经济战场、迈向海洋强市的重要途径。

一是利用青岛的重大涉海科技资源和平台。青岛是国内少有的海洋领域科创资源聚集高地和技术策源地，有很强的技术溢出效应，这是潍坊家门口的宝贵财富。潍坊应积极主动对接青岛的涉海科技资源和平台，为潍坊所用。如将海洋科技职业学院作为两地交流的重要平台，积极与海洋国家实验室、海洋大科学研究中心等对接，共同开展研究课题、联合设立二级实验室、联合培养研究生、共同开展科技成果转化、设立大学科技园等项目。

二是对接青岛发展海洋的改革政策。青岛发展海洋的改革办法一般都是试点性的，通常意味着国家在这个方面的发展方向，潍坊应该积极借鉴其改革思路和具体办法，特别是对青岛西海岸新区、保税区等出台的涉海改革办法，并因地制宜地进行复制。

三是招引青岛的海洋类企业来潍坊投资。青岛的部分海洋类企业在全国有一定的影响力，潍坊可以有针对性地招引符合潍坊海洋产业发展方向的企业，如袁策生物科技有限公司、山东中鲁远洋渔业股份有限公司等。

十 把强化交通枢纽地位作为提升城市竞争力的关键

（一）潍坊的城市地位与枢纽功能密切相关，强化交通枢纽优势对潍坊顺利实现"三大目标"至关重要

随着区域一体化进程提速，交通枢纽功能越来越深刻地影响着一个城市的发展轨迹，很多城市因枢纽地位提升而迅速崛起，也有很多城市因枢纽功能弱化而逐渐衰落。潍坊处于济青烟几何中心，扼山东内陆腹地通往半岛地区的咽喉，天然地适合打造交通枢纽，这是潍坊相对于青岛、烟台等城市的独特优势。历史上，潍坊的城市地位与枢纽功能密切相关，特别是胶济铁路的开通一举奠定了潍坊山东半岛枢纽中心的地位。当前，潍坊是全国性综合交通枢纽城市，铁路、公路优势突出，比如铁路密度（公里/百平方公里），潍坊5.4、南通5.3、泉州3.3；公路密度（公里/百平方公里），潍坊180、济南174、烟台145。但潍坊机场、港口相对较弱，已经成为制约城市能级提升的重要短板。潍坊要在"十四五"期间顺利实现"三大目标"，必须突破机场、港口瓶颈，强化立体交通优势，提升潍坊在山东半岛乃至环渤海地区的交通枢纽地位。

（二）新机场建设应坚定不移加快推进，尤其要突出货运功能

第一，潍坊需要一个机场。没有现代化的机场，就没有现代化的城市，国内几乎所有的GDP万亿城市、二线城市、综合实力30强城市都有机场。比如，《第一财经》发布的30个二线城市中，28个城市有机场，嘉兴、绍兴尽管没有机场，但都在积极向上争取。从强小国看，以色列人口800万，面积2万平方公里，1995年GDP突破1000亿美元，有9个机场；比利时人口1100多万，面积3.1万平方公里，1978年GDP突破1000亿美元，有6个机场。这些国家人口与潍坊相仿，面积比潍坊略大，量级相当于一个城市，在潍坊所处的发展阶段所拥有的机场数量远多于潍坊，潍坊提升城市能级必须要有高质量的机场支撑。

第二，新机场建设越快越好。潍坊2009年启动机场迁建工作，到现在还没有完成，一方面这项工作确实有难度，另一方面也反映出我们在这件事上思想不统一、决心不够大。这十多年，很多城市抓住机遇实现了机场发展大跨越，特别是省内青岛胶东机场几近完成，日照机场2015年正式通航，烟台、威海机场也实现了大扩建，潍坊在胶东半岛5市中机场的弱势更加明显，2020年客运吞吐量，青岛千万级、烟台五百万级、威海百万级、日照五十万级、潍坊五十万级以下。潍坊"十四五"规划纲要明确提出加快潍坊机场迁建，应坚定不移推进，越早建成对潍坊越有利。

第三，在功能定位上，一是突出货运功能，二是要处理好与青岛胶东机场、潍坊北站、潍坊港等重要交通基础设施的关系，做好衔接贯通。

（三）尽可能做大港口，强化潍坊相对于淄博、临沂等内陆城市的非对称优势，缩小与青岛、烟台等海洋强市的差距

港口能做多大就做多大。港口既是构建立体交通体系的支点，也是经济发展的支点。全国55个沿海城市都高度重视发展港口，特别是盐城、南通，建港条件与潍坊相似，沿海地区滩涂多、深水港建设条件较差，它们仍然把发展港口视为重大机遇。潍坊港口与青岛、烟台相比不在一个量级，与淄博、临沂等城市相比是重要的非对称优势，做强港口既能够缩小与青岛、烟台的差距，也能够强化潍坊相对于淄博、临沂等城市的非对称优势。

在功能定位上，一是做强鲁辽大通道功能，这是潍坊港相对于青岛港、烟台港、日照港的最大比较优势。潍坊港地处渤海莱州湾湾底、山东半岛渤海湾海岸线中间地带，是鲁辽大通道的绝佳位置，从鲁南、鲁中地区的货物，经过潍坊港海运到东北地区，此处是海运距离最长、陆运距离最短的发起点，也是最经济的一条通道。二是加强与省内港口的分工协作，突出货物中转功能，让更多腹地企业的货物通过潍坊港转运至青岛港、烟台港等。三是注重服务省会城市圈出海需求，潍坊港是距离省会城市圈最近的出海口。

（四）大力推动发展枢纽经济

枢纽经济是依托交通基础设施而形成的高级经济形态，对提升城市发展能级有关键作用。国内外很多城市，如美国奥克兰市，国内南京、郑州等，都是依靠交通优势发展枢纽经济，潍坊的区位和交通优势符合枢纽经济发展的基础条件，应积极把交通优势转化为经济发展优势，推动发展枢纽经济。当前一段时期发展枢纽经济建议关注以下几点。

一是做好对标学习。潍坊发展枢纽经济可以选择比利时作为标杆，比利时地处欧洲中央，很好地发挥了交通枢纽和区域枢纽对经济发展的带动力，集聚了1700多个非政府组织、2000多家跨国公司总部。潍坊在山东半岛的区位相当于比利时在欧洲的区位，可以研究其发挥交通枢纽、区域枢纽作用的经验教训，实现枢纽经济的大发展。

二是尽快出台"潍坊市枢纽经济发展规划"。江苏早在2019年就出

台了《交通强国建设江苏枢纽经济发展样板实施方案和近期重点工作（2019~2022年）研究》，提出了三步走推动枢纽经济发展；南通立足自身区位优势，对标全国、全球先进城市做法，明确提出加快发展枢纽经济；玉溪、嘉峪关、商丘等城市也都出台了枢纽经济发展规划。潍坊枢纽经济发展规划要结合两大优势产业和交通枢纽地位，探索枢纽经济发展体制机制，建立分工明确、多方合力的协同推进机制。

三是全面统筹考虑航空、高铁、海运、公路等因素打造综合型枢纽经济区。围绕打造综合型枢纽经济区，把高铁北站、火车站南广场、临海港产业园、临空港产业园等建设成为枢纽经济集聚区。

（2021年4月）

做好五篇文章　增强城市活力

刘永杰　杜慧心

市委经济工作会议指出，要聚焦增强吸引力，推动实现"生态、开放、活力、精致"现代化高品质城市建设新突破。活力是现代化高品质城市建设的内涵之一，反映了城市吸纳、整合各类发展要素的能力，是一座城市创造力和生命力的体现。正如市委书记在市委十二届八次全会上所指出的那样，充满活力的都市气质是促进创新创业创造的关键，是城市持续发展的强大源动力。潍坊提升城市活力，应立足本地实际，坚持问题导向，重点做好以下五篇文章。

一　提升人口吸引力

潍坊是人口大市，但人口吸引力不强，外来人口少，2018年潍坊常住人口数量被青岛超越。百度地图发布的2019年第三季度人口吸引力榜单中，潍坊在全国排第54位，落后于经济位次。当前，潍坊应当把提升人口吸引力作为提升城市活力的核心抓手。一是注重生态建设。生态环境对城市的发展越来越具有基础性和决定性作用，潍坊的生态环境已经影响了城市发展的方方面面，特别是对人口吸引力影响尤为突出。现在城市的发展模式，已经从原来的先招来人才、落下产业、发展城市，变成了优先建设城市的生态，然后吸引人才、发展产业。因此，潍坊应把打造一流生态环境作为提升人口吸引力的首要任务。二是充分发挥基础教育和职业教育引才留才的优势。教育是潍坊的一张名片,也是潍坊提升人口吸引力的重要资源。基础教育方面,潍坊拥有一批高质量的教育资源,仅2017年就吸引了超过2.6万名市外学生前来就读,潍坊提升人口吸引力应当继续巩固和强化这种优势。职业教育方面,潍坊职业院校全日制在校生总数约20万人,本地生源占比28%左右,毕业后留在潍坊就业的比例仅为35.7%,而青岛职业院校本地就业比例达到70%,济南也在50%左右,留住本地职业院校毕业生将成为潍坊提升人口吸引力的着力点和突破口。三是提高政策含金量。为有效应对国内人才大战,各市纷纷出台含金量十足的优惠政策。比如武汉提出未来五年要建设和筹集250万平方米以上大学毕业生保障性住房。成都提出市外应届本科毕业生来成都应聘的,可在面试单位申请7天以内的青年驿站免费居住。潍坊应当充分借鉴先进城市经验,推出吸引力更强的住房、就业、生活等扶持政策,进一步提升潍坊人口吸引力。

二 打造中央创新区

创新是城市活力的源泉,全球先进城市无一不把创新作为谋划未来发展的关键一招。对于潍坊而言,打造中央创新区可以成为提升城市创新水平的核心抓手。打造中央创新区这样的高能级平台,有利于整合全市资源形成创新合力,在与周边城市的竞争中可以最大限度地规避劣势,在承接青岛创新资源转移过程中可以充分发挥优势。就像当年办开发区集聚工业资源、办自由贸易区集聚开放资源那样,集聚创新资源也需要中央创新区这样的平台。最近几年,许多城市都在打造中央创新区,并已逐渐形成了比较成熟的理念,就是坚持生态优先、选址首先考虑生态环境,在此基础上,高标准配套和吸引教育、文化、卫生资源,用一流的科研环境和生活环境吸引高端创新要素集聚,把中央创新区打造成"科创特区"。

三 打造生产性服务业高地

生产性服务业是现代产业竞争的战略制高点,全球化与世界级城市研究小组（GaWC）每年都依据高端生产性服务业的分布情况对全球城市进行排名，以此反映城市在全球经济中的地位及融入度。在2019年排名中，潍坊入选全球四线城市，国内共有42个城市进入榜单，地级市仅5个，除潍坊外，还有苏州、无锡、珠海、南通。潍坊应以入选GaWC全球四线城市为契机，进一步提高对生产性服务业的认识，加快集聚一批先进生产性服务业企业。一是尽快编制生产性服务业发展规划。就潍坊全市而言，应当在中心城区集中发展生产性服务业，特别是在高新或奎文、潍城打造一批生产性服务业集聚区，因为这些区域功能更完善、配套更齐全，具备更好的发展基础。二是打造一批生产性服务业公共平台。借鉴深圳打造十大生产性服务业公共服务平台的做法，打造一批技术中心、检测中心等高端公共服务平台，以此提升潍坊生产性服务业公共服务能力。三是借力青岛、济南的生产性服务业资源为我所用，特别是在人才引进、分支机构落户等方面加强合作。

四 加快发展夜间经济

城市化率超过50%以后，服务业和消费主导城市经济的特征更加明显，夜间经济对城市发展的推动作用越来越突出，已经成为一个城市开放度和活跃度的重要标志和重要推动力。潍坊2018年常住人口城镇化率已经超过60%，中心城区常住人口近200万，夜间经济正在迅速成为新的经济增长点，潍坊应把握这一发展特征，加快发展夜间经济提升城市活力。一是打造夜间经济集聚区。这是发展夜间经济的突破口，可以起到以点带面的效果。应围绕泰华、中百、万达等商圈打造夜间购物集聚区，围绕十笏园文化街、杨家埠木版年画风筝街等区域打造夜间文化旅游集聚区，围绕奎文门美食文化街、老潍县美食街、泰华中兴商业街等美食街区打造夜间餐饮集聚区。积极引导夜间经济集聚区企业延长经营时间，满足消费者对夜间经济不同时段的需求。二是优化夜间公共交通服务。夜间公共交通的缺位是制约夜间经济发展的主要因素之一，"怎么去""如何回"的问题影响着夜间消费的决策与积极性。应延长部分公交线路运行时间，优化公交路线，特别是在周末、节假日及重大节会活动期间，适当加密重点区域公共交通夜间运行班次。增设夜间分时停车位，优化夜间停车收费标准，推动企事业单位、商务楼宇的自用停车场在夜间向社会公众开放。

五　打造一流营商环境

营商环境直接影响城市经济发展和创新创业活力，是集聚高端人才、高端企业和高端要素的重要支撑。优化营商环境，应把信息化作为核心抓手。在影响营商环境的一系列因素中，起引领性作用的是信息化，无论是基础设施建设水平、产业发展水平还是人的素质水平、政府服务水平、市场环境水平，背后起决定作用的是信息化水平。我们与南方城市在营商环境上的差距，关键也在信息化。不能把握这种趋势，就不能从根本上推动流程再造、打造一流营商环境。当前，潍坊应积极推动区块链等新一代信息通信技术在行政审批、电子证照、城市信用建设、政府公共服务等领域率先应用，以信息化赋能流程再造，提升政务服务效能。

（《潍坊日报》2020 年 1 月 26 日）

疫情防控对城市治理现代化的四个启示

李波 刘磊

习近平总书记强调："推进国家治理体系和治理能力现代化，必须抓好城市治理体系和治理能力现代化。"这次抗击新冠肺炎疫情，是对城市治理能力和治理水平的一次极大考验。疫情防控常态化时期，加快补齐治理短板，进一步提升城市治理效能，将是刻不容缓的重大任务，至少有四个方面值得我们深入思考。

一 社会参与是城市治理的重要力量，应广泛动员社会主体有序参与，构建共建共治共享新格局

这次疫情，党和政府发挥了无可比拟的强大的社会动员能力，对于疫情防控和复工复产起到了全面的领导和推动作用。但不容忽视的是，各类企业、协会、商会、慈善组织、志愿组织等社会力量也为战胜疫情作出了重大贡献。它们通过志愿捐赠、社会动员、应急救援、弱势群体帮扶等，展现了社会力量参与应对重大公共卫生事件的独特优势，形成了多治联动、多元共治的良好格局，为打赢这次疫情攻坚战奠定了坚实的基础。社会力量参与城市治理，是党的十九届四中全会提出的"建设人人有责、人人尽责、人人享有的社会治理共同体"的题中应有之义，也是现代公共管理的发展趋势。只有充分激发全社会活力，形成多元主体协同治理的

格局，推动各主体间良性互动，才能加快实现城市治理现代化。

（一）以宣传教育为引领强化全民参与意识

以公共意识为代表的精神特征是社会参与的内在根基，也是城市现代文明的重要标志。要实现国家治理体系和治理能力现代化的目标，社会公民就要有与之相适应的公共意识。应以社会主义核心价值观为引领，强化宣传教育，把公共参与、公共规范、集体主义等内容广泛嵌入学校和社会教育，激发公众内心深处的责任精神，同时完善制度建设，约束和引导社会道德习惯，使公众参与意识跟上治理现代化步伐。

（二）以社会组织为载体提升参与有序性

个人参与往往导致无序和混乱，组织化参与一定程度上能够提高参与有序性，社会组织成为有序参与的重要载体。一方面放低门槛、膨胀数量。我国的万人社会组织拥有量与发达国家以及印度、巴西等发展中国家都有一定差距。另一方面聚焦提升专业能力。这次疫情暴露出社会力量能力不足、活动不规范等问题，如韩红基金会一度陷入舆论风波，应加强专业能力建设，发挥枢纽型社会组织的管理、指导、服务等作用，全面提升社会组织的管理能力、专业水平和服务技能等，打造专业化、特色化的社会组织品牌。

（三）以制度建设为保障畅通参与渠道

通过搭建合作平台、拓宽合作渠道、创新协作等方式，如建立完善政府重大决策信息公开制度、专家咨询制度、议事决策制度，加大政府购买力度等，为社会提供参与渠道、形式和方法。政府专心做好引导指导、规则制定、平台搭建、监督管理等工作。

二 信息化是提升城市治理效能的关键手段，应通过数字技术赋能，提升城市治理智慧化水平

信息化不仅带来了一场颠覆性的产业革命，而且将引发深刻的治理变革。这次疫情，5G、AI、区块链、大数据等技术在监测预警、精准防控、远程医疗、线上协作、趋势研判等方面发挥了十分关键的作用，大大加快

了疫情防控和复工复产进度。从全国看，长三角、珠三角等地区的防疫效果要显著优于其他地区，一个重要原因就是它们拥有更高的信息化发展水平，由此催生了更强的数字化治理能力，在全国推行的"健康码"，就是源自杭州的数字化尝试。当前，城市治理能力已经站在现代化的关键节点，信息化正是当前更具活力、更加先进的生产力形态，应充分借助信息化手段加快向数字化治理转型，提升城市治理智慧化水平。

（一）加快布局数字基建，夯实数字治理基础

信息化基础设施是实现数字治理的基石，我国正在迎来以5G、物联网等为代表的"数字基建"时代，城市应根据中央精神，加快做好总体规划，注重数字基础设施与国土空间规划有效衔接，与传统基础设施深度融合；加大数字技术等创新研发应用，加快科技成果转化；创新融资模式，撬动社会资本参与等。

（二）加快建设"数字政府"，赋能数字治理主体

政府数字化水平直接决定城市治理效能。应加快推进政府治理理念向数字化转变，主动适应城市治理趋势变化，推动政务服务全流程、各环节深度拥抱数字技术；着力打破信息孤岛，跨部门信息条块分割、缺乏协同是疫情防控过程中数字政府暴露出的突出难题，应构建信息资源共享体系，增强跨地区、跨部门、跨层级信息数据开放共享，让数据流动起来，实现跨部门合作治理；积极对标深圳、杭州等数字政府建设先进城市，加快推动公共服务事项网上办理，尽快实现"一网通办""掌上通办"。

（三）积极打造"城市大脑"，优化数字治理工具

"城市大脑"是城市治理的利器，前不久习近平总书记在杭州"城市大脑"调研时提出，运用前沿技术推动城市管理手段、管理模式、管理理念创新，是推动城市治理体系和治理能力现代化的必由之路。各城市可以积极借鉴杭州经验，与信息化公司合作，加快建设"城市大脑"公共基础平台，整合各部门数据资源，打造城市智能中枢，以"城市大脑"带动智慧城市建设，提升城市治理精细化和智慧化。

三 基层是城市治理的重心所在，应强化城乡社区治理体系建设，构筑城市稳定发展的有力基石

城市治理不仅是对城市化进程中各类城市问题的治理，而且要重视城市基本单元——城乡社区的治理，社区稳，城市才会稳。在这次疫情防控中，城乡社区成为疫情防控的基础环节，也是狙击疫情、联防联控的前沿阵地，街道、社区、防疫部门、物业公司、志愿者、项目公司等形成联动机制，对疫情防控起到了巨大作用。习近平总书记在武汉考察时提出完善城市治理体系和城乡基层治理体系要树立"全周期管理"意识，进一步凸显了城乡社区在疫情防控和城市治理中的重要地位，也为城市完善基层社区治理提出了新的更高要求。

（一）全面推行网格化管理

疫情期间，网格化管理充分展现了我国基层社区治理的独特优势。应把城市的资金、资源、人才等更多地下沉到社区、下沉到网格，进一步增强网格员的职业吸引力；推行网格管理服务社会化，政府主动放权给城乡社区服务类社会组织以及其他社会力量，专心当好"裁判员"；推广普及大数据、云计算等信息技术在网格中的应用，提高网格数字化管理水平等。

（二）推动物业深度融入社区治理

无论是2003年"非典"疫情，还是此次新冠肺炎疫情，物业都是一股不可忽视的中坚力量。近年来，物业在社区治理中正扮演越来越重要的角色，如卫生防疫、垃圾分类等。应加强政府部门对物业企业的培训和指导，提高物业服务标准化和规范化，提升其应急管理和处置能力；建立健全物业企业与街道办事处、社区两委、业主委员会、社区社会组织等议事协调机制，互联互动、共商共治；推广普及武汉等地"红色物业"经验，将物业企业打造成党组织联系群众、服务社区的重要平台。

四 应急管理是城市治理能力现代化的有力保障，应聚焦城市应对风险能力建设，增强城市发展韧性

应急管理已经成为城市治理的重要组成部分，这次新冠肺炎疫情是对

我国应急管理特别是公共卫生应急管理的一次极大挑战。随着城市化、现代化进程的深入推进，人口、资源等要素流动加剧，社会不确定性增强，高风险已成为城市的鲜明特征，特别是超大城市面临更加艰巨的治理难题。提高城市应对突发公共事件的能力已经成为当前城市治理的重大命题，建设具有抵御高风险能力的韧性城市刻不容缓。

健全城市公共卫生与疾控体系是当务之急。这次疫情暴露出我们在公共卫生应急管理体系存在明显的短板和不足，如重大突发公共卫生事件应急响应机制有待完善、应急物资储备不足、缺乏统筹等。应以疫情防控为契机，把公共卫生防疫体系建设纳入城市"十四五"规划进行重点布局。加强公共卫生应急管理体系顶层设计，修订完善公共卫生法律法规，为公共卫生和重大疫情防控提供法律遵循，提高依法防控、依法治理能力；加快推进疾控体系改革，进一步明确疾控机构的职能和定位，强化信息收集、分析、利用能力，提高疾控机构中心地位和话语权，建设现代化疾控体系。加大公共卫生事业基础设施投资力度，吸引民间资本进入公共卫生领域，加快布局一批医疗物资储备、卫生防控、环境卫生等重点项目，提高公共卫生领域的供给质量；加强公共卫生人才队伍建设，特别是尽快培养一批应急防疫人才，根据需要增加卫生类学院和学科设置，健全公共卫生人才待遇保障、考核评价和激励机制等政策，满足现代公共卫生发展需要。

此外，还要全力做好城市对自然灾害、事故灾难、社会安全等突发公共事件的应急管理，理顺应急管理系统与政法、卫健等职能系统在突发公共事件中的职能和责任边界，完善协调联动机制；加强应急指挥体系构建，强化专家参与，充分利用大数据、云计算等现代信息技术辅助决策；建立企业、社会组织、个人等力量有序参与应急管理的制度设计等，坚持关口前移，重视预防准备，加强宣传教育，增强全民应急意识和应急能力。

（《中国社会报》2020年8月14日）

关于潍坊市"十四五"时期
重点工作的建议

课题组[*]

近年来,潍坊市面临着日益激烈的城市竞争格局。国内郑州、合肥、西安等中西部城市迅速崛起,省内临沂等城市发展势头迅猛,而潍坊发展速度相对滞后,在《第一财经》的城市评级中由二线城市降为三线城市,在城市竞争格局中越来越处于不利地位。"十四五"规划是我国全面建成小康社会后的第一个五年规划。在时代变革中占据先机,对于潍坊发展具有重要的战略意义。

"十四五"期间,潍坊的发展既要见短期成效,又要为中长期发展奠定基础。建议潍坊进一步明确城市定位,建设宜居的"强二线"城市、半岛城市群中心城市,建设国家先进制造业基地、现代农业之都、历史文化名城。建议潍坊在中心城区发展和城市建设上"补短板",以高质量的中心城区发展带动全域发展;全面提升城市建设与产业发展的信息化水平,以高质量的信息化推动产业转型升级;加大改革力度,提升开放水平,以高质量的改革开放提升城市竞争力。

---

[*] 课题负责人:王冰林;课题组成员:山东大学县域发展研究院段昊,潍坊市改革发展研究中心周志鹏、孙潇涵。

一 潍坊"十四五"期间亟需解决的问题

(一) 城市发展质量有待提升

习近平总书记多次提到提高城市品质的重要性。他在《国家中长期经济社会发展战略若干重大问题》中明确指出:"要更好推进以人为核心的城镇化,使城市更健康、更安全、更宜居,成为人民群众高品质生活的空间。"高品质的城市发展是当前集聚人才与资源的保障,《第一财经》对于城市等级的评估体系更是将"商业魅力"作为评估主线,以城市发展品质确定城市等级。在城市品质建设上稍显落后,影响了潍坊在全国城市竞争中的地位,其主要体现在以下三个方面。

一是城市定位不清晰。"风筝之都"的定位彰显不出潍坊的经济发展特色与区位优势。风筝作为相对小众的文化娱乐产品,难以在大众中产生共鸣,不利于潍坊对外树立招商引资与招才引智的高端形象。

二是中心城区发展偏弱。潍坊县域经济发达,但中心城区对资本和人的集聚能力有限。无论从经济总量、人口规模、城市面貌、房地产价格,中心城区与诸城、寿光等所辖强县的县城相比没有明显优势,未能形成带动潍坊全域增长的作用。中心城区无论在生产性服务业还是生活性服务业方面,发展水平都与青岛有很大差距,甚至与烟台城区相比也有一定差距。与潍坊类似的县域经济发达的苏州、温州等城市中心城区的发展水平也要明显高于潍坊市。

三是城市与产业信息化建设水平偏弱。潍坊在信息基础设施、信息科技人才、信息初创公司等方面与青岛和济南有一定差距,与其他二线城市相比也处于弱势。在5G建设的风口,一步落后将步步落后,将不利于城市品质提升和具有潜力的战略新兴产业的发展,也不利于传统制造业企业的转型升级。

(二) 动能转换仍需加快

党的十九届五中全会明确了"十四五"时期经济社会发展的主要目标,包括"经济结构更加优化,创新能力显著提升,产业基础高级化、产业链现代化水平明显提高"。潍坊"十三五"期间在新旧动能转换上取得了一定成绩，但仍然存在一些问题，主要体现在以下三个方面。

一是潍坊龙头企业转型升级压力仍然较大。尽管近年来潍坊部分龙头企业如得利斯、山东海化等利润与营收均实现了较快增长，但大多数企业转型压力大，主要营收仍依赖于旧产品，"四新经济"探索尚未转化为企业利润。同时，企业转型投入大，短期内利润下降明显，需要经历数年的转型阵痛期。比如，歌尔声学近年来主营业务逐渐转向智能硬件，净利润增速放缓；得利斯尽管近两年净利润增长，但与双汇、金锣等行业领军企业仍有较大差距，代表未来发展趋势的低温肉制品的竞争力仍需提升。

二是区域创新能力仍然偏弱，人才集聚能力不强。从专利申请与授权量、高新技术企业数量等一系列指标来看，潍坊市与长三角和珠三角的二线城市有较大差距，也落后于保定、石家庄、太原等北方二线城市。从中心城区人口增速来看，2016~2018年间潍坊市年均增速0.70%，低于绝大多数南方二线城市，也低于济南（年均增速5.71%）、烟台（年均增速0.71%）等省内城市。

三是高新区尚未成为带动潍坊全域发展的增长极。近年来，成都、苏州、合肥等城市的高新区都成为带动城市全域发展的增长极。一方面，高新区集聚了服务于全域发展的高端服务业，支撑了全域产业转型升级；另一方面，区域内龙头企业的总部、研发部门与高端人才向城市高新区集聚，形成促进创新的知识溢出效应。潍坊高新区是全国最早设立的高新区之一，发展水平尽管与全国领先的高新区有一定差距，但产城融合的发展模式与武汉、成都、西安等城市类似，具有成为全域发展增长极的潜力。目前，潍坊高新区在众多县市区中发展表现突出，人均GDP是潍坊其他区县均值的4倍。尽管如此，潍坊高新区与区外其他区县互动联系较少，没有起到带动全市其他区域发展的作用。

（三）开放的步伐仍需加大

"十四五"期间，我国将加快构建以国内大循环为主体、国内国际双循环相互促进的新发展格局。双循环格局要求潍坊提升对内和对外开放水平。潍坊在开放发展中存在如下问题。

一是区位优势发挥不足。潍坊居于长深高速与青银高速的交会点

(青州市于家庄枢纽),与青岛、济南距离相近,也是沟通京津冀与长三角的重要节点,区位优势十分明显。近年来郑州、临沂等城市就是充分发挥自身交通区位优势,走上了发展的快车道。目前,交通区位优越的城市都在积极打造国家物流枢纽,省内临沂、青岛、济南先后进入国家物流枢纽建设名单。潍坊铁路、公路、机场、港口等基础设施完备,交通区位优势优于临沂,但尚未得到充分发挥。

二是供应链上下游区域相对集中,抗风险能力相对较差。目前,潍坊龙头企业的上游客户与下游供应商主要集中在山东省内、京津冀与长三角地区,一旦少数区域发生自然灾害、瘟疫等情况导致企业停产,潍坊经济可能受到严重冲击。党的十九届五中全会公报指出,"统筹发展和安全,加快建设现代化经济体系,加快构建以国内大循环为主体、国内国际双循环相互促进的新发展格局"。潍坊也需要更加注重产业安全,优化国内循环,保障供应链安全。

三是农业发展成绩突出,但仍需推动经验与模式输出。习近平总书记两次肯定潍坊农业发展的"三个模式"。但与浙江安吉充分发挥"两山理论"样板的优势不同,潍坊没能充分发挥"三个模式"对区域与产业发展的宣传与带动效果。"绿色发展看安吉",安吉已成为全国学习绿色发展的模板,并进一步带动了产业和人才的集聚。潍坊应当加快推动"三个模式"的提炼与宣传,在全国营造"农业发展看潍坊"的舆论氛围。

二 "十四五"期间潍坊市发展的战略定位

(一) 高生活品质的宜居城市

潍坊应当以强二线的"高生活品质的宜居城市"作为自身定位。当前各城市之间对于人才的竞争日趋白热化。潍坊当前薪资水平和就业机会与一线和新一线城市差距明显,因而在人才竞争中,需要找准自身优势。潍坊自身优势的体现,一是气候较好。潍坊四季分明,干湿度适宜,气候在二线城市中处于中上游。二是生活压力小。潍坊市当前房价低于所有二线城市,年轻人购房压力较小,适宜定居。三是生活配套好。潍坊医疗设施完备,市内有多所三甲医院;潍坊基础教育水平高,市内多所高中位于全省前列。

2020年,《第一财经》将潍坊由二线城市降为三线城市的第1名。但从经济总量、企业发展水平、创新能力等发展数据来看,潍坊处于二线城市的前半段,实力要强于西部的南宁等省会城市。但《第一财经》的评价体系也展示出潍坊明显的短板,即城市"烟火气"不足,生活性服务业和生产性服务业相对弱势。目前,国内成都、珠海、大理等许多城市以慢节奏高品质的生活为卖点,吸引人口定居;南京高淳区更是以"国际慢城"作为城市卖点。建议潍坊市在"十四五"期间着力提升中心城区的生活品质,打造高生活品质的强二线宜居城市。

(二) 山东半岛城市群中心城市、山东半岛交通枢纽

潍坊应当充分发掘自身区位优势,将自身定位为半岛城市群中心城市之一和山东半岛的交通枢纽。潍坊位于山东半岛的中心位置,也位于沟通京津冀与长三角两大城市群的高速公路的中间点,未来也是济青高铁与京沪高铁二线交会点,战略位置十分重要。基于此,潍坊应当定位为山东省半岛城市群中心城市,定位为联通山东半岛与京津冀和长三角的交通枢纽。省内临沂、青岛、济南先后进入国家物流枢纽的建设名单。潍坊也应当挖掘区位优势,争创国家物流枢纽。

(三) 先进制造业基地

潍坊是工业大市,也是工业强市。制造业是潍坊的立市之本,也是未来在城市差异化竞争中凸显自身比较优势的着力点。习近平总书记指出,"实体经济是基础,各种制造业不能丢"。在全国二线城市中,潍坊市制造业发展水平居于前列,制造业500强企业数量居北方二线城市第1位。目前,国内有哈尔滨市和常州市明确提出建设先进制造业基地。建议潍坊明确将全球先进制造业基地作为城市发展方向。

(四) 现代农业高地

党的十九届五中全会提出"优先发展农业农村"。尽管农业是当前中国产业发展的短板,但潍坊在农业技术、经营模式、标准制定等方面都走在中国最前列,实现了农业强、农民富、农村美。可以说,潍坊为中国农业发展探索出了一条可行的道路。建议潍坊进一步壮大农业发展的优势,

将农业产业发展与城市发展相结合，依托"潍坊国家农业开放发展综合试验区"的建设，打造中国现代农业高地。

（五）历史文化名城

历史文化名城是城市的重要名片。进入"历史文化名城"名录的城市都积极利用这一优势，将城市发展与历史文化的传承与保护紧密结合。潍坊市历史悠久，所辖青州市2013年获批为国家历史文化名城。建议潍坊市充分利用这一优势，以青州市历史文化挖掘为引领，保护开发与利用全域历史文化遗产，将历史文化名城打造为潍坊市的重要名片之一。

三 "十四五"期间的重点工作建议

（一）以高质量的中心城区带动全域发展

1. 优化城市空间布局，构建以中心城区为核心的城镇发展体系

目前，潍坊中心城区发展相对较弱。为做大做强中心城区，发挥中心城区的引领带动作用，应当明确在"十四五"期间提升中心城区的首位度的目标与任务。

第一，构建以高新区为核心，涵盖奎文、潍城、坊子、寒亭的高品质中心城区。提升中心城区人口规模和经济体量。截至2018年底，中心城区4区人口共194.17万人，非农业人口比重66.47%。加强中心城区对外省市与所辖县市的人口吸引力，保持中心城区年均人口增长1.80%~3.68%，非农人口比重年均增长1.2%，至2025年，中心城区人口将达到220万~250万，非农人口比重达到75%。2018年，中心城区全市经济总量比重为30.29%，力争至2025年，中心城区占全市经济总量比重达到35%以上。

第二，以公共交通导向型开发（TOD）的思路在潍坊北站周边区域建设城市副中心，建设诸城、寿光、青州、安丘、滨海新区卫星城。重点发展济青高速出入口（于河枢纽、于家庄枢纽、涌泉立交）、济青高铁与京沪高铁二线沿线车站［潍坊北、高密北、青州市北、寿光北（筹）］、稻田新机场周边区域，建设交通商务区和综合物流枢纽，规划与建设环城高速路、城市快速路和轨道交通，构建卫星城到中心城区一小时交通圈。

第三，逐步推动昌邑、寿光、昌乐、青州撤市（县）设区。优先推动上述县市与中心城区基础设施一体化，逐步推动公共服务均等化。优先推动撤市设区。昌邑市与寒亭区毗邻，交通区位优越，海岸带资源丰富。优先推动昌邑市撤市设区有助于潍坊海陆统筹发展。寿光经济基础好，京沪高铁二通道和稻田机场等重大基础设施位于寿光。应当在"十四五"收官前将寿光纳入撤市设区规划。

第四，建设高密、诸城两市"青潍一体化"先行区。完善两市与青岛的基础设施对接。以高密北站、拟建设的青岛西站到京沪二通道诸城高铁站、青兰高速和济青高速出入口周边区域为重点，建设居住区与产业承接区，使高密与青岛北岸城区、诸城与青岛西岸城区形成一小时生活圈。

2. 以高品质的城市建设推动居民幸福感的提升

城市建设品质不高，服务业发展偏弱是潍坊由二线城市降为三线城市的主要原因。在胶东一体化的大背景下，若不能提升城市品质，高端人才将加快向青岛、烟台等城市流失。提升城市品质应当成为"十四五"期间的工作主线之一。

第一，提升生活服务业品质，提升城市"烟火气"。建设覆盖各消费层次人群的商业体系。重点引进1~2个高端城市综合体，留住中心城区高端消费人群，吸引县市居民到中心城区购物消费；在各县市区发展小店集聚区，满足大众消费需求，稳定就业；依托高铁交通商务区发展面向山东半岛客流奥特莱斯品牌折扣购物；依托保税区建设跨境电子商务集聚区，建设面向山东半岛、京津冀区域的日韩商品中转枢纽。

第二，改善城市交通，提升居民通勤体验。尽快制定道路专项规划，完善城市道路网体系，加快连接中心城区和各县市的高速公路或城市快速路建设，力争中心城区到所有县市区一小时通达；加快对拥堵点的立体交通改造，提升高峰期通行效率；加强支路网建设，提高道路网密度，促进交通微循环；坚持公交优先发展战略，加大公交站点、公交专用道建设力度；推动轨道交通建设，将新城开发与轨道交通建设与规划一体推进；加快城际铁路建设，争取将所辖各县市纳入山东城际轨道交通网；加大步行和自行车道建设力度，倡导绿色出行；加强数字化智能交通基础设施建设，提升交通管理能力，提高道路通行效率。

第三，加强生态空间建设，挖掘城市生态价值。做好生态资源普查，制定区域内山、水、河、林、湖、海、湿地、温泉、野生动植物等不同资源的保护、利用与开发规划，并确定"十四五"期间重点工作。规划建设由步行道和自行车通道构成的生态绿道，串联主要居住区、公园绿地、滨水空间、生态廊道、城市广场、大型商贸文体娱乐设施。加大城市绿地建设力度，打造大型绿带通风廊道、滨河（湖）空间、湿地公园。在城市旧区改造过程中，利用拆迁空地建设"口袋公园"。结合乡村振兴工作，在潍城、坊子、寒亭发展绿色生态农业和休闲观光农业，建设生态农业休闲区，为中心城区居民提供休闲观光场所。

3. 以高品质的城市公共服务吸引人才集聚

除收入与房价外，高品质的城市公共服务是吸引人才集聚的重要因素。公共服务范围涵盖教育、医疗卫生、文化、体育设施和行政管理等多个方面，其中对人才定居决策影响最大的是教育与医疗卫生。因而，提升教育与医疗卫生水平是潍坊市"十四五"期间的工作重点。

第一，发挥潍坊基础教育优势，建设教育名城。潍坊基础教育一直走在全省前列，有一批如潍坊中学、潍坊一中、昌乐二中、寿光现代中学、诸城一中等高质量的高中。建议潍坊学习河北省衡水市，推动基础教育产业化、品牌化、集团化发展。集中力量建设一所在国内外影响力可以媲美山东省实验中学和青岛二中的明星中学。推动全市名校集团化办学，跨层级、跨区域组建名校集团，采取集团"捆绑考核"等绩效评价机制，强化核心学校的辐射引领功能，提升潍坊教育发展整体水平。制定人才子女升学就学的优惠措施，通过优质基础教育资源留住人，吸引人。

第二，培育与引进并举，提升医疗卫生机构质量。目前，潍坊有潍坊医学院附属医院、市人民医院、市中医院等三甲医院，数量和质量上与济南和青岛有较大差距。建议加大对现有三甲医院的支持力度，提升硬件设施与薪资水平。加大对高级医学人才的引进力度，鼓励医疗机构采取柔性引进的方式吸引省内及京津地区名医团队到潍坊工作。着力引进国内具有影响力的医院管理集团，采取全面托管、部分托管、技术合作、设立院区、建立医疗联合体等合作方式，力争新建高水平三级医院，提升各县市区三级以下医疗机构的质量与水平。优化人才就医环境，开辟人才就医的预约、挂号、检查、治疗等诊疗服务的"绿色通道"。

（二）以高质量的信息化推动产业转型升级

1. 加快5G技术与工业互联网的应用，推动制造业转型升级

5G基础设施是"十四五"期间最重要的基础建设，5G技术的应用将带来经济社会发展的巨大变革。工业互联网是新一代信息技术与制造业深度融合的集中体现，是未来制造业转型升级的重要手段。可以预见，5G技术和工业互联网将深远影响未来产业竞争格局，抓住当前风口浪尖才能在未来产业与城市发展中不掉队。

第一，要尽快完善5G网络覆盖。5G网络是数据流动的通道，是一切应用场景的基础。目前，济南、青岛、烟台5G基站已实现了重点城区连续覆盖，潍坊已稍显落后。潍坊应当加快建设步伐，5G网络在2021年底实现主城区、各县城和工业园区全覆盖、部分重要建筑的地下停车场全覆盖，到2022年底实现乡镇驻地全覆盖，到2025年前实现全域全覆盖。

第二，要强化对5G产业的支持。鼓励本市企业在5G核心设备、芯片、器件、模组、终端、信息安全及系统软件等领域开展产品研发，政府对其研发成本进行补贴。将研发和生产5G基带芯片、射频器件、滤波器、物联网（IoT）芯片等5G产业链核心产品的企业作为重点招商对象，对于企业在潍坊的固定资产投资给予部分奖补。鼓励和支持高校、科研院所、企业、科研团队在潍坊新建5G关键共性技术研发和第三方检验检测平台，给予土地、资金和人才政策等方面的支持。

第三，结合5G网络建设的契机，推动工业互联网的应用。鼓励潍柴、歌尔等龙头企业推动生产线工业互联网改造，提升设备联网与数据采集能力，形成基于数据分析与反馈的生产与运营管理的智能决策和深度优化能力，尽快形成应用场景示范供全市企业学习。鼓励本市龙头企业建设工业互联网平台为全市中小企业提供云存储和云计算的服务。支持中小企业工业互联网技术改造，支持企业引进成熟的工业互联网解决方案。对于采用本市企业开发的工业互联网解决方案的中小企业给予部分资金支持。

2. 提升产城融合的信息化发展水平，加快高端服务业发展

高端服务业是潍坊发展的短板，也是制约潍坊产业转型升级的重要因

素。高端服务业是人力资本密集型产业，产城融合是承载高端服务业的最佳空间实现形式，智慧城市是未来城市发展的方向。"十四五"期间，潍坊应当将高端服务业与高品质的智慧城区同步打造，提升城区品质，补齐高端服务业短板。

第一，发展服务于高端制造业、现代农业的会展经济。优化鲁台会展中心、金宝国际会展中心、青州国际会展中心、寿光菜博会的功能分工，与青岛会展业进行差异化竞争，重点拓展高端制造业、现代农业等潍坊强势产业的展会。依托潍坊北站交通商务区筹建更高等级的会展场地，优化提升服务于会展的高档酒店、商务楼宇以及交通、文娱等综合配套服务设施，满足承接国际级展会的能力。深化与国家部委、山东省厅、行业协会的合作，举办"小专精特"专业展会和在线展会。挖掘潍坊历史文化资源，积极创办非物质文化遗产、老字号、创意设计、民族风情等特色展会。推动会展业信息化，借助歌尔在VR领域的新产品与新科技，推动展会实现线下展示与线上VR体验同步，办一次会，形成一次长效VR展示，建立一个长期行业交流平台。

第二，发展设计服务产业，支持潍坊产业升级。重点发展工程设计、工业设计和创意设计，支持潍坊学院和各类职业学校建设相关专业，培养设计类人才队伍。培育化工园区、现代农业园区的专业工程设计企业，服务全省高端化工、现代农业等现代产业发展。鼓励潍柴、歌尔等企业培育孵化高水平的工业设计创业企业，鼓励设计企业运用新技术、新工艺、新装备、新材料，创新工业产品功能、结构、形态及包装，促进工业设计向高端综合设计服务转变。将非物质文化遗产保护传承与创意设计相结合，发展视觉艺术创作、视觉传播设计、影视新媒体制作、动漫艺术等行业，打造具有潍坊特色的文化创意产业园区。

第三，发展商务服务产业，支持中小企业发展。培育及引进鉴证类、咨询类、评估类、认证类、经纪类及人力资源中介服务类等商务服务企业，特别是着力引进国内外知名会计师事务所、律师事务所、管理咨询公司、广告公司建设分支机构，支持本市资产评估、房屋及土地评估、科技经纪、出入境中介等评估和经纪类服务中小企业发展，形成一批与本地产业集群高度契合的商务服务企业。

3. 加强农业信息化建设，引领农业智慧化革命

信息化是现代农业发展的重要推动力量。现代农业规模化与精细化管理都离不开信息技术的支撑。潍坊在现代农业发展中走在全国前列，但农业科技水平与全球先进水平仍有差距。"十四五"期间，借助潍坊建设"国家农业开放发展综合试验区"的优势，应当加快对全球先进农业技术的引进、吸收与再开发，全面推动农业生产信息化与智慧化。

第一，加强农业农村信息基础设施建设。"十四五"期间，需要实现农村的高速光纤宽带网覆盖，实现全部乡镇驻地、大多数农村社区、农业示范园区5G网络覆盖。加快农村窄带物联网（NB-IoT）建设，推动农业设备物联网化。

第二，加快信息技术在农业生产与管理中的应用。学习吸收美国、以色列、荷兰等国将物联网、大数据、区块链、人工智能等现代信息技术应用在农业生产与管理中的具体做法，探索在潍坊现阶段推广应用的模式，制定"十四五"期间农业信息化的目标。建设农业信息技术综合应用示范基地，总结探索农业生产信息化的解决方案，培育一批能够为全国提供信息化改造服务的企业。

第三，加快农业农村电子商务发展，打造农村电商的"寿光模式"。农产品电子商务是全国电商发展的短板。寿光早年建成了全国最具影响力的蔬菜交易市场，2020年更是将菜博会搬到网上，搭建了"24小时线上观展平台""全链条线上交易平台"，推出了"掌上云逛会"，探索了农产品电商的"寿光模式"。"十四五"期间，应当借助寿光的先发优势，搭建服务于全国蔬菜交易的电商平台，培养一批农业电商人才和电商企业，开办一批知名农产品网店，建设覆盖全境的生鲜冷链物流网络，与农业综试区同步建设农业电商园区。

（三）以高质量的改革开放推动城市竞争力的提升

1. 以胶东一体化为抓手，提升参与内循环的水平

习近平总书记多次强调，"要畅通国内大循环，促进国内国际双循环"。"国内循环"是"十四五"期间经济发展的主轴，提升参与"国内循环"的水平和层次是潍坊的必然选择。

胶东一体化是潍坊参与省内产业分工和资源共享的重要机遇，潍坊要积极稳健地参与，一方面要充分利用胶东地区的基础设施、优秀企业和人才，另一方面要防止青岛对潍坊资源的虹吸作用。从近些年长株潭、郑汴、厦漳泉一体化的经验来看，区域内强势的中心城市往往对资源有更强的吸引和集聚作用。国内区域协同作用较强的案例是广州—佛山、深圳—东莞，其特点是中心城市为一线城市，土地资源短缺，有产业外溢的需求，并且距离临近城市很近，可以实现通勤同城化。潍坊距离青岛较远，且青岛北岸城区和西岸城区还有承载大量人口的能力，莱西与平度还有承载产业的空间，人口与产业外溢的基础并不充分。因此，潍坊参与胶东一体化，要注意实施策略与推进时序，既利用好青岛的龙头作用，又要避免资源被青岛虹吸。

第一，完善基础设施与青岛对接。重点研究潍坊各产业园区与青岛胶东机场，前湾港与董家口港、上合示范区、自贸试验区的交通连接，尽快形成连接上述区域的轨道交通、货运铁路专线、高速公路的建设方案。

第二，推动产业与青岛对接。在产业发展上与青岛差异化竞争，吸引青岛龙头企业上下游配套企业落户潍坊。在园区发展上对接上合示范区和自贸试验区，重点承接上合示范区和自贸示范区项目的生产环节。建设上合示范区和自贸试验区协同改革先行区，全面复制推广上合示范区和自贸试验区的商事制度、政府职能转变、投融资体制、贸易便利化、营商环境建设等方面的改革经验，打造潍坊对外开放的窗口园区。发挥高端制造、食品加工、现代农业等产业集群优势，吸引胶东半岛企业向潍坊集聚。加快推动集体经营性建设用地入市，增加建设用地供给，提升承接项目能力。推动胶东地区行业协会交流融合，利用行业协会推介潍坊。

第三，推动科技创新资源与胶东各市共享。争取区域内高校和科研院所在潍坊建设重大创新平台和新型研发机构，推动潍柴等龙头企业与区域内高校结成创新联盟，建设对接潍坊企业与区域内高校的创新转化平台，争取山东大学、中国海洋大学、中科院海洋所、中科院能源所等高水平高校和科研机构协助潍坊学院和潍坊医学院提升师资力量和科研水平。

2. 积极对接国家开放战略，提升参与国际循环的质量

国际循环依然是"十四五"期间潍坊发展的重要动力，吸引外资和

外国先进技术依然是区域产业升级的重要手段。山东是日韩企业进入欧亚大陆的桥头堡，潍坊是山东连接京津冀与长三角的节点城市。"十四五"期间，潍坊需要发挥区位优势，提升参与国际循环的质量。

第一，提升基础设施开放水平。做大做强潍坊（青州）国际陆港，争创多式联运国家物流枢纽。做大做强潍坊综合保税区，建设潍坊公路口岸。强化潍坊稻田机场货运功能，建设国际航空货运枢纽机场。进一步发挥潍坊港国家一类开放口岸功能，提升集装箱装卸能力，优化益羊铁路的疏港功能，提升潍坊港与潍坊国际陆港和稻田机场的互联互通。

第二，将潍坊国家农业开放发展综合试验区打造为对外开放的高地。一方面，进一步吸引全球农业技术与经营领先的国家和企业在潍投资，加快先进技术与经营模式的吸收；另一方面，进一步支持农业企业"走出去"，建设境外农业合作示范区。

第三，优化提升对日韩开放水平，加强对"一带一路"国家开放。不断提升中日韩产业博览会办会层次和水平，继续拓展与日韩政府、企业、民间的经济文化交流，吸引日韩高端装备制造企业向潍坊转移。着力推动与"一带一路"沿线国家特别是上合组织国家的交流合作，组织企业参与"一带一路"国家的国际展会，鼓励企业开拓"一带一路"国家市场。优化潍坊对"一带一路"国家的物流，依托潍坊国际陆港、潍坊港、潍坊新机场开通货运专列、新航线、货运包机。鼓励园区对接青岛上合示范区，吸引"一带一路"国家和上合组织国家对潍坊投资。探索与"一带一路"国家共建合作园区，对各县市区与"一带一路"国家开展合作交流等予以支持。

（2020 年 12 月）

潍坊进入黄河流域生态保护和高质量发展第一梯队城市研究

课题组[*]

为抢抓黄河流域生态保护和高质量发展重大国家战略（以下简称"黄河流域发展战略"）机遇，加快实现全面建成小康社会进程中走在全省前列的奋斗目标，跻身省内黄河流域生态保护和高质量发展第一梯队，根据潍坊市委市政府具体要求，把握好黄河流域发展战略的内涵外延、空间布局和目标任务等问题，明确潍坊在黄河流域发展战略中的机遇和挑战，找准融入黄河流域发展战略的关键发力点，提出可参考借鉴的对策建议，为潍坊打造现代化城市标志区域和城市发展增长极提供决策参考，形成以下研究报告。

一 黄河流域发展战略总体概况

黄河流域作为我国重要的生态屏障和重要的经济地带，是打赢脱贫攻坚战的重要区域，在我国经济社会发展和生态安全方面具有十分重要的地位。黄河流域发展战略上升为国家重大发展战略以来，沿黄九省区以陕

---

[*] 课题负责人：丛炳登；课题组成员：山东软科学研究会陈娜、李文强、高婷，潍坊市改革发展研究中心董俐君、王伟。

西、河南、山东等为代表的重要节点,因地制宜,开创了黄河流域生态保护和高质量发展的新局面。

(一) 黄河流域发展战略的重大国家战略地位凸显

新中国成立以来,党和国家一直对治理开发黄河极为重视,以前瞻式顶层设计推动黄河流域一体化发展。2019年9月18日,习近平总书记在郑州主持召开黄河流域生态保护和高质量发展座谈会时将黄河流域生态保护和高质量发展提升到重大国家战略层面;9月19日,生态环境部研究提出了推动黄河流域生态保护和高质量发展的具体思路和举措;2020年1月3日,习近平总书记在中央财经委员会第六次会议上强调黄河流域保护和治理并重的发展路径;2020年8月,中共中央政治局审议通过《黄河流域生态保护和高质量发展规划纲要》,进一步明确了黄河流域发展战略的指导思想和总体目标。从确定为国家重大发展战略到规划纲要的通过,仅约1年时间,黄河流域发展战略跃升为继京津冀协同发展、长江经济带发展、粤港澳大湾区建设、长三角一体化发展后的又一大国家战略。

(二) 黄河流域发展战略遵循一体化发展部署

根据习近平总书记在郑州主持召开黄河流域生态保护和高质量发展座谈会上讲话的重要精神,明确黄河流域发展战略实施要以生态环境保护、黄河长治久安、水资源节约利用、流域内高质量发展、文化保护与弘扬等为发展建设重点,以一体化发展为指导,充分考虑上中下游的差异,分类施策,对全流域实施统筹兼顾、协调治理;保障黄河长治久安;加快推进水资源节约集约利用;积极探索富有地域特色的高质量发展新路子;全面推进黄河文化遗产的系统保护,深入挖掘黄河文化蕴含的时代价值,讲好"黄河故事";加快推进治理体系和治理能力现代化,从"单一治水"走向"多维治域",上下游、干支流、左右岸统筹谋划,共同抓好大保护,协同推进大治理,着力加强生态保护治理,保障黄河长治久安,促进全流域高质量发展,改善人民群众生活,保护传承弘扬黄河文化,让黄河成为造福人民的幸福河。

(三) 黄河流域发展战略机遇效应显著

黄河流域发展战略实施以来,沿黄九省区以山东、河南、陕西、甘肃等为代表的关键节点省,纷纷成立黄河流域发展领导小组,抢抓战略部署发展机遇。如河南省黄河流域发展战略领导小组印发《2020年河南省黄河流域生态保护和高质量发展工作要点》,明确河南省战略布局的总体要求、重点任务、重大工程和政策措施,在全流域率先树立河南标杆;山东省多次召开黄河流域生态保护和高质量发展专题会议,将生态保护和高质量发展主题同国家有关规划、"十四五"规划和其他专项规划紧密衔接,编制《山东省黄河流域生态保护和高质量发展实施规划》;陕西省黄河流域发展战略领导小组印发《陕西省推动黄河流域生态保护和高质量发展2020年工作要点》;甘肃省黄河流域发展战略领导小组先后召开多次专题协商座谈会、研讨会、工作协调推进会,科学制定黄河流域生态保护和高质量发展2020年度工作要点,黄河流域发展战略在省级层面竞相推进。

二 潍坊市融入黄河流域发展战略的形势分析

按照经济发展和地理区位优势综合标准,将全省16地市划分为三大梯队,其中济南、青岛、烟台为第一梯队,潍坊、东营、滨州、淄博、德州、聊城为第二梯队,威海、泰安、临沂、济宁、日照、菏泽、枣庄为第三梯队。抢抓黄河流域发展战略机遇,加快实现梯队跃升,潍坊市的具体优势和面临的挑战如下。

(一)基础与优势

1. 厚植现代高效农业,品牌效应优势突出

全国农业看山东,山东农业看潍坊。近年来,潍坊市以"三个模式"("诸城模式"、"寿光模式"和"潍坊模式")为统领,以国家农综区建设为抓手,全力推动乡村振兴齐鲁样板先行区建设。2018年7月12日,全国蔬菜质量标准中心在寿光市成立,为在全国推广使用标准提供了示范和样板;2019年8月31日,国务院批准设立潍坊国家农业开放发展综合试验区,成为全国唯一的农业开放发展综合试验区。2019年1月18日,北京大学现代农业研究院组建运行,潍坊成功创建为国家农产品质量安全市。潍坊已成为山东对内提升农业现代化水平、对外提高农业知名度的标志窗口。

2. 深耕工业转型升级，产业集聚优势显著

潍坊市产业门类齐全，国民经济行业分类41个工业大类中，潍坊占有37个，涵盖213种主要产品。产业链条完整，拥有年营业收入50亿元以上特色产业集群32个，重型发动机、微型麦克风等近30种产品产销量居全球前列，41家企业主导产品国内市场占有率居前三位，是国家农业开放发展综合试验区、全国重要的装备制造业基地、全省服务业发展先进市。同时，外贸基础较好，涉及外贸竞争力的5个分项指标均进入各指标全国百强，在出口整体规模和发展速度、稳外贸外资和促进特殊监管区发展等方面有较好基础。

3. 强化基础设施建设，交通区位优势明显

近年来，潍坊市各种交通方式协调发展，构建起陆、海、空互联互通的高效、智慧、绿色、综合、平安的现代化交通体系。建设"二环六射"市域综合运输通道，加快推进国家高速公路网和省际通道建设，形成中心城区与县市高速公路和普通国省道"一主一辅"连接、相邻县市一级公路连通、县县通高速的快连快通格局；潍日高速、济青高铁潍坊段、潍莱高铁等重大基础设施项目加快推进，现代化交通体系日趋完善。

4. 筑牢对外开放高地，创新发展优势强劲

菜博会、鲁台会、风筝会、中日韩产业博览会等成为对外开放重要交流宣传平台。截至目前，潍坊市拥有各类市场主体总量突破100万户，总量居全省第2位。"四上"企业数量达到5643家，潍柴、晨鸣、弘润等14家企业主营业务收入过百亿元，10家企业入选全省百强，潍柴、晨鸣上榜"中国企业500强"，省级"隐形冠军"企业和瞪羚企业数量均居全省前列；获批省部共建国家职业教育创新发展试验区，全市有高等院校19所、中高职院校47所。2019年9月11日成立潍坊市产业技术研究院，组建"政产学研金服用"创新创业共同体8个；高新技术企业总数达到704家，省级以上创新平台数量达400余家，联动融合创新格局加速形成，创新城市名片建设成效显著。

（二）形势与挑战

新时代的潍坊，面临发展的重大战略机遇。黄河流域生态保护和高质

量发展上升为国家战略，对于山东来说意义重大，山东在流域生态保护和高质量发展中，既具有无可取代的区位禀赋和经济产业优势，又具有不容推卸的生态保护与发展责任使命。习近平总书记在视察山东时指示，"要扎实实施乡村振兴战略，发挥农业大省优势，扛起农业大省责任，打造乡村振兴的齐鲁样板"，在赋予山东引领现代农业发展的历史性责任的同时，也为潍坊的发展指明了方向、提供了遵循、勾画了路径，要紧抓国家战略机遇期，加快融入黄河流域发展战略，推进城市高质量发展，但目前潍坊市高质量发展还面临以下挑战。

一是人才规模有待壮大，人才生态需要持续优化。齐鲁人才网发布的《2019年一季度山东省人才流动报告》显示，潍坊市的人才吸引指数为9.9，"济青烟"三市分别为16.55、11.58和10.21。近年来，潍坊市人口流出量、流入量总数上相差不大，但青年人流出量远远高于流入量。

二是产业结构有待优化，新兴产业亟待提质增效。潍坊市传统制造业占比高，"四新"经济规模小、比重低，县市区之间定位不协调，重复建设、产业产品雷同、低层次竞争的问题较为突出，中心城市产业辐射带动作用较弱、首位度不高。"四上"企业特别是行业龙头、产业链核心企业数量偏少。

三是创新要素散弱，载体集聚突破发展迫在眉睫。近几年来，潍坊市坚持产业为基、全面振兴，以现代农业强市，将"三个模式"从单纯产业经营模式，转变为推动乡村全面振兴的现实路径，各创新要素尤其是推动现代高效农业产业发展的创新要素不断壮大。但各创新要素相对分散，大而不强，缺乏高效的联动协同，不利于规模优势和集聚优势的进一步发挥。

三　潍坊市融入黄河流域发展战略的对策建议

加快推进潍坊市跻身省内黄河流域发展战略第一梯队，建议以黄河流域农业科学城为突破点、以国家农综区为载体，培育黄河流域现代农业高质量发展动力源；加快传统产业转型升级，构建黄河流域现代产业体系；加强科教资源的引进与培育，打造区域创新驱动发展高地；攻坚交通设施建设、传承文化发展,以更大魄力扩大开放;优化生态环境,加快现代化高品质城市建设;全力推进探索形成黄河流域生态保护和高质量发展的新路径、新模式、新范式,争创黄河流域生态保护和高质量发展"农业高质量策源地"。

(一)瞄准现代农业,打造乡村振兴"潍坊样板"

一是建设黄河流域农业科学城新载体。集全省之力,以潍坊市为总承载区,采取中国特色社会主义新型举国体制来推进建设黄河流域农业科学城,将其打造成为山东全域、黄河流域乃至全国以农业现代化发展的创新策源地、新动能孵化地、生态保护高地、乡村振兴示范区为特色的综合性大平台,打造黄河流域高端、高质、高品创新创业共同体,探索建立"黄河流域生态保护和高质量发展的新路子"。黄河流域农业科学城整体框架与任务为"一院、两中心、三平台",即组建黄河流域农业技术科学研究院,组建黄河流域国家"乡村振兴"新农村建设人才培训中心,建设黄河流域国家现代农业大数据/人工智能研究中心,建设黄河流域国家新型农业投融资平台,建设国家新型农业技术成果转化交易平台,建设国家黄河流域现代农业新动能孵化平台。

二是攻坚国家农综区主引擎。把国家农综区建设作为全市乡村振兴的头号工程和创新提升"三个模式"的主引擎,全力打造全国农业开放发展新样板。高标准编制国家农综区对外合作规划和核心区各项规划,强化体制机制创新,抓好政策模式创设。健全国家农综区管理运行机制,推动核心区与辐射区协同发展。产业是农综区高质量发展的关键,重点布局"一带一路"、现代种业、农品加工、国际农业合作、智能农装、现代农耕、智慧农牧、特色农业、乡村振兴九大产业组团,打造多个美丽乡村示范点。引入全球知名企业、高端机构参与国家农综区开发建设,推动一批重大国际合作项目落地。积极争取承办国际性展会论坛活动,进一步扩大国家农综区影响力。

三是搭建世界生态农业大会新平台。依托黄河流域农业科学城,举办世界生态农业大会。世界生态农业大会作为农业领域的一次全球性盛会,是对外宣传潍坊、山东、中国现代高效农业的重要平台,山东作为21世纪"海上丝绸之路"和"丝绸之路经济带"的十字交会点，是彰显潍坊农业突破、山东农业创新和黄河流域农业发展的最佳平台。大会将主要面向未来农业发展的科技前沿、面向农业发展重大主题、面向农村农民新生活需求、面向人民的生命健康，坚持"展现全球农业发展的新趋势、新主题、新成果"。利用黄河流域现代农业科学城举办"世界生态农业大会"（永久性）的契机，以科技创新支撑实现黄河文化的保护、传承与弘扬，深入挖掘黄河文化蕴含的时代价值，讲好"黄河故事"，延续历史文脉，彰显齐鲁文化背景下的黄河价值。

（二）加快产业升级，推动经济高质量发展

建设黄河流域现代产业体系，加快推动传统产业转型升级、优化产业布局，加快新旧动能转换，坚持高端高质高效发展方向，加快存量变革和增量崛起，提升产业基础能力和产业链现代化水平。

一是以"绿色生产"推动传统工业转型升级。加大先进节能环保技术、工艺和装备的研发力度，构建绿色工业产业链。率先推动城市圈内能源、化工等基础性工业技术升级。提高制造业资源利用效率，加快高能耗、高污染产业的绿色化改造升级。以保护黄河水环境为重点，对污染环境较为严重的化工行业、生物医药行业等区域产业技术进行全面升级。研发推广废料回收利用、水循环利用、重金属污染减量化等绿色工艺技术装备，加快落后产能和落后技术设备的淘汰。

二是以"智慧生产"为传统产业注入活力。加快建设"数字中国"，推动物联网、云计算和人工智能等技术向各行业全面融合渗透，加快"智慧城市"平台建设，培育产业新业态。其一，促进农业与"智慧城市"的融合，建立"智慧农业"新业态。以互联网为媒介，进一步发展"互联网+现代农业"行动，对农业生产进行数字化改造，建立农产品生产销售的"智慧路径"。其二，推动工业"智慧平台"建设。大力推广智能制造、网络化协同、个性化定制、服务化延伸等新业态、新模式。其三，加快传统服务业"智慧化"改造进程。充分发挥旅游业对地区经济，尤其是乡村振兴的推动作用。以"智慧化"改造为传统服务业发展注入新活力。

三是以"品牌工程"塑造传统产业新形象。产品档次不高，缺乏世界知名品牌是限制潍坊产业发展的一大因素。充分发挥本地不可替代的自然资源优势，在保证生态效益的前提下打造自主品牌，塑造黄河品牌。如以潍坊高端装备产业优势，实行流域协同和跨省份深度合作。以陆上丝绸之路为依托，通过协作实现本地区产品向黄河流域共同品牌的转变，有序承接国际产业转移，打造产业竞争与合作的前沿。

（三）整合科教资源，推进区域可持续发展

一是集聚重大产业创新要素。聚焦清洁生产、水资源循环利用、水土保持、新材料等绿色发展技术方向，加快培育一批拥有核心技术和自主品牌的龙头企业，通过技术创新提升企业全要素生产率。立足潍坊市绿色发展人才资源优势和产业基础，统筹新建一批工程技术研究中心、重点实验室、技术创新中心、创新创业共同体等创新平台，以跨机构、跨地区的开放运行和共享方式提升使用效率。统筹建立一批绿色产业相关的科技成果转移中心、知识产权运营中心和产业专利联盟，加速技术转化落地，提高市场化运作效率。

二是集聚重点领域人才资源。加大省内外高层次人才培养支持力度，围绕水资源优化配置、防洪治理、生态保护修复、高标准农田建设等领域，吸引有国内外影响力的领军人才和团队加入黄河流域发展战略中，设立专项科研经费予以支持。充分落实山东省和潍坊市关于科技创新的人才支持政策，全面推行"鸢都惠才卡"，畅通高层次人才服务绿色通道。依托潍坊市高校、科研院所、创新平台资源，联合企业培养一批高技能人才和专业技术人才，打造一支符合黄河流域战略需求的技能人才队伍。

三是健全沿黄省区协同合作机制。充分发挥山东半岛城市群龙头以及潍坊产业强市作用，加强与沿黄城市协调配合，主动对接"几"字弯都市圈、晋陕豫黄河金三角、中原城市群，探索建立跨区域联动发展机制，打通资源与人才流动渠道，积极推进潍坊在政策、规划、资源、平台、人才、项目等方面的协同和产业延伸。强化科技创新区域分工，加大引入各类资源，通过共建产业创新平台、高校人才联合培养、重点技术项目联合攻关等方式，实现跨区域资源有效配置，对于定向引进的大型项目给予

"一事一议"方式支持。

(四) 完善交通布局,提升对外开放水平

一是构建对外开放大通道。通过"齐鲁号"欧亚班列,开辟"一带一路"国际联运大通道。强化鲁辽海上通道建设,通过"营满欧"国际货运班列直通欧洲。完善至国内西南部和东南亚国家的冷链物流体系;积极融入沿黄九省区的省会(首府)城市、胶东经济圈五市共同发起的"东西互济陆海联动合作倡议",共建潍坊港和内陆港联动合作体系,发挥公铁水空等基础设施互联互通的优势,健全完善多式联运体系,高标准建设黄河流域对外开放新通道。

二是加快推进铁路交通网络布局建设。加快推进济青高铁潍坊段、潍莱高铁、诸城至青岛轨道交通、大莱龙铁路扩能改造、胶沂铁路和潍坊—寿光—东营城际快速专线等项目建设,配合开展京沪二线、环渤海快速铁路前期工作,构建完善"米"字形铁路网络;站南广场片区建设、机场迁建等重大基础设施项目加快推进。

三是全面加强内陆港口基础设施建设。加快青岛港潍坊(青州)内陆港建设,常态化运行经过青岛的国际海铁班列。发挥传化、晟绮、港天等龙头企业作用,建设国际智慧陆港,打造区域性国际化综合物流枢纽。支持滨海开发区建设服务贸易港,创建服务外包示范园区。加快推进智慧口岸建设,全面推广国际贸易"单一窗口",进一步提升通关效率,降低通关成本,提升潍坊市对外开放水平。

(五) 弘扬文化特色,激发文化传承活力

一是深挖本土文化蕴含的时代价值。将东夷文化、齐文化纳入黄河流域生态保护和高质量发展规划,进一步提高潍坊文旅产业影响力,将潍水文化生态保护实验区作为黄河文化的重点区域打造,进一步推广后李文化、大汶口文化、龙山文化等。支持潍坊开展高密剪纸、诸城派古琴、潍坊风筝、杨家埠年画、高密茂腔等世界文化遗产申遗工作,加强青州昭德古街、十笏园、齐长城等古迹的保护与宣传。支持潍坊建设黄河流域高品质文化旅游带,打造具有世界影响的精品文化旅游线路。

二是健全文化服务体系建设。扩大潍坊"国际朋友圈"。办好潍坊国际风筝节、鲁台经贸洽谈会、中国寿光（国际）蔬菜博览会、中国（潍坊）文化艺术展示交易会、中日韩产业博览会、中国画节等重要节会，着力打造具有产业特色的区域性国际会展中心。积极融入"一带一路"建设，支持企业在海外投资布局。发挥综合保税区功能作用，支持建设现代化保税港区，积极申建进境农产品指定监管场地。推动跨境电商保税备货模式落地，做大跨境电商保税进口业务。争创国家级跨境电子商务综合试验区。加快中德"两国两园"项目建设，打造中欧商贸物流重要平台。

（六）优化生态环境，推动城市高品质建设

一是强化污染治理。按照省委省政府"1+1+8"方案要求，聚焦聚力重点领域、关键问题和薄弱环节，推进"四减四增"行动，切实抓好突出问题整改，全力打好污染防治攻坚战。深入推进工业企业治理，按照"一企一策"分类处置，深挖工业企业减排潜力，推进煤炭消费总量控制和机动车尾气污染整治，做好道路畅通工作；开展好渤海区域环境综合治理，全面提升污水处理设施建设水平，开展河道综合整治，加强饮用水水源地环境保护；着力做好土壤污染防治、化工行业综合整治、固废危废污染防治、核与辐射环境监管工作，扎实做好生态环保各项工作。

二是升级城市绿化水平。深入实施新建河道整治工程，推进河道联网，全面清理河道内障碍物，最大限度恢复河道行洪功能及两岸自然生态，提升绿量、扩充绿肺，增强生态承载力，大幅度降低河道整治工程的投资强度，实施沿河截污治污。依据重要节点的自然形态，打造串联式带状公园；因地制宜进行驳岸绿化，以地方树种为主，形成层次丰富、高低错落的景观效果。打造高品质公共活动空间，修建沿河自行车绿道、健身步道及休闲广场等，打造观水、亲水的生态岸线。

三是严格生态环境保护制度。健全生态文明建设长效机制，落实环境保护"党政同责、一岗双责、依法追责、终身问责"，构建以绿色发展为导向的评价考核体系，严格执行党政领导干部自然资源资产离任审计、生态环境损害责任追究制度。完善生态保护成效与财政转移支付资金分配相挂钩的生态保护补偿机制。全面实施河长制、湖长制、湾长制、林长制。

建立环境污染"黑名单"制度，健全环保信用评价、信息强制性披露、严惩重罚等制度。

四 保障措施

（一）加强顶层设计

积极向上对接，加强横向协作，以更高站位、更高标准、更实举措共同抓好大保护、协同推进大治理，促进潍坊市高质量发展。健全与国家部委、省委沟通对接机制，在中央及省统筹指导下，配合国家及山东省就黄河流域生态保护、产业发展等重大问题开展研究，及时对接国家及山东省重大任务，衔接国家及山东省重要发展规划，把潍坊进入黄河流域第一梯队工作置于全局中考量谋划，助推黄河流域高质量发展区域增长极建设。

（二）统筹推进

健全潍坊市负责工作落实机制。成立黄河流域生态保护和高质量发展工作领导小组，由市委书记、市长任双组长，负责全面落实国家、省关于黄河流域生态保护和高质量发展的各项决策部署，科学制定潍坊总体规划和专项规划，指导重大战略在潍坊推进实施，及时协调解决重大事项重大问题。领导小组下设现代农业科学城、产业转型升级、科教资源引流、交通设施建设、文化保护传承5个协调小组，加速推进相关工作落实落地，为促进黄河流域生态保护和高质量发展贡献潍坊智慧。

（三）强化资金保障

加强黄河流域生态保护金融信贷支持政策。发挥政策性银行资金筹集优势，利用绿色金融债券、黄河流域生态保护主题债券、银行再贷款等多渠道资金，优先保障黄河流域生态保护相关贷款资金需求，建立黄河流域生态保护相关贷款项目管理库，提高贷款审批和投放质效。成立专业金融服务小组，为企业提供信息咨询、投融资顾问等"融智"服务，实现政策宣传对接区域全覆盖，全力服务潍坊市黄河流域生态保护和高质量发展。

（四）营造良好氛围

进一步配合落实山东省黄河流域省、市、县、乡河长制方案实施，强化黄河水资源节约利用,做好黄河流域生态环境保护与恢复,夯实黄河流域管理保护的基础。积极推动新媒体生态文明宣传,围绕经济民生、精准扶贫、环境保护等工作,大力宣传潍坊市在改善城乡生态环境、提高居民生活质量、促进社会经济发展等方面发挥的重要作用,全面展示潍坊市在贯彻新发展理念、推进高质量发展方面取得的显著成效,营造良好的社会舆论氛围。

(2020 年 12 月)

透过新冠肺炎疫情看潍坊提升城市 竞争力、跻身二线城市研究

课题组[*]

"竞争"一词的概念最早来源于企业,主要用于微观层面企业之间的竞争。今天,"竞争力"概念已被广泛应用到国家、区域以及城市发展之中。城市竞争力的研究涉及很多指标体系的选取,而不同指标的选取所依赖的根本是国内外学者从不同方面对城市竞争力的理解与定义。

新冠肺炎疫情之后,学者对城市竞争力进行再分析时,除了考虑GDP 增速、人口流入、产业前景之外,越来越关注法治文明、教育水平、医疗水平等方面,可以说,新冠肺炎疫情启发了对城市竞争力新的思考。

国外学者对城市竞争力含义主要是从两个角度进行阐述的:一是借用国家竞争力的定义,应用到对城市竞争力的分析上;二是从区域竞争力范围探讨城市竞争力的概念。比较典型的有以下几种对国家竞争力和城市竞争力概念的表述。洛桑国际管理学院曾定义国家竞争力为"一国能获得的经济持续高增长的能力"。世界经济论坛(WEF)认为这一概念也同样适合区域和城市竞争力的界定。开创了竞争优势理论的迈克尔·波特指出,"竞争力在国家水平上仅仅有意义的概念是国家的生产率"。推及城

---

[*] 课题负责人:王冰林;课题组成员:山东师范大学李齐、赵德兴、李松玉,潍坊市改革发展研究中心刘永杰、李朋娟。

市，一个城市的竞争力是指城市的生产率。他认为，城市竞争力是指城市创造财富、提高收入的能力。

国内学者在概括和总结国家竞争力和企业竞争力的基础上引申出了城市竞争力的内涵，主要从两个角度来阐释：一是从静态角度，认为城市竞争力是一个城市已经形成的包括经济实力、管理能力、制度能力、文化发展能力等在内的综合发展能力；二是从动态的角度，认为城市竞争力是城市为其自身发展在区域内进行集聚、优化配置资源的能力。

综合分析和参考国内外的城市竞争力概念，结合新冠肺炎疫情期间对城市运转、发展要素的新思考，可以将城市竞争力定义为在特定政治、经济、社会、文化环境下，城市治理、发展责任主体集聚、优化配置各种资源，获得相对于其他城市更强、更持续的发展前景的能力。

一 基于中国社会科学院《中国城市竞争力报告》的潍坊城市竞争力分析

《中国城市竞争力报告》由中国社会科学院财经战略研究院城市与竞争力研究中心倪鹏飞博士主编，是目前国内最权威、最具影响力的城市竞争力报告。近日，《中国城市竞争力报告 No.18》已经发布，在此基础上对潍坊的排名情况进行分析。

（一）综合经济竞争力排全国第 57 位、全省第 8 位，落后于青岛、济南、烟台、东营、威海、济宁、淄博，低于潍坊在全国第 39 位、全省第 4 位的 GDP 排名

对此，我们认为主要有以下两点原因。一是地区生产总值与人均 GDP 增长缓慢。2019 年潍坊全市实现地区生产总值（GDP）5688.5 亿元，按可比价格计算，增长 3.7%。按常住人口计算，人均 GDP 达到 60760 元，增长 3.8%。而同年，青岛市实现地区生产总值（GDP）11741.31 亿元，人均 GDP 达到 124282 元，均约为潍坊的两倍；烟台城镇和农村居民 2019 年人均可支配收入分别达到 48061 元、20999 元，分别增长 7.1%、8.1%，提前完成全面建成小康社会翻番目标。苏州城乡居民人均可支配收入分别增长8%和8.1%。而潍坊城乡居民人均可支配收入分别增长6.5%左右和8.5%左右，增长相对缓慢。人均GDP标志着一个区域的生产效率和生产水平，可见潍坊经济还有很大的发展空间。二是受疫情影响，2020年上半年潍坊经济增速呈现负增长。2020年上半年，山东省在积极落实疫情防控的同时，科学推进复工复产，经济呈现回升向好、好于预期的总体运行态势。统一核算结果显示，青岛经济领先，GDP总量5514.73亿元，而潍坊GDP总量仅超2000亿元，从增速来看，临沂、东营、日照GDP均呈正增长，菏泽GDP增速最高，达2.0%，而潍坊GDP增速呈现负增长，为-0.2%。

（二）经济密度竞争力排全国第73位、全省第9位，落后于青岛、烟台、东营、济南、淄博、威海、济宁、日照

《中国城市竞争力报告No.18》指出，区域经济发展中，通常形成以中心城市为主导的多中心经济竞争力格局，于一个城市发展而言，也是如此，城市的中心城区引领城市竞争力。潍坊经济整体密度竞争力低与中心城区的首位度低息息相关，主要原因有以下几点。一是城区建设力度不足。潍坊2019年中心城区新建续建城建重点项目40个，完成投资60.3亿元。烟台90项市区城建重点项目完成投资201亿元，推进县域经济向都市区经济转型，投入资金是潍坊的三倍有余。二是城区规模偏小，导致自身发展的内力缺乏。截至2018年，潍坊市占地面积为15859平方公里，中心城区面积仅占2638平方公里，诸城和寿光两个地级市的所辖面积均超2000平方公里。中心城区规模小导致资源的统摄能力弱，自然其经济实力不强，难以起到全市经济发展的龙头作用，由此导致市域城镇体系和等级规模面临分化和重构。苏州市经历多次的行政区划调整，通过撤市设区调整为现在的4市6区，行政区划设置更为合理，空间结构更加优化，特色更加明显，提升了苏州城市发展空间和能级，达到了多赢的目的。可以看到，撤市（县）建区、行政区重组设立等行政区划调整对提升中心城市首位度有可借鉴之处。三是行政区划格局制约了资源要素的高效集聚利用。潍坊现如今区划为5个区、2个县，代管6个县级市，这种大而全、小而散的区域发展格局使得行政管理体制和财政管理体制相互掣肘，省管县的财政权与市级行政权存在匹配错位。潍坊中心五区的经济规模大致和所辖的寿光市差不多，市级财力占全市财力的比重仅为9%，远远低于青岛的19%和济南的13%。可见城区和周边区县的发展稍有失衡。这从一个侧面说明，潍坊城区对周边的发展没有太大的扶持作用，几乎可以说只是行政上的隶属关系。四是没有综合实力百强区。赛迪顾问城市经济研究中心发布的"2020年中国百强区"中，山东省共9个市辖区上榜，青岛5个，济南2个，烟台1个，临沂1个，长期以来，潍坊一直没有城区入选全国综合实力百强区。五是没有中国工业百强区。中国信通院发布的2019年中国工业百强区榜单，山东6个市的12个市辖区入选，青岛4个，济南2个，淄博3个，威海、日照、东营各1个，潍坊没有。六是没有中国500强服务业企业。在中国企业联合会、中国企业家协会联合会推出的2020年中国服务业企业500强全榜单中，山东有18家企业上榜，其中青岛8家，济南6家，烟台、临沂、淄博、日照各1家，潍坊一直没有上榜企业。

（三）全球联系竞争力排全国第90位、全省第6位，远低于青岛、济南、烟台、淄博、济宁

在城市网络体系下，城市开放联系性成为吸收利用外部资源进而增强城市能级和位阶的决定性因素之一。理解新发展格局，要看到格局中既有"国内大循环"，又有"国内国际双循环"，而新格局的构建本质上在于打通与外界的联系。潍坊与外界的开放联系度低的主要原因有以下几点。一是现代交通物流运行体系构建缓慢。流通是经济循环的"大动脉"。潍坊交通基础设施密度小、品质不高，与市内交通基础设施互联互通水平低，与省及其他国家的交通网络不相衔接，无法成为对外连接的重要枢纽。相反，青岛抓住在"双循环"中连接南北、贯通东西的"双节点"价值，借助海陆空铁"四港联动"，国内国际物流通道更加通畅。可见，潍坊需加速构建国际型物流中心枢纽，为经济双循环高质量发展提供有力支撑。二是营商环境优化力度不够。营商环境的优劣直接影响市场主体的兴衰、生产要素的聚散、发展动力的强弱。《中国城市竞争力报告 No.18》将营商环境分为硬环境和软环境。硬环境主要包括交通便捷度、电力充沛度和

网络信息传输速度，潍坊处于内陆，空中运输劣势凸显，潍坊的营商硬环境竞争力排全国第 62 位、全省第 8 位，远低于青岛、烟台、威海、济南、东营、日照。软环境包括社会安全、开放度、大学等方面，潍坊的营商软环境竞争力排全国第 140 位、全省第 12 位，仅高于日照、聊城、枣庄、菏泽，可见，潍坊的营商硬、软环境差异大，总体来看亟须改革完善。三是社会整体消费能力低。社会消费品零售总额衡量了城市的餐饮与购物的总体支付能力和市场规模，还反映了城市商业的丰富度与饱和度。苏州 2019 年社会消费品零售总额 6090 亿元，潍坊社会消费品零售总额仅仅达到 40 余亿元，约是苏州的 1/150。消费总额如此之少，可见其对经济发展的拉动作用是极弱的。四是外向型经济带动力不足。2019 年，潍坊完成货物进出口总额 1788.1 亿元，增长 10%，其中，出口 1131.9 亿元，增长 8.5%；进口 656.1 亿元，增长 12.6%。同年，烟台完成货物进出口总额 2906.83 亿元，其中，出口 1733.69 亿元，进口 1173.14 亿元。五是对外经济发展模式发展滞后。潍坊市对外贸易缺乏对关键技术与分销渠道的控制，仍以低附加值的劳动密集型产品为主，产业层次不高，靠低成本数量扩张的出口格局尚未得到根本改变。东莞市不断优化跨境电商程序，推动外贸伙伴多元化，建立了"东莞制造"立体化物流网络，降低进出口产品的物流成本，让企业走向世界市场的步伐变得更快、成本更节约。

（四）可持续竞争力排全国第 58 位、全省第 7 位，落后于青岛、济南、淄博、烟台、威海、东营

科技创新是未来城市可持续发展的决定因素。潍坊的科技创新竞争力排全国第 51 位、全省第 4 位，远低于省内的青岛、济南、威海，主要原因有以下几点。一是高新技术产业总体规模小，质量不高。2019 年，潍坊 704 家高新技术企业实现增加值增长 4.15%，而青岛全市的高新技术产业实现增加值增长 11.7%，青岛的增长率是潍坊的两倍还多，同年，苏州拥有的高新技术产业已超过 4000 家，实现高新技术产业产值 16000 余亿元，远远超过潍坊市 2019 年全年 GDP。二是科技领军人才和高水平创新团队稀缺。潍坊的人才增量竞争力全国排名第 51 位，省内排第 5 位，青岛全国排名第 8 位，省内排名第 1 位。2019 年潍坊新增高技能人才

5389人，硕士及以上高层次人才3460名。而青岛2019年新引进人才高达25万人，人才总量达208万人。苏州新增高层次人才2.4万人、高技能人才6.4万人，也远远高于潍坊人才引进数量。另外，苏州全年新增省级以上工程研究中心16家，累计达107家，科创团队数量大，实力雄厚。可见，潍坊人才引育力度和科创实力明显较弱。三是专利数量少且工作成效不足。专利存量代表的知识积累对城市经济增长的贡献率越来越高。潍坊国内专利申请量、授权量分别增长12.1%和16.9%。而青岛有效发明专利拥有量增长率达到了21.6%，每万人有效发明专利拥有量34.37件。另外，相较于潍坊PCT国际专利申请量173件，青岛PCT国际专利申请量1381件，接近潍坊的8倍。四是科创载体建设缓慢，科创成果太少。2019年，潍坊规划偏重于高新区的创新平台建设，已建成省级以上研发平台34个，而苏州市仅省级以上工程技术研究中心就新增131家。潍坊6项科技成果获省科技进步奖、1人获省国际科技合作奖。同年，青岛市获得省级及国家级科技奖励110余项，科技进步奖80项，青岛的科技进步奖是潍坊的13倍多。这也是导致青岛在由科技部和中国科学技术信息研究所联合发布的《国家创新型城市创新能力》榜单中排名第12位，而潍坊严重落后、仅排名第43位的原因之一。

（五）生活环境竞争力在全国排第73位、全省第6位，落后于青岛、济南、烟台、威海、淄博

城市生活环境分为自然环境和社会环境。《中国城市竞争力报告No.18》中，用环境韧性竞争力对自然生态环境进行评估，潍坊的环境韧性竞争力在全国排第106位、全省第12位，落后于青岛、枣庄、淄博、日照、威海、东营、烟台、济南、滨州、济宁、聊城。一是自然灾害频发。潍坊2018年和2019年先后两次受台风影响，经历了严重的暴雨洪涝灾害，特别是2018年灾情造成147万人受灾，直接经济损失92亿元，对潍坊经济社会发展产生深远的不良影响。二是气候舒适度较低。2019年潍坊市大气优良天数为221天，青岛、烟台市大气优良天数分别达到287天、286天，威海市在近十年中的大气优良天数均超310天，居全省第1位。三是环境空气质量较低。据山东省生态环境厅发布的2019年度全省环境空气质量状况排名，2019年潍坊在全省环境空气质量排名第8，全年$PM_{2.5}$年均浓度为54ug/m³，高于威海的29ug/m³，青岛的37ug/m³，烟台的35ug/m³，日照的45ug/m³，东营的48ug/m³，泰安、德州、滨州的53ug/m³。

（六）《中国城市竞争力报告No.18》用社会包容竞争力对社会环境进行评估，潍坊的社会包容竞争力排全国第49位、全省第5位，落后于青岛、济南、烟台、淄博

主要原因有以下几点。一是教育资源增长不足。中小学教育方面，2019年苏州增加中小学学位7.3万个，青岛新增学位4.8万个，潍坊仅新增3.8万个。二是就业难问题亟待解决。2019年苏州大力度推动就业创业，新增就业17.3万人。无锡城镇新增就业15.2万人，扶持自主创业2.99万人，城镇登记失业率1.75%。潍坊新增城镇就业11.2万人，城镇登记失业率2.65%。三是社会保障公平性不足。目前的社会保障虽已具有了普惠性，但并不等于实现了公平性。2019年潍坊在对城乡居民保障金的提供标准上有所区分，将城市低保标准提高到每人每月不低于580元，农村低保标准每人每月不低于433元，而苏州重视资金统筹分配，将城乡最低生活保障标准均提高至每人每月995元，而且将失业保险金最低标准提高至每人每月1493元，而潍坊最低标准为1030元，可见，二者在社会保障水平方面还是有差距的。四是公共文化服务体系建设不力。潍坊目前共有10个公共图书馆、12个文化馆、50个博物馆，而青岛有14个公共图书馆、148个文化馆、100个博物馆，文化馆是潍坊的10倍还多，博物馆是潍坊的2倍。

此外，信息化水平已经成为一个城市的核心竞争力所在，新华三集团发布的《中国城市数字经济指数白皮书（2020）》显示，潍坊为数字经济二线城市，全国排名第48，省内排名第4，位于青岛、济南、烟台之后。山东省没有数字经济一线城市，青岛、济南为数字经济新一线城市，特点为重点领域有突破，具备进入数字经济一线城市的潜质；潍坊、淄博、东营、威海、临沂、济宁、菏泽等为数字经济二线城市，特点为数字经济发展初见成效，逐步进入快速发展阶段，省内其他城市为数字经济

三、四线城市。其主要原因有以下几点。一是第三产业结构调整缓慢。潍坊市三次产业结构由 2018 年的 9.3∶41.2∶49.5 调整为 2019 年的 9.1∶40.3∶50.6。青岛市紧抓承接新一轮国际产业转移及向内部转移产业的机遇，重点扶持发展产业集群建设，鼓励采用高新技术改造提升优势传统产业，现阶段三次产业结构为 3.5∶35.6∶60.9。二是制造业数字化、智能化水平不高，符合国家级标准的企业少。潍坊新增国家级制造业"单项冠军"企业 1 家，4 家企业入选全国首批专精特新"小巨人"企业，1 家企业入选省"准独角兽"企业。烟台新增国家级制造业单项冠军企业 2 家，"专精特新"企业 51 家，省级独角兽企业 2 家，还有瞪羚企业 33 家，数量均超过潍坊。三是"四新"经济规模小、比重低。烟台"四新"经济投资占全市的比重达 57%，青岛达 44.6%，均高于潍坊的 43.3%。四是 5G 基站建设速度缓慢。5G 是新基建的领衔项目，被定为经济发展的新动能。潍坊现阶段在全市范围内仅建成 5G 基站 1600 余处。苏州加快 5G 试点建设，建成 5G 基站 5461 个。青岛建成 5G 基站 6500 个。五是产业融合度低。服务业与制造业融合不足，难以为制造业提供强力支撑，生产性服务业增加值占服务业比重约为 57%，远低于无锡市的 72%，发达国家的平均水平是 70% 左右。六是社会民生领域信息化应用不充分。据新华三测算，全国社会民生领域信息化水平平均 58 分，潍坊仅 53.2 分，未达到全国平均水平。尤其在医疗、交通、民政、人社、扶贫服务信息化方面短板突出。

二 新冠肺炎疫情后国内强二线城市提升竞争力要点分析

疫情之后，国内部分强二线城市根据对新的经济社会发展趋势的判断，结合自身优势，迅速调整定位，为获得新时期竞争优势出台新的发展举措。

（一）苏州：打造生产性服务业标杆城市

生产性服务业诞生于制造业、服务于制造业，离生产最近的地方往往最能催生发达的生产性服务业，而苏州就是这个地方。苏州市委市政府高度重视制造业发展，提出打造"生产性服务业标杆城市"，力争到 2025

年生产性服务业重点领域增加值达到 1 万亿元，并对外正式发布关于推动生产性服务业集聚创新发展的两项重点政策和十项重点举措。

两项重点政策。一是对九大生产性服务业重点领域的企业进行重点扶持。其中，三年内滚动遴选一批年营业收入超过 2000 万元、成长态势良好的创新型服务企业，形成市级技术先进型生产性服务业企业库，自入库当年至获得国家技术先进型服务企业认定为止，每年参照国家技术先进型企业所得税优惠政策对企业给予奖励，最长不超过三年。二是对于为生产性服务业重点领域作出突出贡献的高端人才，年薪高于 40 万元的，按个人薪酬的 5%~20%给予每年最高不超过 40 万元的奖励。

十项重点举措。包括谋划沪苏地缘合作新机制，出台精准化政策和举措，做强一批优势产业服务链，谋划一批重大产业项目，打造一批公共服务平台，创建一批市级集聚示范区，培育一批新业态新模式，打造一批龙头领军企业，定制一批金融创新产品和组建一批重点领域产业联盟。

（二）无锡：全力打造中国数字经济领军产业园

2020 年以来，面对疫情之下高科技企业逆势增长的新机遇，江苏无锡软件园奋力开拓、争先领先，激发数字经济"头号动力"，抓好双招双引"头号工程"，勇当 Park 经济"头号园区"，全力打造数字经济领军园区。

一是聚焦细分领域，打造数字经济领军园区。立足无锡物联网产业发源地，依托现有产业基础，聚焦软件和服务外包、集成电路、物联网等园区优势产业，加快与新兴产业的创新融合发展。围绕曙光、朗新、曲速等龙头企业，聚焦云计算、大数据、人工智能、5G 等新一代信息技术产业，推动高新区现代服务业优化升级。

二是抢抓发展机遇，全面增强"双招双引"工作能力。坚持科学谋划与精准招商相结合。发挥自身优势，拥抱时代潮流，构建一批引领现代发展的未来产业链，完善一批具有引领竞争力的新兴产业链，提升一批高质量发展的传统产业链，真正实现高质量招商。坚持招商与招才相结合。强化统筹思维，着力招引一批高大上、高新融项目，带动落地一批人才项目、研发机构、创新平台，确保项目、人才"双丰收"。

三是园区提档再升级，打造区域 Park 经济"头号园区"。园区营商环境再提升。对标全国一流园区，持续改善园区内外形象，着力提升智能化管理水平，谋划园区未来扩容增量工作，吸引更多优质高企落户发展。企业服务水平再提升。争先进位品牌再提升，在国家火炬计划软件产业基地排名第 10 的水平上，奋力实现争先进位，连续保持国家级科技企业孵化器考核评价 A 类，启动"中国软件名园"申报工作，奋力当好 Park 经济标杆园区。

（三）温州：抓住智慧网络先机，出台 5G 基站建设审批"一件事"改革

温州率浙江省之先推行 5G 通信基站建设审批"一件事"改革，通过流程重构、环节归并、材料精简、时间压缩等方式建立了全市统一、规范、高效的"一件事"审批机制，5G 基站建设审批有了一套"温州标准"。一是将审批时限从最少 1 个月压缩至最多 3 个工作日，审批提速 90% 以上。二是通过提前服务、联审联办、审批豁免、承诺备案、意见征求等形式，将审批事项从原来的 12 项压减至 7 项，审批环节从原来的 6 个环节压减至 1 个联办环节，审批材料从原来的 15 份压减至 4 份。三是多部门间审批也从原来的"串联"改为"并联"，并要求部门在 3 个工作日内出具审批结果。此外，温州还在同步开发 5G 基站建设审批"一件事"集成服务系统，该系统上线后，项目业主可在网上一键提交材料，实现 5G 基站审批一次都不用跑。

（四）青岛：打造世界工业互联网之都，开启企业和产业生态全新变革

拥有雄厚制造业家底的青岛，一直将制造业视为看家功夫，而工业互联网则是一个必须站上的"风口"。在政府层面，青岛较早就意识到，必须抓住工业互联网这波红利。一是龙头驱动，用好海尔工业互联网平台。青岛在工业互联网发展的快车道上，拥有一批以海尔 COSMOPlat 为代表的工业互联网平台及项目。COSMOPlat 是海尔推出的具有中国自主知识产权、全球首家引入用户全流程参与体验的工业互联网平台，作为青岛实践工业互联网的绝对领军者，已汇聚 3.4 亿用户、390 万家全球一流资源，针对个别行业，向青岛企业提供免费改造服务，赋能建陶、房车等 15 个

行业。二是依托数字化、智能化助力"青岛制造"转型脱困，梯次引导中小企业加快自动化、信息化步伐。打造"世界工业互联网之都"的过程，其实就是越来越多的青岛中小企业转型升级的过程。青岛市依托行业平台，实现大中小企业全部联通，形成网络化、数字化的全产业链体系，进而在一个地区形成智能化的产业集群，一方面，更好地满足了龙头企业在品质、效率等方面的要求；另一方面，全产业链体系可以充分调动、利用优势资源，提升产品及服务的附加值，带动整个产业进一步做大做强，打造"青岛制造"品牌。三是以高度开放的姿态培育新生力量，将国内国际的产业、资本、技术、人才等要素都融入发展进程之中。比如，2015年，青岛发起了互联网工业"555"行动。每年召开相关大会，邀请国内外企业家、学者为企业"传道解惑"，同时每年认定奖励相关示范项目，鼓励企业落地实践。

（五）烟台：八角湾海洋经济创新区加速起势

布局于自贸区烟台片区的烟台八角湾海洋经济创新区以海洋经济创新发展示范为契机，以海洋新兴产业为方向，以蓝色种业为特色，着力推进海洋领域重点项目、重大工程落地建设，蓝色动能加速汇聚，一个海洋经济集聚区正强势崛起。

一是将区域优势转化为发展优势，搭建多个创新载体。依托中国（山东）自由贸易试验区烟台片区海洋经济创新中心、烟台八角湾海洋经济创新区总部基地建设，在全国率先构建"总部基地+孵化加速器+专业园区"海洋新兴产业培育模式，与山东省海洋局共建八角湾海洋科创中心，集聚包括中科院育成中心、泛海海工等17个涉海高端项目，逐步形成集"政产学研金服用"于一体的海洋创新创业共同体，不断提升自主创新能力，推动由浅海向深海跨越。

二是政产学研协同创新。按照"双向孵化"模式，为高校、研究机构和企业搭建起合作平台。在全国范围内首创将政企社科四方联动机制引入海洋增殖放流体系，构筑起政府引导、科研支撑、全社会广泛参与的海洋生物资源"大养护"模式，实现生态效益和经济效益双提升。在全国率先组建海洋产业特色支行，首创天气风险指数评价体系，引导创新海洋牧场保险产品，有效破解海洋牧场融资难题。这两个案例已在全国范围内复制推广。

三是加速建设海洋文旅项目，推动文旅高质量融合发展。文化、旅游两大产业是各地竞相发展的朝阳产业。围绕破解文化旅游资源整合不足等问题，八角湾海洋经济创新区提出"美学城市、颜值经济、艺术海岸、网红文旅"总体改革攻坚定位，突出海洋特色，将金沙滩打造为国家级旅游度假区。烟台开发区启动建设"十大城市名片工程"，其中，八角湾国际会展中心、万泰英迪格酒店、扬帆广场等工程均与海洋息息相关。

三 新冠肺炎疫情后智慧网络条件下城市竞争力提升系统框架分析

（一）既有城市竞争力研究对于城市竞争力的揭示

1. 城市竞争力系统性内涵

城市竞争力由城市发展所需的各种要素决定，同时又决定着城市发展获得所需要的资源的可能。城市竞争力的内涵至少应包含以下几个方面。一是城市竞争力的主体是城市。随着经济全球化，城市作为人口集聚和政治、经济、文化中心在国家发展中发挥着越来越重要的作用，国家之间的竞争更突出地表现为城市之间的竞争。城市作为介于国家和企业之间的独立经济体，已经参与到了资源要素的竞争当中，成为竞争的主体。二是城市竞争力是一个多层次的系统。城市竞争力是由各种竞争分力构成的有机统一整体，它的大小取决于各个要素综合作用的结果。因此，营造城市竞争力必须把握系统的整体特性和功能，从而才能在整体上增强城市竞争力。三是城市竞争力必须建立区域优势。一个城市的发展是在它所在区域的环境内进行的，区域环境的不同是影响城市竞争力的一个重要因素。脱离区域环境，城市就难以发展，只有通过区域整合进行资源优化配置，才能提高城市的竞争力。四是城市竞争力的大小，最终反映在城市动态发展的可持续性能力上。城市竞争力的大小主要决定了城市的发展潜能和发展趋势，更多地表现为一种开放、协调和可持续的发展状态和趋势。促进区域和经济的高效可持续发展可以说是城市竞争力的战略目标，而实现城市价值则是城市竞争力的最终目标。

2. 城市竞争力的要素构成分析

借鉴中国社会科学院《中国城市竞争力报告》，以及国内外其他研究关于城市竞争力的评价体系，本研究认为城市竞争力应包括经济竞争力、政府管理竞争力、人居环境竞争力、文化竞争力四个方面（见表1）。

表 1　城市竞争力的构成要素

要素		
	区位条件	地理位置、交通位置、行政区位（行政级别）
经济竞争力	经济实力	GDP、人均GDP、GDP增长率、金融机构存贷款余额、全社会固定资产投资额、社会消费品零售总额
	城市资源	人力资源、自然资源
	产业结构	工业总产值、第三产业产值占GDP比重、第二产业产值占GDP比重
	科技创新与人才	R&D经费支出、R&D占GDP比重、专利申请授权率、每万人科技人员数、每万人在校学生数、普通高校在校学生数
	国际化水平	商品进出口总额、商品进出口增长率、实际利用外资率、外贸依存度、出口依存度、国际旅游收入占旅游总收入的比重
政府管理竞争力	调控能力	地方财政收入、财政支出、地方财政收入占GDP比重
	政务运行和服务能力	政府行政效率、行政形象、社会公众满意程度、调配资源效率
人居环境竞争力	居住环境	人均居住面积、市区人口密度、人均家庭生活用水量、用电量
	生态环境	人均绿地面积、建成区绿化覆盖率、空气质量优良天数比率、生活污水处理率、生活垃圾无害化处理率、城市噪声达标覆盖率、工业废水达标率
	基础设施与公共服务环境	城市排水管道长度、人均铺装道路面积、每万人拥有公共厕所数、每万人医生数、高等院校学生人数、每百人互联网用户数、社会最低保障覆盖率

续表

要素	区位条件	地理位置、交通位置、行政区位（行政级别）
文化竞争力	文化资源	自然文化遗产数量、风景名胜区数量、森林公园量，文物古迹、历史建筑、非物质文化遗产等资源数量
	文化产业	文化产业增加值及其占GDP比重、旅游业增加值及其占GDP比重、文化产业（旅游业）从业人数、年接待国际国内游客人次数
	文化事业	公共教育支出占比、文化设施（博物馆、图书馆、文化馆、展览馆等）的数量

（二）从疫情防控常态化时代看城市综合管理竞争力对城市竞争力竞争要素的统摄作用

在疫情防控常态化时代，城市综合管理竞争力是城市竞争力提升过程中一条能够贯穿始终的红线。城市综合管理竞争力指的是城市政府有能力通过行政体制改革和合理的制度安排对人力、信息、科技、环境等综合因素进行集聚、协调与配置，以达到资源优化使用、经济良性增长、持续创造社会财富的目的，其实质是利用政治权力对其他资源进行集聚和管理的能力，主要表现为城市战略规划力、制度创新力和政府效率。城市综合管理竞争力是城市竞争力诸要素之间相互打通并连接为有机整体的助推器，对城市竞争力其他竞争要素起统摄作用。

一是城市综合管理竞争力对于人力资源要素的统摄作用。人力资源的有效开发是经济快速发展、社会安定兴旺的内生动力和根本原因，疫情防控常态化时代导致企业复工难的主要原因就是人力资源不足。通过发挥城市综合管理竞争力来落实就业政策，对在外务工的高学历青年人才制定特色的就业方案，吸引本土优秀人才回乡工作，拓宽就业渠道，打造有利于发展成长的人才环境，吸纳外来人才，有利于激发劳动力市场活力，为城市发展凝聚人力资源。

二是城市综合管理竞争力对于基础设施和公共服务因素的统摄作用。西方国家和我国的发展与改革实践已经证明，良好的政策和科学的制度安排是促进一个地区乃至国家经济发展、社会进步的最重要因素，同时它也是"以民为本"价值观的保障和支撑。受新冠肺炎疫情的影响，一方面，城市的公共卫生体系与公众健康受到了巨大的挑战，医疗资源不足、环境污染、交通事故等社会问题都需要管理部门及时制定相应的公共政策进行有效治理；另一方面，在企业复工复产的过程中，复工审批制度成为一种典型的行政负担，复工申请和审批的制度增加了企业推进复工的"成本"支出。政府要简化复工审批的条件，优化复工复产的办理流程，通过"互联网+政务服务"完善相关的基础设施，修订法律法规保护企业主正当利益来为企业复工复产做好服务工作，尽可能地降低中小企业的行政负担，帮助市场主体共渡难关，承担公共服务责任。

三是城市综合管理能力对于信息资源要素和财务资源要素的统摄作用。在疫情防控常态化情况下，通过发挥城市综合管理能力对信息资源要素和财务资源要素进行集聚和调配，增强发展的内生动力，激发市场活力，增进人民福祉，防范化解风险，推动大数据、人工智能、云计算等数字技术的发展，提高区域科技创新能力，当代政府应有能力承担加快推进新型数字基础设施建设，升级数字化基础平台，开展5G关键技术研究，力争在创新推动新型基础设施建设中走在前列。

（三）智能网络条件下竞争力构成要素的结构变化

一是地理因素对于产业因素的影响及其对经济因素的影响在减弱。城市产业竞争力是城市竞争力系统的核心内容。产业竞争力与系统内其他各要素子系统存在着广泛的联系。在其属性层面，以产业结构和产业技术与管理创新力两属性对城市产业竞争力的贡献程度逐渐增大，是提升产业竞争力的关键。任何城市的经济活动都是在特定的、具体的地理环境中进行的，在经济发展初期，有利的地理位置、丰富的自然资源、适宜的气候条件等对一个城市短期或者长期的贸易活动和经济行为都起着重要乃至决定性的影响。

二是科技因素对于体制因素与管理因素的影响在增强。电子政务和服务政府的发展同高新技术创新与其在政府改革和公共管理中的应用息息相关。由人工智能等高新科技催生的智慧服务、智慧治理在政务服务、社会就业、公共安全、环境治理、城市基础设施治理等方面发挥了重要作用。

城市的数字化水平、媒体信息服务力、中介产业及社区网络服务力将成为城市竞争力的中坚力量。

三是环境因素对于人力资源因素的影响在增强。城市竞争力的提高归根结底是要依靠人民群众发挥力量，当前人力资源的集聚效应反映出高环境质量对高等教育人才的吸纳能力逐渐增强。环境因素主要包括客观存在的社会环境因素和表现为城市价值观、发展目标、居民素质等在内的软文化环境两方面。一方面，作为客观存在的社会环境因素，主要是政治、经济、科学、技术、产业结构变化、教育等会直接影响人力资源的流动。比如，基础设施和通信基础完善、科学技术创新速度快、拥有多处高等院校和科研院所的城市人才吸纳能力相对强。另一方面，提升城市竞争力是一个全方位的问题，不仅需要硬环境的到位，更为重要的是软环境的优化，从城市发展来看，城市文化中的"团结奋进""精益求精""鼓励创新"等价值观，干部素质与管理水平等都成为吸纳和集聚人力资源的重要因素。在坚持"人才是引领发展的第一要素"的现代城市中，关键在于使城市自然生态环境与城市建设过程中有利于增进人才发展的制度环境、政策环境、商务环境、产业环境以及市民居住和生活环境融会贯通。

四　潍坊提升城市竞争力、跻身二线城市的对策建议

（一）立足于产业、交通优势深度融入双循环，提升经济活力

党的十九届五中全会提出畅通国内大循环，促进国内国际双循环。潍坊应聚焦产业转型升级和完善交通物流两大方面，努力融入经济双循环的发展格局。

一方面，基于双循环的未来发展方向，潍坊市委市政府要继续根据国内市场需要，对接全球标准，助推产业优化升级。一是坚持扩大内需，形成较为完整的内需体系。加快培育完整的内需体系，把实施扩大内需战略同深化供给侧结构性改革有机结合起来，以创新驱动、高质量供给引领和创造新的需求，优化消费环境，促进消费升级。二是优化营商环境，扩大外资企业的市场准入。通过政府助推优化营商环境，完善要素保障，切实提高服务水平，培育对外开放的环境优势，通过实地走访，摸清营商环境

痛点，进行有针对性的政策实施，着力打造市场化、法治化、国际化的营商环境，更好地利用国内国际两种资源和两个市场。三是持续精准招商，承接产业转移。完善对外开放平台，重点建设承接产业转移示范区、综合实验区及其配套功能区，促使潍坊出口加工区向综合保税区迈进，把外向型经济做大做强，打造出名副其实的"外向型企业集聚区"。潍坊市可以围绕青岛、烟台进行招商引资承接产业转移，加大开放合作，做好宣传活动，将目标扩展至南部、北部沿海经济发达圈。四是增强制造业产业的创新活力，加快制造业高质量发展，全力打造制造业高质量发展先行区。壮大制造业产业基地，不断增加动能，在持续推动潍坊制造业中小企业增多的同时强化产业的布局。根据潍坊市制造业情况，将特定地理范围内多个产业相互融合、众多类型机构相互联结，形成潍坊市制造业产业集聚态势，形成区域特色的竞争优势；围绕重点行业转型升级和重点领域创新发展的重大共性需求，形成一批制造业创新中心，重点开展行业基础和共性关键技术研发、成果产业化、人才培训等工作；走以质取胜的发展道路，实现从依赖低廉的资源价格和人力成本的产品低价竞争优势向依靠质量升级和品种优化的质量效益竞争优势的根本转变；推进行动计划加快制造与服务的深度融合，推动产业模式创新和企业形态创新，促进生产型制造向服务型制造转变，大力发展与制造业紧密相关的生产性服务业；加强制造业与金融业的深度融合，加大资本市场对制造业的支持力度。

另一方面，要继续完善交通基础设施建设，夯实发展基础。一是制定公共交通发展战略，推动公共交通适应经济社会发展。城市公共交通是一个庞大复杂开放的系统，潍坊市居民公交出行比例高，而公交线路网络不够健全，这体现了潍坊公交优先发展的必要性。规划设计和通行优先是公共交通发展的前提条件，规划设计和通行优先就是要根据公共交通布局的需要，对公共交通行驶、设站、换乘以及场站用地方面优先考虑，要根据城市布局的变化，加快公共交通结构调整，实现公交提速。二是城市轨道交通多制式协调发展。随着城市化建设步伐的加快，中心城市不断在向周边辐射，轨道交通建设的紧迫性也在增加。城市轨道交通多制式协调发展要根据不同情况做多重选择，可以是地铁，也可以是直线电机、跨座式单轨或者是多制式。同时应大力号召外资和民营企业进入轨道交通建设领域，推动建设城乡一体化的轨道交通网络。三是推动高水平交通设施建设，提高交通基础设施密度。重点加快铁路、公路、机场、港口等交通基础设施建设。铁路重点加快京沪二通道、环渤海高铁、潍莱高铁等高铁线路建设，加快城市轨道交通建设；公路重点加快东外环、南外环、城海快速通道等项目进度，加快推进一批城市快速路建设；没有现代化的机场，就没有现代化的城市。潍坊提升城市能级必须要有高质量的机场支撑，新机场建设要加快推进，突出货运功能；港口建设应抓住渤海湾港口集团组建的机遇，加速提升港口通航大型海运船舶能力，推进专业化深水泊位建设，优化完善集装箱、滚装、液化品等货物运输体系，同时改进服务，提升效率，高点定位对标先进港口，与周边港口联动互补，全力打造潍坊港成为内贸集装箱枢纽港和客货滚装枢纽港。四是打造高质量的多式联运流通体系。在"双循环"新发展格局下，流通效率和生产效率同等重要，更大规模的生产和消费势必需要更为高效的流通体系，高质量的多式联运发展不可或缺。潍坊市要继续提升多式联运枢纽的集约化水平，加快多式联运枢纽的建设，统筹发展货运集拼等多元化的服务功能，依据"干线多式联运+区域分拨"的发展模式，深度推进多式联运示范工程建设，加快多式联运信息共享，制定有利于门到门、一体化运输组织的多式联运服务规则，积极推进多式联运一单制。五是抓住国家基础设施大布局的窗口期机遇，迅速建设一批重大交通基础设施，形成对外连接大枢纽。2019年国家发展改革委、交通运输部发布《国家物流枢纽布局和建设规划》，其中潍坊入选陆港型国家物流枢纽承载城市。潍坊应抓住机遇，争取上位交通规划支持，主动对接省和国家交通设施战略，形成对外连接大枢纽。以国家"一带一路"建设为契机，继续打造山东半岛欧亚班列枢纽节点，争取更多欧亚班列从潍坊始发的机会，把潍坊打造成山东半岛与欧亚各国货物运输的重要集散地。进一步改建、扩建潍坊港，打造莱州湾重要的开放港口，为域内外企业提供更加广阔的市场空间。

（二）挖掘中心城区发展潜力，提升中心城区首位度

党的十九届五中全会提出实施主体功能区战略，逐步形成城市化地区、农产品主产区、生态功能区三大空间格局。潍坊是城市化地区，尽管也有农产品生产功能和生态功能，但农产品生产功能、生态功能主要在县域，中心城区应高效集聚经济和人口。根据潍坊中心城区发展暴露的缺点，可以从以下几个方面进行改善。

一是规划中心城区布局，强化中心城区功能。潍坊存在"群山无峰，县域经济发达，但城市中心区未发挥增长极的作用"的现象，因此，应以潍坊市中心城区为主轴，打造中央创新区高能级平台，培育出具有强大集聚资源能力的潍坊发展"内核"要素集聚区，早日实现5G网络覆盖中心城区，并辐射带动周边县市发展。

二是加快内涵提升，彰显城市特色。潍坊文化特色发展不明显，潍坊中心城区标志性建筑太少，针对这一点，可以对潍坊的城市文化内涵进行进一步挖掘，将历史、风筝、民俗、国画等独具特色的地域文化元素融入城市建设中，对城市中心城区的部分重点项目、重点建筑，可邀请专家进行规划设计，融入潍坊的地域特点，成为体现潍坊时代风采的新标志。

三是新旧城贯通融合，建设"烟火气息"城区。中心城区因历史遗留存在"棚户"等旧城，可通过对中心城区进行部分整改，但不是一味地统一整改，而是保留一定的"烟火气息"和"人情味"。新旧城贯通融合，进一步拓宽中心城区的发展空间，提升中心城区的文明形象。

四是打造重点产业基地，增强城市发展活力。潍坊市可立足于中心城区的产业优势、资源优势，发挥政府和市场的作用，按照"一主多辅"的原则，在中心城区规划建造重点产业基地和打造一批产业转型升级的企业，提升中心城区的经济带动力、辐射力以及影响力。

（三）抓住5G发展机遇，提升科技创新竞争力

党的十九届五中全会提出，发展数字经济，推进数字产业化和产业数字化，推动数字经济和实体经济深度融合，打造具有国际竞争力的数字产业集群。5G网络的建设和5G技术的应用是信息社会向智能社会跃进的基础条件，是保障数字经济发展的重要支撑。

一是做好人才引进工作，实施人才兴潍战略。近年来，潍坊市社会经济不断发展，对劳动力数量和质量的需求也随之提升。而相较于激增的人才需求，潍坊本地高等教育和科研院所发展相对缓慢，难以填补当前的人才缺口。一方面要做好人才引进工作，补齐人才要素短板，尽快培育功能齐全、运作规范、竞争开放的跨区域人才中心市场，协调人才引进政策，推动人才跨区域共享、共引、共用；另一方面要加强潍坊与企业、重点高校、科研单位的合作，引导高校、科研院所和重点企业在潍坊及周边地区新设研究机构，开展科学研究、人才培养、技术转移和科技成果转化工作，形成资源共享、优势互补的局面。

二是推动产业数字化，实现信息化与产业融合。利用互联网技术新应用对农业、制造、健康、教育等产业进行全方位、全角度、全链条的改造，使互联网最新的信息技术、方法论和商业模式深度融合于制造业和服务业的各个领域之中，极大地促进制造业提质增效、转型升级，提高全要素生产率，释放数字对经济发展的放大、叠加、倍增作用。

三是完善城市网络信息基础设施，提升城市生活便利度和居民幸福感。大力发展物联网、5G网络等新一代信息技术，把5G基础设施建设提升到全局高度，推动5G场景应用示范，推广"大数据+民生"模式，围绕5G赋能民生服务，面向智能物流、智能教育、智能交通、智能医疗等典型应用场景，选择有条件的区域搭建高效率、信息融通的5G实验环境，加快城市基础设施传统化向智能化方向发展，加快互联网、手机支付、远程智慧医疗体系、电子商务等方式的普及与应用，切实解决居民出行难、看病难以及物流难的问题，切实提高居民生活便利度与优质度。

（四）以提高政府管理竞争力增强城市韧性、提高发展质量

党的十九届五中全会提出"加快转变政府职能"，政府管理竞争力是城市竞争力的基本推动力量和约束条件，政府管理的微小改进，都会引起城市竞争力的较大提高。作为城市竞争力的重要协同力量，科学有效的政府管理可以为城市发展提供优良的经济社会环境。

一是提高政务运行信息化水平。潍坊信息化水平整体处理潜力很大，但现有发展水平不足。首先，树立互联网思维和信息化思维，推进政务信

息化。充分利用信息资源，形成"政府+市场、平台+系统"的政府管理新模式。利用"潍V"等信息化平台，有效收集信息、了解需求、动态分析、提高效率。其次，打破信息壁垒，推动信息互动，建立"区块链"思维，有效提高电子政务的互联互通能力和水平。最后，推动政府信息公开，使公民都能够行使自己的监督权利，提升公民对政府的信任度。

二是创新服务模式。创新是引领发展的第一动力，决定城市的核心竞争力。发展过程中要敢于不断对不合理的体制机制进行改革，向"学习型政府""服务型政府"不断转变。浙江省温州市"效能革命"、湖州市"户籍制度改革"、长兴县"教育券制度"等均取得了良好成效。潍坊也应结合本地实际，积极实践并鼓励"摸着石头过河"，创新出既符合顶层设计又"接地气"的服务模式。

三是再造政府流程，优化组织结构。流程再造的前提和核心仍然是为人民服务。特别是要加快行政服务中心的流程再造，建议注重推行规范化、标准化的管理模式，保持城乡发展一体化，减小地区、部门间的差异化，积极落实山东省关于《便民服务标准化的指导意见》的需求。2020年是潍坊建设现代化高品质城市的重要一年，建议深耕符合老百姓需求的便民服务方式，尤其应注重村级便民服务站建设，实现老百姓有事家门口就近办，服务不缺位，打通政务服务向基层延伸的"最后一公里"。

四是建立有效的评估机制，促进绩效考核。仅从知网搜索来看，"绩效管理"与"潍坊"两个关键词共有44个搜索结果，可见该模式在潍坊各系统、各部门应用已较为广泛，建议着力建立有效的监督和激励机制，让绩效评价发挥约束引导实效，政府各级各部门之间按照政务满意度进行评估，尤其是重视人民主体的满意度评价，学习借鉴山东省聊城市"案例式"等评价模式，健全优化奖惩制度，从而推动政府的管理和建设。

（五）提高生态环境要素水平，强化人居环境竞争力

党的十九届五中全会提出，促进经济社会发展全面绿色转型，建设人与自然和谐共生的现代化。宜居是人们对理想城市人居环境的永恒追求，更是高质量发展时代城市竞争力的重要体现。在2019年中国最宜居城市排行榜中，潍坊排全国第 15 位、全省第 4 位，仍有提升空间。建议潍坊市结合自身实际，秉持以人民为中心的发展思想，重视规划、精细管理、留住记忆，不断探索创新新时期宜居语境下的"好城之道"，不断提升宜居城市的建设能力和现实水平。

一是推进各主体协同参与宜居城市建设。面向公共安全、公共健康、公共活力的保障与提升，打造共建共治共享的社会治理格局。同时，坚持设计引领，实施常态化城市体检、动态化城市监管、智慧化应急决策等。坚持以人民为中心的发展思想，宜居城市建设要积极争取市民的理解和认同，实现"软件"与"硬件"发展相同步。宜居城市创建应成为全体市民共同参与的自觉行动，伴随着物质基础设施的建设完善而来的市民文明素质和整体精神面貌的提高，才是"宜居城市"的应有之义。

二是统筹协调城市外观与城市内部功能。盲目地重外观、上项目是宜居城市建设中的常见误区。近年来，潍坊个别县区因排水设施建设不利、管理不善而导致的内陆城市"看海"现象就鲜明地反映了这个问题。建议相关部门和施工单位进一步转变思路，学习借鉴其他城市建设经验做法，优化施工工艺，强化施工监管，打造畅、洁、绿、美城市道路，对于工业污染、生活垃圾等具有高控制度的领域治理应高度重视，打造健康宜人的公共活动空间。围绕特色魅力彰显，突出历史文化保护，促进公共空间、滨水空间、园林绿地等空间活力提升，打造城市空间特色意图区、线性界面景观等魅力空间。

三是进军"花园城市"。建议以"花园城市"为目标，持续加强绿色环境建设。首先，在城市规划阶段，花园城市的设计需要不同尺度地贯彻实施。在城市总体规划层面需要注重点线面的结合，保证绿色廊道的畅通，以保证生物多样性的连续性，同时，依据不同层面的规划，设置对应的规范导则，甚至制定对应的行业标准，指导城市的花园建设。其次，在花园规划阶段，应当对每一种不同类别的用地当作花园进行规划，包括城市公园、城市道路、市政建筑、企事业单位建筑、学校、居住区等，每个类型的用地由于功能要求不同，在规划上控制指标上亦应有所不同，潍坊应大力发挥地理环境区位优势，打造"会呼吸的海绵城市"，从而提升居民生活幸福感，扩大城市影响力。

（六）深入挖掘文化内涵潜质，打造潍坊亮点品牌文化

党的十九届五中全会提出，要提高社会文明程度，提升公共文化服务水平，健全现代文化产业体系。潍坊市的文化底蕴深厚，在历史上，潍坊是一座著名的手工业城市，也是风筝与木版年画的产地和集散地。但是在现代，这些民俗文化没有得到充分地挖掘和弘扬，大大影响了潍坊市城市软实力建设。政府要深入挖掘文化资源竞争要素优势，发挥政策等多元优势，推动非遗发展。

一是利用技术呵护匠心，唤醒民众内心记忆。2018年5月，百度启动了"百度文化遗产守护者计划——百度匠心中国行"项目，通过互联网技术与产品，通过百度信息流将非遗的故事更精准地传递到有兴趣的用户眼前。潍坊文化发展便可以从中汲取养分，利用好最新的技术和平台，用技术呵护匠心。以内容为主，以技术为辅，找对人，讲好故事，说给懂的人听，唤醒民众内心深处的记忆。

二是加强文化内涵创新，推进文化认同现代化。潍坊非物质文化遗址资源是很雄厚的，现在出现的问题是我们怎么盘活这样一个好的底子，这需要在保护基础上的适当创新。应该通过深入挖掘非遗文化内涵，在不断突破和创造中走向现代化。在保有传统风格和记忆的基础之上，从题材内容、表现形式、情趣逸致等方面大胆尝试，积极借鉴其他民俗文化等多样化的艺术内容和优秀理念，融入创作者对生活的理解和对传统的体会，以使其更具人文背景时代气息和个人风格。

三是延伸文化产业链，创新文化产业体系。为提升文化产业在国际上的竞争力，我们必须打破传统的文化产业结构，构建一条纵横交叉、环环相扣的文化产业链。横向上，可以考虑将潍坊本土特色文化产业与交通、旅游、建筑、农业等相关产业相结合渗透，寻求更多的产业载体和产业依托，同时借助新媒体来扩大文化产业的影响力，打造潍坊文化亮点品牌。纵向上，打造一条"上游深开发、中游广拓展、下游重延伸"的产业链。比如，借助潍坊"世界风筝之都"的品牌，将其继续深度开发成旅游产品，采取多途径多渠道、机动灵活的销售形式。利用台历、明信片、书签、漫画等衍生品，以现代的形式表达让其走进大众日常生活。

四是增强优质文化产品和服务供给,创新文化事业运作模式和形式。对市内各级综合文化服务中心达标情况进行查缺补漏和重点改造提升。对照基层综合文化服务中心建设标准,认真梳理各级文化建设短板,逐一制定整改措施,比如在切实调研的基础上对各县、各乡镇文化中心占地、投入等作出规定性要求。要将群众的意见、建议和关注点等进行汇总后形成分析报告,为下一步动态地提高文化服务质量、提升服务水平提供科学决策依据。

(2020 年 12 月)

潍坊推进城市治理现代化研究

课题组[*]

习近平总书记强调,"要提高城市治理水平,推动治理手段、治理模式、治理理念创新,加快建设智慧城市,率先构建经济治理、社会治理、城市治理统筹推进和有机衔接的治理体系","加快推动城市治理体系和治理能力现代化,努力走出一条符合超大型城市特点和规律的治理新路子","城市管理应该像绣花一样精细","要着力完善城市治理体系和城乡基层治理体系,树立'全周期管理'意识,努力探索超大城市现代化治理新路子","推进城市治理,根本目的是提升人民群众获得感、幸福感、安全感",这些都为推动城市治理现代化提供了根本遵循。潍坊市近几年发展成效显著,政务公开全省排名第1,城市传播热度全国地级市排名第8,中国城市人才吸引力排名位居前列,百城营商环境综合排名第8,在全国337个城市(含副省级以上城市)改革热度指数排名第11,中国百强城市排名第43,中国城市竞争力排名第52。这些既是对潍坊城市治理现代化的肯定,又是对潍坊进一步推进城市治理现代化的一种鞭策。

---

[*] 课题负责人:王冰林;课题组成员:中共山东省委党校张登国、郭太龙、郭太永,潍坊市改革发展研究中心刘磊、孙潇涵。

一　准确把握当前城市治理现代化的形势要求

（一）推进国家治理体系和治理能力现代化的必然要求

党的十九届五中全会提出："推进国家治理体系和治理能力现代化，实现经济行稳致远、社会安定和谐，为全面建设社会主义现代化国家开好局、起好步。"城市治理是国家治理体系和治理能力现代化的有机构成，是治理现代城市病、推动城市转型发展、实现城市高质量发展的重要路径。推进城市治理体系和治理能力现代化，是深入贯彻落实党的十九届五中全会精神的具体实践，是适应经济社会发展演进趋势的系统改革。

（二）我国进入新发展阶段的时代要求

2020年8月24日，习近平总书记做出"我国将进入新发展阶段"的重大战略判断。新发展阶段，社会主要矛盾变化带来许多新特征新要求，城市治理面临许多新形势新挑战。随着物质文化相对匮乏时代的终结和相对丰裕时代的到来，人民群众对美好生活的需要开始由标准化、大批量、排浪式的大众消费转向个性化、品牌化、高端化消费，在关注个体生活境遇的同时更加注重碧水蓝天的人居环境和高效有序的城市环境；日新月异的科技进步，使社会生产方式以及人们的工作方式、生活方式、思维方式发生了深刻变革，引发许多新的经济社会问题，增加了社会治理难度；在全球面临疫情冲击、民粹主义上升、族群冲突加剧的背景下，不稳定性不确定性明显增多，预判风险、应对危机的能力有待提高，韧性城市治理水平需要提高；人口流动、人口异质化、新型城镇化发展等对创新城市治理提出了新要求；基本公共服务发展不平衡不充分、公共卫生领域安全风险治理人才队伍建设不足等现实问题都是社会治理中面临的一系列新挑战，亟须完善城市公共卫生风险防范与化解体系。

（三）贯彻习近平总书记视察山东重要指示的迫切要求

2018年6月，习近平总书记在山东考察时强调，城市是人民的城市，要多打造市民休闲观光、健身活动的地点，让人民群众生活更方便、更丰富多彩。要推动社会治理重心向基层下移，把更多资源、服务、管理放到社区，更好为社区居民提供精准化、精细化服务。要落实习近平总书记的重要指示，必须深入推进城市治理体系和治理能力现代化。潍坊作为济青烟的几何中心、山东的重要交通枢纽城市，更要积极推动城市治理手段、治理模式、治理理念的创新，在山东城市治理现代化进程中争当排头兵。

（四）潍坊城市发展改革的现实要求

潍坊"十四五"的发展目标是要咬定地区生产总值过万亿元、冲刺全国大中城市综合实力前30强、加速迈入国内二线城市行列，发展路径是要提高标准境界、全面优化营商环境、着力改善生态环境、积极保障改善民生，这些目标和路径对城市治理现代化提出了更高的要求。此外，潍坊地域面积较大、人口规模较大（常住人口全省第2）、市场主体较多（2019年潍坊市场主体98万户，排全国城市第18位、地级市第4位，仅落后于苏州、东莞和温州），这些都给城市治理带来一定的挑战，迫切需要推进城市治理体系和治理能力现代化。城市治理作为提升城市功能品质、提升城市文化软实力、提升城市运行效能的重要环节和领域，在潍坊市践行"十四五"规划、开启现代化建设新征程、实现2035年现代化远景目标中承担着重要的职能，迫切需要推进城市治理体系和治理能力现代化，聚焦群众急难愁盼问题，以城市之治破解城市发展之困，推动高效能治理与高质量发展同频共振。

二 精准研判当前城市治理现代化的基本现状

当前，潍坊市多措并举积极推进城市治理现代化，取得明显的治理成效。创新了城市治理理念，坚持源头治理、人本治理、依法治理、系统治理；坚持以社会化、法治化、智能化、专业化为导向，推动实现城市治理"四个转变"，即推动经验型管理向法治型治理转变，推动以物为本管理向以人为本治理转变，推动粗放型管理向精致型治理转变，推动单一型管理向多元化治理转变，实现城市治理各环节的无缝衔接、全领域覆盖，全方位、全天候、准确及时应对处理城市治理中的难题。具体来讲，潍坊城市治理创新有以下几个重点。

（一）完善了城市治理制度

专门成立了潍坊市城乡社区治理工作领导小组，加强对城乡社区治理工作的督促检查，出台《关于加强和创新社会治理的实施意见》《关于加强和完善城乡社区治理的实施意见》，制定《智慧城市建设行动方案（2019～2021年）》《推进城市治理体系和治理能力现代化行动方案（2019～2021年）》等，以指导城市治理现代化发展；健全城市管理法规规章体系，2019年高质量完成《潍坊市道路交通安全管理条例》《潍坊市公共自行车管理办法》等4个立法项目审查工作。

（二）创新了网格化治理方式

经过多年创新性实践发展，潍坊不断创新网格化治理方式，比如打造形成"一领三融六化"（一领，即党建引领；三融，即网格化、综治中心、雪亮工程融合共建；六化，即网格化服务管理精细化、精准化，综治中心实体化、实战化，雪亮工程一体化、智能化）社会治理新模式、"党建+网格化+物业"的社会治理模式，青州市"网格化+巡防"、高密市"三网融合立体治理"、安丘市"网格化+听证法"、潍城区"1+3+X"运行模式等。

（三）打造了"红色物业+红色网格"治理模式

潍坊奎文区探索构建"红色物业+红色网格"社会治理新模式，有效提升社会治理现代化水平。创新"红色物业"，打通服务群众"最后一公里"，依法成立社区物业公司64个，进驻服务344个老旧小区，实现无物业小区全覆盖，惠及群众18.8万人；做实"红色网格"，织密基层治理"最牢防护网"，在全区410个网格对应设立党支部，选配专兼职网格员4600余名，研发了"小红哨"社会治理服务平台，实现"居民吹哨、社区报到""社区吹哨、部门报到"；搭建"智慧平台"，提升社会治理"最强实战力"，建立"双向治理"数据平台，在前端打造了"潍社区"治理服务平台，在后端研发了社会治理服务平台，视频指挥调度、预警研判、矛盾调处、城市管理、治安管控等治理要素实现"一张图""一网管"。

（四）发挥了12345政务服务热线的功能

2016年以来，潍坊市12345政务服务热线将68条非应急类热线整合到12345政务服务热线，实现了"一个号码管服务"，12345政务服务热线同时开通微信、微博、手机App等多种受理方式，实现了受理环节信息化手段全覆盖。水电气暖、交通出行、社保咨询等，面对千头万绪的群众诉求，潍坊市12345政务服务热线还进行精细化分类、精准化答疑，"快"字当先，将一般性事项的调查办理时限由原来的7～10天缩短为3个工作日；水电气暖突发故障、夜间施工噪音扰民等紧急事项，由承办单位30分钟内联系群众、2小时内反馈初步意见、24小时内上报结果。最让市民感到满意的是市委书记直接分管12345热线，潍坊市开创了地级市"书记管热线"先河；各县市区、市属开发区党政主要负责人，市直部门、单位主要负责人同步直接分管热线工作，在全市上下形成了"一把手管热线"的强力推进机制。此外，自2017年起，潍坊市12345政务服务热线还创新领导干部接听工作，市级领导和各县市区、市直部门"一把手"轮流接听12345热线，当起"热线受理员"，直面群众诉求，并全程网络直播。2020年共有62个部门、单位主要负责同志到受理中心接听群众来电，受理群众诉求812件，办理满意率普遍较高。据统计，2020年潍坊市12345政务服务热线共受理企业和群众诉求244.66万件，诉求数量同比增加57.6%，群众满意率达到95%以上。

但是，潍坊市在推进城市治理现代化进程中仍然存在一些短板，比如，城市治理共同体尚未完全建立起来，党委、政府、社会组织、志愿者队伍、居委会、业委会和物业等的组织协同性不够，内部协调机制不够健全；社会力量尤其是社会组织参与社区治理的积极性不够高，居民、志愿者参与社区治理的积极性不高；社会网格员力量总体偏弱，网格员的专业化能力不足；技术先进、信息通畅的大数据应用尚显不足，主要问题是平台整合不够，壁垒多、孤岛多、信息重复采集等问题仍然存在，基础共性数据共享渠道不够畅通，数据格式标准不统一、采集清单不一致，特别是地址录入不规范，数据信息有效利用率不够高；社会民生领域信息化应用不充分，尤其是在医疗、交通、民政、人社、扶贫服务信息化方面短板突出。

三 科学谋划推进城市治理现代化的几个关键路径

习近平总书记强调，一流城市要有一流治理，要重在科学化、精细化、智能化上下功夫。城市治理既要善于运用现代科技手段实现智能化，又要通过绣花般的细心、耐心、巧心提高精细化水平,"绣"出城市的品质品牌。

(一)创新党建引领,构建城市治理共同体

党委政府、公共机构、社会组织、企业和个人要形成"我们"的理念。城市治理要广泛吸纳社会多元主体,倾听群众声音,让更多社会力量从"旁观者"、"批判者"转为"建设者",让"他们"成为"我们",形成价值趋同、目标一致的治理共同体,实现人人理解城市治理、人人参与城市治理。只有坚持党的领导、党建引领,各种治理主体才能形成合力。

1. 提高区域化党建的资源整合能力

《中共中央国务院关于加强基层治理体系和治理能力现代化建设的意见》指出,加强乡镇(街道)、村(社区)党组织对基层各类组织和各项工作的统一领导,以提升组织力为重点,健全在基层治理中坚持和加强党的领导的有关制度,涉及基层治理重要事项、重大问题都要由党组织研究讨论后按程序决定。加强基层党组织对基层各类组织的领导、提升组织力是加强城市基层治理的关键。以济南市历山名郡为例,社区党委坚持以党建为引领,把区域化党建作为加强基层党建新的着力点,确立系统整合、协同发力的党建共建共治新格局。召开社区党建共建联席会暨共建党组织项目认领交流会,历山名郡社区党委将涵盖党建创新、民生服务、爱心公益、志愿服务4大类共16个党建服务项目打包,由社区党委副书记发布,共建党组织根据自身优势共认领了16个党建项目45项专业服务并签订项目认领书。

2. 打造具有潍坊特色和品牌的志愿者队伍

潍坊应打造属于自己的市民参与城市治理、社会治理的独有品牌,挖掘潍坊历史文化和传统,打造具有潍坊特色的志愿者队伍,以充分发挥市民主体作用,助推城市治理。以北京市为例,存在四大"神秘组织"——"朝阳群众"、"西城大妈"、"海淀网友"和"丰台劝导队",他们在矛盾纠纷、城市治理等领域发挥了重要作用。

3. 延伸红色物业的城市治理功能

借鉴深圳罗湖区小物管服务大民生的模式,充分延伸红色物业的城市

治理功能：建立物业激励制度，制定出台《罗湖区物业服务企业参与基层治理扶持工作实施办法》，对年度考核被评为"优秀""先进""达标"类小区的物业服务单位给予资金扶持，对考核成绩不达标、居民投诉严重的物业服务企业要求限时整改；引导物业企业承接公共服务，探索通过政府委托、购买服务的方式让物业服务企业有序参与基层社会治理，2018年已委托物业服务企业开展重点人员管理、网格信息采集、邻里纠纷调解、安全生产巡查、垃圾分类管理、文明养犬管理6项政府服务事项，现在通过财政部门征集意见已经达到20多项，未来这个目录里的内容将越来越多；构建党建引领民主协商机制，制定"罗湖区党建引领构建居民小区共建共治共享三年行动计划"及具体实施意见等"1+3+8"文件，罗湖全区居民小区党的组织和工作覆盖率已达99%。"小物管服务大民生——罗湖深入推进物业企业参与基层治理"高分高票入选深圳2019年治理现代化十大优秀案例。

4. 加大党建引领下的社会组织培育力度

重点扶持发展生活服务类、公益慈善类、文体活动类等专业社会组织，深化社区、社会组织、社会工作、社区工作者联动机制，积极引导社会组织参与城市治理。积极学习借鉴深圳社会组织发展经验，目前深圳社会组织有七大亮点引领全国，包括行业协会服务经济能力突出，社会服务专业化、标准化、精细化引领全国实践，科技类社会组织助力科技创新成果卓著，以公益金融促进慈善资源整合，以人才培养推动社会组织高质量发展，以平台建设推进社会组织合作升级，社会组织"走出去"协力深圳国际化大都市建设等。根据《深圳社会组织发展报告（2018）》，深圳的社会组织总量从2008年的3355家增至2018年的10230家，每万名常住人口拥有社会组织的数量从2008年的3.52个增长到2018年的8.03个，万人社会组织拥有量居全国一线城市之首。

（二）打造韧性城市的山东样板，提升城市治理的适应性

《中共中央关于制定国民经济和社会发展第十四个五年规划和二〇三五年远景目标的建议》提出，加强城镇老旧小区改造和社区建设，增强城市防洪排涝能力，建设海绵城市、韧性城市。城市韧性的核心就是要有效应对各种变化或冲击，减少发展过程的不确定性和脆弱性。近年来，北京、上海、杭州等城市的新一轮城市总体规划中，均有"加强城市应对灾害的能力和提高城市韧性"等相关表述。"韧性城市"建设，就是先对城市进行"体检"，再有针对性地改善"体质"，帮助城市适应各种慢性压力和急性冲击。其中，慢性压力，指的是长期影响城市可持续发展的因素，如基础设施不足或老化、水和空气污染等。急性冲击，则是对城市造成严重威胁的突发事件，如传染性疾病、洪水、火灾、地震等。建设"韧性城市"要求城市治理体现比较大的韧性——当发生危机时，城市有比较强的抵御能力，危机发生以后，城市也有比较完备的应对措施。如一座城市发生洪水，如果洪水不是特别大，海绵城市和雨水分流系统起到作用，就不会发生灾害；但如果洪水强度很高，造成了水灾，抗洪和排水系统能够马上启动。

1. 编制《潍坊城市安全韧性专项规划》

编制《潍坊城市安全韧性专项规划》，涉及水灾、火灾、地震等一系列内容，并与城市空间规划有机结合。首要任务是针对近年来特大水灾频发尤其是河南郑州水灾所带给城市的风险挑战，对潍坊抗击洪水的能力、存在的风险点等进行全面调查、梳理、归类和评估，构建与国土空间规划相衔接的《潍坊专项水灾风险治理规划》，这个规划体系应是由水灾治理层级、治理要素、对象险种（洪水、内涝等）、治理过程以及治理主体等构成、相互嵌套的五维体系。另外，在对城市风险评估的基础上，科学规划重大交通设施、市政能源、通讯保障等生命线工程，对重大危险源和敏感管线预留安全空间，加强体育设施、会展场馆、地下空间、绿地广场等公共空间的可变性混合性，提高常规设施应急改造能力。

2. 科学规划建设各类城市应急设施

科学规划建设应对火灾、爆炸、洪水、地震、医疗等突发事件的应急设施。城市基础设施规划建设要遵循平战结合的原则，保留功能置换的可能性，城市中建设的广场、体育馆、会展场所、公园、公共空间等，平时承担日常功能，在紧急状态下能够承担人群疏散、伤员救治、隔离治疗、临时庇护等功能，实现平战功能的快速转换。对室外应急避难场所，可在城市新建公园和郊野公园内预留大面积草坪或其他类型的开敞空间,并预留供电、给排水、通信、环卫等设施,发挥平时休闲健身、灾情时期应急避难的功能。同时应预留防疫设施的选址地点,预埋城市基础设施,保障风险来临时能够快速建成。对室内应急避难设施,应保留大型公共建筑的应急改造可能性。借鉴武汉方舱医院的建设经验,会展中心、体育场馆等公共建筑在建设时预留电力、电信、供水、排水等标准化应急接口,并由城市统一配备模块化单元,如移动厕所、移动电信基站、移动封闭环卫舱(垃圾收集设施)等。

3. 完善城市突发事件应急预案,提高预案的科学性

潍坊要以疫情防控和应对水灾为重要契机,进一步做好预案编制、培训、演练、评估和修订等工作,重视预案的执行力;全面梳理各个领域、各个层面、各个行业的应急管理预案,对社会风险、社会脆弱性等特征进行评估,邀请专家分析梳理预案存在的问题,通过每年至少1~2次的预案修订更新来提高应急管理预案的针对性和可操作性,修订更新内容要经得起专家评估与实践检验;针对党政机关企事业单位干部、社区工作者等相关人员进行常态化、制度化的培训与演练。

4. 成立山东首家社区应急教育学院,培育危机应对意识与能力

由潍坊市委相关部门牵头,成立山东首家社区应急教育学院,通过整合资源等方式,建章立制把社区应急教育制度化、科学化和常态化,建立完善的应急教育培训体系,明确培训师资、培训主题、培训方式、培训平台和培训对象等内容;充分利用山东省委党校(行政学院)或潍坊市委党校(行政学院)等培训资源,加强对社区干部、卫生人员、网格人员、企业、社会组织、志愿者、群众等的应急管理知识技能培训,提高对突发事件的察觉、研判、报告和先期处置能力,提高他们的参与意识、危机意识和自我防护能力;通过多种方式在中小学开设科普性危机防范与处置的课程;编写传染病、地震、洪水、暴风雪、事故灾难、火灾等的防范与救助手册,指导公众做好危机防范与处置工作。与城市相关的灾害种类有30多种,其中涉及公共安全的灾害,就有重大事故(如化工厂爆炸)、公共卫生事件(如传染病)、社会安全事件(如恐怖袭击)等。

5. 营造安全的韧性社区空间环境

从最小的公共空间治理单元如社区花园、社区中心、社区超市和社区市场等入手，尤其是增加"口袋公园"，优化社区公共空间规划建设，打造15分钟社区生活圈甚至是5分钟生活圈，打造平安社区、健康社区、韧性社区。新加坡的社区按照"棋盘设计、严丝合缝"的理论建造，非常人性化。组屋所在市镇的结构就像一个大棋盘，棋盘中心就是镇中心，这里是居民餐饮、购物、休闲、娱乐的中心和交通枢纽。一个市镇又分为5~6个邻里，每个邻里又像一个微型市镇，邻里中心有小型快餐店、食品店、杂货店和诊所。每个邻里分为6~7个楼群，每个楼群占地10~15公顷，500~1000户2500~5000人，有自己的绿地空间、健身设施和停车场，还有幼儿园、老人活动中心等。无论住在哪座楼的居民，想去邻里中心吃个饭或者乘车去镇中心，走路不超过5分钟（在有顶棚的走廊穿行，不怕日晒雨淋）。这样一个20万人左右的市镇，除了去远处上班，日常生活可以基本不出市镇。

（三）创新优化网格治理，筑牢城市治理的基础

在经济飞速发展的当下，居民对社会管理需求增多，为更好更全面地服务基层，网格化管理应运而生。街道、社区在各个小区成立网格，安排落实网格人员，基本做到覆盖辖区范围。通过充分发挥基层网格员的作用，可以全面排查基层矛盾纠纷，及时发现存在的矛盾纠纷，迅速当场解决，将矛盾纠纷化解在基层。

1. 创建山东首家地级市城市网格教育学院

一是创建山东首家地级市城市网格教育学院。探索与山东大学、山东师范大学、青岛海洋大学或青岛大学等合作创建潍坊网格学院，以网格员骨干、社区书记、主任等人员为主要培训对象。

二是创新网格学院培训机制。聘请城市治理和社会治理领域的专家学者、实务部门专业人才以及一线网格员作为师资力量，开设理论型、应用型、拓展型三大领域多门课程，采取案例教学、情景教学、现场教学、讨论交流等多种方式进行专业培训。

2. 组建政法网格员队伍

发动各级政法机关干部、"三官一律"（警官、法官、检察官、律

师)、法学会会员下沉基层一线,以兼职网格员身份编入网格服务网格治理工作。充分挖掘、积极发挥"政法网格员"的专业优势和职业特长,在网格调查研究、促进网格治理法治化、积极化解矛盾纠纷、安全保障维护稳定、应对突发事件等方面发挥积极作用,推动全区市域社会治理建设各项工作良性发展。以南京市为例,全市"政法网格员"共1.4万余人,基本实现了每个网格至少配备1名"政法网格员"的标准,及时化解矛盾纠纷。

3. 完善"网格+"的治理体系

潍坊市可以积极创新"网格+党建""网格+警格""网格+小区""网格+安全生产""网格+防疫""网格+信用""网格+综合治理"等社会治理新形态。推动资源在网格内联用、问题在网格内联治、服务在网格内联动。构建以专职网格员为主、广泛吸纳社会力量参与的"1+N"治理模式,形成"一员多用、多元合一"的网格工作队伍。

(四) 强化科技赋能,提高城市治理的效能

运用大数据、云计算、区块链、人工智能等前沿技术推动城市管理手段、管理模式、管理理念创新,从数字化到智能化再到智慧化,让城市更聪明一些、更智慧一些,是推动城市治理体系和治理能力现代化的必由之路。数据显示,一台无人机执行任务90分钟,能拍到30多个违法行为,效率相比人工呈几何倍数增长。比如,上海市推行"一网通办"和"一网统管";深圳市以"一图全面感知、一号走遍深圳、一键可知全局、一体运行联动、一站创新创业、一屏智享生活"为目标,创造了多个"全国第一""全国率先";南京市提出了以"宁可政府麻烦,一定让群众满意,满意不满意,由广大企业和群众说了算"为内涵的"宁满意"工程。

潍坊市可以"一图掌握全局、一屏指挥运行、一键辅助决策、一体协同联动"为原则,建设"城市大脑"统一智能中枢,密织高能级、广覆盖的通信网络"神经系统",广布物联传感、视频监控等"感官",打造绿色、高效能计算力"心脏",汇聚大规模、有价值的大数据"血液",建立统一对外、便捷服务的"脸面",赋予城市强健的智慧肌体,帮助治理各种城市"疑难杂症"。

1. 城市智能规划先行,引领良性协调发展

一是科学编制规划。制定潍坊市数字智能城市建设和新基建的五年和中长期发展规划,实施全市及各专业若干个三年行动计划。引导各方在"新基建"中共绘"一张图"、同建"一张网"。二是规划精益求精。坚持世界眼光、国际标准、中国特色、高点定位,以创造历史、追求艺术的精神,打造国际一流的精品力作。三是一张蓝图干到底。有"功成不必在我任期"的情怀、"一张蓝图干到底"的定力和"前人栽树后人乘凉"的精神,一任接着一任干,发扬"工匠"精神。

2. 完善智能化基础设施,构建城市"神经网络"和"感觉器官"

按照统一规划、集约建设、资源共享、适度超前、国内领先的原则,推动"云、管、端"协同建设,形成高速、泛在、智能、感知的信息网络体系。潍坊可以研究借鉴杭州城市治理中的"无感支付"等模式,杭州城市治理驶入"无人区",不用取卡、掏钱包,甚至不用拿出手机,就可以在停车场一路通行。杭州东站"先离场后付费"的无接触出场占比超99%,每辆车通行时间由原来的10秒缩短至不足2秒。截至目前,杭州市停车产业股份有限公司下属系统已累计接入"先离场后付费"应用场景停车场库2046个,道路停车点1457个,停车泊位69.5万个,基本实现全杭州覆盖。

3. 建立"城市大脑"专题应用矩阵,支撑高水平城市管理

通过顶层设计建立城市大脑,将潍坊市所有市直部门、所有县市区数十亿量级的数据进行共享,解决智能城市建设中的"数据孤岛"难题,建立潍坊城市治理、民生服务、政府运行、经济发展四大矩阵模块,实现大数据智能应用。在此基础上,把城市大脑应用拓展到平安、健康、文旅、环保、社区、交通、民生等各个领域。比如江苏省南通市,基于京东数科"智能城市操作系统"建成全国首个市域治理现代化指挥中心,中心汇聚了南通市64个部门、10个县市区数十亿量级的数据,全市交通运行、公共安全、环境污染等情况都在一张大屏幕上实时呈现。以危化品管理为例,南通现有2000余家危化品相关企业,指挥中心打通危化品监管相关的9个委办局、3个化工园区的18个业务系统数据,有效减小危化

品监管过程中的盲区。危化品全流程监管系统上线两个月来，已发出 407 项监测预警，工作人员根据所定位发现的危化品运输车辆异常驻留线索到现场核查确实发现多起非法生产、存储等现象。而除了指挥中心大屏，城市管理者可以在 PC 端、手机端及平板上随时掌握城市运行态势，远程指挥调控。

4. 强化科技支撑，加快智慧社区建设

在疫情防控过程中，山东很多社区都采用了网络预约口罩、绿色健康码、疫情助理智能机器人、车辆疫查清、无人机疫情巡查等科技手段助力社区抗疫。今后，应更加有效地利用区块链、云计算、大数据、物联网、人工智能等先进技术，探索建立"智慧社区"，将社区家居、社区物业、社区医疗、社区服务、社区市场、电子商务、网络通信等全部"网起来"，并实现专业化应急管理与日常社区治理的有机结合。重点完善社区基础数据库，数据库包括所有社区、楼院、物业管理、出入通道、房屋出租、外来人口、居民户籍、家庭成员等信息。

（2021 年 8 月）

在融入新发展格局中实现高质量发展

贺绍磊　方典昌

党的十九届五中全会提出，加快构建以国内大循环为主体、国内国际双循环相互促进的新发展格局，这是党中央根据我国发展阶段、环境、条件变化，特别是基于我国比较优势变化，审时度势做出的重大决策。市委经济工作会议也明确强调，要立足新发展阶段，贯彻新发展理念，融入新发展格局。潍坊要融入新发展格局，应强化机遇意识，发挥好比较优势，找准着力点，努力成为国内大循环和国内国际双循环的重要节点，奋力开创高质量发展新局面。

围绕内需体系优化区域发展格局。全会提出，要坚持扩大内需这个战略基点，加快培育完整的内需体系。构建新发展格局，是以在全国统一大市场基础上的国内大循环为主体，潍坊构建新发展格局必须从更大范围谋划发展，围绕参与构建完整的内需体系，进一步拓展国内市场，着力提升内需驱动力。一是立足区位优势打造交通枢纽。新结构经济学认为，对于一个经济体，基础设施与土地、劳动力、资本等同等重要。未来十年是交通基础设施建设难得的窗口期，潍坊应将区位这一比较优势迅速转为竞争优势，全力争取进入上位交通规划，建设联通济青、京沪的"十字路口"。二是积极融入国家、省级重大战略。2020年以来，胶东经济圈一体化发展全面起势，我们应进一步融入黄河流域生态保护和高质量发展、胶东经济圈一体化等国家级、省级战略，利用好潍坊的胶东与全国其他地区陆路联通的咽喉优势，畅通国内大循环；同时借船出海，加强与其他四市的合作，参与国际经贸竞争。三是做大做强中心城区。从发展规律看，城市化率超过60%，城市引领发展的特征越来越明显。当前潍坊城镇化率已经超过60%，应进一步树立城市引领发展的理念，优化整合中心城区，吸引尽可能多的人口向中心城区集聚，提升中心城区发展活力和首位度，在区域发展中谋求更高城市地位。

围绕产业打造城市核心竞争力。全会提出，畅通国内大循环，促进国内国际双循环，全面促进消费，拓展投资空间。新发展格局，关键在于实现经济循环流转和产业关联畅通，而这必须要有产业支撑。制造业是潍坊立市之本，也是潍坊着力做强的"两大主业"之一，目前与国内同级别城市相比，也具有比较优势。潍坊应牢牢强化制造业的主导地位，以打造制造业的竞争优势推动潍坊长期经济增长、生产率提升、结构转换和城市竞争力的提升。一是打造高端制造业集聚区。借鉴南通都市工业综合体、成都现代都市工业港、上海产业社区建设经验，打造一批以产业承载功能为主，配套研发、设计、金融、商业等功能的现代都市工业发展载体，推进产业园区向现代化综合功能区转型。二是大力发展智能制造。抢抓信息化机遇发力制造业，抓好5G基础设施建设，突破5G、人工智能等数字产业，打造跨领域跨行业工业互联网平台，扶持潍柴、歌尔、雷沃等企业成长为世界一流的智能制造骨干龙头企业，形成智能制造新高地城市品牌。三是着力突破生产性服务业。突出制造业需求导向，通过延伸上下游产业和价值链条，大力发展前端的工业设计、中端的供应链管理、后端的现代物流业等服务，这既是结合潍坊产业实际有重点地有序推进，也是与济南、青岛形成错位发展的重要筹码。

围绕价值链升级开展创新。全会提出，坚持创新在我国现代化建设全局中的核心地位，把科技自立自强作为国家发展的战略支撑。"十四五"规划把创新驱动放在12项重要领域工作的首位，可见创新在我国现代化建设全局中的地位。区别于深圳、上海等产业领先城市以基础研究和原始创新为主的创新方式，潍坊产业结构以转进型为主，应选取成本更低、风险更小、效率更高的方式进行创新，重点围绕升级价值链提升科技创新活力，服务"两群企业"发展。一是建设产业创新服务综合体。产业创新服务综合体聚焦"产业+创新+服务",以产业创新公共服务平台为基础,集聚各类创新资源,为企业创新发展提供全链条服务。我们可借鉴浙江经验,因地制宜选择建设模式,更加关注各类民营企业的需求,创造竞争中性的环境。二是引进建设重大创新平台。重大创新平台是实现产学研密切合作的桥梁和纽带,应结合潍坊产业,实施政策创新,与大院名校乃至境外专业机构合作建设研究院、设计中心等载体,吸引高层次人才入驻,合力提升对创新要素的吸引力。三是高标准打造中央创新区。借鉴上海、深圳、杭州等城市成熟经验,坚持生态优先,在此基础上,高标准配套和吸引教育、文化、卫生资源,用一流的科研环境和生活环境吸引高端创新要素集聚,把中央创新区打造成"科创特区"。

围绕开放打造制度性交易成本洼地,全会提出,实行高水平对外开放,开拓合作共赢新局面,因此,深入参与国际循环是构建新发展格局的应有之义。新一轮更高水平开放,更加强调制度型开放,全面对接国际高标准市场规则体系,以更加开放的国内市场,打造国际合作与竞争新优势。潍坊融入新发展格局应围绕开放,最大限度降低企业的制度性交易成本,提高运行效率,优化营商环境,更好融入双循环。一是开展制度性交易成本测算。邀请国内外知名专家和团队,参照世界银行《营商环境报告》中的指标体系,对全市制度性交易成本进行测算,同时与其他城市进行比较研究,找出问题和短板,为潍坊制度性交易成本进行把脉问诊、提出建议。二是着力建设"数字政府"。"数字政府"能够提高信息透明程度和便捷性,有效降低制度性交易成本。潍坊应加快推进政府管理理念向数字化转变,推动政务服务全流程、各环节深度拥抱数字技术,建设开放共享的标准规范、推进机制、监管机制等,构建信息资源共享体系。三是打造法治化营商环境。良好的法治环境是助力企业发展、促进资源要素高效流动、配置和增值的前提。我们应依据《民法典》等法律法规,围绕强化中小投资者保护、知识产权保护和运营、社会信用和企业征信体系建设等制定细则,特别是为新一代信息技术、新材料、新能源、生物医药等新兴产业提供便利性服务。

(《潍坊日报》2021年1月18日)

提升城市功能品质应如何发力

贺绍磊　刘　磊

市委书记田庆盈在市委经济工作会议上提出，要着力提升城市功能品质，大力实施城市更新，全面提升中心城市规划、建设、管理水平。城市的功能品质直接关系市民的获得感和幸福感，是一个城市综合竞争力的集中体现。根据国际经验，城镇化进入相对成熟的中后期阶段，城市发展逐渐由规模扩张向内涵提升、由粗放发展向精细管理转型，提升城市功能品质成为必然趋势和必由之路。城市的核心是人，城市发展的根本动力是人的需要，为此我们应尊重城市发展规律，坚持人民城市为人民，树立全生命周期理念，全面提升城市功能品质，提高城市治理能力和水平，建设让人民更满意的现代化高品质城市。

科学规划城市成长坐标。规划是城市发展的龙头，一个好的规划不仅提升城市的品质，更是城市集聚资源的独特手段。英国伦敦、意大利米兰、印度班加罗尔等城市之所以入选"世界一线城市"，很大程度在于城市建设与环境相得益彰、和谐宜人。我们应坚持超前眼光、潍坊特色、专业操作，充分发挥规划的引领作用，进一步优化城市发展格局。一是立足Ⅰ型大城市谋划未来。中科院等机构预测，到2035年全国城镇化率将达到72%，参照这一预测，潍坊未来15年城镇常住人口将增加110万人左右，达到Ⅰ型大城市标准，因此应在更大范围、更宽视野审视潍坊发展，实施好国土空间等规划的编制提升，吸引人口集聚。二是激活城市基因。

当今时代，城市特色是城市参与全球化的资本，是支撑城市生存、竞争和发展的根基。潍坊经过多年积累，城市美誉度不断提升，应进一步坚持虚实结合，既优化主要片区、道路、景观和节点城市设计，又注重打造城市精神和塑造城市形象。三是全生命周期推进规划。坚持城市空间、土地利用、经济社会发展、生态保护等规划"多规合一"，使规划真正成为提升城市功能品质的"蓝图"。在分步实施规划的同时，建立"实施—监测—评估—维护"机制，确保一张蓝图干到底。

强力推动中心城区龙头昂起。中心城区是人民群众居住生活的重要区域，中心城区品质直接决定整个城市功能品质。一是做强产业竞争力。坚定不移推动中心城区产业高端化，像高端制造、互联网等科技型、战略型、新兴业态型产业应尽量布局在中心城区，着力打造一批生产性服务业集聚区，提升中心城区的高端性、先进性功能，实现更高质量更加充分的就业。二是完善公共服务保障力。公共服务是反映城市品质的重要指标，是人民群众感受城市品质的最直接方式。应根据服务半径完善公共服务设施布局，聚焦群众反映最强烈的停车难、健身场地不足、就医就学难等问题加快补短板。成都中心城区规划300余个"15分钟基本公共服务圈"，我们可参考借鉴推进公共服务设施集中建设，实现功能复合利用，不断提升市民获得感。三是提升基础设施承载力。构建以中心城区为核心的现代化交通体系，特别是加快推进快速通道、轨道交通建设，实现城区道路和绕城高速衔接。近日，嘉兴"枢纽嘉兴"大会提出中心城区内部半小时交通圈的目标，我们应尽早谋划研究中心城区内部、中心城区与县市的交通圈建设工作。

厚植生态宜居城市底色。生态宜居已成为新发展阶段城市发展理念的方向和价值追求，城市宜业必先宜人，宜人必先宜居。中央城市工作会议提出，城市工作要把创造优良人居环境作为中心目标，努力把城市建设成为人与人、人与自然和谐共处的美丽家园。一是坚持公园城市发展理念。公园城市是打造生态宜居城市的重要抓手和工作着力点，扬州、成都等城市已经积累了很多经验，应把公园城市理念贯穿城市规划设计、生产生活方式、管理服务等全过程，系统实施生态修复、城市功能完善、环境品质提升等工程，充分考虑生态价值和人文价值，促进"人、公园、城市"

和谐共生。二是打造城市绿色廊带。依托白浪河、弥河、潍河、虞河等主要河流，全面开展河道整治、生态修复、景观提升等工作，打造贯穿全域的生态"绿脉"，绘就河畅、水清、景美的生态图景。依托北部滨海打造"海洋生态长廊"，依托南部山区建设宜居宜游生态区。三是做优做精城市微景观。借助老旧小区改造、城市更新、生态修复等工程，开展微改造、微整形，见缝插绿，打造一批特点鲜明的小水面、小游园、小绿地，建设一批群众身边的口袋公园，做优城市细节，提升群众体验感。

夯实社会治理现代化基石。推进市域社会治理现代化是党的十九届五中全会明确提出的任务，我们应打造适应时代特征的社会治理新格局，增强人民群众的幸福感和安全感。一是推动治理智慧化。应加快布局数字基建，做好总体规划、与传统基建融合、应用场景开发、科技成果转化等重点工作。加快建设"数字政府"，对标深圳、杭州等城市经验，尽快实现"一网通办""掌上通办"。积极打造"城市大脑"，运用5G、大数据、物联网等前沿技术推动城市管理手段、管理模式、管理理念创新，带动智慧城市建设。二是探索开展城市体检。国家正从生态宜居、健康舒适、安全韧性、交通便捷、风貌特色、整洁有序、多元包容、创新活力8方面，对36个城市开展城市体检。潍坊城镇化率已突破60%，城市建设已进入提质增效阶段，应积极对照国家指标体系，开展自我体检，找准优势和短板，有针对性地完善提升，提升人居环境发展质量。三是积极建设韧性城市。党的十九届五中全会首次提出建设"韧性城市"，城市韧性已成为城市可持续发展的核心要素之一。应强化风险意识，完善应急管理协调联动机制，提升灾害预警和危机预防水平，补齐公共卫生服务体系等短板，特别是提升领导干部应对突发事件的能力，增强城市抵御风险和冲击的能力。

（《潍坊日报》2021年2月19日）

高质量建设新时代文明实践中心

贺绍磊　刘磊

党的十九届五中全会提出，实施文明创建工程，拓展新时代文明实践中心建设。近年来，潍坊新时代文明实践中心试点建设工作取得显著成效，当然也要看到，建设新时代文明实践中心作为党中央加强思想文化宣传和精神文明建设工作的战略部署，是一项长期系统工程，要持之以恒、久久为功。市委十二届十一次全体会议提出"提高文化软实力，加快建设文化强市"，我们必须把新时代文明实践中心建设作为新发展阶段的一项重大政治任务抓紧抓实抓好，找准着力点、把握关键点，为现代化高品质城市建设提供强大精神力量。

一　深刻把握建设新时代文明实践中心的重大意义

新时代文明实践中心建设是党中央从战略和全局高度做出的重大决策，潍坊高度重视，将其纳入党政领导班子和领导干部实绩考核指标和群众性精神文明创建标准，但在实践中仍需进一步深化认识。建设新时代文明实践中心，一是推动习近平新时代中国特色社会主义思想深入人心，加强基层思想政治工作的战略部署。新时代文明实践中心建设，最重要的任务就是推动习近平新时代中国特色社会主义思想在基层落地生根，牢牢占领农村思想文化阵地，更好统一思想，凝聚力量，巩固党的执政基础和群众基础。二是推动乡村振兴、满足群众精神文化生活新期待的重要举措。新时代人民日益增长的美好生活需要很大程度上是精神文化需要，新时代文明实践中心建设，适应社会主要矛盾变化，聚焦实施乡村振兴战略，通过传思想、传政策、传道德、传文化、传技能，打通宣传群众、教育群众、关心群众、服务群众"最后一公里"。三是加快现代化建设、实现民族复兴的有效途径。马克思认为，人的现代化是实现社会现代化的主导力量。新时代文明实践中心聚焦培养敢于担当的时代新人，使群众在潜移默化中提升现代素养，进而推动现代化高品质城市建设。

二　找准新时代文明实践中心建设的着力点

坚持需求导向，发挥群众的主体作用。建设新时代文明实践中心的目的就在于教育群众、凝聚群众，激励广大农村群众积极投身社会主义现代化建设。一是发挥好基层群众创造性。新时代文明实践中心必须"大众化""接地气"，要以满足人民群众的合理需求为导向，广泛听取群众意见建议，围绕群众最为关心关切的问题开展活动，多给百姓露脸机会、激发百姓参与热情，如依托乡村学校、少年宫打造"亲子共成长"教育实践基地，推行文明实践网格化听民声集民意等。二是发挥好骨干能人的带动作用。老党员、老干部、道德模范、民间文艺骨干、非遗传承人、农村致富能手等群体，群众威望较高、实践经验足，在各类文明实践活动中往往能够发挥"带头人"作用。如寿光市农业局退休干部自办"菜农热线"，20多年如一日为群众提供种植技术服务。新时代文明实践中心建设应充分借助这部分群体的影响力和号召力，产生"以一带十、以十带百、以百促千"的链条效应。

弘扬奉献精神，广泛开展志愿服务活动。市委十二届十一次全体会议提出"健全志愿服务体系，广泛开展志愿服务关爱行动"。截至2020年底，全市注册志愿服务组织达300多家，注册志愿者44万余人，他们在疫情防控、扶贫济弱等方面发挥了积极作用。下一步，一是扩大志愿服务队伍规模。加大宣传力度，广泛运用头条、抖音等现代手段宣传志愿活动，增加活动影响力和吸引力。重点吸引学生、青少年、机关事业单位人员等群体进入志愿者队伍。完善激励表彰、权益维护等机制，保障志愿者的合法权益。二是提升志愿服务专业程度。发挥潍坊志愿服务联合会、高校志愿服务联盟等平台作用，对接专业资源，开展专业培训。鼓励有专业技术和专业能力的志愿者加入或者成立志愿者服务队，开展专业化的志愿服务。紧紧抓住志愿者队伍领头人、管理人员、运营人员等关键人才，加强培训管理，提升专业技能。

整合信息资源，建设标志性平台。平台特别是具有影响力的标志性、引领性平台，是新时代文明实践中心建设成功的重要标志和有力支撑。一是整合现有各类平台资源。潍坊有党校、党员活动室、党性教育基地、综合服务中心、道德大讲堂、图书馆、博物馆、乡镇文化站等大量的阵地资源，应打通各类资源的调配使用机制，整合盘活现有资源，建立各类资源之间的共建共享机制，推动各类平台统筹使用、协调有序、运转高效，释放基层文化繁荣倍增效应。二是创新信息化平台建设。当前以微信、微博、头条等为代表的新媒体蓬勃发展，已成为提高文明实践活动传播力的重要渠道。如潍城区在"爱潍城"App创新推出新时代文明实践大讲堂活动，在线直播观看人数达20余万人。要充分借助融媒体中心，积极建设新时代文明实践线上中心和掌上平台，提高文明实践活动的影响力。

立足文化特色，打造文明实践品牌。繁荣发展特色乡村文化是实现乡风文明的独特优势。潍坊文化资源丰富，包括潍水文化、红色文化、恐龙文化、丝绸文化、溴盐文化等，应充分利用这些文化资源，把文明实践与文化融会贯通起来，讲好潍坊故事。一是创新开展特色文化活动。进一步丰富风筝会等民俗民风节会、文艺表演、体育赛事内涵，开展道德宣讲、创业致富、科学技术、健康促进、全民阅读、法治教育、模范表彰等活动，提高广大群众素养，提升社会精神风貌。二是打造特色文明实践品牌。潍城区刘家园社区深挖"家缘"文化内涵，打造新时代文明实践"家缘"品牌，成为居民身边的"精神加油站"，值得点赞。应结合群众文化消费的新需求，进一步挖掘、策划、包装和宣传好文化资源，根据当地条件建设一批各具文化特色的文明实践活动点，形成自身特色品牌，打造在全省、全国叫得响的新时代文明实践中心"潍坊样板"。

(《潍坊日报》2021年4月11日)

以创新引领高品质城市建设

刘 磊

创新是高质量发展的核心驱动力。党的十九届五中全会鲜明地提出坚持创新在我国现代化建设全局中的核心地位，把创新的地位提到了前所未有的高度。市委书记指出，要着力优化创新生态，打造区域性创新高地。实践证明，潍坊能够取得今天这样的发展成就，很大程度上得益于创新。"十四五"时期，面对新一轮科技革命和产业变革深入发展的机遇，我们要加快建设现代化高品质城市，提升城市区域影响力，更要毫不动摇地坚持创新，打造竞争新优势。

坚持企业主体地位，提升企业技术创新能力。企业的创新能力决定性地影响一个城市的创新水平，党的十九届五中全会对提升企业技术创新能力的相关部署，反映了企业创新在创新驱动战略布局中的重要地位。企业创新越活跃、创新要素越能够自由流动，城市的创新竞争力也就越强。硅谷之所以能够成为世界创新中心，是因为无数全球顶尖的高科技公司扎堆集聚。深圳之所以能够成为创新之都，很大程度上是因为有华为、大疆等一批科技创新实力超群的企业。我们坚持企业主体地位，一是鼓励龙头企业发挥带动作用。全会提出推动产业链上中下游、大中小企业融通创新，潍柴、歌尔、豪迈等企业应当发挥带头作用，政府应通过财税支持、金融支持、税收优惠等方式鼓励建设技术研发平台，或牵线搭桥成立创新联盟，为产业链上下游企业提供创新服务。二是发挥企业家带头人作用。企业家是创新活动的重要主体，全会提出发挥企业家在技术创新中的重要作用，我们应当通过树立典型、加强宣传、专员服务等方式，让更多的像谭旭光、姜滨那样优秀的企业家涌现出来，积极带领企业开展科技攻关，投身创新创业。三是打造制度性交易成本洼地。环境直接影响企业创新活跃度，应加大知识产权保护力度，保护企业家自主经营权，营造公平竞争的市场环境。加快推进税费、融资、审批等事项改革，让企业创新轻装上阵，加大创新人物、创新企业宣传力度，营造崇尚创新的社会氛围。

高水平建设中央创新区，构筑要素集聚高地。全会提出促进各类要素向企业集聚，建设中央创新区是实现创新要素集聚的重要抓手，是能级强大的创新策源地。近年来，南通、佛山等城市都在打造创新集聚高地，加快集聚高端创新资源和要素，发挥创新示范效应。潍坊已经规划建设中央创新区，在推进过程中，一是由点及面、率先突破。应当选取创新资源基础较好，科研院所、高校和龙头企业相对集中的区域率先开展建设，实现重点突破，然后逐步扩散，带动整个中央创新区建设。二是注重生产、生活和生态的"三生融合"。中央创新区虽然是创新中心，但同时应匹配商业空间，完善交通、金融、体育、医疗等生活配套功能。尤其要注重生态建设，良好的生态环境已经成为吸引高端创新人才的重要因素，因此，要把生态优先理念贯穿中央创新区建设的全过程，以一流的生态环境吸引高端创新要素集聚。三是引导高端资源要素集聚。在招商引资、招才引智、招院引所过程中，应坚持把最高端的人才、最顶尖的技术、最强大的企业率先布局在中央创新区，形成示范和带动效应。

加快建设高端创新平台，打造科技创新载体。重大创新平台是实现产学研密切合作的桥梁和纽带，对激发城市创新活力、加快科技成果转化具有重要的推动作用。当前我们已经引进了北大现代农业研究院、水动力实验室等一批高端创新平台，正在释放对人才、资源的集聚效应。下一步，一是加大重大平台引进力度。围绕潍坊重点产业，加大力度对接国内外高水平机构，在财税、土地、人才、金融等方面进行扶持，争取更多的研究院、设计中心等落户潍坊，或鼓励企业建设海外研发中心，充分利用当地人才、技术等优势资源在海外进行研发，但科技创新成果来潍转化。二是鼓励建设共性技术平台。全会提出加强共性技术平台建设，我们要通过龙头企业带动、政府牵头组织相关力量以及行业协会、学会、创新联盟等社会力量参与等方式，形成科技攻关合力，集中力量建设一批关键共性技术平台。三是探索建设产业创新服务综合体。以现有的各类产业创新服务平台为基础，坚持政府引导、企业主体，高校、科研院所、行业协会以及专业机构参与，打造"产业+创新+服务"的新型载体，尤其注重引入创意设计、技术研发等生产性服务业，增强综合体的创新服务功能，助力企业科技创新。

坚持人才引领创新理念，激发人才创新活力。创新驱动本质上是人才驱动，没有人才，创新就是无本之木、无源之水，无论何时我们谈创新，都不得不提人才。全会专门对激发人才创新活力进行了安排，为我们提供了根本遵循。我们要把人才作为创新的根基，一是针对产业结构特点引进人才。创新必须植根于产业，只有与产业和技术的比较优势相结合，才能够推动可持续发展。最优的创新不是最先进的技术创新，而是与产业发展阶段相匹配的创新。潍坊化工、纺织、造纸等传统产业的企业数量占全市企业总数的80%以上，这些企业转型的方向在于向设计、品牌等微笑曲线的两端升级、提高附加值。因此，我们要重点集聚产业高层次人才和高技能人才，满足产业升级需要。二是全方位优化服务。营造宽松、自由的创新氛围，在科研配套、创业配套、教育、就业、就医、住房等方面全力做好人才保障工作，如利用"一次办好"改革为契机，提升人才服务信息化水平，实现人才服务流程再造，让人才真切感受到细致入微的服务。三是完善人才激励机制。健全科技成果转化收益分享机制，提高科技创新人才开展成果转化的积极性。建立成果奖励、项目奖励、特殊津贴等多种形式相结合的人才激励体系，调动人才科技创新积极性，充分释放人才队伍内在活力。

（《潍坊日报》2020年12月9日）

以创新持续打造一流营商环境

贺绍磊　董俐君

市委书记在全市"重点工作攻坚年"动员暨现代化高品质城市建设推进大会、第二届潍坊发展大会等重大会议上，多次对打造一流营商环境提出明确要求。创新是一个城市活力绽放的根本动力，以创新为抓手提升优化营商环境是城市发展的新要求，唯有聚焦时代新要求，通过不断激发城市创新活力，持续聚力打造一流营商环境，才能为加快建设现代化高品质城市提供持久动力，在新一轮竞争中赢得未来。

集聚创新要素优化城市战略布局。重点是积极融入国家战略和区域发展大局，树立面向国际、区域联动的营商环境改革视野，优化城市功能布局，营造城市创新氛围，提升营商环境标识度。一是高标准建设好中央创新区。当前，潍坊中央创新区规划建设正全面提速，应注意借鉴外地成熟理念，坚持生态优先，即选址首先考虑生态环境，在此基础上，高标准配套和吸引教育、文化、卫生资源，用一流的科研环境和生活环境吸引高端创新要素集聚，把中央创新区打造成"科创特区"，形成创新优化环境、环境提升创新能力的良性循环体系。二是推动建设济青高速科创走廊。潍坊是济青高速的重要节点城市，如若推动济青高速科创走廊建设，将会大幅度提升潍坊创新能级，潍坊的地理优势就会转化为城市竞争优势。应积极推动科创走廊建设的前期规划工作，争取省委省政府支持，并将其作为"十四五"前期重大规划研究项目；同时鼓励社会力量在沿济青高速周边地区新设研究机构，培育跨区域人才中心市场。三是抓好国家农业开放发展综合试验区这一重大机遇。潍坊农综区作为目前全国唯一的农业开放发展综合性试验区，我们优化营商环境应当重视并用好这一政策利好，充分借鉴国内自贸区发展经验，将自贸区现有的改革成果真正做到为我所用，同时，在农综区大胆尝试，以农综区营商环境的率先突破带动潍坊全域营商环境的创新提升。

打造数字政府提升服务效能。信息化是当前最鲜明的时代特征，也是提升营商环境便利化的重要举措。我们应深刻把握信息化发展大势，打造数字政府、智慧城市，以信息化推动营商环境优化。一是提升信息"新基建"能级。应将信息基础设施建设上升到全局高度来抓，特别应重视发展5G，为激发城市创新活力提供基础支撑。5G将开启人类"智能化新时代"，当前各大城市正纷纷抢占5G发展先机，我们应尽快编制5G基站建设规划，推进公共资源向基站建设开放，并以应用示范为先导，推动5G与垂直行业的深度融合。二是加快政务信息系统整合。数字时代的数据共享是一次重大的系统性创新，为政府流程再造、优化营商环境提供有力支撑。应尽快建立一体化协同办公体系，加快政府决策、执行、督查、反馈等数字化协同；对分散、独立的政务信息系统加快清理整合，接入统一的数据共享交换平台，并依法依规向社会开放，加快实现数据通、业务通。三是进一步推动政务服务网上办、掌上办。按照应上尽上、能上则上的原则，加快推动企业开办、交通出行、医疗健康、文化教育、社区服务等政务和公共服务事项网上办理，实现"全程网办"，同时推动更多事项在移动端开展服务，实现"掌上通办"，真正让企业和群众办事就像网购一样方便。

保护发展新经济占据下一个高地。当前，新经济的发展壮大，决定着城市未来的发展方向，广州、上海等先进城市都在发展新经济，而新经济发展与适宜创新的营商环境密切相关。近年来潍坊新经济发展初现端倪、势头良好，我们应借鉴发达地区经验，建立有利于新经济创新发展的政策环境，以营商环境的优化促进新经济发展。一是搞好新经济战略谋划。借鉴上海、深圳等地做法，加快制定现代产业中长期发展规划，突出对新经济的规划引导，为新经济的发展营造适宜的创新发展环境。二是加快培育隐形冠军、瞪羚企业。当前，技术创新模式正由大企业引领向中小企业引领转变，隐形冠军、瞪羚企业可在短时间内整合创新资源，推动科技爆发式、指数级成长。我们应集聚政策、集中资源，引导这些企业发挥技术、品牌、网络优势，与国内外高校和科研院所共建研发中心，促进顶尖人才、先进技术及成果引进和转移转化。三是优化新经济服务。实施以"市场换投资"、政府采购等方式，优先支持本地优质新经济企业做大做强。筹办潍坊创新英雄故事会等活动，让来潍创新创业成为潍坊新时代活力源。

优化创新生态打造宜居宜业环境。重点是着眼于国际化、法治化、便利化，提供更加完善高效专业的生产、生活配套。一是打造高标准的法治环境。习近平总书记深刻指出，"法治是最好的营商环境"。我们应着眼让法治成为城市核心竞争力的重要标志，建立与国际高标准规则相衔接的知识产权保护制度和有效的司法仲裁实践制度，如"接诉即办""免罚清单""法律服务代理""限时清欠"等机制，用法治手段为企业创新发展保驾护航。二是打造人才集聚的生态环境。人才是创新的根基，是城市可持续发展的推动力，当前，人才就像候鸟一样，哪里环境优越就往哪里飞。潍坊要想集聚人才，应建立具有显著优势的人才引进和使用机制，优化财政保障投入，加强与一流科研院所合作，畅通企业与人才双向对接渠道，特别是优化人才绿卡制度，提供创新创业、住房安居、医疗保障、子女入学等全方位服务。三是打造生产性服务业高地。以创新为源动力，推动生产性服务业向专业化和价值链高端延伸。我们应深入挖掘制造业优势，建立生产性服务业集聚区，加快汇聚一批金融保险、物流、电子商务等生产性服务业优质资源；借鉴深圳等地经验，打造各类技术中心、检测中心等高端公共服务平台，为产业提供创新发展环境。

（《潍坊日报》2020年7月24日）

河长制关键在于"河长治"

贺绍磊　董俐君

市委书记在全市"重点工作攻坚年"动员暨现代化高品质城市建设推进大会上指出，要打好碧水保卫战，加强水环境保护，全面改善水环境质量。作为水环境的重要组成部分，河湖的管理保护，绝非一日之功，不仅事关水环境治理，更关系"根治水患，防治干旱"目标的实现和人民群众福祉，这就要求我们要更加牢固树立系统思维和问题导向，从全市发展大局中谋划河湖管理保护，从根子上解决河长制实施过程中的困境难题，谱写好"水清岸绿、河畅景美"的生态画卷，为建设现代化高品质城市提供强大的生态支撑。

完善制度建设，补齐河湖管护机制存在的短板。习近平总书记指出，全面推行河长制，目的是贯彻新发展理念，为维护河湖健康生命、实现河湖功能永续利用提供制度保障。潍坊市委市政府印发的《潍坊市全面实行河长制实施方案》《潍坊市推动河长制湖长制从"有名"到"有实"专项行动实施方案》等一系列制度为全面建立覆盖全市河湖的"市、县、镇、村"四级河长制组织体系提供了坚实支撑，为潍坊河湖面貌改善提供了坚实的制度保障。潍坊河湖管护工作想要继续走在全省前列，需千方百计补齐短板，持续以制度为牵引推进"河湖长治"。一是加强河长制立法建设。通过专项立法明确河湖管护责任、健全管护机构、完善管理制度，将河长湖长职责、部门履职、日常监督、考核问责等工作法制化，从法制上保障河长制在实施过程中的稳定性，确保河湖治理的连续性，实现河湖长治。二是加强完善河长制督查督办制度建设。通过采用督导、群众举报等方式，对河长制实施、履职情况进行督查；对工作中的重大事项及群众投诉问题等进行督办，并及时通报督办结果，确保各项举措能够真正落实。三是健全考核评估和问责激励机制。根据河湖管护实际情况，细化考核评价指标，尝试采用第三方参与河湖巡查管理评估的模式，加强考核结果的客观、公正。对河湖管护中不作为、慢作为地区，通过提醒、约谈、通报等方式追责，对工作推进效果显著的地区予以政策和资金激励。

运用市场化方式，多渠道解决河湖治理难题。在河长制中引入市场机制，从依赖政府财政投入为主转变为更多地依靠市场和社会投资主体，这种模式能更好地满足公众对流域水环境提出的多元化需求。一是动员和激励社会资本投入。加大资金筹措，拓宽投融资渠道，通过采取私募债、企业捐款、PPP等方式创新吸引社会资本的方法，鼓励和引导更多的民间资本参与到河湖管护行动中。二是注重市场化运营。河湖整治、水质改善等治水工作涉及面广、技术要求高，凡是能够推向市场的工程项目，都可尝试采用市场化托管的模式推到市场上运作，如将污水抽检、环境污染治理、河道淤泥处置等河湖治理专业工作委托给第三方，让专业的人干专业的事，解决河湖治理难题。三是以市场化打破流域治理的行政樊篱。行政樊篱是跨界治水的障碍，尝试通过市场化的方式加强省内、省际的协调，对于跨越多个省或市的流域，设立流域绿色发展基金，以政府协作为主导，引入市场主体共同组建流域投资有限公司，通过共商、共建、共享及市场化运作，实现水域生态环境协同保护。

依托信息化手段，提升河湖智慧管护水平。随着信息技术的发展，河湖监测技术手段不断提升，潍坊自实行河长制开始，探索"互联网+河长制"模式，搭建"潍坊市智慧河湖管理信息系统"，协助各级河长实现了信息化管人、流程化管事、智能化管河，取得了良好效果。例如，昌邑建立了智慧河湖调度指挥中心，各级河长通过手机App采集信息、巡查、举报，提升了管理效率；寿光利用"无人机"进行常态化巡河，并引入"无人机—大数据一体化综合管理指挥系统"，建立了3D水系图，通过大数据分析，实现了科学治水。下一步可在智慧化管护方面进一步提升。一方面，打造河长制的数据升级版。以潍坊市智慧河湖管理信息系统为基础，依据潍坊各水域的实情搭建大数据自治管理平台，自动在线实时监测各河道的水质信息，同时提供水环境质量的信息传输、预警及分析机制，提高涉水功能的智慧分析，为河长制提供科学的决策方案。另一方面，加强河湖监测和预警。充分利用卫星遥感、空间定位、视频监控等信息化技术，加强对河湖的全方位动态监测和预警，确保河湖管护工作的高效性和实效性。

积极引导社会公众参与，形成全民治水合力。潍坊市积极发挥广大群众的力量，目前已开通了监督举报电话和潍坊河长制微信公众号公众参与专栏，得到了一定响应。但现实中仍有不少群众对河长制了解甚少，认为这项工作是政府的事情，与自己无关。如何进一步提高群众的参与度？作为河长制先行先试的浙江形成的"治水没有旁观者，人人都是行动者"，值得我们学习。一是加强宣传，提高公众认识。通过政府门户网站、报纸、电视和微信、微博等载体广泛宣传河长制工作内容，采用公益广告、知识竞赛、主题展览等形式提高公众对河长制工作的认识和理解。二是畅通公众参与渠道。借鉴英国默西河流域水治理运动经验，坚持公众志愿参与和专家技术指导相结合，引导社会各界组建治水队、护水队，聘请社会人士担任民间河长，成立护河湖志愿队，鼓励公众积极参与河湖管护，同时成立专业技术服务队，为河湖治理提供专业技术顾问，科学有效治水。三是鼓励社会监督。建立水资源信息披露、水环境信息披露、水环境污染举报等机制，设立举报热线、举报信箱、曝光专栏，开通随手拍、随时可反映栏目，激发群众监督治水、共同护水的积极性。

（《潍坊日报》2020年6月15日）

坚持唯物史观建设人民满意的现代化品质城市

贺绍磊　王文远

习近平总书记在庆祝中国共产党成立一百周年大会上明确指出中国共产党为什么行，中国特色社会主义为什么好，归根到底是因为马克思主义行。作为马克思主义哲学的重要组成部分，历史唯物主义是关于人类社会发展一般规律的理论。任何一个城市的发展，都应该自觉汲取唯物史观的理论智慧，坚持大历史观，积极认识和运用规律，找到自己的路，这就要求我们必须更加深刻掌握历史唯物主义基本原理和方法论，立足潍坊具体实际，增强工作的系统性、预见性、创造性，加快建设人民满意的现代化品质城市。

一　深刻认识坚持唯物史观的重大意义

一个民族、一个城市要走在时代前列，就一刻不能没有理论思维，一刻不能没有思想指引。历史唯物主义与政治经济学中的剩余价值理论并称为马克思最伟大的两个发现，深刻揭示了客观世界特别是人类社会发展的一般规律，为人类社会发展进步指明了方向。在革命、建设、改革各个时期，我们党正是由于坚定唯物史观、坚持马克思主义中国化，有了科学的、先进的理论武器，才带领中国人民翻越了一座又一座大山，才创造了人类历史上前所未有的发展奇迹。一个城市要在战略全局和历史长河中实现更好发展，也应该以唯物史观为理论遵循和科学指南。当前，潍坊正努力实现地区生产总值过万亿元、冲刺全国大中城市综合实力前30强、加速迈入国内二线城市行列，更应该高举唯物史观旗帜。坚持唯物史观，不仅可以提供强大的思想武器，让我们进一步坚定发展定位和方向，增强挺立时代潮头的格局、智慧、勇气，还可以让我们更加系统、具体、历史地分析形势、把握规律，提高战略思维能力、综合决策能力、驾驭全局能力，增强工作的系统性、预见性、创造性，从而战胜各种风险和困难，真正赢得优势、赢得主动、赢得未来。

二 突出三方面坚持唯物史观建设人民满意的现代化品质城市

自觉运用社会基本矛盾分析法，大力推进信息化发展。历史唯物主义认为，生产力决定生产关系进而决定上层建筑，是社会发展的最终决定力量。如同19世纪的煤炭和蒸汽机，20世纪的内燃机、石油和电力成为一个历史阶段的标签一样，信息化已经成为21世纪最鲜明的时代特征，成为生产力水平的主要标志。城市传统优势的弱化、新优势的形成，几乎都与信息化有关，抓住信息化就抓住了城市发展的主要矛盾。近年来，潍坊持之以恒抓信息化，据清华大学《2020数字政府发展报告》，潍坊排全国第23位、地级市第5位。数字政府是基础，数字经济和数字社会建设才是最终目的，我们应尽快把数字政府优势转化为数字经济和数字社会优势。一是把信息基础设施建设提到战略高度，现阶段应突出5G。信息基础设施是信息化发展的前提和基础，应像抓交通基础设施一样抓信息基础设施建设。现阶段应把5G作为关键着力点，争取在5G基站建设、场景示范应用的某些重点领域走在全省全国前列。二是引育信息化龙头企业、高端人才。缺乏信息化龙头企业和高端人才是我们数字化转型的关键制约，应着力突破。三是用好考核指挥棒推动数字化转型实现质的突破。建立信息化发展考核评估机制，把城市数字化转型纳入年度考核，并区分不同区域不同部门适当增减权重。

自觉运用社会存在决定社会意识基本原理,提升城市功能品质。历史唯物主义认为,物质生产是社会生活的基础,社会存在的决定作用是第一位的,这就要求我们坚持一切从实际出发来思考解决问题。进入新时代,我国经济已由高速增长阶段转向高质量发展阶段,社会主要矛盾已经转化为人民日益增长的美好生活需要和不平衡不充分的发展之间的矛盾,我们应进一步把握新发展阶段,贯彻新发展理念,发挥好比较优势,找准着力点,加快推动高质量发展,建设人民满意的现代化品质城市。一是进一步优化区域发展格局。做强做大中心城区,以提升生活舒适度为着力点,发挥好土地指标的杠杆作用,把人口和产业尽可能多地向中心城区集中。同时积极融入国家、省级重大战略,特别是成为连接济南与青岛的重要节点,实现错位发展。二是围绕制造业打造核心竞争力。把握制造业发展方向,围绕大企业推进片区化、智能化发展,建设一批像潍柴国际配套产业园那样的产业功能区,支持大企业牵头建立工业互联网平台。三是厚植生态宜居城市底色。坚持公园城市发展理念,做优做精城市微景观,提升城市功能品质,创造优良人居环境。特别是把握碳达峰、碳中和对产业乃至城市转型带来的挑战和机遇,抓紧编制行动方案,综合运用政策、技术、市场等手段,力争成为碳达峰领跑城市。

自觉运用群众历史观,共建共治共享。历史唯物主义认为,人民群众是历史的创造者,我们必须坚持发展为了人民、发展依靠人民、发展成果由人民共享。习近平总书记强调,"江山就是人民、人民就是江山,打江山、守江山,守的是人民的心"。潍坊坚持以人民为中心的发展思想,开展"我为群众办实事"实践活动,1.5万名服务专员包靠2.1万家企业、1958个重大项目,限时免费停车开放51.2万个泊位,免费为中心城区40万燃气用户更换金属软管等,一件件实事办到人民群众的心坎里,引得市民纷纷点赞。城市的核心是人,我们应继续把人民对美好生活的向往作为奋斗目标,推动改革发展成果更多更公平惠及市民,让潍坊成为幸福家园。一是开展好联系群众"大走访"。常态化调研,深入下去,察民情、听民意、解民难,特别是尊重群众首创精神,创新运用网络新技术等手段,让群众参与城市改革发展。二是解决好"急难愁盼"问题。聚焦群众共性需求和存在的普遍性问题、亟待解决的痛点难点问题、长期未能解决的民生历史遗留问题，完善民生项目清单，尽快解决，并做好后续跟踪反馈工作。三是引领好更美好需求。重点推动物质需求从数量到质量转变，更好满足文化、审美、理想等精神需要和公平正义等社会需求，让市民享受更高品质生活。

(《潍坊日报》2021 年 9 月 15 日)

突出问题导向　办好民生实事

董俐君　刘永杰

市委书记在全市"重点工作攻坚年"动员暨现代化高品质城市建设推进大会上指出,在民生改善上奋力攻坚,要高度重视就业,着力抓好教育、医疗等社会事业,不断提升群众获得感。民生问题是与百姓生活密切相关的问题,也是人民群众最关心、最直接、最现实的利益问题,只有坚持问题导向,解决好民生问题,才能不断提升人民群众幸福感、获得感、安全感。当前我们打好重点工作攻坚战、建设现代化高品质城市,解决好民生问题是应有之义,必须突出问题导向,补齐民生短板,办好民生实事。

构筑企业发展环境优势,补齐民生就业短板。就业问题关乎民生福祉,就业是民生保障的首要基础,促进就业、解决就业问题是民生补短板的重要一环。古人云,"无恒业者无恒产,无恒产者无恒志",只有人们有工作干,有稳定的收入来源和生活保障,人心才会安定,才会增强社会归属感和安全感,社会才会稳定发展。企业是提供就业岗位的主渠道,企业稳则就业稳,企业的稳定发展离不开良好的发展环境。当前在做好疫情防控的情况下,支持企业复工达产是做好民生实事的重要保障,潍坊应以稳就业、促就业为出发点,为企业营造良好的发展环境,提升群众安全感。一是构建良好的产业生态环境。受此次疫情冲击,企业发展面临挑战,应当进一步深化体制机制改革,为企业提供便利的条件和优越的环境，为实体经济减负担、降成本，如出台阶段性、有针对性的政策，降低企业用电、用气、用水、租金、税费等方面成本，加大对企业复工达产的支持力度，帮助中小微企业渡过难关。二是为企业发展提供完善的基础配套。着力完善交通基础设施，重点加快铁路、公路、港口、机场等交通基础设施建设，提质增效，打造高水平的基础设施，同时提升市内交通基础设施互联互通水平，降低企业运输成本，提高转换效率，形成内外互联的大枢纽。

依托信息化手段，补齐社会事业短板。教育、医疗、交通等社会事业问题一直是人民群众关注的热点、难点问题，坚持问题导向，依托信息化手段解决这些问题是补齐民生短板的有效路径。信息化作为一种全新的生产力，已影响人们生活的方方面面。在此次疫情防控工作中，信息化在疫情联防联控、保障民生方面发挥了重要作用，特别是杭州以大数据为支撑在全国率先推出"健康码"，用户自行上网申请认证，结果为绿码可直接通行，黄码隔离7天以内，红码需集中隔离14天。此举立即在一周内成为全浙江"标配"，并推广至全国。此外，多地政务服务窗口推行"一网通办"便捷服务，社区智慧二维码快捷掌控进出人员信息，网上办公、网上上课保证了工作、学习与疫情防控两不误。潍坊应当借此契机充分发挥信息化对民生保障的驱动引领作用，提升群众获得感。一是加快落实市政府办公室《关于加快推进5G产业发展的实施意见》，早日实现5G网络覆盖中心城区。二是提升民生领域政务服务一网通办、掌上通办。按照应上尽上、能上则上的原则，加快推动行政审批、交通出行、文化教育、社区服务、医疗健康等民生领域的政务办事及公共服务事项网上办理，尽快实现"一网通办"；同时，拓展政务服务移动应用功能，推动更多民生领域政务服务事项在移动端开展服务，实现"掌上通办"。三是部署"城市大脑"，打造智慧交通，破解交通拥堵难点。汇聚公安各警种数据与社会数据，依托云计算中心、大数据平台、信息资源共享交换体系，通过对大量数据的关联、整合和分析，实现民生服务、城市管理等多维度城市运行的智能分析和精准判断执行，确保城市运行安全高效有序。四是依托信息化大力发展智慧教育，破解义务教育均衡发展难点。随着信息化的发展，推进智慧教育与时俱进至关重要，潍坊通过打造教育云数据中心、网络安全与监控中心、数字校园运营维护中心和教育资源云平台等提升智慧教育整体水平。统筹全市智慧教育资源，推动智慧教育的大数据管理和教育资源共享，进而实现教育均衡发展。

壮大生活性服务业，补齐民生服务短板。生活性服务业能够向人们直接提供物质和精神生活消费产品及服务，满足人们生活性消费需求，对改善民生、扩大消费需求、转变生活方式有着重要的支撑带动作用。随着生活水平的提高，居民对生活性服务业的质量要求也随之增加，推动生活性服务业高质量发展已成为补齐民生短板的重要抓手。此次疫情对服务业发展既是挑战也是机遇，我们应着力抓住机遇推动生活性服务业向高品质和多样化升级，满足人民日益增长的美好生活需要，提升群众幸福感。一是深化供给侧结构性改革，增加有效供给。大力推动生活性服务业转型升级，以潍坊特色优势领域为突破点，发挥品牌带动作用，扶持和认定一批潍坊原创品牌，支持企业通过参股、控股、合资、建立战略联盟等方式整合资源，向规模化、高端化、连锁化发展，根据民众需求，提供有效供给，满足消费结构升级新需要。二是打造社区优质生活服务圈。社区是群众生活的直接承载体，社区环境更是关系着群众生活的各个方面。在此次疫情中，社区发挥了不可替代的作用，应当积极发展社区商业，发展社区新零售服务体系，如选取社区试点推行 24 小时社区便利店、无人超市等新模式；打造"互联网+社区"公共服务平台，建设社区集成化智能服务终端，推动生活服务便利化，为群众创造舒适便捷的生活环境。

（《潍坊日报》2020 年 3 月 22 日）

创新实干谱写高质量发展新篇章

刘 磊

"抓住了创新,就抓住了牵动经济社会发展全局的'牛鼻子'。"习近平总书记这句话,一语道破了创新在现代化建设全局中的地位。市委市政府《关于戒骄戒躁埋头苦干努力开创高质量发展新局面的若干意见》提出"突出创新实干,奋力实现新突破、新跨越",为我们凝聚创新共识、汇聚实干力量,开创高质量发展新局面指明了前进方向、提供了重要遵循。回首过去,我们之所以能以"三个模式"引领全国农业产业化进程,之所以成为享誉全球的"动力城""电子城""纺织城""农机城",关键是因为始终秉持了敢为人先、敢闯敢试的首创精神。现在看,我们正处在由要素驱动向创新驱动发展的转型阶段,面对新一轮科技革命和产业变革机遇,我们更要坚持以创新实干谱写高质量发展新篇章,推动城市发展实现新跨越。

创新实干推动高质量发展,大平台是重要支撑。"筑好凤凰台,方引凤凰栖",大平台对培育创新主体、整合创新资源、强化创新服务产生的作用是不可估量的,没有创新大平台,就难以汇聚高层次人才、高水平研发成果、金融资本等,也难有突破性的制度设计、良好的政策环境等。近年来万亿GDP城市普遍把打造大平台作为推动创新的重要抓手,我们要以创新实现大跨越、大发展,不能没有大平台支撑。从城市层面讲,加快推进国家创新型城市和"科创中国"试点城市建设。从科技部及相关机构评价看，潍坊创新能力在全国72个创新型城市中处在中等偏下位置，应有针对性地提高建设水平，同时，利用好"科创中国"试点城市机遇，深入推进会地、会企合作，引导各类创新要素向潍坊集聚，借助上位资源实现科技跨越发展。从企业层面讲，支持现有大企业加快建设一批重点实验室、工程技术研究中心、产业技术创新战略联盟等平台，带动创新水平整体跃升。从项目层面讲，加快布局重大科学项目，如高水平建设SDL（水动力）科学实验室，这是潍坊少有的相当于大科学装置的科研平台，建成后对海洋动力领域的基础研究、关键性科学研究和成果转化等影响必将是历史性的，有望使潍坊成为世界水动力科学高地。

创新实干推动高质量发展，人才是核心要素。"国以人兴，政以才治"，城市的竞争归根结底是人才的竞争，谁拥有了一流创新人才、拥有了一流科学家，谁就能在科技创新中占据优势。我们正处在新一轮科技革命和产业变革同我国转变发展方式的历史交汇期，能不能把握机遇率先实现产业转型、建立竞争优势，核心取决于能不能集聚发展所需的高层次人才。一是完善服务留住人才。目前，生活成本、宜居程度、公共服务等越来越成为决定城市吸引力的重要因素。成都国土空间总体规划提出按照城市规划人口上浮20%配置医疗、教育等公共服务设施和交通、市政基础设施，我们要有这种超前意识，打造优质教育、医疗、政务、基础设施等服务环境，提高公共服务承载力。特别要保持房价低优势，通过房价洼地，建设人才高地，进而打造产业高地。二是发展职业教育培养人才。职业教育是潍坊突出优势，高职院校数量在全国同类地级市中排第2位，中职院校毕业生数量全省第1，这是全市巨大的产业人才红利。应当积极引导社会舆论，形成对技能人才"高看一眼、厚爱三分"的环境，深化产教融合，服务产业创新发展。三是优化机制用活人才。深化人才发展体制机制改革，持续破除人才使用、评价、激励等方面的障碍，充分尊重用人单位自主权，拓宽人才晋升通道，大胆破格使用人才，形成"不求所有、但求所用"的灵活用才机制。

创新实干推动高质量发展，大企业是关键引领。"群雁高飞头雁领"，如果说企业是创新的主体，是推动创新创造的生力军，那么大企业就是生力军中的"排头兵""领头雁"，在创新发展过程中发挥关键引领作用。

近年来，潍柴、歌尔等一批大企业在全球科技竞争中崭露头角，这些企业研发能力强、科技合作基础好，具备很强的创新带动力和影响力。同时，全市大量企业研发能力偏弱，规上工业企业只有15%的有研发活动，高水平院所、高校数量与先进城市相比还有一定差距。以大企业带动产业链上中下游、大中小企业、高校院所融通创新，是符合潍坊产业阶段特点的合适选择。一方面，壮大"头雁"规模。把隐形冠军、单项冠军、瞪羚企业、专精特新等企业逐步分类培育壮大为龙头企业或"链主"企业，打造产业集群，形成技术创新优势。另一方面，建立"头雁"带动机制。创新联合体是大企业引领各方力量开展创新的新型组织，中央正大力倡导、地方正踊跃探索，我们可以围绕农业、制造业等优势产业率先建设一批创新联合体，引导中小企业和高校院所融入大企业创新链，促进"产业链"与"创新链"融合发展。

创新实干推动高质量发展，真抓实干是根本途径。"为政贵在行"，习近平总书记告诫我们，伟大事业都成于实干。创新事业千千万，根本还要靠实干，没有实干，一切空谈。全市能有今天这样辉煌的发展成就，靠的就是广大干部群众埋头苦干、拼命硬干的精神，以创新开创高质量发展新局面，仍要矢志不渝努力实干。一是强化实干意识。要发扬潍坊创新求变的基因，传承"三个模式"敢为天下先的拼劲闯劲，破除墨守成规的老旧思想，摒弃推诿扯皮、瞻前顾后的陋习，牢固树立敢闯敢干、敢于突破的创新理念。二是掌握实干方法。"打铁还需自身硬"，要时刻保持危机意识，主动学习、坚持学习，用好辩证唯物主义这个认识问题、分析问题、解决问题的方法论，不断探寻事物发展规律，抓住"牛鼻子"，学会"弹钢琴"，努力提高能力素养，打破本领恐慌。三是扎牢实干作风。创新突破不是喊来的，而是扑下身子、甩开膀子干出来的，要以钉钉子精神抓工作落实，一步一个脚印，踏实干好每件事，推动工作出实绩。

（《潍坊日报》2021年8月16日）

图书在版编目(CIP)数据

建设人民满意的现代化品质城市的实践与探索 / 潍坊市改革发展研究中心编著. -- 北京：社会科学文献出版社，2022.2
　ISBN 978-7-5201-9678-9

　Ⅰ.①建… Ⅱ.①潍… Ⅲ.①城市建设-研究-潍坊 Ⅳ.①F299.275.23

中国版本图书馆 CIP 数据核字（2022）第 021847 号

建设人民满意的现代化品质城市的实践与探索

编　　著 / 潍坊市改革发展研究中心

出 版 人 / 王利民
组稿编辑 / 任文武
责任编辑 / 王玉霞
文稿编辑 / 李艳芳
责任印制 / 王京美

出　　版 / 社会科学文献出版社·城市和绿色发展分社（010）59367143
　　　　　　地址：北京市北三环中路甲29号院华龙大厦　邮编：100029
　　　　　　网址：www.ssap.com.cn
发　　行 / 社会科学文献出版社（010）59367028
印　　装 / 三河市龙林印务有限公司
规　　格 / 开　本：787mm × 1092mm　1/16
　　　　　　印　张：29　字　数：453千字
版　　次 / 2022年2月第1版　2022年2月第1次印刷
书　　号 / ISBN 978-7-5201-9678-9
定　　价 / 70.00元

读者服务电话：4008918866

▲ 版权所有 翻印必究